新区治理法治化的理论探索与江北实践创新

肖 冰 主编

中国法制出版社
CHINA LEGAL PUBLISHING HOUSE

图书在版编目(CIP)数据

新区治理法治化的理论探索与江北实践创新 / 肖冰主编. —北京：中国法制出版社，2022.1
ISBN 978-7-5216-2178-5

Ⅰ.①新…　Ⅱ.①肖…　Ⅲ.①经济开发区-社会管理-法治-建设-研究-南京　Ⅳ.①D927.533

中国版本图书馆CIP数据核字(2021)第197139号

责任编辑：李宏伟　　　　封面设计：杨泽江

新区治理法治化的理论探索与江北实践创新
XINQU ZHILI FAZHIHUA DE LILUN TANSUO YU JIANGBEI SHIJIAN CHUANGXIN

主编 / 肖冰
经销 / 新华书店
印刷 / 北京虎彩文化传播有限公司
开本 / 710毫米×1000毫米　16开　　　　印张 / 19.5　字数 / 393千
版次 / 2022年1月第1版　　　　2022年1月第1次印刷

中国法制出版社出版
书号ISBN 978-7-5216-2178-5　　　　定价：60.00元

北京市西城区西便门西里甲16号西便门办公区
邮政编码：100053　　　　传真：010-63141852
网址：http://www.zgfzs.com　　　　**编辑部电话：010-63141804**
市场营销部电话：010-63141612　　　　**印务部电话：010-63141606**
（如有印装质量问题，请与本社印务部联系。）

编委会成员

序

PREFACE

南京江北新区自2015年6月由国务院批复设立以来，作为全国第13个、江苏省唯一的国家级新区，以自主创新先导区、新型城镇化示范区、长三角地区现代产业集聚区、长江经济带对外开放合作重要平台为战略定位，形成科技创新、产业聚集和区位交通三大优势。2019年8月，中国（江苏）自由试验区南京片区获批叠加设立于江北新区范围内，承东启西、沿江近海，以建设具有国际影响力的自主创新先导区、现代产业示范区和对外开放合作重要平台为定位，成为落实“一带一路”倡议、长江经济带、长三角区域一体化等国家战略的重要载体。

依托国家级新区和自贸区“双区”并行模式的叠加优势，在国家创新驱动发展战略指引下，江北新区发挥围绕产业链布局创新链，聚焦科技与产业深度融合，打造国际创新策源地，建设芯片之城、基因之城和新金融中心“两城一中心”，在拉开发展框架、优化功能布局、集聚创新资源、打造产业地标、深化改革开放等方面取得显著成效。

在习近平新时代中国特色社会主义思想指引下，江北新区贯彻中共中央推进国家治理体系和治理能力现代化部署要求，深入践行新发展理念，不断深化改革创新。

为探索新区治理法治化的制度根基与法理逻辑，省市党委高位统筹，经系列调研论证，确立了“法治先行”的新区治理法治化建构理念；为构建新区治理法治化的制度框架，江北新区党工委、管委会积极发挥区域管理主体职责，联合各方专业力量，协同创新，陆续出台《南京市江北新区党工委议事决策规则》《南京江北新区法治政府建设实施规划（2018—2010年）》《新区管委会合法性审查工作管理办法》等统领性设计文件；为践行新区治理法治化的共建路径，江北新区对接服务最高人民法院第三巡回法庭，推动设立新区知识产权法庭、自贸法庭，联合成立江北新区仲裁院、组织创设法治园区、支持组建法律顾问专家库，以打造更优法治营商环境。

习近平总书记在中央全面依法治国工作会议上强调，全面依法治国是一个系统工程，要整体谋划，更加注重系统性、整体性、协同性。据此，在江北新区充分践行“法治先行”理念，致力提升新区及自贸区治理法治化水平、营造国际一流法治营商环境方面形成多项改革成果之余，适时总结可复制可推广的有效经验，成为继续在科学理论指导下探索创新的应有之义。

本书即是对江北新区及南京自贸片区自设立以来在治理法治化方面开展的理论探索与创新实践的阶段性回顾：全面梳理江北新区在致力提升新区及自贸区治理法治化水平、营造国际一流法治营商环境，提升依法行政能力、建设法治政府、探索法治化市域治理、推动法律服务机制国际化等方面的理论思考和改革实践，特别是将一系列以归纳、提炼典型性、示范性改革理念及举措为目的的研究成果加以集中呈现，包括南京工业大学马海韵教授与朱忠祥副教授主持的“国家级新区社会治理的实践与探索——以南京江北新区为例”、中国法治现代化研究院杨登峰教授主持的“江北新区三年（2018—2020）法治政府建设评估”、南京师范大学侯菁如副教授主持的“江北新区公平竞争审查制度建设”、南京审计大学刘爱龙教授与秦康美教授主持的“江北新区新金融中心建设的法治保障课题研究”、南京审计大学刘爱龙教授主持的“国外专家来华工作制度环境创新研究——以医疗、法律专家为例”、东南大学于文婕副教授主持的“南京自贸片区全面对接国际通行规则，打造国际一流法治营商环境之思路研究”等课题成果。

本书以新区治理法治化创新为中心主线，展示江北新区在法治理念、制度和实践等多方面的改革举措及其创新性与实效性，主要内容包含七章：第一、二、三章着重于新区治理法治化的理论阐释，在揭示社会治理法治化的科学内涵与层次体系、明确法治化是社会治理现代化的制度根基，以及社会治理有赖于理论与实践的良性互动的基础上，明确提出新区治理法治化的本质是法治国家战略的区域践行，创新性的“先行先试”是体现其应然定位的必然法治要求；第四、五、六、七章则重力呈现新区治理法治化实践创新的各个具体面向，包括法治政府建设、国家级新区与自贸试验片区的“双区”互嵌的特色法治打造、法治营商环境优化构建，以及国际商事争议化解模式创新等。

本书由东南大学法学院肖冰教授主编，负责大纲拟定、全文修改以及统稿。于文婕副教授协助负责撰写、修改、统稿校对等。江北新区综合治理局陈宇副局长承担了统筹策划、课题组协调及统稿的部分工作。初稿撰稿和内容素材提供主要包括：刘冠合（第一、二、三章）、杲沈洁（第五章）、杨登峰教授课题组（第四章）、于文婕（第六章第一、二节）、侯菁如副教授课题组（第六章第三节）、刘爱龙教授与秦康美教授课题组（第六章第四节）、刘爱龙教授课题组（第六章第五节）、于文婕副教授课题组（第七章）。

新区治理法治化是法治国家战略的区域践行。江北新区以“法治先行”为基本遵循，以机制创新为核心，以首创性与差别化探索为路径，以探求符合“双区”个性、切合南京实际、体现江苏特色的高效法治实施体系建设为目标，做出了积极有效的理论与实践探索。江北新区对这些经验成果的适时总结，旨在既助力于自身治理法治化和现代化水平的不断提升，也为在更多国家级新区，乃至全国范围内的进一步推广提供江北智慧与江北方案。

目录

CONTENTS

第一章

法治化：社会治理现代化的制度根基

党的十八届三中全会将“完善和发展中国特色社会主义制度，推进国家治理体系和治理能力现代化”作为全面深化改革的总目标。[①]在国家建设和社会治理方面，要想实现全面推进社会主义经济建设、政治建设、文化建设、社会建设、生态文明建设，建设法治中国，就必须深化司法体制改革，加快建设公正、高效、权威的社会主义司法制度，并落脚于实现保障人民权益、维护社会公益的价值追求之上。法治建设与国家治理体系和治理能力的发展相互契合，共同推进科学完备的法治建设，是国家治理的理论根基、基本方式及重要标志。“在现代国家，法治是国家治理的基本方式，是国家治理现代化的重要标志，国家治理法治化是国家治理现代化的必由之路。”[②]社会治理作为国家治理现代化的重要内容，同样需要国家治理法治化提供理论支撑与制度保障。明确社会治理现代化与国家治理法治化的关系，准确把握国家法治建设作为社会治理现代化制度根基的现实需求，为社会治理提供法治保障机制，方能准确界定社会治理法治化的具体内涵与功能价值，进而掌握社会治理法治化的层次体系。因此，有必要厘清社会治理法治化与市域法治化建设之间的互动关联。

①《中共中央关于全面深化改革若干重大问题的决定》，人民出版社2013年版，第3页。

② 张文显：《法治与国家治理现代化》，载《中国法学》2014年第4期。

第一节 | 社会治理现代化语境中法治的核心作用

社会治理现代化的实现离不开顶层设计和制度建设，包含社会治理开展的总体思路、根本保证、活力源泉、价值基石、实践路径等结构层面和价值维度的具体内容，并通过党委领导、政府负责、民主协商、社会协同、公众参与、法治保障、科技支撑等社会治理理论和实践体系，形成人人有责、人人尽责、人人享有的现代社会治理模式。社会治理现代化模式的探索既是新时代我国社会治理改革的必然路径，也是国家治理现代化建设的重要基石。一般来说，国家治理现代化在研究范畴上内含社会治理现代化，实现“社会治理现代化必须要有法治保障，需要在观念上秉持法治思维，行动中完善法治体系，走依法治理之路”。①法治治理的核心是将法律知识、法律价值、法学原理、法治运行机理融于一体，而法律是用以调整行为和社会关系的规范，就该意义来看，法治具有方法的属性。②因此，法律运行的机制立基于法治要求的思维方法，该种方法是社会治理现代化实现的基本方式和必要手段，即社会治理现代化法治成效实现的必经之路。由此可见，社会治理现代化与社会治理法治化建设存在着难以区分的内在牵连，本就一体两面，可以达到互力共进的效果。法治思想指导社会治理工作的开展，而法治建设保障则推进着社会治理的现代化进程。同时，社会治理的成果直接服务于法治建设，补充并完善着治理能力、治理方法、治理措施等内容。

一、观念导向：法治思维引导社会治理现代化

社会治理作为国家治理的重要内容与核心环节，其法治化发展也是促进国家治理现代化的重要场域，对于法治国家、法治社会的构建起着不可或缺的作用。随着我国社会现代化建设的不断深入，人们越来越注重自身权利的保护，法治思维不断增强，法治意识越发增强，因此，法治思维正在逐渐渗入到社会治理的各环节、各领域、全过程。在民众对法治行政的要求上，“人民群众对于地方政府行使行政权力开展执法活动的行为，既追求效率，又注重是否符合法律程序和范围，要求政事公开，

① 王海：《市域社会治理现代化法治保障问题探析——以贵州省毕节试验区为视角》，载《上海法学研究》（集刊）2020年第12卷。

② 参见陈金钊：《法理思维及其与逻辑的关联》，载《法制与社会发展》2019年第3期。

利用知情权对政府的执法行为开展监督”。[①]基于民众的法治诉求，无论是在行政执法抑或在司法层面，社会治理都更加强调法治思维，追求行政与司法的公正、公开，保护公民的合法权益，以民众权益保障为本位。易言之，在社会治理中融入法治思维，既是地方立法所应贯彻的基本理念，更是执法、司法和守法各环节中必须遵循的基础要件。实现法治思维在社会治理过程中的理念引导，需要关注法治思维在社会治理过程中的形成基础、规则运用及其在国家社会治理中的功能作用。

（一）社会治理现代化孕育法治思维

法治思维的基础是法律思维，法律思维就是通过完善立法体系，运用法律手段化解社会矛盾，其是规则思维、权利义务思维，社会治理的法治思维就是运用法律思维以及道德规范思维综合化解社会治理过程中所面临的各种矛盾和风险，以最终实现社会治理法治化。在社会治理法治化的背景下，到各类社会治理主体受到一定的法律原则或道德准则所支配，当一个社会群体共同受法律或道德规范的支配时，或者说当整个社会成员共享一种普遍的法律原则或道德准则的思维方式时，则该社会群体或者社会成员就具备了法治的思维方式，这是实现社会治理现代化的法治化主体保证。法治思维方式并非一蹴而就或者自动生成，而是有其客观的形成规律，并建立在诸多内外在因素的基础之上。个人学习与掌握法律知识的能力与程度是形成法治思维所需具备的微观、内在的前提和基础，而国家法治现代化理论和实践的有效展开，则是法治思维形成所需具备的外在的、社会的基础。因此，某一群体或者整个社会成员的法治思维需要国家或者某区域法治实践作为孕育土壤。社会治理过程中所流露出来的法治元素，即运用法律逻辑或思维方式去分析社会治理过程中所遇到的问题，并通过法律规则去关注解决问题的路径和方法。当社会治理过程中运用法律发现、法律解释、法律推理、法律论证的思维方式进行问题化解时，可以说在该社会范围内具备了孕育民众法治思维的基因元素。换言之，“只有当一个社会在理性选择基础上形成了以法治为主导的社会运作模式，我们才可以说，这个社会的法治思维方式已然形成了”。[②]美国学者杜威明确指出，思维立足于信念，立足于被信以为真的知识，而信念的建立，则需立足于可靠的理由和基础，[③]民众的法治思维之形成主要由社会实践对法治信念的不断强化而完成，思维在对客观事物之形态产生主观感受的基础上，通过主体的活动经验和行为历程而受感染，尤其是“对符号表象的感知和记忆，它兼情感、经验、知识、想象、逻辑推理，同时会加入主体

① 曲亚囡、李雪妍：《市域社会治理现代化的法治思维与法治路径》，载《佳木斯大学社会科学学报》2021年第1期。

② 杨建军：《法治思维形成的基础》，载《法学论坛》2013年第5期。

③ 参见［美］约翰·杜威：《我们如何思维》，伍中友译，新华出版社2010年版，第3—7页。

的价值理想、道德观念、审美意识，是感性、知性、理性的统一”。[①] 人们会根据自己对于其所处的社会生活的观察、感受和经验，从而根据自我判断作出真实、理性的行为预测和行为选择。社会治理现代化的实践便是社会成员法治思维形成的现实基础，社会治理的现代化程度越高，其法治化程度必然越深入，在依法治理模式下的社会行为和私人行为必将会把法治作为行事的第一准则，所以说，社会治理的现代化将会孕育社会主体的法治思维。

（二）法治思维回应社会治理新问题

社会治理现代化必然需要面临和应对社会治理的新问题。从法社会学的立场来看，随着社会的不断进步，社会主体交往行为中的利益结构关系亦在发生变化，既有旧的法社会关系消亡又有新的关系产生，诸如人工智能、物联网等新兴事物的产生必然会引发新的社会治理困境。因此当新的事物产生引发新的社会矛盾的出现时，便需要新的立法作出回应。首先，新的社会治理规范的制定应以法治思维的逻辑为先导。制定新的法律规范需要严密的逻辑性，即运用法理思维与法治思维构建新的法律行为规制思路。此种行为规制的逻辑关系较为鲜明地体现了法治思维所具有的逻辑性，因为“没有逻辑就没有独立性、一般性、概括性、体系性、规范性的法律，也就不存在法律对思维和行为的调控”。[②] 其次，新的利益诉求需要法治思维予以证成。一切社会关系的处理都是利益诉求的表达与满足，新的诉求的发掘或产生会引发对新型权利的思考。而在人们具体的交往中实现权利表达，这必然需要法治思维予以回应，即通过规范意识和法律对相关事实和思想的规范表达将利益诉求在社会交往的结构中予以展现。最后，新的治理关系中出现的社会主体需要法治思维予以确认。法治思维体现为以法治方式来治理社会的主体意识，该主体涉及包括“公、私”主体范畴在内的一切社会法律主体，包括治理行为主导者与被调整对象。当治理行为由于社会公共利益而触及被调整对象的主体利益时，被调整对象往往为实现自我利益的最大化而质疑治理行为实施主体的公共决策行为。一旦被调整对象具备相应的法治思维或者规则意识，其便会通过合法、合理且正当的法律程序维护自身权益，该过程既是对社会治理行为实践主体的情感认同，又是对其作出的法律确认。当然，通过法治思维解决治理纠纷，也可达到促进社会公平，建设正义社会的价值目标，以“实现权利公平、机会公平、规则公平、司法公正”。[③]

---

① [美] 约翰·杜威：《我们如何思维》，伍中友译，新华出版社2010年版，第305页。

② 陈金钊：《法治是被定义的生活——关于法治逻辑的意义探寻》，载《探索与争鸣》2019年第7期。

③ 张文显：《法治与国家治理现代化》，载《中国法学》2014年第4期。

（三）法治思维推进社会治理现代化

人们对法治命题的思考更多采用结合、融贯、统一、协同的思维方式，即通过运用法律治理社会的整体思维指导社会治理。在明确法律规范的整体指引之下，在行为上依法办事，在裁判时做到“一断于法”，治理时实现“以法治区”，全方位落实法治思维，将社会治理的现代化推向法治化道路。[①]法治建设是运用法治思维推行“法治国家、法治社会、法治政府三位一体建设”，这就需要以党中央所提出的系列社会治理新思想为引领，将法治建设与道德建设、社会建设、党规建设相结合，推进社会治理法治实践创新。在系列社会治理新思想中，法治思想对社会治理的法治化发挥了引领、规范和保障的作用。

1.强化以“人民为中心”的主体理念

法治思维强化了以“人民为中心”的主体理念，人民是推动社会治理现代化的实践主体和受益主体。中国特色社会主义法治道路始终贯彻“以人为本”的价值取向和实践品格，人民群众是社会实践的主要参与者，是实现社会治理现代化的主体力量，也是取得个体生存与发展利益的价值主体。法治思维作为社会治理法治化的逻辑起点与制度终点，将法治思维与党的群众路线有机统一，就是以维护与实现人民群众根本利益的出发点和落脚点，使国家权力行使与公民权利保障得以持续互动。在社会治理多元主体的内部进行法治理念与相关法律知识的宣传教育，促进形成运用法治思维参与社会治理、解决社会问题、化解社会矛盾纠纷的模式。[②]社会治理的实施主体应带头提升法治素养，运用法治思维加强依法行政、依规办事的能力，树立良好的法治形象；社会治理的其他主体也要养成依法参与社会治理现代化进程的公民法治意识，参与者通过运用法治原理和思维方式参与公共事务，运用法治思维统一社会治理所涉主体的价值认知。

2.构建法治理论指导工作的思维方式

法治思维是构建社会治理法治理论的基本要求和思维方式，社会治理现代化需要法治思维进行理论滋养。“社会治理现代化”是根植于社会主义治理丰富实践，在对数千年治理文化进行创新性挖掘，对域外治理文明成果进行创新性转化过程中所形成的最具原创性、标识性的范畴体系。[③]我国社会治理理论经过多年的发展，已

① 参见陈金钊：《法治是被定义的生活——关于法治逻辑的意义探寻》，载《探索与争鸣》2019年第7期。

② 杜熙：《人民至上视阈下社会治理现代化的基本思路》，载《江苏社会科学》2020年第6期。

③ 参见徐汉明、邵登辉：《以社会治理法学“三大体系”的构建助推社会治理法治化——第五届法治社会·长江（国际）论坛“社会治理法学50人谈”会议综述》，载《中南民族大学学报（人文社会科学版）》2019年第6期。

经形成由“法制治理”“实践治理”“善治治理”“软法治理”“协商治理”“合作治理”“参与全球治理”等多维理论构成的社会治理理论体系，这一社会治理体系处处贯彻法治理念，以法治逻辑为理论基础，以法治方式为理论要求。法治思维补充和完善社会治理现代化主要表现在理念补充、方式优化及体系健全等方面。其一，以法治思维凝聚社会治理共识。全面依法治国能有效保障国家社会治理体系各环节的系统性、规范性、协调性和适用性，能最大限度地凝聚社会共识，充分发挥社会治理的价值效能。将法治内化为政府和公民的观念自觉和行动自觉，同时把社会主义核心价值观熔铸到法治建设中，以法治规范社会行为、引领社会风气，共建、共治、共享秩序良好又充满活力的社会。[①]其二，以法治方式规范社会治理路径。法治是制度之治的理论保障，良法善治可以强化制度思维，加强社会治理的立法制度供给，完善社会治理行为规范体系。由此，应当以法治有机统一为前提，善用地方立法权解决地方社会治理中的差异性问题；以法治思维行使公权、保障私权，实现社会治理过程的矛盾化解、风险防控。其三，以法治思路健全社会治理体系。在社会治理过程中，需要健全法治路径以突破社会治理中的制度缺陷，增强治理的整体性、系统性、协同性，以推进社会发展的城乡一体化建设，注重社会治理的多元主体协同，强化社会治理制度执行的融通与贯彻。

3.健全公共法律服务保障的制度机制

法治思维是健全和完善公共法律服务的思想源泉，公共法律服务具有引领和保障社会治理现代化转型的制度动能和治理效能。为实现全面深化改革、全面推进依法治国的战略布局以及建设法治中国、法治政府、法治社会，践行法治思维治理社会的宏伟目标，我们党在《中共中央关于全面推进依法治国若干重大问题的决定》中明确指出：“推进覆盖城乡居民的公共法律服务体系建设，加强民生领域法律服务。完善法律援助制度，扩大援助范围，健全司法救助体系，保证人民群众在遇到法律问题或者权利受到侵害时获得及时有效法律帮助。”党和国家将公共法律服务体系建设作为法治社会建设的重要内容。同时，国家治理的现代化需要制度化、规范化、程序化和治理手段的数据化、信息化、智能化，所以，国家治理的法治化是国家治理现代化的目标追求，意味着是以实现中国特色社会治理现代化水平的全面提升，而社会治理现代化作为国家治理现代化的必经阶段，也应需要法治化作为制度保障和价值追求。由此可见，社会治理现代化的思维方式与公共法律服务的基本内涵、特征与价值相吻合。其一，公共法律服务的基本内涵、特征契合社会治理现代化的实践内容。公共法律服务是国家或政府基于法律义务上和政治道义所产生的

---

① 葛晓燕：《深学细悟笃行习近平法治思想　推进市域社会治理现代化》，载《人民法院报》2021年3月18日，第5版。

不可放弃、不可转移的国家责任基础和政治伦理，由政府统筹提供相应职能，进行基本公共资源合理配置以实现社会公益担当、保障公民基本权利、维护公民合法权益，实现社会公平正义提供的一般性法律服务。其概念内涵与社会治理现代化建设内容和领域的基本特质相互契合，都体现为“公益化、基础化、常态化、公正化”等基本特征和价值。社会治理所要践行的基本内容就是以公益为目的，以基础建设为着力方向，实现本地区的经济、政治、文化、贸易等全方位多层次的内容建设。当然，从其外延范围来看，理应包含法律服务建设。同样，健全完备的法律服务也为相应的社会治理起到制度保障的作用。其二，公共法律服务的基本价值反映社会治理现代化的建设目标。公共法律服务的基本价值与功能具体表现不一，有学者主张公共法律服务对社会治理体系现代化的制度动能体现在提供共识机制、提供法理学支撑、提供规则生成系统、提供多元解纷途径、提供话语沟通机制五个方面。[①]此外，也有学者主张构建公共法律服务体系更加凸显其促进社会公平正义、保障社会和谐稳定、全面践行依法治国等多维价值。[②]综合来看，法律服务既是法治国家建设的重要内容，同时也是现代化国家建设的基本要求和实践方面。

二、核心要义：依法治国推进社会治理现代化

法治是关乎国之兴亡的大事，是保障民众生活和维护社会秩序的思想结晶，全面依法治国是中国特色社会主义的本质要求和重要保障，是我国在国家治理领域的一场深刻变革。[③]法治国家的建设涉及社会治理的方方面面，大到顶层设计，小到具体实践，都需要依照法治予以规范，全面依法治国是法治国家建设的中心工作与核心内容。中国特色的依法治国方略实施既注重法律的明确性、稳定性、程序性等一般形式要求，又强调坚持党的领导、以人民为中心、公平正义等实质内涵，展现出其具有鲜明中国特色社会主义法治特征。[④]习近平总书记在中央全面依法治国工作会议上指出，全面推进依法治国，要全面贯彻落实党的相关会议精神，围绕建设中国特色社会主义法治体系、建设社会主义法治国家的总目标，坚持党的领导、人民当家作主、依法治国有机统一，以解决法治领域突出问题为着力点，坚定不移走中国

① 参见杨凯：《公共法律服务：市域社会治理体系和治理能力现代化新视野》，载《现代法治研究》2020年第1期。

② 参见郭名宏：《公共法律服务体系有效推进的价值、困境与超越》，载《社会科学家》2016年第8期。

③ 江必新：《习近平法治思想的逻辑体系与理论特征》，载《求索》2021年第2期。

④ 参见张龑：《习近平法治思想中的法治观》，载《新疆师范大学学报（哲学社会科学版）》2021年第1期。

特色社会主义法治道路，在法治轨道上推进国家治理体系和治理能力现代化，为全面建设社会主义现代化国家、实现中华民族伟大复兴的中国梦提供有力法治保障。[①]由此可见，法治是国家治理体系和治理能力的重要依托，国家治理体系和治理能力现代化需要以法治为保障，以全面依法治国为社会治理手段的核心。同样，也应在社会治理法治化的轨道上推进社会治理体系和治理能力现代化。社会治理现代化作为依法治国社会实践的系统集成，需要坚定法治道路、夯实法治理论、健全法治体系、吸取法治文化，扎实跟进以全面依法治国作为社会治理现代化的基本方式、本质要求以及风险防范的应对手段。

（一）全面依法治国：社会治理操作标准

全面依法治国为社会治理提供科学化的理论基础与制度化的顶层设计，为构建社会治理全方位法治体系提供法治观念指导。依法治国要求社会治理的全过程应在坚持中国共产党的领导下开展治理布局，坚持依法治区、依法执政、依法行政共同推进，以法治国家、法治政府、法治社会一体建设为整体布局落实推进科学立法、依法行政、公正司法、全民守法，通过全面依法治国在社会治理的实践落实，统筹协调“深化改革、从严治党、建成小康社会”的总体目标，将依法治理手段嵌入“物质文明、政治文明、精神文明、社会文明、生态文明”建设的方方面面。其一，“依法治国”明确要求社会治理应坚持党对社会治理过程的全面领导，发挥党的领导作用，同时也强调坚持政府主导、社会协同、公众参与，以依靠人民群众这个最大多数调动区域治理活力，调动人民群众社会治理建设的积极性，保证人民广泛参与。其二，“依法治国”贯穿社会治理法治体系，注重法治能力建设，在国家立法的基础上构建本区域依法立法的规范体系与制度建设，保障执法、司法、守法等环节的法治建设的同时强调制度设计，以法为基实施具体的法治实践。将社会治理实践在当前法治体系的框架下开展，既重视法律的强制力和规范作用，坚持依法治区、依规治党，又重视道德的教化作用，坚持以德治区、以德治党，建构社会治理过程的德法配套格局。其三，“依法治国”为社会治理五位一体谋篇布局。依法治国强调经济、社会、文化、政治、生态等领域法治的一体建设，在社会治理中注重解决“五位一体”重心领域的常态化法律治理难题，抓住问题导向、重点领域和关键环节，运用法治思维解决经济发展、文化法治、法治政府、科技创新、公共卫生、生物安全、生态文明等领域涌现出的新问题。

① 参见习近平总书记2020年11月17日在中央全面依法治国工作会议上关于《坚定不移走中国特色社会主义法治道路　为全面建设社会主义现代化国家提供有力法治保障》的讲话。

（二）全面依法治国：法治建设本质要求

习近平总书记指出："法律的生命力在于实施，法律的权威也在于实施。"[①]依法治国要求社会治理应该将法律信仰与法律实施落足于社会治理实践，这就必然"需要提高各级党委和行政执法部门运用法治思维和法治方式的能力，从而提高依法执政的水平，为依法治国实践提供坚实的保障"，[②]将法治的核心价值理念融入社会治理的方方面面。全面依法治国实质标准要求社会治理应当坚持党的领导、秩序维护、发展保障、安全稳定、权力监督和人权保障等要求。

1.坚持中国共产党的全面领导

坚持"中国共产党的领导"这一中国特色社会主义的本质特征必须得到持续强化。习近平总书记曾在不同场合反复强调，全面推进依法治国，绝非削弱党的领导。一方面，党的领导是中国特色社会主义的制度优势，坚持党的领导，也是确保中国特色社会主义法治独有的政治优势。在经济社会建设过程中，党的领导恰恰是我们攻坚克难的绝对政治保障，是不可动摇的政治根本。另一方面，党的领导与全面依法治国之间具有深刻紧密的联系。中国共产党是先进的共产主义政党，几十年发展而来的中国特色社会主义法治理念告诉我们，全面依法治国能够保障强化党对各级各项事务的领导，党的领导的不断增强在一定程度上表征着全面依法治国的基本成效。

2.维护中国特色社会主义法治秩序

依法治国内在要求是中国特色社会主义法治秩序可以得到全面、有效的维护。习近平总书记指出，努力推动形成办事依法、遇事找法、解决问题用法、化解矛盾靠法的良好法治环境，在法治轨道上推动各项工作。[③]这是中国特色社会主义法治社会秩序的应有表现，也是党领导下的法治秩序的规范性、实践性、系统性的体现。这是当下所处的百年变局中谋生存、谋发展的关键时期，需要加强党的领导对法治建设的引领作用。"办事依法"主要表现为对国家公权力机关的限制，这是依法治国价值内核的必然体现。"遇事找法"是对公权力机关依法办事的再一次强调，也是对人民群众知法、懂法、用法的应然期待，如此以及时获得权利的及时、充分的救济，平复社会矛盾，促进社会和谐。"解决问题用法"将目光直接转向法律实践，要求政府机关必须依法办事，私权利主体依法维权。"化解矛盾靠法"要求坚持以事实为依据、以法律为准绳，让法律规范真正能够解决矛盾，提升经济社会发展的效率。

---

① 《中国共产党第十八届中央委员会第四次全体会议文件汇编》，人民出版社2014年版，第8页。

② 江必新：《习近平法治思想的逻辑体系与理论特征》，载《求索》2021年第2期。

③ 参见习近平：《加快建设社会主义法治国家》，载《求是》2015年第1期，第6页。

3.保障中国特色社会主义市场经济的全面发展

有效保障经济社会发展，促进法治市场经济的深化。李克强总理指出，营商环境就是生产力。经济社会发展受到法治的保障，主要体现在六个方面。其一，法律规范是调整社会权利义务关系的核心手段。在经济社会发展的过程中，必然会产生一系列的权利义务关系。没有无权利的义务，也没有无义务的权利，只有通过法治确定好权利义务的边界，才能有效实现定分止争，经济社会发展才有活力和动力。其二，通过法治明确经济社会活动规则，为经济、科学技术的发展创造良好的制度环境。不确定性、不可预期性是经济社会发展的“天敌”，而作为规则之治的法治恰好可以为经济社会行为提供预期。通过法治可以增强社会交往的能见度，有效维护经济社会发展过程中的交易秩序。其三，通过法治保护经济社会发展成果，尊重保护社会私主体的合法权益。经济社会的发展是社会积累财富的过程，如果创造出来的财富得不到有效保障，社会主体便会缺乏进一步创造财富的积极性。其四，秩序价值对于私主体正当权益的实现，以及国家与社会的稳定持久具有重要意义。国家安全和社会稳定是改革发展的前提，只有在国家安全和社会稳定的环境下，改革发展才能不断推进，人民群众的现实利益与未来利益才能得到全面保障。法治是保障安全和稳定的利器，能够为解决问题、化解矛盾、消除风险提供制度化方案。通过法治保障安全和稳定，方能实现长久安全、长期稳定。其五，“把权力关进制度的笼子里”，权力应当受到有效制约和监督。对公共权力的制约和监督，是任何法治形态的基本要义。只有约束好公权力，国民的权利和自由才有可能充分实现。通过法治科学配置权力，将权力关进制度的笼子里，为权力的行使设定正当目的及合理基准，使违法或不当行使权力的行为得以及时有效地纠正，使遭受公权力侵害的私益得到及时赔偿或补偿。其六，人权得到切实尊重和保障。人权得到切实尊重和保障，是党的十八大提出的全面建成小康社会的目标之一。在法律意义上，权利最重要的特质在于，它是通过国家法律认可的主要由公民享有，并由国家强制力保障不受侵犯的法律化利益。法治是治国理政的基本方式，更是权利保障的最有效手段。习近平总书记强调：“要把体现人民利益、反映人民愿望、维护人民权益、增进人民福祉落实到依法治国全过程，使法律及其实施充分体现人民意志。”[①]这既是依法治国的必然要求，也是检验依法治国成效的实质标准。

（三）全面依法治国：治理风险应对手段

社会风险可以变现为现代科学技术、不可控外在因素等对人们生存环境产生的威胁，通过不断扩大该概念的适用范围，使之与反思的现代性理论联系在一起，从

① 参见:《习近平全面依法治国新理念新思想新战略十论》，载《理论导报》2019年第12期。

而抽象为一个具有普遍意义的概念，以揭示现代性对人类产生的影响。[①]现代社会的风险较之于传统社会风险具有鲜明的时代特性，主要表现为“人为性、技术性、伦理性、延伸性以及不确定性”等特质。现代社会是一个高度复杂的社会综合体，也是一个充满风险性的社会，对于因各种风险引发的重大紧急状态，同样需要社会治理坚持法治道路。当然，除社会治理本身可能发生的自在风险外，还需要全力规避全球化进程中西方发达资本主义国家工业现代化过程中所经历的“现代性危机”以及“社会风险”。

针对社会治理可能发生的风险危机，不应消极应对，而应理性地防范和避免社会治理过程中可能产生的风险因素与风险结果。换言之，全面依法治国可以有效地避免社会治理现代化进程中可能发生的风险危机，进而确保社会中民众的生命财产安全，维护社会发展的和谐稳定。通过法治思路应对社会风险应当明确法律在社会治理中的作用以及定位，应用科学的法治思维指导风险的预防和化解。

第一，以塑造风险社会的法律理念来规避风险发生概率。从严格意义上讲，无论是理论建构的风险还是社会生活实践中的风险都是无处不在的，社会治理的每个环节或者领域都没有绝对的安全，可能或多或少存在一定的风险，确立风险社会法治理念，以法治严格把控社会生产生活的安全环节，进行有效的风险预防。

第二，保证政府行政执法效能的充分实现，坚持政府干预行为的合法性。对于高风险的社会行为，私人无法有力地进行遏制与监控，只有政府以其强制力代表社会群众整体利益进行风险行为限制，才能避免社会治理中可能发生的不可控、大规模、危险性的风险行为发生。

第三，依法治国绝非只是要求法治成为唯一治理标准和道路，依法治国还要求社会治理现代化风险化解应在法律的基础上，兼顾对伦理规制、行业规制的原则和手段以及自律规制的判断与审视，以构建出社会治理社会风险防范与规制的多元互动体系。

三、治理保障：法律服务保障社会治理现代化

社会治理现代化需要公共法律服务提供相应的治理保障，只有建立全面、便民的法律服务体系才能有力杜绝和抵制社会治理过程中的违法违规行为。公共法律服务体系建设必须以维护社会公平正义作为其根本出发点，这不仅符合人类行为选择的逻辑，更反映了我国深化体制改革的内在要求。[②]值得注意的是，公共法律服务应当是社会主

① 参见倪斐：《风险社会中的宏观调控及其法律规制》，载《江海学刊》2011年第2期。

② 徐尚昆：《推进公共法律服务体系建设的理论探讨》，载《中国特色社会主义研究》2014年第5期。

体共同参与的活动，政府、社会组织、公民个人以及专业法律机构等应立足于自身优势和自身职业要求进行分工协作，共同不断探索、不断优化法律服务的动态过程。

（一）体现核心价值法治理念

从法治观念培养的角度，法律服务体现核心价值法治理念。中共中央印发的《社会主义核心价值观融入法治建设立法修法规划》要求将社会主义核心价值观全面融入社会主义法律体系，该法律体系不单指法律规范与相关制度，还包括法律实施。其中，法律服务是法律实施过程的重要一环，既包括司法服务也包括执法服务。该规划指出推动社会主义核心价值观入法入规，必须坚持党的领导、坚持价值引领、坚持立法为民、坚持问题导向、坚持统筹推进。社会治理所配套的法律服务涉及社会的多个方面，不同层次或类型的法律服务所体现的核心价值亦有区别，其具体表现为：环境公益诉讼与法律监督体现了文明、和谐的价值目标，法律对环境的保护是文明与福祉价值的深切表达，更是人与自然和谐共生的生态文明理念的诠释；建立国际化法律服务创新机制，是自由、平等、公正的价值取向，通过公平的国际纠纷化解机制，提供平等协商对话、公正诉讼裁判，实现贸易双方对纠纷处理结果达成合意，维护双方当事人的根本权益；加强政府法律顾问工作与律师服务管理制度，则体现了社会治理实现法治化的目标追求……由此可见，社会治理法律服务体系的建立和完善就是核心价值融入法治建设的真实体现，通过公共法律服务体系建设全面推进依法治国方略，建设法治地方、法治社会和法治中国，必将“有利于全民法律知识的有效传播和全社会法治文化的日渐生成和持久弘扬；有利于促进社会公平正义，保障人民安居乐业；有利于平安中国、法治中国的内涵发展和外延拓展；有利于维护社会和谐稳定和国家长治久安，最终必定更有益于不断夯实执政党的执政基础，全面维护执政党的执政安全”。①

（二）推进社会治理现代化举措

就社会治理制度保障的层面，公共法律服务体系的建设是推进社会治理能力现代化的重要举措。公共法律服务在本质上属于国家或政府统筹配置资源、提供公共服务保障社会法治运转的手段，主要着手于“法治宣传教育”“法律援助”“公益性法律服务”和“矛盾纠纷预防化解”四大类别。公共法律服务体系建设的根本目的是要维护社会的公平和正义，确保公民的基本权利和合法权益。而司法公正和社会公平正义是法律服务建设的根本目标，因而“在公共法律服务体系建设以及社会治理现代化进程中，必须重新审视并充分认识‘公正’对于人类秩序构建的核心作用

① 刘炳君：《当代中国公共法律服务体系建设论纲》，载《法学论坛》2016年第1期。

和地位”。[①]其一，法律援助和公益性法律服务增强了法治信服力和感染力。通过推进法律援助参与以审判为中心的诉讼制度改革，健全依申请法律援助工作机制和办案机关通知辩护工作机制，加强法律援助值班律师工作，依法保障诉讼当事人的合法权益，增进人民大众对法律的认可，增强民众法治意识。其二，法治宣传教育培养民众法律意识和思维方式。“只有亿万中国人的价值观念以及行为中，有关法治的价值理念占有一席之地并形成一种法治文化，进而成为中国特色社会主义文化中的一部分时，我国的法治才有了真正坚实的社会人文心理基础。”[②]法律必须被信仰，否则它将形同虚设，普法宣传让民众知法、用法、守法，以法律武器捍卫自我权益，维护社会整体利益，只有人人都能认识法律、了解法治精神，法律才能成为人们自觉遵守的规则，内化于心，外表于行，法的意义、法的精神才能真正展现出来，法治的理想才能最终落地。

同时，法治化作为社会治理现代化的制度根基，是开展社会治理工作的理论与价值标尺。首先，法治引导社会治理现代化的生成与演化，并构成社会治理现代化的治理内容。通过现代法治为社会治理注入“良法、善法”的基本价值，提供区域社会治理的创新机制，诠释对美好生活创造与治理的价值认知。法治在理念引导、制度推进以及目标追求等方面与社会治理现代化的内在逻辑具有紧密的关联性，其对社会治理现代化具有根本意义和决定作用。其次，在法治国家的基础之上，将法治价值内嵌于“政府—基层—社会”这一社会空间治理体系的各个环节，是国家治理法治化科学内涵在层次体系上的现实呈现。“法治指向的是一个自由、公正的现代社会，内嵌了这类现代社会在形式和程序上的特征与要求，因而必然构成一个社会的道德理想”[③]，因而，法治所表现的形式原则并不必然满足于现代社会之正义要求，还需说明法治何以是能够确保社会基本结构之公正的实质原则以及如何成为实现社会正义要求的程序原则。在政府治理、地方治理以及社会治理等领域内嵌入法治要求与理念，以法治建设为目标，并运用法治手段实现社会治理的现代化，便是社会治理法治化科学内涵实践化的表现形式。最后，社会治理也应遵循国家法治运行的层次体系与实践环节。在全面推进依法治国的指导思想、总目标、基本原则和重大任务的总体框架之下，进一步明确社会治理法治化的方向，扎实推进社会治理法治化环节的各项任务落实，需要立法、执法、司法、守法以及法律监督的共同协作。同时，亦需做好法治起点至终点任务的技术评估，以使社会治理法治工作的推进更加高效、科学、权威与现代。

---

① 徐尚昆：《推进公共法律服务体系建设的理论探讨》，载《中国特色社会主义研究》2014年第5期。

② 张瑶：《法治精神：全面推进依法治国之魂》，载《扬州大学学报（人文社会科学版）》2015年第2期。

③ 杨建：《法治社会的内在逻辑》，载《东南大学学报（哲学社会科学版）》2020年第1期。

第二节 | 社会治理法治化的科学内涵

只有深刻揭示和诠释社会治理法治化及其研究范畴的科学内涵，为社会治理法治化的谋略、政策、规则及其制度行动提供法理支持，方能压实社会治理主体的治理责任、凝聚共识、调度资源、释放潜能、激发活力提供学理支撑。在社会治理过程中应当妥善处理社会治理与国家治理、基层社会治理的关系，为社会治理在把握机遇、谋划政策、实施行动方面精准发力，有效发挥社会治理承上启下的地位及其功能作用。中央、地方有关推进社会治理现代化的顶层设计、战略布局做到精准对接、有效展开，形成社会治理与国家治理的有序衔接，从而为加快推进社会治理法治体系与法治能力现代化，打造共建共治共享社会治理新格局拓宽渠道、提供新的路径选择。①社会治理现代化的科学内涵不仅应当注重提炼法治手段，还应时刻关注法治成效等方面，应当肯定良好的法治成效既是全面依法治国社会实践的目标实现与理论追求，也是社会治理现代化的治理目标。

一、主体法治：政府治理的抓手效应

中国特色社会主义新时代是坚持和完善中国特色社会主义制度，推进国家治理体系和治理能力现代化的新时代。国家治理体系和治理能力现代化，既是改革总目标，又是改革方法论，还蕴含着改革辩证法，具有开启新时代中国治国理政和政府治理范式转换的重大理论与现实意义。法治政府建设作为新时代全面依法治国的重点领域和关键环节，是新时代全面深化改革的应有之义，必须置于新时代国家治理体系和治理能力现代化的总体进程中来理解和把握，也必须遵循新时代国家治理现代化的总范式。这一总范式引领下的新时代法治政府建设具有多维度的质的规定性。在根本动力上，人民日益增长的美好公共生活需要同政府治理发展不平衡不充分之间的矛盾，是新时代社会主要矛盾在政府治理领域的生动投影，由此催生着政府治理深刻变革。

（一）总体思想

在政治方向上，新时代法治政府建设必须坚持党的领导，既不能回到计划经济体制下高度集中、僵化封闭的老路，也不能滑向政府治理体系混乱、政府治理能力

---

① 徐汉明：《市域社会治理现代化：内在逻辑与推进路径》，载《理论探索》2020年第1期。

涣散的歧路。在价值依托上，新时代法治政府建设要始终坚持“以人民为中心”的发展思想，坚持人民主体地位，尊重人民首创精神，不断满足人民对美好公共生活的向往和需求。在目标任务上，要以发展和完善中国特色社会主义依法行政事业，推进政府治理体系与治理能力现代化为总目标，实现党和国家确立的一系列法治政府建设战略任务。在推进方式上，新时代法治政府建设呈现出顶层设计与摸着石头相结合的“双线推进”模式。在方式方法上，治理现代化也具有方法论上的统摄意义，管制、管理、服务都是推进治理现代化的方式，都是政府治理工具箱中因事因地制宜的方法。

（二）具体表征

政府治理现代化是中国特色社会主义建设的具体表征。政府治理现代化是一个系统工程，应当将国家治理体系和治理能力现代化作为重要路径，在这一过程中实现党的政策方针落地、政府治理效能的提升，并从根本上体现为人民服务的宗旨，建设服务型政府。近年来，系统论思维在学术研究与政府实践中获得较多关注，“在法治中国的建设进程中，我们的思维方式经历了从法律思维到形式法治思维，再到实质法治思维的转变。这是一个生成的过程，而非一种现成的结果”[①]。以政府信息公开条例为核心的传统信息公开制度，强化政府行为合法性及方便群众的意识。从更高层次的政府治理现代化角度来看，信息公开除了做好与群众切实相关的信息披露以外，还必须通过公开促进公共治理的提升，充分发掘出“公开”的制度红利。无论是“信息公开”还是“政务公开”，表明“公开”正走向细化和深入。全面推进政务公开意味着，政府治理的全过程充分透明，随时通过公开治理的各个环节，获得更多的民主讨论，得到更多的及时监督，从而提升政府治理的实践理性。[②]基于国家治理现代化的总目标，党的十九届四中全会以“坚持和完善中国特色社会主义制度、推进国家治理体系和治理能力现代化”为主题，系统全面集大成地以“中国之治”应对“时代之变”，开辟了新时代推进国家治理现代化的新境界。

（三）重点要求

在推进政府治理现代化的问题上，党的十九届四中全会《决定》除在第四部分重点要求“坚持有法必依、执法必严、违法必究，严格规范公正文明执法，规范执法自由裁量权，加大关系群众切身利益的重点领域执法力度”外，还在第五部分

① 陈锦波：《法治中国建设进程中的思维方式演进——一个社会系统论的视角》，载《内蒙古社会科学（汉文版）》2019年第6期。

② 王旭：《有效公开，提升政府治理能力》，载《人民日报》2016年2月22日，第5版。

“坚持和完善中国特色社会主义行政体制，构建职责明确、依法行政的政府治理体系”中，明确提出“必须坚持一切行政机关为人民服务、对人民负责、受人民监督，创新行政方式，提高行政效能，建设人民满意的服务型政府”，系统部署了完善国家行政体制、优化政府职责体系、优化政府组织结构和健全充分发挥中央和地方两个社会治理机制等重大改革任务。党的十九届五中全会将“国家治理效能得到新提升”确立为“十四五”时期经济社会发展的主要目标之一，描绘了“社会主义民主法治更加健全，社会公平正义进一步彰显，国家行政体系更加完善，政府作用更好发挥，行政效率和公信力显著提升，社会治理特别是基层治理水平明显提高，防范化解重大风险体制机制不断健全，突发公共事件应急能力显著增强，自然灾害防御水平明显提升，发展安全保障更加有力，国防和军队现代化迈出重大步伐”[①]的国家治理现代化宏伟愿景，进而明确部署了“建设职责明确、依法行政的政府治理体系”的改革任务。中央全面依法治国工作会议进一步将“坚持在法治轨道上推进国家治理体系和治理能力现代化，坚持建设中国特色社会主义法治体系，坚持依法治国、依法执政、依法行政共同推进，法治国家、法治政府、法治社会一体建设”明确为习近平法治思想核心要义的重要内容，再次凸显了政府治理现代化和法治化在国家治理现代化和全面依法治国伟大实践中的重要地位。

二、法治理念：法律治理的基本导向

现代法治作为社会治理现代化、规范化和本土化的重要衡量标准。社会治理的法治建设表现为“依法治国”“依宪治国”的下位含义，即我国社会治理法治化，极具社会主义的性质和中国特色的本土特征。在社会治理中，社会组织和社会成员的法治意识淡薄，以及地方执法人员对法治思维和法治方式的忽视，都容易导致社会治理的失范。[②]对此，党的十九届四中全会《决定》要求，“坚持和完善中国特色社会主义行政体制，构建职责明确、依法行政的政府治理体系”。党的十九届五中全会也明确提出，“建设职责明确、依法行政的政府治理体系”。治理区域紧密结合地方和工作实际，进一步深化机构和行政体制改革、继续深入推进街道体制机制改革，补齐短板，确保各项制度更加完备，不断提升治理水平，破除阻碍经济社会发展的体制机制障碍，助力社会治理法治建设。

---

①《五中全会释放未来中国发展重要信号》，载《新理财》2020年第12期。

② 唐瑞芝、胡荣涛:《论主体多元化视角下推进社会治理精细化建设》，载《江西理工大学学报》2018年第2期。

（一）深化机构和行政体制改革

党的十九大报告深刻阐述了党和国家事业的新形势对组织结构和管理体制的新要求，就如何深化机构和行政体制改革作出重要决策部署。社会治理法治化应当积极推进政府机构和行政体制改革创新，深入探索扩大深化改革的领域和内容，进一步推进简政放权、职能转变、放管结合、优化服务，加快推进社会治理主体依法治理的体系建设。具体而言，建议按照分类管理原则进一步明晰机构职能，厘清各部门法治政府建设项目清单，同时进一步细化、健全并动态调整权责清单体系，积极承接并转化落实下放的经济社会管理权限；全面推进社会治理主体依法治理各项职权制度化、规范化、程序化运行；围绕协同管理、权责一致、精简高效的目标，系统设计职能机构、产业平台和街道职责体系，持续推动机构设置、职能配置、工作流程与中央和省、市机构科学对应、有效衔接、协同运转，严格机构编制管理，统筹利用行政管理资源，节约行政成本；继续推进公务员聘任制改革，强化竞争择优、以事择人导向，坚持竞聘上岗、以岗定级、以岗定薪，推动实现身份管理转向岗位管理；优化绩效考核评价体系，将考核结果与奖惩措施直接挂钩，健全并完善“鼓励激励”“容错纠错”“能上能下”三项机制。

（二）深入推进街道体制机制改革

基层是各种问题和困难最集中的地方，基层工作能否做好直接影响社会的稳定，也是对治理能力和治理水平的严峻考验。当前经济社会高速发展，与之伴随而来的是不确定风险的增加以及一系列民生问题亟待解决，而化解经济社会发展风险的出路在基层，解决各类民生问题的出路亦在基层。街道管理体制机制的有效运行是市域治理体系和治理能力现代化的重要体现，是保障市域治理各项事业健康有序长效发展的重要依托。在下一阶段的法治政府建设中，基层治理应积极整合街道职能，构建以基层治理特点为导向、面向群众、简约高效的街道管理体制机制。具体而言，应当坚持党对街道工作的全面领导，深入落实区域化党建工作联席会议机制，全面推进辖区内各领域党组织互联互动，充分发挥街道党工委协调各方、领导基层治理的核心作用；厘清街道职责边界，编制街道职责清单，统筹优化基层管理架构，建立健全简约高效的基层管理体制；进一步整合街道机构人员，突出街道服务职能，增强在编人员配备数量；进一步完善激励机制和基层考核评价机制，突出公共服务考核指标权重，弱化经济考核指标比重。

三、法治方法：社会治理的协同支撑

严格意义上，新型社会治理是国家治理现代化的重要切入点，这是从空间上的对比联系所得。而从主体标准来看，更新传统的社会治理理念，建构“多层次、全方位、大系统”的新型社会治理格局能够以更加宏观的层次实现对社会治理加以涵摄，并在这一过程中通过社会治理基本的共性经验，实现对社会治理的规范化发展。改革开放40年间，中国社会治理在体制机制突破、经济转型升级、治理方式本土化等方面不断发展，积累了相对丰富的社会治理经验。在社会治理过程中出现的一系列问题最终往往通过规范的方式予以确定，形成普遍效力的、标准化的社会治理规范，并构建出能够协同共进的包括市域社会治理、县域社会治理以及基层社会治理等在内的新型社会治理模式。根据社会发展的新形势，新型社会治理的改革不断深化，如负面清单制度的设立，这对经济特色区域的放管服改革有着实质且深远的影响。社会治理的规范切入对于经济社会治理的规范性、稳定性都将提供强有力的支撑。

同时，社会治理空间层面可以包涵地方治理以及基层治理等多个方面，“地方治理是国家治理的重要组成部分，地方治理现代化是国家治理现代化的一项重要内容，地方治理创新是通向地方治理现代化的必由之路”。①将国家治理、社会治理等理念提升到一个新的水平，地方治理是重要的协作导向。地方治理能够立足于地方社会既有资源，因地制宜地发展地方经济。地方治理可以在巩固原有优势的情况下，实现地方资源与外来资源的合作共赢，真正实现利于民生、利于生态、利于长远的绿色金融。由于地理位置决定了区位条件，区位条件决定了经济社会发展的基本形态，经济社会发展的基本形态又决定了社会治理的基本形态。所以说，对于发达地区与欠发达地区、东部地区和西部地区、沿海和内地的社会治理基本形态一定是有明显差别的，表现在社会治理的重心问题、可用资源和发展阶段都各不相同。优越的区位条件可以为其社会治理提供相对稳定、发达、和谐的大环境，决定其社会治理在社会保障、医疗卫生、公共安全、户籍管理、科教文化方面的重心、程度和路径。②地方配套的基础设施也可以有效支持社会治理的基本物质条件、行动方式和治理效率，提升和创新公共服务的内涵和质量。在实现本区域发展的同时还能实现地方特色资源的辐射输出，以带动地区经济的发展。这种治理上的协同包括产权市场的包容互通，基础设施建设的互助联动等诸多方面，真正拉动经济社会发展，推动社会治理法治化、现代化进程。

---

① 何增科：《地方治理创新与地方治理现代化——以广东省为例》，载《公共管理学报》2017年第2期。

② 参见马海韵：《国家级新区全民共建共享社会治理创新研究》，苏州大学2017年博士学位论文。

第三节 | 社会治理法治化的层次体系

社会治理法治化中的“法治”是被实践证明了的“中国之治”，是系统性、整体性、过程性、协同性的“整体性法治”。[①]从立法、守法再到执法、司法的过程性统合，国家治理现代化的理念贯穿其中。习近平总书记指出：“全面推进依法治国，是解决党和国家事业发展面临的一系列重大问题，解放和增强社会活力、促进社会公平正义、维护社会和谐稳定、确保党和国家长治久安的根本要求。要推动我国经济社会持续健康发展，不断开拓中国特色社会主义事业更加广阔的发展前景，就必须全面推进社会主义法治国家建设，从法治上为解决这些问题提供制度化方案。”[②]此种整体性法治或者说全面推进的思路并不代表法治的运行是一种混沌式状态，而是一种具有系统性、体系性的层次性运行机制，其中充满了现代法治的逻辑思维。对区域和基层社会治理的理解不能停留在城市（地级市）的规划建设层面，这种单向度的理解不利于社会治理法治化的展开。社会的存在，在形式上表现为城市与农村两种社会形态的结合体，社会治理需要统筹推进城乡一体化，这意味着社会治理本身即具有引领性、整合性理念思维，其在社会治理的整体架构中具有独特的、不可替代的规范性内涵。中国特色社会主义社会治理之路，要“把自治、法治、德治结合起来，把系统治理、综合治理、依法治理、专项治理、源头治理结合起来”。[③]总体而言，社会治理法治不仅具有城乡建设发展的重要实践内涵，更具有中国特色社会主义道路的理论内涵。这种宏观与微观、实践与理论之间的交融碰撞，要求社会治理法治建设的每一个环节都应当进行精心敲定、精细布局，实现社会治理中法律运行的良性化，巩固、提升社会治理理念与实践框架的层次内涵。

新时代推进社会治理法治化建设，就是中国特色社会主义法治建设的具体落实与体现，更是社会治理现代化实现的过程，应当稳固国内发展大势，创新应对国际变幻形势，准确把握国内国外双层理论与制度体系，准确、及时、高效和有力地应对社会治理法治化过程的关键问题。“首先，需要科学认识和正确处理发展与法治之间的关系，坚定不移地把发展作为党执政兴国的第一要务，更加充分地发挥法治在全面建设社会主义现代化强国进程中的规范和保障作用，使法治成为推动社会主义现代化强国建设的强大动能与机制保障。其次，在世界发展变动大格局中把握中国

① 龚廷泰：《“整体性法治”视域下社会治理的功能定位和实践机制》，载《法学》2020年第11期。

② 习近平：《关于〈中共中央关于全面推进依法治国若干重大问题的决定〉的说明》，载《中国共产党第十八届中央委员会第四次全体会议文件汇编》，人民出版社2014年版，第68—69页。

③《推进新时代市域社会治理现代化》，载《人民日报》2018年7月17日，第7版。

法治现代化的方位，高度重视当代经济全球化进程的新变化及其对世界法治文明带来的深刻影响，以富有逻辑力量的崭新法治理念、科学法治制度和有力法治实践，鲜明地展现法治现代化中国经验、中国方案与中国道路的独特魅力。”[①]社会治理法治化还应注重理论实施的体系性，将全面依法治国的普遍规律和社会治理的特殊规律相结合，准确把握本区域治理法治化建设的特殊性。既统筹推进全面依法治国各项工作，紧紧抓住建设中国特色社会主义法治体系这个总揽全局、牵引各方的总抓手，又要结合本区域的特殊性使全面依法治国各项工作科学、合理地与社会治理实践紧密结合，加快形成社会治理区域范围内法治化格局，努力构建完备的法律规范体系、高效的法治实施体系、严密的法治监督体系、有力的法治保障体系，形成完善的党内法规体系，以实现社会治理法治化的“零死角”。

一、调整系统完备的立法体系布局

社会治理法治化要寻求规范路径的依托。有法可依是社会治理工作展开的先决条件，科学立法是社会治理工作顺畅的制度保障。科学完备的社会治理规范体系，能够为政府放管控等行政措施提供适当的张力关系。而社会治理体系的优化完备则需要根据社会治理的重难点问题，有效运用地方立法权，制定中长期规划，加快薄弱环节立法。[②]《中华人民共和国立法法》规定，设区市的人民代表大会及其常委会根据本市的具体情况和实际需要，在不同宪法、法律、行政法规和本省、自治区的地方性法规相抵触的前提下，可以对城乡建设与管理、环境保护、历史文化等方面制定地方性法规。由此可见，顶层设计上有利于形成较为完备的社会治理法规体系。[③]从立法、守法、执法、司法的法律运行阶段来看，立法是社会治理现代化的基石。一方面为法律运行提供了基本指引，将公权力的运用引导至社会治理实践的痛点，充分实现社会治理法治体系的实效；另一方面通过激励性规范的机制设置，推动社会、市场等不同维度的主体自发地、积极地、高效地进行市域社会经济、文化等领域的建设和发展。

立法体系布局在本质上是对规范供给现状的优化。以前经济社会建设所面临的问题是“在规范供求不平衡的背景下，层出不穷的经济社会问题如何解决？”[④]当下经济社会建设所面临的问题，已经由供给不足转化为规范供给充足。在这种情况下，

① 公丕祥：《深入推进全面依法治国》，载《人民日报》2018年7月13日，第7版。

② 参见徐汉明：《市域社会治理现代化：内在逻辑与推进路径》，载《理论探索》2020年第1期。

③ 龚廷泰：《“整体性法治”视域下市域社会治理的功能定位和实践机制》，载《法学》2020年第11期。

④ 贾海龙：《从非正式规范到地方法制——中国现代化进程中规范补充供给路径的嬗变》，载《学术研究》2011年第7期。

如何实现规范体系的优化，充分发挥规范体系或者是立法规范体系的合力的问题。这也意味着社会治理立法体系的建设不仅要实现数量上的补充，也要在质量上得以提升。换言之，既要解决规范数量上的供给不足，也要解决规范质量上的供给不足。“精细化立法时代，已不再是单纯强调法律的创制，立法的重心开始从强调新法的创制转向立、改、废并举。”①

二、夯实自觉合规的守法理论根基

社会治理要回归到守法这一理性实践中。守法主体包括中国共产党、行使国家公权力的各级机关和公务人员、普通民众三个层次，如此以实现全民守法的基础目标。②上述三个主体之间并不是互相分离的，而是存在紧密的联系。中国共产党作为执政党，依法执政、依宪执政是其实现守法的基本路径；而行使国家公权力的各级机关和公务人员的守法路径则表现为严格执法、公正司法两个路径；普通民众作为最广泛的守法主体，需要对法律实现内心认同。③社会治理的法治建设需要三个方面主体的协调互动，以促成全民守法环境的实现与同构。在社会治理的法治建设中，守法实质上居于一个相对更高的层次。它表征为法律这种强制性规范与公民守法理念之间的碰撞。换言之，法治建设最终所追求的守法不仅是一种强制性的体现，更是一种理念上的提升，是一种自觉合规的守法意识。这一守法环节上的合规建设，一方面是对立法上激励机制的回应与夯实，另一方面是对执法与司法工作形成倒逼。而在规范的立、改、废的过程中，激励机制建构是重要的切入点。换言之，立法对于守法主体不仅仅是强制性手段，也在于通过正向的激励制度的构建来保障与促进经济社会的改革。激励机制的建设不全然是立法技术上的更新，更大程度上体现为制度环境的创造。通过为公权力机关、社会主体创造内外部守法环境，来促进一种全民守法环境的实现。

近年来，营商环境建设与企业合规建设是深化改革的重要侧面。李克强总理指出，“深化‘放管服’改革、优化营商环境，是激发市场主体活力和发展内生动力的关键之举”。④营商环境是企业合规的外在保障，企业合规是营商环境的内在动力。尽管当前关于企业合规制度建设的讨论常见于刑事法领域，⑤但企业合规本质上并不

① 郭秉贵：《设区的市地方立法精细化问题研究》，载《河南财经政法大学学报》2020年第1期。

② 杨春福：《全民守法的法理阐释》，载《法制与社会发展》2015年第5期。

③ 杨春福：《全民守法的法理阐释》，载《法制与社会发展》2015年第5期。

④ 李克强2020年9月11日在全国深化“放管服”改革优化营商环境电视电话会议上的讲话。

⑤ 参见李本灿：《企业犯罪预防中合规计划制度的借鉴》，载《中国法学》2015年第5期；陈瑞华：《企业合规制度的三个维度——比较法视野下的分析》，载《比较法研究》2019年第3期。

限于刑事领域。有学者指出企业合规的本质在于“全面风控”，甚至不限于法律风控。[①]因此，法学视角下的企业合规建设完全可以超脱刑事法领域，而扩大至民商法、行政法及国际经贸研究中。如竞争法领域，“企业能够主动遵守反垄断法律规范是各国（地区）反垄断执法机构共同的愿望，在反垄断法比较成熟的国家，执法机构普遍采用多元的规制模式，利用不同的规制工具来引导企业合规并提升反垄断法实施的效果”。[②]

三、推进综合行政的执法体制改革

深入推进综合行政执法体制改革，是全面依法治国、建设法治政府的必然要求，对理顺综合执法管理体制、提升事中事后监管能力、规范市场秩序、建设法治化营商环境具有重要意义。在社会治理法治化过程中，推进行政执法体制改革应当围绕突出存在的薄弱环节，进一步厘清执法职责，加强执法队伍建设，增强执法力量，同时加强行政执法协同机制建设，不断提升综合行政执法改革的实效。

首先，应进一步加强行政执法队伍建设。执法队伍建设直接事关综合行政执法体制的改革实效，充实的执法力量、高素质的执法队伍是构建综合行政执法体制的有力保障，是提升行政执法水平的重要支撑。面对当前执法人员数量短缺、人员素质有待提升、执法人员业务水平参差不齐等问题，应当多措并举，进一步加强执法队伍建设。一是充分下沉、整合执法人员。应当在明确执法机构和人员划转认定标准和程序基础上，落实编随人走、人随编走的原则，有序整合不同领域的执法资源，盘活存量，优化结构，不断充实执法力量，进一步推动执法力量向基层和一线倾斜，着力解决基层执法人员和执法力量薄弱等问题。二是不断加强执法业务交流培训。合理规划、调整、布局基层执法队伍，进一步规范执法人员管理，定期开展执法人员专业培训，定期进行部门轮岗交流，提高执法人员职业素养和专业水平，全面提升执法队伍素质，着力培养综合型执法人员；全面推行执法人员定期考核制度。三是进一步增强财政经费保障制度。应当在现有的基础上不断加强对执法人员待遇、执法补贴等方面的保障，将相关经费纳入财政预算，有效解决执法人员流失现象的发生。

其次，应进一步加强执法协同机制建设。行政执法主体之间以及与业务主管部门之间的协调配合关系是行政执法体制改革的重要内容。自综合执法改革推进以来，执法主体与原行政主管机关之间、执法主体相互之间的关系是行政执法体制改革面

① 参见杨力：《中国企业合规的风险点、变化曲线与挑战应对》，载《政法论丛》2017年第2期。

② 喻玲：《企业反垄断合规制度的建立路径》，载《社会科学》2015年第5期。

临的重要问题，必须加以妥善研究处理。综合行政执法效能的发挥有赖于行政执法机关的有效协作配合机制。社会治理法治化的过程中应当建立和完善综合行政执法内部协同机制，统筹协调各类执法队伍，构建新型基层综合行政执法体制。具体而言：第一，理顺权责关系。制定行政执法权责清单，理顺综合行政执法部门与业务主管部门的权责关系，妥善做好部门职责划转调整，确保权责一致，同时厘清执法部门与街道职责定位，做好执法力量下沉衔接协调工作。第二，加强执法协作，提升综合执法效能。优先在重点发展领域、常态化监管领域以及应急防控领域建立综合执法协调机制，探索建立综合行政执法联动平台，共同确定执法范围、执法程序、执法方式，加强部门信息资源共享，部门联动协作，建立行之有效的综合执法工作协调办法，形成执法监管合力。

最后，应切实增强行政执法应对社会风险的能力。建立严密精确的行政执法是“放管服”改革的应有之义，行政执法作为法律运行各环节中最具主动性的部分，也是社会治理法治化建设的重点与难点环节。行政权力的统合性、天然扩张性，让行政执法机关一方面能够高效地实现经济社会管理，另一方面也暗藏着社会主体权益侵害的风险。这种情况主要表现为风险社会在本质上是建构层面的现实，最终归属于风险文化这一语境之下。在这种情况下，由于外部环境的改变，政府很容易处于一种不信任的境况之中。社会的良好运行依赖于健全的社会信任机制，人格信任、货币信任和专家信任系统支撑着我们社会中的全部信任。①政府作为组织系统，同样面临社会公众的信任问题。有学者指出，中国行政执法的信任危机来自两大问题：一方面，行政执法无法满足现实需要，不是主动地、有条不紊地执行现有法律规范，而是被各种违法现象牵着鼻子走，即行政执法的被动性；另一方面，执法者又在某些特定的时间段和某些特定的领域会走向另一个极端，即采用“突击检查”“严打”等方式来搞消防式、集中式、运动式的突击执法。②想要解决行政执法被动性与主动性这两大难点问题，建立严密精确的行政执法体系是不可或缺的。社会治理现代化的过程中必然会遇到一系列难题，因此建设法治体系、依法行政是解决上述难题的必要手段。

四、完善科学规范的司法改革措施

“法治国家、法治政府、法治社会”三位一体的布局充分说明，“寻求司法改革在诚信政府建设中的功能定位，就是在探究以司法体制机制与以诉讼活动为核心的

① 郭飞、盛晓明：《专家信任的危机与重塑》，载《科学学研究》2016年第8期。

② 胡宝岭：《中国行政执法的被动性与功利性——行政执法信任危机根源及化解》，载《行政法学研究》2014年第2期。

司法产品及其系列衍生产品对于诚信政府建设可能发挥功能的空间”，[①]这既是一个理论问题也是一个实践问题。习近平总书记指出，“司法是维护社会公平正义的最后一道防线。公正是司法的灵魂和生命。”[②]社会治理法治化建设视域下，司法改革与行政执法的精确化、严密化同样息息相关。一方面应当重点把握本区域内企业纠纷形态、行政需求样态，实现司法改革有目标的精确实现；另一方面应当积极推动企业合规建设，提升司法效率，形成能够经得起时间检验的、可推广的司法改革成功经验。注重社会法治治理的审判实践向专业化方向的转化，坚持进行区域法院设置，就地解决纠纷，对一审商事、知识产权、破产、金融案件及上诉法院指定管辖的其他案件起到统筹、协调、促进的作用。这对于市域经济社会的营商环境建设和企业合规发展亦有十分重要的意义。

如何充分发挥司法审判的职能作用，实现定分止争的价值设定，宣示法律效果，这同样是社会治理中审判实践所面临的基本问题。在推进社会治理法治化的进程中，司法仍然要坚守法律最后一道防线的价值导向，同时在某些领域也应当加强司法的引领作用。如对于公益诉讼案件的协调治理上，一方面公检等机关应当建立恰当的联动机制，实现公益诉讼线索、证据的及时提交、固定；另一方面法院应当紧跟司法实践改革，成立相关的专业化队伍，实现整个诉讼过程的良好对接。如此，不仅能够增强司法系统的公信力，也对司法体制改革形成倒逼，推动审判中心主义的扎根。

五、建立公正权威的法治评价体系

从严格意义上讲，评价在一定意义上是对政府依法行政等内容的考核评价，“法治政府评价是法治政府建设的客观要求”。[③]评价并不仅限于责任上的分配，更是从系统的视角对法治政府的组织环境、技术政策等方面的内容进行客观评估。法治政府评价体系不仅面对过去，也要面向未来，反馈式行为评价模式有助于通过外部标准对政府组织进行标准化衡量，实现评价的目的价值。有学者将法治社会评价定义为“基于一定的目的，依据既定的体系、标准和程序，对某一区域的法治化程度进行测量评判的活动，包括产出、效果、影响力及其价值行为”。[④]在法治政府与法治社会互构互通的意义上，法治政府与法治社会之间是相互影响、紧密联系的，可以说，法治政府是法治社会的保障，法治社会是法治政府的导向。

---

① 侯明明：《司法改革之于诚信政府建设的功能及其限度》，载《河南社会科学》2021年第2期。

② 习近平：《论坚持全面依法治国》，中央文献出版社2020年版，第147页。

③ 郑方辉、卢扬帆：《法治政府建设及其绩效评价体系》，载《中国行政管理》2014年第6期。

④ 谭玮、郑方辉：《法治社会指数：评价主体与指标体系》，载《理论探索》2017年第5期。

法治评价主要分为评价目的、评价对象、评价标准三个方面。评价目的是指在遵循社会治理法治化、社会治理协同化、社会治理现代化等原则的基础上，为了社会治理工程的规范性、整合性、长远性发展目标的实现，对规范建设水平、全民守法意识、服务型政府建设、企业合规落地等事项进行综合评估，以打造公开、公平、公正的经济社会、政治社会等良好的发展环境。评价对象主要表现为规范类型与社会行为划分两个层面：规范类型主要是指旧有规范、新设社会治理制度的评价与反馈；社会行为划分主要涉及市场交易的行政执法行为、知识产权保护和绿色金融建设等行政行为、司法裁判、政策方案。评价标准主要表现为整体评价与单项评价两个侧面：整体评价主要通过第三方法治环境测评、社会主体对法律运行各环节的满意度调查、组织内部对各部门协同联动效率评估等方面进行评价；单项评价主要是指对立法、执法、司法等部门进行单项业务的具体评价，具体不仅表现为业务部门整体横向比较与纵向比较，更要深入诸如跨境贸易、绿色金融、公益诉讼等具体事项的业绩考核，这种考核不能仅局限于部门范围，更要细化到个人，以此形成全面、准确的责任分配机制、奖惩机制、激励机制，并推动责任与奖惩、激励制度之间的联动衔接，促进工作人员依法行政、严格司法的职业素养、能动意识和神圣使命感。

第二章

社会治理法治化理论与实践:互动耦合

“关系本身即结合，或者被理解为现实的和有机的生命——这就是共同体的本质，或者被理解为思想的和机械的形态——这就是社会的概念。”[①]社会治理法治化理论与国家、区域治理社会实践的关系思想和现实的存在形态在社会治理实践中缺一不可，社会治理法治化将区域内社会治理各方主体的地位职能、行动规则、相互关系逐步规范化，并在治理过程中予以严格贯彻实施的动态过程。社会治理法治化包含正式与非正式的治理理论、规范制度、治理结构以及治理过程等为内容的法治化治理系统。然而，“就我国目前的地方治理情况来看，地方治理法治化仍存在诸多困境，如央地关系法治化程度不足、府际关系法治化程度不足、地方治理的公众参与不足等”。[②]若要进一步推进治理法治化，就必须在治理过程中坚持理论与实践的结合，完善顶层设计的同时加强理论在实践中的应用技术，在社会治理过程中坚持责任政府、人性尊严保障、地方自治、协商民主等基本原则，以良法善治为治理实践的价值取向，完善以法律规则作为核心的规范架构，努力促成地方治理法治化、府际关系法治化和社会力量治理法治化。更新社会治理法治建设中的国家角色与作用，扩大社会参与，主张合作治理，“坚持国家法主导下的法律多元，理顺依法独立审判与党的领导、司法与行政的关系，完善执法体制、运用法治思维和法治方式等举措力促国家在能动与谦抑之间达致平衡”，[③]通过法治理论指导与社会实践的双向动态耦合，以实现治理实践的法治化、人性化以及科学化。

① [德] 斐迪南·滕尼斯：《共同体与社会》，林荣远译，商务印书馆1999年版，第42页。

② 王堃：《地方治理法治化的困境、原则与进路》，载《政治与法律》2015年第5期。

③ 于浩：《法治化治理的国家角色更新》，载《广东社会科学》2021年第2期。

第一节 | 目标定位：理论与实践的结合

依照党中央关于“十四五”规划和2035年远景目标的总体设计，我国有望在2035年基本建成现代化国家的同时，基本建成法治国家、法治政府、法治社会。[①]可以说，社会治理法治化作为国家治理法治化的重要组成部分，其目标就是在区域社会治理实践中落实和发展“法治国家、法治政府、法治社会”远景目标，以使法治理论与社会治理实践之间彼此协调、相互促进、相得益彰。围绕当前我国全面推进依法治国的总目标，在理论上需要不断完善法治发展战略，进一步制定和完善各项法律制度，并提升党和政府依法执政、依法行政的治理能力和治理水平。我国社会治理法治化目标具有较强的理论基础性和实践操作性，运用社会治理法治理论指导社会实践实现法治化、现代化不仅是对以往社会历史发展和社会治理成果的总结，也是对中国特色社会主义法治理论的时代创新。

一、问题导向

社会治理理论指导社会实践，同样社会治理理论亦来源于社会实践，二者相辅相成。“法治是一个抽象的概念，几乎让人难以捉摸；法治又是一种具体的实践，只要伸手就能触摸它的灵与肉。法治具有普遍性，不同时代和国家的法治都具有某些共同意义。法治又具有特殊性，每个时代都有与之相适应的法治精神，每个国家都需要符合本国国情的法治模式。”[②]法律作为治理社会的工具，其目标就在于促进社会主体利益关系达到一致性，即“人们之间的利益一致关系，是法治有可能得以产生、存在和发展的前提和基础”。[③]换言之，社会治理区域内主体对国家政治、经济、文化和社会的整体需求与私益诉求得以满足是社会治理法治化所要实现的目标，由此使得治理效果达到自我期待。而社会治理法治化的统筹推进与协调发展就是为了通过社会治理机制来解决、协调和平衡各方主体利益，修复不平衡的社会利益关系，实现治理理念、治理体系、治理方式、治理能力及治理共同体的法治化。这就必然需要考量法治理论运用于社会治理实践过程的三个基本关系：法治理论顺应时代发展；制度设计源于治理需要；技术操作符合正义理念。

---

① 参见莫纪宏：《以“十四五”规划和2035年远景目标引领法治实践不断发展》，载《人民论坛·学术前沿》2021年第2期。

② 叶必丰：《法治的基础、目标和途径——法治与社会稳定》，载《江苏社会科学》1999年第1期。

③ 叶必丰：《法治的基础、目标和途径——法治与社会稳定》，载《江苏社会科学》1999年第1期。

（一）契合社会发展演进规律

社会治理法治理论顺应时代发展，符合国家和社会历史的发展演进规律是社会治理的历史导向。梳理我国社会治理法治化的历史脉络，需要紧跟我国法治建设的步伐，即法治建设的推进和深入是社会治理法治理论形成和发展的理论和制度基础，因而也是社会治理的理论和制度基础。社会治理法治化的理论来源于区域法治发展理论，“区域法治发展理论是在全面推进法治中国建设、全面建成小康社会历史条件下形成的，是中国法学和法律界在21世纪初叶的原创性理论，必将对区域法治发展发挥积极的指导作用和理论规范作用，必将丰富中国特色社会主义法学理论体系和法治理论体系”。[①]该理论的产生是法治现代化的阶段性成果，也是解决当前社会治理矛盾的有效措施，社会治理法治化是社会历史发展和社会基本矛盾转化的必然产物。基于不同的社会发展阶段，我国的法治建设亦经历了从“加强社会主义法制”到“全面依法治国”的历史过程。1949年作为临时宪法的《中国人民政治协商会议共同纲领》通过，这迈出了新中国法治建设的第一步。当时的法治建设是摆在国家治理面前的一大难题，既无具体的法治建设的指导方针和完备的制度体系，也受到国家法律建设基础相对薄弱、人民法治意识不及现今、执法司法队伍素质有待提升等一系列因素的制约。在人民对法治建设的期盼下，邓小平同志提出，为了保障人民民主，必须加强法制。[②]党的十一届三中全会明确指出：“为了保障人民民主，必须加强社会主义法制……做到有法可依、有法必依、执法必严、违法必究。”依法治国的“十六字方针”为开启新时期法治建设的旅程指明了方向，点亮了社会主义法治之光，法治建设百废待兴，但已前途光明。[③]可以说，“党的十一届三中全会后我国法治建设开始进入常态化，但十八届三中全会将国家治理体系与治理能力作为全面深化改革的总目标之后，法治建设进入到一个新的历史时期”。[④]随后，我国法治建设进入蓬勃发展的历史时期。党的十五大旗帜鲜明地提出“依法治国，建设社会主义法治国家”，并将其作为党领导人民治理国家的基本方略；党的十六大将“依法治国”推进到“依法执政”的更深层次，对党的执政能力和执政方式提出了新的要求；党的十八大提出“全面推进依法治国”，标志着依法治国进入了全面深入贯彻实施的新时代；党的十八届四中全会在中央全

---

① 参见张文显：《变革时代区域法治发展的基本共识》，载公丕祥主编：《变革时代的区域法治发展》，法律出版社2014年版，第2—3页。

② 参见蒋传光：《邓小平法制思想与中国法治建设的里程碑》，载《环球法律评论》2017年第1期，第7页。

③ 参见张伯晋、王渊、龚云飞：《筑起依法治国的坚强基石——新中国成立70年法治发展历程》，载《人民检察》2019年第1期。

④ 参见葛洪义：《中国的地方治理与法治发展》，载《政法论丛》2019年第2期。

会首次以法治为主题，通过了《中共中央关于全面推进依法治国若干重大问题的决定》，提出全面推进依法治国的总目标是建设中国特色社会主义法治体系，建设社会主义法治国家；党的十九大报告提出“全面依法治国是中国特色社会主义的本质要求和重要保障”，进一步把“坚持全面依法治国”作为新时代坚持和发展中国特色社会主义的基本方略之一。从“法制”到“法治”，从“依法治国”到“全面推进依法治国”再到“全面依法治国”，法治的时代命题基于社会历史演进不断嬗变发展，表明我国治理国家的法治思路更加清晰、日趋精准。①正是在法治国家、法治社会不断深入发展的时代背景之下，党的十九届四中全会适时提出了“社会治理现代化”的重要概念，以弥补我国在国家治理能力现代化、推进全面依法治国中对社会治理层面的忽视，由此演化社会治理法治化理论及其内在体系和理论逻辑。

（二）对标社会治理特殊矛盾

社会治理制度设计源于社会需要，对标社会治理特殊矛盾是社会治理的实践导向。社会治理是国家治理的一种表现形式，内含区域法治。“区域法治是国家法治在一定区域内的展开，是根据区域不同的自然环境、经济基础、历史传统、民族习惯等因素实施法治治理，形成具有区域特色的法治运行模式”。②区域社会治理的特殊性也是在传统社会治理的普遍规律基础之上，结合本地区“自然环境、经济基础、历史传统、民族习惯”等条件因素制订出符合治理所需要的社会治理方案与方法。因而，任何一部立法或者一套制度的制定与设计都必须立足于具体的内外在环境之中，都可能会受诸多客观要素的影响，如政治结构、地方风俗、民众意愿、人文地理与立法机关的组织架构等，共同构成了包括立法在内的“制度环境”。科学认识和把握本地区的特殊规律，是中国特色社会治理路径的科学性和优势所在，也是新理论引领社会治理实践的重要基础。社会治理制度设计紧密结合既有时代条件、本土特色和实践要求，实现理论与实践、目标与方法、理念与路径的有机结合，体现出社会治理制度设计的时代反映、矛盾把握、实践引领的理论品格与技术优势。

社会治理本身就是为了解决社会中所出现的种种矛盾，针对社会治理问题进行的顶层制度设计就是立足于当前社会普遍现象与文化传统创设的行为规制手段和方法，突破“法治建设领域中的不平衡现象，需要根据不同区域的经济发展水平、社会结构、历史进程、文化传统和地理环境等因素”③制定相应针对性规则和制度。所以说，在社会治理的整个过程之中，治理的制度设计都会受到区域客观因素的制约，

① 参见张伯晋、王渊、龚云飞：《筑起依法治国的坚强基石——新中国成立70年法治发展历程》，载《人民检察》2019年第1期。

② 张清：《区域法治文化的生成机理》，载《扬州大学学报（人文社会科学版）》2014年第3期。

③ 参见刘旭：《法治发展不平衡问题与解决对策》，载《甘肃理论学刊》2020年第2期。

具体可表现为两个主要方面：

1.制度设计理念受制于文化传统

文化传承不仅是文化的内在属性，而且是维系民族共同体和人类社会绵延发展的内在动因。①在社会治理的过程中要不断挖掘中华优秀传统文化的思想观念与精神实质，建立健全有利于中华优秀传统文化传承发展的法律制度与规范机制，这既是继承和发展优秀传统文化的社会使命，也是深化社会治理制度体系的内在要求，二者是互为表里的存在关系。中国法治发展道路是在对中国几千年历史文化的传承中走出来的，是从对新中国成立以来特别是在改革开放以来的法治实践的持续探索中走出来的。具有中国特色的社会治理发展道路的形成也必将彰显具有中国特色、中国风格、中国气派的法治理论，并催生中国法治实践学派。②一方面，社会治理应是包含文化治理在内的全方位治理体系，文化也是立法所保护的对象，主要原因在于“文化权利属于公民宪法基本权利的范畴……加快构建专门的文化权利保护法律体系，是现代法治发展的必然选择，更是现代人权保障的内在诉求”。③在包括新区社会治理在内的社会治理过程中不应忽视优秀传统文化的保护与传承。对此，可以通过立法形式确立国家或政府作为文化遗产保护主体的法律责任，制定管理制度，落实工作措施，规定当地政府负责本行政区域内的文化遗产保护工作。同时，“还应建立物质文化、非物质文化遗产保护与传承的系列制度，完善公共文化服务保障基本制度，进而构建出优秀传统文化保护与管理的科层体系”。④另一方面，科学的立法规范与制度体系绝不是背离本国或本区域历史传统而凭空创设的，科学的立法也不仅仅取决于立法和制度设计技术上的科学性，还应该满足立法理念与价值的合理性。“文化的人类本质表明，人的超生命的本质，即人的真正本质蕴含在文化中”，⑤因此本国“文化是民族的血脉，是人民的精神家园”。⑥在社会治理中亦是如此。优秀的传统文化不断地丰富和滋养着民众的精神世界，符合中国特色与本土色彩的立法既要承载立法所具有的文化价值诉求，又要体现立法散射的内在精神与外在趋向。譬如，

① 参见赵世林：《论民族文化传承的本质》，载《北京大学学报（哲学社会科学版）》2002年第3期。

② 参见邱本、徐博峰：《中国法治发展道路与中国法治实践学派》，载《浙江大学学报（人文社会科学版）》2013年第5期，第34页。

③ 周叶中、蔡武进：《中国特色社会主义文化立法初论》，载《法学论坛》2014年第5期，第89页。

④ 参见杨建军：《通过立法的文化传承》，载《中国法学》2020年第5期。

⑤ 参见高清海、胡海波、贺来：《人的“类生命”与“类哲学”——走向未来的当代哲学精神》，吉林人民出版社1998年版，第269—270页，第406—407页；转载王晶宇：《和谐作为法律价值的必要性浅析》，载《法制与社会发展》2006年第4期。

⑥ 张兆端：《正确认识和科学对待中华优秀传统文化——论习近平的马克思主义传统文化观》，载《东北师大学报（哲学社会科学版）》2017年第1期。

立法者在关注立法的公正性的同时又要考量立法背后所蕴含的公益性和情理因素。

2.制度设计对象受制于治理客体

社会治理的立法与制度制定是指区域或地方国家机关在行使行政管理权的过程中，制定地方性法规、地方政府规章以及其他相关管理制度的行为。社会治理制度的设计对象即规制的行为客体，该客体所表现的形式主要有静态存在的事物、制度规范所涉及的事态范围以及制度设定的关系形式，以上客体的决定因素取决于规则制定主体的主观认知，这一主观认知绝非主观臆造，而是以各区域的社会反映为规则制定的基础和源泉，并经过一定的法理和科学论证、通过特定的法律程序对若干方案进行选择所实现。鉴于中央制定的普遍性制度所留有空隙，区域可以根据其特有的本土社会反映或事物进行区域性的制度设计。换言之，区域治理过程的制度设计客体的选取，需要地方基于效率原则避开由中央已经规制的只能归属于国家管理的比较重大且具有普遍意义的全国性事务范围，进行特定的、具有针对性的社会事务，这样的特定事务一般都离不开各区域社会治理的特殊性。

（三）彰显社会治理法治价值

社会治理基本手段需要坚持正义理念，深入贯彻社会治理法治价值是社会治理的价值导向。正义理念是社会治理法治理论的核心价值，社会治理的法治化或现代化其本质都是为实现社会治理的社会正义价值，而正义价值是否实现除取决于民众利益的平衡外，还需要满足正义价值的内在结构和逻辑。譬如，法治文化应该蕴含各种价值的文化类型一样，制度的正义价值应该在满足实体正义需求之外，亦须满足程序正义的价值需要，即从观念到制度再到治理成效，都必须是包含和反映了人类的基本价值。社会治理行为的实施即手段的落实，本身就是一个复杂而繁重的任务，其直接影响到社会治理法治理念的贯彻，只有将法治的正义价值深深嵌入每一个社会治理行为中，方能真正实现社会治理法治理论与社会治理社会实践的融合。发达的法治状态应该是形式法治和实质法治的共存，而不是由形式法治向实质法治的过渡，[①]共存的实现就是需要将理论价值与实践手段相融合，以实现治理正义为目标，开展对应的科学、合理、合法的治理措施。社会治理理论所蕴含的以正义为主的内在价值融入治理实践的过程就是价值进入法治的过程，只有厘清形式法治的基本诉求与实质法治的目标追求，将二者融入社会治理的每一措施与手段之中，才能最终实现社会治理法治理论的实践探索。

1.形式理论

法治的形式理论是社会治理手段开展满足正义特性的程序保障。形式法治理论

① 参见程琥：《行政诉讼合法性审查原则新探》，载《法律适用》2019年第19期。

主张“合法性”是程序正义的基本原则，这些原则对法律规范的内在品质提出了一定的要求，不仅要探寻法律所服务的实体目标，还要对程序的合法性的内在结构进行分解，划分为“法律的一般性、公开颁布、不溯及既往、清晰性、无矛盾、不规定不可能之事、稳定性，以及官方行动与公布规则之间的一致性”。[①]所有形式正义都是制度规范实现指引功能的手段，也就是说，它们都具有工具性的价值，是社会治理手段开展所必需的形式要件和程序保障，只有满足程序上的合法性，才能实现社会治理手段的正义特性。因为“形式化的法律规则或法律体系的正常运转就能构成法治的状态，这种具备一定内在品质的规则或体系当然具有良善或邪恶的具体内容，而且这些具体内容也很重要，但其良善或邪恶并不由合法性特质来进行判别”[②]，所以，形式法治理论并没有自动抛弃一切“道德性”的价值，“它蕴含着确定性价值，并有可能追逐自治的政治价值”[③]，正是基于程序合法性对“德性”的向往，特别是对法律功能背后确定性价值的强调，才能保障社会治理手段的合法与合理。

2. 实质价值

权威与实质价值是社会治理手段开展满足正义特性最终归宿。从社会治理法治动态性的视角观察，社会治理的法治是一个整体性的实践权威，其必须在一定程度上真实地胜过除却法治外的其他治理模式，只有在权威和实质的正义价值之下，社会治理措施才能得以推进。如果将法治视为一种具有内在价值的社会治理形式或社会存在，那么，实质价值将是其不可或缺的组成部分，就法治内在价值的深入层面，理念引导着现实法律制度以及在该制度统领下的社会自我完善，具有较强的实践引领作用。[④]可以说，社会治理中的法治不仅指社会治理行为与社会治理规则要实现逻辑体系上的一致性，还理应蕴含一种依照法律行事的实践态度，这种态度是保证治理体系常态化运转的基础。所以说，成功的法治模式必须能够同时完善实质与形式两个价值要素。[⑤]如此，方可确保法律理由胜过其他规范理由，最终排他性地进入行动主体的实践推理，将法治价值扎根于社会治理的技术手段与实践措施之中。

二、方法引导

法治是现代国家治理的基本方式，实行法治是国家治理现代化的内在要求。[⑥]法

① 参见［美］富勒：《法律的道德性》，郑戈译，商务印书馆2011年版，第55—107页。

② 金韬：《价值如何进入法治：形式法治理论的失败》，载《法制与社会发展》2020年第1期。

③ 金韬：《价值如何进入法治：形式法治理论的失败》，载《法制与社会发展》2020年第1期。

④ 参见金韬：《价值如何进入法治：形式法治理论的失败》，载《法制与社会发展》2020年第1期。

⑤ 参见金韬：《价值如何进入法治：形式法治理论的失败》，载《法制与社会发展》2020年第1期。

⑥ 张文显：《法治与国家治理现代化》，载《中国法学》2014年第4期。

治，即“依法治国”，顾名思义，法治就是“法的统治手段”“法的治理方式”，是一种贯彻法律至上、严格依法办事的治国原则和方式。它要求作为反映社会主体共同意志和根本利益的法律具有至高无上的权威，并在全社会得到有效的实施、普遍的遵守和有力的贯彻，其具有三层内涵，一是依照法律来运用国家权力，管理国家和社会公共事务；二是建立权力对权力的制约机制；三是建立民主监督机制，确保人民的权利对国家权力的制约。[①]社会治理法治化的法治追求就是运用良法治理国家和社会，这种良法的基本要素包括尊重人的平等、自由、良心和尊严，确立普遍司法原则，维护人权发展。“法治应包括两重意义：已成立的法律获得普遍服从，而大家服从的法律又应该是制定得良好的法律。”[②]所以，立法者在制定法的规范时应当设定其欲实现的目的，这就是法治过程（法律制定环节）的初始目标。当前法治的发展已经由压力型法治、自治型法治发展到回应型法治，强调法治对不断发展变化的社会现实和社会实践面临的挑战作出治理回应，要与时俱进以推动社会治理实践的进步与发展。[③]法治社会之“社会”所指称的，是与“自然”相对称的社会状态，即实践层面的社会概念，专指“国家—社会”对应的一体化社会，即社会实践。法治作为社会实践的回应手段，其具有鲜明的现实目标，并以目标引领、回应和修正既有治理方式和现有社会实践，对此，应紧抓法治治理主阵地，正确认识法治政府建设及其判断误区，深刻阐释法治目标在法治社会建设中的重要指导意义。

1.行政权力制约

法治的目标要求运用法律手段制约以权力滥用建立的法治政府，同时也应避免法治政府建设思路的单一化。法治政府所采取的措施就是运用法律形式主导和规制我国各级政府运作权力的方式。从根本上说，政府的运作机制不应当局限于经济上的利益、政治上的命令抑或科层制的压力，而应该是通过法律手段或者法治体系进行的政府建设机制。由此可见，法治政府的基本内涵应当可以概括为“法律至上”和“依法治理”（自身或社会）的法治理念，并将之贯穿和渗透于制度安排和操作行为等公共权力获取和运作的全部过程和环节之中，最终为了更好地维护与实现公民或社会的公共意志和公共利益的政府。[④]构建法治政府的基本思路是依法全面履行政府职能，深入推进依法行政，在坚持以法治思维和法治方式强化规范行政权力行使的同时，根据政府治理实践需求着力推进经济调节、市场监管、社会管理和公共服务等方面职能全面履行。

---

① 参见张文显：《全面推进法制改革，加快法治中国建设——十八届三中全会精神的法学解读》，载《法制与社会发展》2014年第1期，第19页。

②［古希腊］亚里士多德：《政治学》，吴寿彭译，商务印书馆1965年版，第172页。

③ 参见丁轶：《承包型法治：理解“地方法治”的新视角》，载《法学家》2018年第1期。

④ 参见孙红军：《中国地方政府法治化：目标与路径研究》，苏州大学2016年博士学位论文。

然而，值得注意的是在肯定法治政府建设的同时，也应清晰认知法治目标下的法治政府绝非单纯依靠法律手段就能实现社会治理法治政府构建的最初目标。还要清楚明白法治政府的建设不只是单纯地依靠立法方式规制政府权力，就能实现主导构建“依法行政”具有合理性，因为仅仅依靠法律这一固定方式，亦不可避免地面临“诸如行政合法性危机、权力多元化危机、脱离现实性危机和行政灵活性危机等困境”。[①]简言之，法治目标的设定不是单纯地将法律规范作为唯一方式去构建法治政府，在法治政府的建设中，还应当明确“法治政府的有限性、政府与公民关系的平衡性、法治政府的民主性与复合性”。由于现代社会多元利益组织化的推进，对行政权力的规制不应当影响政府在社会公平、社会福利和公共服务等职能上的发挥，应当充分考量社会所有主体在社会治理中所发挥的作用，满足公民与政府关系的平等化目标，进而实现法律和扩张性的行政权之间协调与制衡。反观社会治理历史，在任何存在法律的社会，要确保社会成员对于法律的长期遵守，仅仅依靠支撑“公共行动标准”的那些形式合法性条件及制裁机制是不够的。还必须要有一般性的方式来证明社会中既存的特定法律是正确的，或者说社会成员必须拥有对于特定法律之正确性的一般确信，[②]这就需要社会主体对法律得到普遍的认可，法治政府实现的内涵并非仅仅是“法律对政府权力的强制性制约”就能概括。

2. 主体思维引导

法治的目标要求贯彻法律思维引导社会治理实践，准确把握法治社会建设的路径选择。法治社会建设，一方面需要在法治国家建设方面进行深耕，对既往建设法治国家的各种路径、方式应当持续坚持运作；[③]另一方面还需要准确把握法治社会治理的关键举措，将法治建设的重心放置于社会基层治理，通过增强法治社会化和迈向司法社会化两条思路，全力营造良好社会治理法治氛围。

其一，增强法治社会化，提升社会依法治理的良善性与科学性优势。“法治社会建设的前提条件在于法治社会的规则系统须为良法，即要求务必是良法为治。”[④]法律的制定既然由社会基础所决定，经国家或政府所制定，则其必然具备形式上的合法性，但究其实质，“其应代表且回应社会的需要，即以国家法为首的各类规则的建构均应积极和理性地回应社会成员和社会整体的需求”。[⑤]法对社会的回应主要表现

---

① 参见杨海坤、樊响：《法治政府：一个概念的简明史》，载《法律科学（西北政法大学学报）》2016年第1期。

② 雷磊：《法律程序为什么重要？反思现代社会中程序与法治的关系》，载《中外法学》2014年第2期。

③ 参见江必新：《试论社会主义法治的几个新命题》，载《中国法学》2010年第4期。

④ 江必新、王红霞：《法治社会建设论纲》，载《中国社会科学》2014年第1期。

⑤ 参见江必新：《以法治建设推动中国特色社会主义制度之完善》，载《中国党政干部论坛》2012年第1期。

为对社会各类利益配置和利益矛盾调和以及风险社会中各种突发事件应对。由此可知，作为规则的法（包括社会治理的其他制度性规则）回应行为本身是一种实质社会本位的立场。此外，“法治社会之法的另一个重要渊源是社会自治规则，其对建构法治社会具有至关重要的意义”。[①]当然，法治定量评估的实践探索和系统的理论总结在社会立法之中亦必不可少，尤其是在新区社会治理法治建设的具体实践中，有针对性地对相关制度进行评估，可以根据法治社会的本体内涵充分发掘和妥善设计反映法治社会的辨识度较高的指标，真正提升区域治理法治化的理论共识和科学水准。

其二，迈向司法社会化，加强社会治理的通俗化与透明化程度。司法社会化具有较为深厚的传统，新中国成立之前，可以将司法社会参与概括为“自噬型社会参与”“补充型社会参与”“建构型社会参与”“顺应型社会参与”“法律形式主义”“司法专业化”“社会调解审判”等形式。随着社会的推进，除了司法技术意义，社会力量参与司法的重心转移至贯彻、落实党与国家的方针、政策及法律。[②]由此可见，司法的社会化走势趋于两个向度，一方面，由于立法的繁复和社会矛盾的复杂多元，司法在加强专业化的同时逐渐导致其与社会的日益疏离；另一方面，司法在追求专业化的同时，有意识地承担教育功能，培养民众的法律思维，为实现弥合专业与社会、法律人与民众之间的理解鸿沟的社会效果。具体而言，在司法过程中，针对案件当事人，司法正在试图努力提升裁判的可接受程度，同时，对于普通民众，司法亦在追求赢得理解、尊重与认同。此外，司法亦在不断加强透明程度，探索新的透明司法方式，以增加司法判决结果的社会可接受性，这有助于调和法律理性与民众观察之间的价值判断差异，为社会建构出更加理性、开放与平等的公共议论空间。而在多元社会依法治理过程之中，聚合价值共识、化解社会争议，对司法公正的实现有所裨益，[③]期待通过司法的透明化和社会化营造良好的法治氛围，在社会实践中顺利实现社会治理法治化的目标。

① 江必新、王红霞：《法治社会建设论纲》，载《中国社会科学》2014年第1期。

② 参见曾令健：《民间力量何以可能？——中国司法的社会化传统》，载《人大法律评论》2020年第1期。

③ 参见江必新、王红霞：《法治社会建设论纲》，载《中国社会科学》2014年第1期。

第二节 | 治理困境：理论与实践的脱节

当前正处于已经全面建成小康社会、基层治理体系和治理能力现代化水平全面提升的关键时期，要在既有基础上寻找深化之路、实现在新时代社会治理水平和治理能力进一步提升，面临诸多挑战，亟须深入研究并予以破解。[①]在中国法治建设不断推进的现实过程中，理论与实践脱节是应当解决的首要问题。习近平法治思想是新时代中国特色社会主义法治道路的指导思想，其中不仅蕴含了深刻的理论形态层面的法理论述，也涵盖了丰富的政策主张与实践要求。[②]这要求我们在处理法治建设的问题上，也应当重点关照理论与实践的脱节问题，做好理论与实践的衔接工作。21世纪以来，中国法学家不断强调法学的实践属性，认为实践性构成了法学的学问质性。[③]在社会治理法治化的理论探索与实践创新过程中，并不是全部内容皆是法学领域内部的事项，法律实际运行的不同阶段都在接触其他学科领域的内容。由此跨学科实践成为常态，对于治理理论与实践问题衔接的要求也在不断提升，在内外部实践导向压力的推动下，理论与实践的脱节问题更加明显。如此，阐明社会治理过程中理论与实践脱节的问题以及追问问题出现的原因，是社会治理工作不断向前推进的重要基础。

一、片面认知风险

如前所述，社会治理既是国家治理的重要表征，也是区域治理、城乡治理、基层治理的衔接点与落脚点。具体来看，“社会治理既是相对于国家治理而言的，也是相对于基层社会治理而言的，它是抽象意义的国家治理落实到具体意义的基层社会治理的承接与转换过程”。[④]因此，不能孤立地、片面地看待社会治理，而是应当找准其在理论中的准确定位，并以此指导实践问题的处理。中国国家治理与社会治理既不能因循守旧，也不能盲目照搬西方治理模式，这就意味着在治理过程中应当注

① 戴大新、魏建慧：《市域社会治理现代化路径研究——以绍兴市为例》，载《江南论坛》2019年第5期。

② 参见莫纪宏：《论习近平法治思想理论体系的二元化逻辑结构及功能》，载《行政管理改革》2021年第3期。

③ 参见董敏：《反思法学的实践性》，载《河南大学学报（社会科学版）》2021年第2期。

④ 陈成文、陈静、陈建平：《市域社会治理现代化：理论建构与实践路径》，载《江苏社会科学》2020年第1期。

重“多重治理机制的协同效应”以及“试点性改革和增量性对外开放”。[①]实际上，无论是治理机制的协同展开还是试点性改革，社会治理都为国家治理的落地提供了一个良性发展的平台。社会治理最终要回归于国家治理的总体布局中，国家治理与社会治理也应对社会治理提供理论支撑与政策支持。将社会治理完全独立于国家治理、区域治理、城乡治理、基层治理，不仅割裂了治理机制的内在衔接，也阻滞了不同治理主体、治理模式之间的资源沟通与智力交流。

西方治理理论是建立在国家与社会二元对立的基础上，而中国社会治理理论存在主体的非对等性、结构的非均衡性、法治规制的保障性等特征，具体来看：执政党居于核心地位，社会组织协同、公众参与模式是重要表现；政党与政府实质上处于一种逻辑运行关系之中；更为重要的是，法治通过对治理主体的权力、责任、义务等事项的梳理对国家和社会治理进行保障。[②]因此可以看出，我国国家治理与社会治理在架构上处于一种整体统筹的姿态，其基本理论与原理方针是贯穿于包括社会治理在内的不同治理实践中的，并以此实现各种治理模式、治理路径、治理方案的串联与并联，以赋予与法治社会的具体实践之中。多元机制是处理社会治理过程中的片面认知风险的重要路径，社会治理法治化是涉及多元化治理机制构成的问题，绝非社会治理概念本身所能包办的，而社会治理法治化的内涵也绝非封闭的。原因主要在于：历经四十多年的改革开放，中国改革开放事业已经进入深水区、攻坚期。从宏观架构来看，社会治理法治化建设在中国特色社会主义法治事业总体布局中具有衔接性、整合性的战略地位，是国家及地区改革开放持续深化、突破发展的刚性着力点。从深层意义上讲，地区经济建设与法治建设二者之间相互支撑与融通，是“国家治理体系和治理能力现代化”的必然要求。从微观需求来看，社会治理法治化不仅是国家全面深化改革的目标，更深刻体现为人民群众的根本利益诉求。中国社会治理内容的内生性意味着其“根植于中国自身的经济发展与社会变迁之中，具有中国特色”。[③]无论在公众的观念认知还是行为实践层面，社会治理需求与经济高质量发展、公共服务提升之间的张力关系已成为当前国家社会治理研究的不可忽视的重要侧面。怎样在国家治理、社会治理、区域治理建设过程中实现社会治理法治化机制的多元化，是全面深化改革、推动中华民族永续发展的重大命题。因此，从法治治理建设的战略意义出发，在把握社会治理所内含的整体规范性、兼容性的理论

① 参见杨舒然：《当代中国马克思主义治理理论的新发展——学习习近平关于社会治理的重要论述》，载《西安财经大学学报》2021年第1期。

② 参见张锋：《中国社会治理：语境、演进、特征和展望》，载《中共中央党校（国家行政学院）学报》2020年第6期。

③ 向德平、苏海：《“社会治理”的理论内涵和实践路径》，载《新疆师范大学学报（哲学社会科学版）》2014年第6期。

分析基础上，进行社会治理法治化的多元治理机制研究，探索建立社会治理法治化的多维体系。其中，国家治理与社会治理的理念发生与发展是对不同时期、不同国家社会经济活动的深刻折射。而缘于人地关系的多样性以及不同地区社会治理认知水平的差异，社会治理法治化发展亦呈现出不同样态。

二、权力扩张风险

中国特色社会主义法治建设是在中国共产党的统筹领导下展开的，国家关于社会治理的意志决策是通过正当程序转化为立法，进而通过法律运行机制予以实现。这一系列过程主要体现为不同公权力的运行，那么在社会治理过程中就容易出现公权力过度扩张的风险，导致社会治理理论与实践的脱节。比如，新区社会治理主体对理论、政策的理解偏差、绩效的反向压力、行政权力的天然扩张性等，如果对此不加以认真审视，便可能实质上造成国家治理、社会治理与新区社会治理之间的隔阂。

社会治理过程中权力的不断扩张，从根本上违反了国家长期推进的多元社会治理理论，更是对社会治理中的实践造成不良影响，以至于间接导致社会治理理论与实践的脱节。这种权力扩张主要体现为三个方面：第一，多头治理导致公权力机关治理效能低下；第二，权力监管缺失导致社会服务缺乏权威指引；第三，公私矛盾深化以致将根本问题沉淀，简单问题也因不能及时解决而深化，一旦矛盾爆发将对社会治理效果造成极大破坏。更为重要的是，由于公权力之间不能有效配置，对社会事项涉入过深，社会纠纷发生后往往直接处于矛盾的中心，如此一来，矛盾不仅不能有效实现解决，最终也因为没有缓冲而使得不良效果径直影响公权力本身。风险社会视角下，此种治理模式尤其不利于政府等公权力机关信任机制的建立，而造成社会治理中权力行使主体与社会公共权利、私权利之间的脱节。公权力应当坚持以人为本，以社会效益的提升为目标，不能对法律运行存在轻视态度。

以“争议化解模式”为例：首先，争议化解公共资源配置低效。各机构多头构建，既不利于优化资源配置，也不利于各类机构提供有质量的多元争议化解服务，从而导致固有争议解决服务（诉讼、仲裁）质量下降，同时也无法提供具有公信力的调解等争议化解服务。其次，争议化解指引与监管缺失。多元争议化解机构的多头混设，导致争议当事方面临同类同质机制的多头选择，缺乏权威指引，无法便捷、高效地启动争议化解流程；同时，也导致争议化解全流程统一监管缺失，特别是对其中调解、外国法查明等由私主体提供的争议化解服务缺乏有效监管。最后，争议化解关系公私二元矛盾深化。由司法（准司法）主导构建，导致其与替代性争议解决机制的混同，不利于争议的渐进式多元分层化解，反而累积至本为最后防线的司法机制，不仅无法缓解当前民商事争议完全由公权力主导解决的公私二元结构矛盾，反而会进一步激化该矛盾。

因此，严格意义上，权力运行扩张不仅包括边界的问题，还包括权力运行的无序化状态。从国家权力配置的视角出发，对于公权力创新地方经济发展的模式，机制分析上主要存在横向权力配置与纵向权力配置两个方面，横向权力配置在于破除权力杂糅与权力空白，优化权力创新的空间；纵向权力配置主要理顺上下级政府之间制度创新的最终裁决权，以实现社会整体利益利提升与成本降低。①而这一部分原理实际上与多元治理的法治理论紧密联系，却也是当前社会治理实践中容易被忽略的部分。

三、法治实践困境

社会治理是一种以社会整体范围为载体而进行的规范认知上的革新，规范认知的革新便体现为社会治理法治化道路的探索。“社会治理是国家治理的重要基石”②，要坚持发展“枫桥经验”，在全国东、中、西部选择一批城市，开展社会治理现代化试点，创造可复制、可推广的经验。③由此可以看出，社会治理本身便蕴含着标准化、规范化的内涵，而社会治理的法治化建设便成为社会治理模式探索与成型的当然手段。相对于社会治理，法治治理概念的历史更加厚重，内涵更加系统。在社会治理的法治化探索中，不仅应当认识到法治的规范与制裁功能，也应当对法治的激励作用进行充分认知。④经济学领域有研究表明，“法治水平、信任有助于激励制度的采用，从而有助于企业效率的提高，有助于经济增长”。⑤因此，在社会治理法治化的建设过程中，不能仅仅考虑法治的管制与惩罚，更要确切了解到规范的内在含义，通过奖惩机制的合理设置，促进社会生产力的发展。正如习近平总书记所言，“法治是最好的营商环境”。社会治理法治化建设应当因地制宜，发挥自主创新的优势，通过法治引领集群经济的高效发展。以良好的金融营商环境为例，优质的营商环境保障不仅应当制定高质量的金融法律法规，在具体的产业创新与金融创新上，

---

① 参见史彦泽、篝颖、惠国琴：《国家权力网络结构视域下我国地方政府制度创新差异与优化研究》，载《理论探讨》2021年第2期。

② 陈成文、陈静、陈建平：《市域社会治理现代化：理论建构与实践路径》，载《江苏社会科学》2020年第1期。

③ 孙红英：《推进市域社会治理现代化的基层探索——以广州市花都区为例》，载《广州社会主义学院学报》2020年第2期，第46—47页。

④ 参见陈金钊：《运用法治方式提升国家治理能力》，载《新疆师范大学学报（哲学社会科学版）》2014年第5期。

⑤ 戴治勇：《法治、信任与企业激励薪酬设计》，载《管理世界》2014年第2期。

还应当把握经济发展的主要导向，对非法经营与合法创新之间进行审慎判定，不能轻易打击企业创新的热情，但也不能放纵实体经济与金融经济灰色地带的扩张，最终造成社会利益损害的扩张与二次伤害。简言之，在准确判断经济走势的情况下，也应当通过法治手段对相关非理性发展行为及时止损。但是对于优质的创新产业与经济行为，政府应当加强相关的政策配套与制度保障，金融是货币资金的融通，资金有天然逐利属性，当前各地社会治理建设都在出台政策吸引金融机构与资金进入。如此，完善的激励机制是实现社会治理长久发展的重要支撑。

社会治理的法治实践所涉及的领域较为宽泛，往往实践会突破既有理论的设定，使得法治理论和实践滞后于社会治理实践的推进。其中法治营商环境的建设是社会治理法治建设的工作重心，然而，在社会治理法治化过程中，原有之行政审批的改革思路所体现的法治实践困境尤为凸显。当前，审批制度改革已经成为社会治理法治化以及持续深化“放管服”改革的亮点之一，打造市场化、法治化、国际化营商环境是最终目标。在“放权”上，应当着力砍掉不必要的审批事项，大幅压缩审批环节、精简申报材料。在“管理”上，成立了社会治理的行政审批局，推行“一个部门对外、一份清单服务、一枚印章审批”。全面推开“双随机、一公开”监管，合理确定随机抽查的比例和频次；推进公平竞争，对民间资本实行“非禁即入”；加强信用监管，完善社会信用体系，建立信用联合惩戒机制、经营异常名录，完善企业信用“红黑榜”发布制度。在“服务”上，多措并举，打造便利化公共环境。提高对企业服务效率，积极推动“互联网+”审批模式创新，开创“信用+承诺”绿色直通审批模式，审批事项并联办理等。[①]通过一系列改革措施，营商环境更好，企业投资兴业的意愿更强，推动“信用承诺制”改革、“区域环评”改革创新机制的展开与推广。

① 参见江苏省政府研究室联合调研组，沈和，金世斌：《铸就“两城一中心”高端产业地标——南京江北新区高质量发展调研报告之二》，载《中国发展观察》2020年第Z7期。

第三节 | 治理场域：理论与实践的互动

一般说来，理论与实践的一致或者说两者的良性互动，是任何富有成效的人类活动的必要条件。[①]社会治理法治化理论与社会治理实践的良性互动共同推动社会治理模式的理论改革与实践创新。由于社会治理现代化是社会治理经传统人治社会向现代法治社会转型历史过程，是人治型的价值、规范体系向法治型的价值、规范体系变革的过程，法治化的实现便成为社会治理现代化系统变革的主要内容和既定目标。实现社会治理的法治化就必须立足于理论变革，用最新理论成果去指导具体的社会治理实践。新时代背景下，习近平总书记提出了“关于实现实践创新与理论创新良性互动”的科学论断，从理论上深刻揭示了理论创新与实践创新的内在联系，揭示了马克思主义在理论创新和实践创新的良性互动中实现创新发展的规律性，即实践创新为理论创新提供不竭的动力源泉，理论创新为实践创新提供科学的行动指南，理论创新与实践创新的良性互动并不是自然而然实现的，[②]而是需要发挥人的主观能动性而不断追寻的。[③]理论与实践的互动统一，体现在两个方面：其一，实践检验、校正理论的科学性；其二，理论指导、改造、提高实践的可行性。

一、实践创新的方法论指导

“创新是改革开放的生命”，可以说，人类认识世界和改造世界的过程，就是不断地实现理论与实践创新的历史过程。哲学意义上理解创新是一种人的创造性实践行为，以增加社会或特定集体的利益总量，需要对事物和发现的利用和再创造，特别是对物质世界中矛盾关系的利用和再创造。人类通过对物质世界的利用和再创造，制造新的矛盾关系，形成新的物质形态，而社会治理正是人们在改造社会的过程中所产生的新的社会关系。社会治理表现为不同的形式，其中以市域社会治理最为典型，其是国家基层社会治理的城市大脑，是一种可以弥合宏观国家治理结构与

---

① 参见王南：《探索理论与实践良性互动的有效方式》，载《学术界》1998年第4期。

② 习近平总书记提出：“要根据时代变化和实践发展，不断深化认识，不断总结经验，不断进行理论创新，坚持理论指导和实践探索辩证统一，实现理论创新和实践创新良性互动，在这种统一和互动中发展二十一世纪中国的马克思主义。”参见《习近平关于社会主义文化建设论述摘编》，中央文献出版社2017年版，第65页。

③ 崔建霞：《实现实践创新与理论创新的良性互动》，载《思想教育研究》2018年第6期。

微观基层治理行为的联结式枢纽，在国家治理体系中具有承上启下的“中坚”作用，能够构筑起国家和基层之间的治理联结。[①]实践创新和理论创新共同构成了社会治理理论与实践发展的回应性，即破除与客观事物进程不相符合的旧观念、旧理论、旧模式、旧做法，基于社会治理的既有发展成果，发现和运用事物的新联系、新属性、新规律，更有效地进行认识世界和改造世界的活动。[②]创新在社会治理过程中具有丰富的表现形式，社会治理层面的创新内涵蕴含着知识创新、制度创新、科技创新、文化创新等各方面内容，但归结起来，集中表现为理论创新和实践创新双重层面。实践创新与理论创新协同演进在社会治理中的运作是中国特色社会主义治理的整体思路，理论源于实践，实践指导理论，丰富多彩的实践往往会突破既有理论的限制，推动理论不断创新，共同促进社会治理的工作能力和综合素质的改进与提高。

（一）坚守马克思主义哲学的基本立场

社会治理情境下理论创新和实践创新的统一应当坚持马克思主义哲学的基本价值立场。创新的实践特性和理论特性是融为一体、相互渗透、不可分割的，社会治理通过社会群体的客观需求和情感意志与社会实践处于互动的过程之中，这一互动过程即实践创新和理论创新的互动过程，价值实践特性和理论特性的相互融合、渗透性还集中体现在价值评价中。[③]创新具有理论和实践的双重特性，马克思主义哲学清楚地认识到这一命题，通过集中批判旧哲学脱离实践的弊端来实现哲学革命性变革，真正做到了全面认识、正确处理社会治理过程中理论创新与实践创新两者之间的关系，真正达到治理理论和治理实践的和谐统一。马克思主义所开拓的关于新的发展之路是“改变世界”，其实质就是“实践”，其认为实践是理解自然界和人类社会的深刻基础，通过科学实践观体现马克思主义哲学功能的鲜明的实践性特点。科学的实践价值哲学的形成需要科学实践观的引入，显然，科学的实践价值哲学必然是马克思主义哲学观指导下的、理论和实践相统一的价值哲学。[④]马克思主义思想“作为追寻世界的理性根据，沿知识论的基本路向方式，以概念的、逻辑的和反思的理论思维和实践方式追问感性世界的理性本体，这是必然导致本体与现象、思维与存在、主体与客体、理性与感性、理论与实践的二

---

① 谢小芹：《市域社会治理现代化：理论视角与实践路径》，载《理论学刊》2020年第6期。

② 参见崔建霞：《实现实践创新与理论创新的良性互动》，载《思想教育研究》2018年第6期。

③ 贺善侃：《马克思主义价值哲学：理论价值和实践价值的统一》，载《上海师范大学学报（哲学社会科学版）》2014年第6期。

④ 贺善侃：《马克思主义价值哲学：理论价值和实践价值的统一》，载《上海师范大学学报（哲学社会科学版）》2014年第6期。

元论的原因所在”。[1]马克思主义中国化最核心的奥义就在于此，通过对中国社会现实的观察，提出符合中国国情的治国理论指导中国实践，这一创新是对传统社会治理理论与实践的辩证继承与历史总结，面对具体问题而提出中国方案。马克思主义中国化作为我们国家治理的强大的理论武器与实践工具，在坚持以人民为中心的基础上，形成了中国特色社会主义理论体系，这一过程充分证明了，一切治理理论与实践必须始终坚持以人民为中心的思想，一切不以人民为中心的治理理论与实践，终将为历史所淘汰。

（二）坚持中国特色社会主义理论依据

中国特色社会主义理论发展赋予社会治理实践创新的理论依据。中国特色社会主义理论的发展奠定了社会治理的实践创新。马克思主义基本原理具有先天的开放性，其具有生命力和活力的根源系其本身来自实践，又更好地指导实践，充分体现理论与实践的辩证统一与价值关联。中国共产党始终站在人民大众的根本立场之上，这从根本上确立了毛泽东思想、邓小平理论、“三个代表”重要思想、科学发展观和习近平新时代中国特色社会主义思想，它是在中国社会治理实践的基础上所形成的，是对党的治国理政的理论创新和实践创新，“特别是改革开放以来用不断发展的马克思主义理论指导新的历史条件下实践创新的经验总结，而来自实践创新的经验总结”[2]，换言之，社会治理理论的创新也必将在指导未来的实践创新中开辟党治国理政的新境界。所以说，中国特色社会主义的强大生命力在于坚持用科学理论指导实践，同时又在实践中不断推进理论创新，[3]这是马克思主义思想留给我国社会治理的理论依据，但是值得注意的是，该理论不是恒定不变的，其具有强大的生命力，伴随中国社会治理的实践和基本国情的变化而发展。

（三）植根习近平新时代中国特色社会主义思想指导

习近平新时代中国特色社会主义思想指导社会治理法治工作的不断推进。在中国特色社会主义日益发展的今天，社会治理的实践史就是中国法治的实践史。扎根中国创新实践、面向经济社会发展主战场、面向国家治理以及社会治理新问题，必须以中国特色社会主义理论为指导，并不断更新理论发展，及时应对社会新矛盾。

---

① 参见吴友军：《“理论”与“实践”的统一和断裂——论柯尔施对“正统”马克思主义的反思》，载《马克思主义与现实》2007年第5期。

② 鲁贵宝：《理论创新与实践创新统一：略论“四个全面”的双重特色》，载《安庆师范学院学报（社会科学版）》2016年第1期。

③ 参见鲁贵宝：《理论创新与实践创新统一：略论“四个全面”的双重特色》，载《安庆师范学院学报（社会科学版）》2016年第1期。

所以，在社会治理的理论和实践创新上要清晰地认识到，社会治理实践创新的理论支撑与法治建设的理论指导都是马克思主义思想的时代产物，具有理论发展的一致性。在当前社会，习近平新时代中国特色社会主义思想作为马克思主义中国化的最新理论成果，集时代性、系统性、原创性于一体，尤其是习近平法治思想和社会治理的重要论述，充分证明了中国特色社会主义理论发展赋予社会治理实践创新的理论依据。在社会治理法治化过程中，习近平总书记高度重视全面依法治国，全面依法治国的举措最集中、最有力地在各领域各环节深入推进，一系列重大举措有力展开，汇聚起推进社会主义法治建设的磅礴伟力，展现出建设社会主义法治国家的宏伟气象。

在2020年11月召开的新中国成立以来首次中央全面依法治国工作会议上，习近平总书记发表了重要讲话，从11个方面系统阐述了当前和今后一个时期推进全面依法治国要重点抓好的工作，为新时代全面依法治国、推进国家治理现代化、实现中国法治现代化指明了前进方向。这次中央全面依法治国工作会议最重要的成果，就是确立了习近平法治思想在全面依法治国中的指导地位。习近平法治思想内涵丰富、逻辑严谨、论述深刻，博大精深，是习近平新时代中国特色社会主义思想的有机组成部分，是马克思主义法治思想中国化进程的最新重大理论成果，是具有原创意义的21世纪中国马克思主义法治理论逻辑系统，凝结着我们党领导人民全面依法治国、建设法治中国的宝贵经验，反映了我们党对中国特色社会主义法治发展规律的认识达到了新高度，开启了马克思主义法治思想与中国具体法治实践相结合的第三次历史性飞跃。[①]中国特色社会主义进入新时代以来，我国社会主义法治建设之所以能够发生历史性变革、取得历史性成就，最根本的原因在于以习近平同志为核心的党中央坚强领导，在于习近平法治思想的科学指引。[②]这一重要思想既强调立足当前，运用法治思维和法治方式解决经济社会发展面临的深层次问题；又强调着眼长远，筑法治之基、行法治之力、积法治之势，促进各方面制度更加成熟、更加定型，为党和国家事业发展提供长期性的制度保障。我们必须认真学习、准确把握，在实践中全面贯彻落实。[③]我们要深刻把握习近平法治思想彰显的重大意义，坚定政治方向，增强"四个意识"、坚定"四个自信"、做到"两个维护"，坚定不移的走中国特色社会主义法治道路。以习近平法治思想为理念根基，一方面针对社会治理提出总体规划，明确社会治理的战略定位，另一方面完善确立具体的工作布局，厘清主次矛盾关系，加强对重点任务攻坚力度，做好国家经济社会发展的重要保障。

① 公丕祥：《习近平法治思想是全面依法治国的根本遵循》，载《新华日报》2020年12月8日，第15版。

② 参见吴欢：《国家级新区法治政府建设的顶层设计》，载《哈尔滨工业大学学报（社会科学版）》2018年第6期。

③ 参见李林：《全面依法治国的根本遵循和行动指南》，载《法治与社会》2021年第2期。

二、理论创新的实践论转化

在坚持和完善中国特色社会主义理论和制度框架的基础之上，推进社会治理体系和治理能力现代化这一顶层设计，对中国特色社会主义制度优势进行正确认识和有效发挥，是社会治理理论创新的理论和体系根基。在此基础上，应当充分肯定“中国治理”的正确道路，将社会治理能力和体系围绕着中华民族伟大复兴和社会主义现代化建设的实践目标进行系统推进，并具体分解为各治理主体在资源处理、权益配置、行为协同等内容，以在实践中推动社会治理目标的核心要素的充分发挥，使得社会治理实践具有更大的灵活性和适应性。“中国共产党自成立以来，团结带领人民，坚持把马克思主义基本原理同中国具体实际相结合，赢得了中国革命胜利，并深刻总结国内外正反两方面经验，不断探索实践，不断改革创新，建立和完善社会主义制度，形成和发展党的领导和经济、政治、文化、社会、生态文明、军事、外事等各方面制度，加强和完善国家治理，取得历史性成就”，[①]充分地表明了中国特色社会主义理论与基于我国基本国情作出的制度安排都是经过历史和实践反复检验的，是“中国之治”的应有之义。

（一）理论指导实践

理论是实践的先导，通过社会治理的系列理论建构来实现制度设计与安排，进而将制度合理适用于实践操作规范化过程中，这是包括社会治理在内的一切社会治理与政府管理的实践逻辑与基本思路。我国社会治理是在马克思主义中国化的基础理论之上所展开的，具有较强的生命力和优势性，其“得益于高举中国特色社会主义伟大旗帜；得益于坚持一脉相承、科学有效的指导思想，坚持以马克思列宁主义、毛泽东思想、邓小平理论、‘三个代表’重要思想、科学发展观、习近平新时代中国特色社会主义思想为指导；得益于根植中国大地、拥有深厚中华文化根基、得到人民衷心拥护和认可；得益于对旧制度的不断改革创新、对好制度的不断传承发展、对不能满足社会生产力发展要求的落后社会制度的彻底革命”。[②]从社会治理的基本框架体系（图2-1[③]）来看，社会治理与国家治理相呼应，可以说社会治理是实现国家治理必不可少的过程，其中，基层社会治理是建立在国家社会治理与基层社会治理之间的一种效率最高、成本最低和影响最小的社会治理模式，即相对针对性的解

①《中共中央关于坚持和完善中国特色社会主义制度　推进国家治理体系和治理能力现代化若干重大问题的决定》，载《人民日报》2019年11月6日。

② 参见韩步江：《制度优势转化为治理效能的实践方法论》，载《求索》2021年第2期。

③ 转引自谢小芹：《市域社会治理现代化：理论视角与实践路径》，载《理论学刊》2020年第6期。

决社会范围内的治理矛盾，将小矛盾、小问题在社会基层治理层面讨论，将大问题、大风险在市域这一大的片区领域内看待。

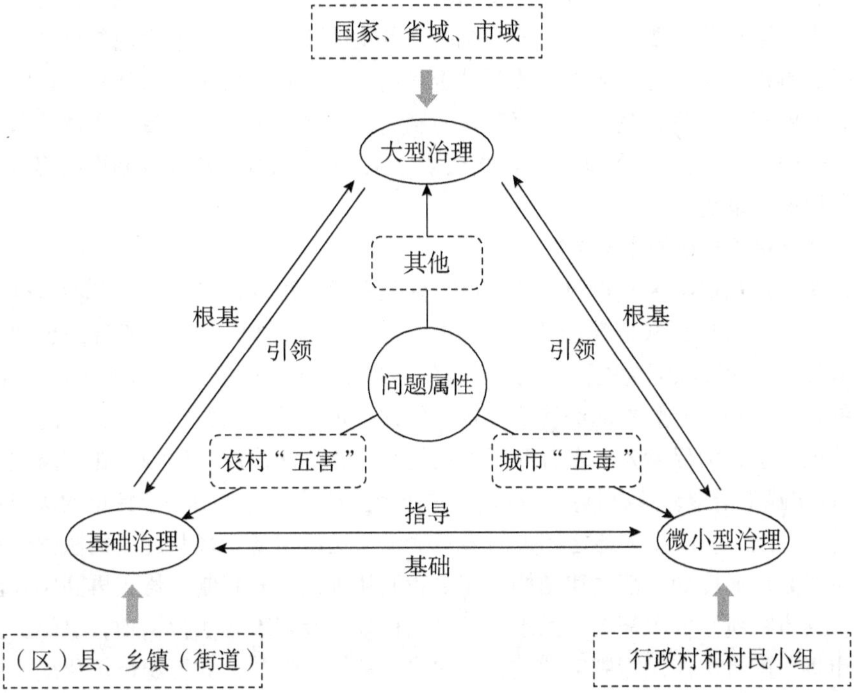

图2-1　基层治理到国家治理的关系图

社会治理现代化作为一个系统性的研究议题，既涉及社会整体内不同治理主体和治理层级之间的权力配置和关系协调，也涉及治理理念创新以及制度、技术、文化等治理方法和手段的运用。我国国家治理现代化是一项由治理主体、治理制度、治理方法、治理内容、治理目标、治理载体、治理价值等理论、概念所构成的系统性综合工程，社会治理是国家治理的一个重要方面，其理论及制度体系与国家治理体系相吻合。所以，作为国家治理体系与重要组成的社会治理也应坚持国家治理现代化建设的基本体系结构和实践原则，即社会治理亦具有较为系统的理论和结构层级。就我国社会治理的内部层次体系来看，其在治理结构上具有理念层、目标层和机制层等多个层面：从理念层面来看，其包含依法治理、统筹治理、内外联动和绿色发展等治理理念；从目标层面来看，其追求治理共同体、治理精细化和治理智能化等治理目标的实现；从机制层面来看，其包含治理内容（领域）、治理方法与治理评估检测等体系。

（二）实践来源理论

社会治理实践需要通过科学完备的治理机制贯彻治理理念，实现治理目标的全过程。在实践环节需要考虑“治理系统内部各主体要素在社会治理现代化进程中的定位是否准确、功能是否明晰、关系是否和谐，既受到中国国家治理现代化的历史逻辑、实践逻辑、理论逻辑、价值逻辑的制约，又受到中国国家治理主体关系应然图景的牵引”。①社会治理理论在实践中的应用，可以从社会治理的制度内容或者实践机制层面予以阐述。

1.优化资源分配的立法结构

以法治理论保障区域资源妥善处理，优化资源分配立法结构。社会治理现代化实践必然追求区域公共资源配置的“市场化”与“法治化”，公共资源配置的市场化推进社会治理资源配置的法治化。反之，公共资源市场化配置更加需要法律保障，中国的经济结构与有侧重的经济法律构造导致了现有的立法结构布局，伴随社会治理实践的推进，为保障公共资源配置的结构性，相关法律制度结构亦在不断调整之中。“在实践生活中，只有具体、特定的法律而无法律自身，每一个特定的法律都有特定的时间度、空间度和与之相关的事实度。”②公共资源市场化配置的法律保障机制不可能是单向度的经济法律结构，需要我们从理论认知到制度修正再到实践创新上，重新审视所涉资源配置的民事、经济、行政以及刑事等法律结构，以促进公共资源市场化配置法律保障制度的完善，构建一种体系性的公共资源市场化配置法律保障制度。③尤其是注重构建和完善公共资源市场交易私法制度，需要梳理经济法、民商法的市场交易规范构成，明确经济私法的法律结构，针对性解释和适用《民法典》相关规定，承认公共产权衍生的私有权利的独立性，并设立明确的产权规范进一步确保我国私有产权保护制度的完整性，使市场主体积极参与公共资源市场化配置活动。

2.落实治理主体的行为协同

社会治理实践需要不断深化和落实跟进治理主体行为协同，深化行政技术嵌入与组织再造，扎实推进治理内容与治理环节深入发展。构建社会治理的社会多元主体协同运行机制，是实现社会协同治理的关键。同样，社会治理与社会治理现代化在空间范围、行动主体、治理手段等方面具有一致性，因此社会治理主体协同运行机制也是社会治理现代化实现的保障机制。社会治理现代化的全面推进是在各级治

---

① 牟文谦：《中国国家治理现代化主体关系的应然图景》，载《广西社会科学》2021年第3期。

② 吴经雄：《法律哲学研究》，清华大学出版社2005年版，第16—17页。

③ 参见杨武松：《公共资源市场化配置法律保障的结构性问题与对策》，载《学习与实践》2015年第1期。

理主体公共治理社会发展难题的过程，是一项社会系统工程。要加快推进社会治理现代化，就必须秉持问题导向，树立整体性思维，坚持以系统优化、协作共进的主体行为协同方式推进治理工作开展，“着力固根基、扬优势、补短板、强弱项，夯实社会治理的思想基础、政治基础、群众基础和制度基础”。[①]治理主体协同合作强调以城乡发展一体化为目标，以“党委领导、政府主导、社会协同、公众参与、法治保障”为基本框架的多元共治的中国式社会治理主体协同机制，实现“党委的坚强领导、政府的主导责任、市场的配置力量、社会的积极协同、公众的有序参与等多元主体的整体效能”。[②]同时，在社会治理实践过程中还要坚持和完善共建共治共享的社会治理制度，保持社会稳定、维护国家安全，以夯实社会治理的制度基础。因为制度是行动的准绳，所以要实现社会治理的现代化、法治化，就必须始终坚持“共建共治共享”的社会治理制度，坚持完善“党委领导、政府负责、民主协商、社会协同、公众参与、法治保障、科技支撑”的现代化社会治理体系。社会治理理论来源于实践，并运用于实践，所以，注重完善和正确处理新形势下我国人民内部基本矛盾，努力将小矛盾解决于基层，大矛盾化解于社会层面，注重健全公共安全体制机制，增强区域风险防范能力，建立公共安全隐患排查和安全预防控制体系，保障人民身体健康和生命安全。

① 陈成文：《市域社会治理现代化的理论蕴含与实践路向》，载《人民周刊》2019年第23期。

② 杨镪龙、许利平、帅学明：《公共治理多元主体间的正和博弈关系研究》，载《理论研究》2009年第5期。

第三章

新区治理法治化定位：法治国家战略的区域践行

新区社会治理法治化是法治国家战略的区域践行。党的十八届四中全会确立了全面推进依法治国的战略部署和总体目标，这一总目标的提出不仅是对我国法治文明传统精华的吸收与传承，也是对新中国成立以来法治建设经验和教训的反思与总结，同时肯定与巩固了我国新形势下社会和经济层面的法治建设。可以说，“它是中国法治建设历史上的一个里程碑，是实现中华民族伟大复兴的必由之路”。[①]《中共中央关于全面推进依法治国若干重大问题的决定》所提出的许多“法治命题、法治思考、法治措施、法治目标”，是“坚持依法治国、依法执政、依法行政共同推进，坚持法治国家、法治政府、法治社会一体建设”的理论指引和行动准则。新区社会治理实现法治化就是国家依法治国战略部署和目标定位的现实呈现和具体落实，国家级新区建设的法治化是“法治国家、法治政府、法治社会”一体化建设和同步建设的统一，也是“国家治理体系和治理能力的协调发展”的充分体现，更是“我国新区建设和推进的必然选择和社会主义市场经济发展和改革的必然需求”。新区社会治理法治化要求以“深化党的全面领导”为根本保证，以“区域政府宏观调控和市场调节”为基本治理方式，通过加强民众法治信仰，增强民众法律意识，构建政社分开、权责明确的治理主体格局，以形式多元化贯通的规则体系，从而实现新区社会治理建设的法治社会运作形式和区域经济社会良性自治格局。

① 何勤华：《现代国家政治文明的根基与灵魂——论建设社会主义法治国家的根本战略意义》，载《人民论坛·学术前沿》2014年第22期。

第一节 | 国家级新区的战略定位

国家级新区是在我国对外开放和经济发展的历史形势下，经国务院批准而设立的承担着国家重大发展和改革开放战略任务的综合功能区，其由提出到蓬勃发展，目前已形成全国19个国家级新区的区位设计（区域分布表现为8个在东部，2个在中部，6个在西部，3个在东北）。国家级新区的设立与治理过程坚持“规划引领、科学开发；产城融合、宜居宜业；节约集约、集聚发展；改革创新、先行先试”等基本原则，突出体现了落实国家重大改革发展任务和创新体制机制的试验示范作用。

一、目标特定

所谓国家高新区，是指国务院在不改变既有的行政区划前提下，在一定区域内确定的、实行特殊优惠政策、依靠我国自己的科技力量，促进高技术成果的商品化、产业化，对于调整产业结构，推动传统产业的改造，提高劳动生产率，增强国际竞争能力的“科技特区”。①国家级新区作为经济社会全面整合创新发展的龙头示范区域，绝不仅限于经济先发优势，必须进行社会治理体系的全面创新，方能促成综合发展的领先效应。②就新区的设定目标与实施进程来看，各新区除具备共性目标内核外，还具有其特殊性发展目标以体现不同新区的发展战略。国家级新区的设立与分布是所在地方政府根据本地资源与发展需求所提出的区划构想，并经国家科学研究和部署而作出的国家经济发展决定，从国务院对各新区的批复文件可见，在发展目标上各新区具有共性，即以“牢固树立并贯彻落实创新、协调、绿色、开放、共享的新发展理念，以深化改革、扩大开放为动力，以科技创新、转型升级为引领，着力推动紧凑集约高效绿色发展，构建现代产业体系，推进生态文明建设，保障和改善民生”为总体目标。但是就各新区的区域特征和发展特色，各新区又各自承担着自己所具有的特殊使命。根据我国当前所设立的19个国家级新区的批复文件，各新区特殊性发展目标梳理如下：

---

① 参见邹鑫：《我国国家高新区立法问题研究》，载《社会科学家》2017年第10期。

② 马海韵：《国家级新区全民共建共享社会治理创新研究》，苏州大学2017年博士学位论文。

表3-1　我国各个国家级新区的发展目标[①]

新区名称	设立时间	各新区特殊性目标定位	批复文件
上海浦东新区	1992年10月11日设立上海浦东新区；2005年6月，国务院正式批准改革试点	围绕建设成为上海国际金融中心和国际航运中心核心功能区的战略定位，成为科学发展的先行区、“国际经济中心、国际金融中心、国际贸易中心、国际航运中心”的核心区、综合改革的试验区、开放和谐的生态区	国务院（国函〔1992〕145号）批复设立上海市浦东新区；国务院批准浦东进行综合配套改革试点
天津滨海新区	2006年5月26日将滨海新区升格为国家级新区	依托京津冀、服务环渤海，逐步成为经济繁荣、社会和谐、环境优美的宜居生态型新城区	《国务院推进天津滨海新区开发开放有关问题的意见》
重庆两江新区	2010年5月5日，批准设立重庆两江新区	统筹城乡综合配套改革试验的先行区，内陆重要的先进制造业和现代服务业基地，长江上游地区的经济中心、金融中心和创新中心等	《关于同意设立重庆两江新区的批复》（国函〔2010〕36号）
浙江舟山群岛新区	2011年6月30日，国务院批复为国家级新区	浙江海洋经济发展的先导区、海洋综合开发试验区、长江三角洲地区经济发展的重要增长极	《关于同意设立浙江舟山群岛新区的批复》（国函〔2011〕77号）
甘肃兰州新区	2012年8月20日将甘肃兰州命为国家级新区	西北地区重要的经济增长极，向西开放的重要战略平台和承接产业转移示范区	《国务院关于同意设立兰州新区的批复》（国函〔2012〕104号）
广州南沙新区	2012年9月12日，批复设立广州南沙新区为国家级新区，南沙新区的开发建设上升到国家战略	立足广州、依托珠三角、连接港澳、服务内地、面向世界，打造粤港澳全面合作示范区	《广州南沙新区发展规划》；《国务院关于广州南沙新区发展规划的批复》（国函〔2012〕128号）
陕西西咸新区	2014年1月6日，国务院同意设立陕西西咸新区	向西开放的重要枢纽、西部大开发的新引擎和中国特色新型城镇化范例	《国务院关于同意设立陕西西咸新区的批复》（国函〔2014〕2号）
贵州贵安新区	2014年1月6日，国务院同意设立贵州贵安新区	深入实施西部大开发、欠发达地区后发赶超示范区	《国务院关于同意设立贵州贵安新区的批复》（国函〔2014〕3号）

① 资料来源：根据各国家级新区的批复文件整理。

续表

新区名称	设立时间	各新区特殊性目标定位	批复文件
青岛西海岸新区	2014 年 6 月 3 日，国务院同意设立青岛市西海岸新区	全国海洋经济科学发展的示范区	《国务院关于同意设立青岛西海岸新区的批复》（国函〔2014〕71号）
大连金普新区	2014 年 6 月 23 日，国务院同意设立大连金普新区	引领东北地区全面振兴的重要增长极、老工业基地转变发展方式的先导区、体制机制创新的示范区、新型城镇化和城乡统筹的先行区	《国务院关于同意设立大连金普新区的批复》国（国函〔2014〕76号）
四川天府新区	2014 年 10 月 2 日，国务院同意设立四川天府新区	发展内陆开放型经济、促进西部地区转型升级、完善国家区域发展格局的示范区	《国务院关于同意设立四川天府新区的批复》（国函〔2014〕133号）
湖南湘江新区	2015 年 4 月 8 日，国务院同意设立湖南湘江新区	高端制造研发转化基地和创新创意产业集聚区、产城融合城乡一体的新型城镇化示范区、全国“两型”社会建设引领区、长江经济带内陆开放高地	《国务院关于同意设立湖南湘江新区的批复》（国函〔2015〕66号）
南京江北新区	2015年7月2日，国务院正式批复同意设立南京江北新区	自主创新先导区、新型城镇化示范区、长三角地区现代产业集聚区、长江经济带对外开放合作重要平台	《国务院关于同意设立南京江北新区的批复》（国函〔2015〕103号）
福建福州新区	2015 年 8 月 30 日，国务院正式批复同意设立福州新区	建设成为两岸交流合作重要承载区、扩大对外开放重要门户、东南沿海重要现代产业基地、改革创新示范区和生态文明先行区	《国务院关于同意设立福州新区的批复》（国函〔2015〕137号）
云南滇中新区	2015 年 9 月 7 日，国务院同意设立云南滇中新区	面向南亚东南亚辐射中心的重要支点、云南桥头堡建设重要经济增长极、西部地区新型城镇化综合试验区和改革创新先行区	《国务院关于同意设立云南滇中新区的批复》（国函〔2015〕141号）
黑龙江哈尔滨新区	2015 年 12 月 16 日，国务院同意设立黑龙江哈尔滨新区	扩大面向东北亚开放合作，探索老工业基地转型发展的新路径，为促进黑龙江经济发展和东北地区全面振兴发挥重要支撑	《国务院关于同意设立哈尔滨新区的批复》（国函〔2015〕217号）
吉林长春新区	2016 年 2 月 3 日，国务院同意设立长春新区	吉林省经济发展和东北地区全面振兴发挥重要支撑	《国务院关于同意设立长春新区的批复》（国函〔2016〕31号）

续表

新区名称	设立时间	各新区特殊性目标定位	批复文件
江西赣江新区	2016年6月6日，国务院同意设立赣江新区	发挥江西赣江新区作为促进江西经济社会发展和中部地区崛起更大的作用，建设成为中部地区崛起和推动长江经济带发展的重要支点	《国务院关于同意设立江西赣江新区的批复》（国函〔2016〕96号）
河北雄安新区	2017年4月1日，中共中央、国务院印发通知，决定设立河北雄安新区	要按照高质量发展的要求，推动雄安新区与北京城市副中心形成北京新的两翼，以2022年北京冬奥会和冬残奥会为契机推进张北地区建设形成河北两翼，促进京津冀协同发展	《国务院关于河北雄安新区总体规划（2018—2035年）的批复》

二、功能特定

从国家级新区的具体要求和目标意图来看，无论是最早设立的上海浦东新区，还是2017年所获批和筹建的河北雄安新区，每个国家级新区的设立与发展都有其自身具体明确的目标。通过分析以上表3-1可以清楚地发现，已获批的19个国家级新区在共性目标的基础上，都有其各自的个性目标，其主要是基于不同国家级新区的批复设立的需求各异。究其原因，主要体现在以下几个方面：

（一）政策导向

各个新区的设立时间不同，其所追求的目标亦不相同。不同时期的经济发展目标不尽相同，我国区域经济布局经历了“由南向北”“从东向西”的发展过程，新区设立也是根据这一经济发展走向而发展，由于国家经济发展的现实需求而设立相应的新区以起到经济发展的引擎作用，如“浦东新区、滨海新区的设立体现了我国早期沿东部沿海地区由南向北的开放路径，而两江新区、兰州新区、长春新区的获批则呼应了我国的区域发展战略从‘东部崛起’‘向西开放’再到‘四大板块均衡发展’的政策转向”。①

可以说，各个新区的设立都是在国家发展政策调整的大背景下进行的，都承担着不同的国家经济发展和改革目标。各个新区在“促进全国（区域）改革与开放、特色产业聚集、新型城市增长极、辐射城市群”等国家级新区发展目标的共同内核的基础上，各自承担着不同的区域发展使命。就浦东新区而言，其作为我国“四个

① 曹云：《新时期国家级新区的战略定位与极化机制》，载《商业经济研究》2017年第8期。

中心”建设的核心区，以发展国际化贸易为重心，同时兼顾我国经济发展的引导使命，推动长三角地区的经贸往来和国际化经贸程度，除此之外，浦东新区的设立是在深圳经济特区成功经验的基础上进行的创新探索，也可以看作“经济特区”发展模式在中国内陆的一种延续。当然，就其他新区而言，也有其不同使命。再如，南京江北新区，其作为“三区一平台”的发展定位涵盖了经济提升、区域发展、制度创新等多个维度，肩负着区域增长极、辐射城市群并推动经济带建设等国家经济战略重任。具体来看，江北新区作为创新体制机制的重要平台，是扩大对外开放的重要窗口，也承担着产城融合发展的示范区等探索创新任务。其于实践中生成的产业与人口集聚的双重效应，决定了江北新区必然以经济充分发展与社会良善治理为愿景，必须致力于与经济发展相匹配的社会治理工作这一重要的内涵式要素，①进而对江苏地区，乃至长三角地区促进产业发展、自主创新、新型城镇化等目标产生良性互动作用，助推实现新区由单一经济驱动向综合战略载体的历史转型。

（二）区位条件

各个新区的区域条件决定了新区市域发展的价值目标与建设定位。例如，浙江舟山群岛新区作为中国海洋综合开发试验区，依托临港工业、物流、渔业和旅游等产业支柱，形成具有现代海洋经济特色的开放经济体系；兰州新区依托新材料、装备制造、临空加工制造等产业推进西部大开发战略的纵深发展，实现高新技术产业研发转型；南沙新区主要致力于建设粤港澳全面合作的示范区域；贵安新区则通过打造具有航空航天特色的制造业基地，辅以建设绿色食品生产加工基地和旅游休闲开发区，来探索一套欠发达区域后发赶超的路子。②

综上而言，各新区的设立与发展除具备共性的目标内核外，由于所处历史时期、国家发展政策以及地方优势资源与特殊性等因素的影响，各新区呈现出不同的、特殊性的局部发展目标。

---

① 参见马海韵：《国家级新区社会治理创新：域外经验和本土实践》，载《贵州社会科学》2018年第3期。

② 参见国家发展和改革委员会：《国家级新区发展报告（2015）》，中国计划出版社2015年版，第43—47页。

第二节 | 国家级新区的模式选择

国家级新区发展模式是指国家级新区在全面深化改革和全面建成小康社会的背景下，围绕区域发展总体战略和重大国家战略的总体布局，根据其战略定位、制度环境和要素禀赋，落实国家重大改革发展任务，创新体制机制，创造可复制、可推广经验的路径。[①]所以，国家在设立新区的过程中将会根据新区所在区域的区位特征和优势进行不同的新区发展模式探索，以最好地发挥国家级新区的价值功能与建设作用。同时，因为国家级新区是一个复杂的系统，基于设立时间、资源禀赋的差异和国家政策取向的不同，新区发展呈现出明显的阶段差异性，[②]该种差异性也表现为当前我国19个国家级新区呈现出的不同发展模式和过程。

一、功能型

就新区设立与推进过程的实践类型和特征而言，各新区已经随着时间的推进与发展逐步在共性特征的基础上形成了自己的发展特色与战略定位。我国国家级新区具有“国内改革与对外开放的协同性、国内经济体制与经济全球化新体制的兼容性；经济发展新战略对现行发展模式的超越性”[③]等基本特征。同时，就新区的设立意图而言，其具有三个基本价值功能：其一，各新区均具备本区域发展的带动效应。其二，各区域发展可以很好地引领周边区域的发展。其三，新区社会治理的过程呈现一定的规律化表现。当然，在承接经济和社会功能的同时，还应加强生态环境的建设，从而形成宜居宜业的现代化新城。[④]新区基本特征的不同主要取决于新区建设目标、设立宗旨和划分类型的不同，我国当前的国家新区并非仅仅限于某一特定类型，其设立肩负不同的国家战略需要，从现有新区的分布与功能来看，可以划分出国家新区的不同类型。从新区设立的使命任务角度来看，主要有战略探索型、区域引擎型和特殊使命型；从发展阶段角度来看，主要有成熟型、扩张型和起步型。具体分

① 王佳宁、罗重谱：《国家级新区发展模式比较与重庆两江新区发展的路径选择》，载《重庆社会科学》2017年第1期。

② 张梦时、郭御龙：《中国国家级新区的历史类型及其演变逻辑——以功能定位为核心的解读》，载《长白学刊》2019年第36期。

③ 参见张幼文：《自贸区试验与开放型经济体制建设》，载《学术月刊》2014年第1期。

④ 张梦时、郭御龙：《中国国家级新区的历史类型及其演变逻辑——以功能定位为核心的解读》，载《长白学刊》2019年第36期。

布如下表3-2所示：

表3-2 国家级新区类型划分一览表[①]

标准	类型	名称	数量
使命任务	战略探索型	上海浦东新区	1
	区域引擎型	天津滨海新区、重庆两江新区、甘肃兰州新区、广州南沙新区、陕西西咸新区、贵州贵安新区、大连金普新区、四川天府新区、湖南湘江新区、南京江北新区、云南滇中新区、福建福州新区、哈尔滨新区、吉林长春新区、江西赣江新区	15
	特殊使命型	舟山群岛新区、青岛西海岸新区、河北雄安新区	3
发展阶段	成熟型	上海浦东新区、天津滨海新区	2
	扩张型	重庆两江新区、四川天府新区、广州南沙新区、陕西西咸新区、青岛西海岸新区、大连金普新区	6
	起步型	舟山群岛新区、甘肃兰州新区、湖南湘江新区、南京江北新区、贵州贵安新区、云南滇中新区、福建福州新区、哈尔滨新区、吉林长春新区、河北雄安新区、江西赣江新区	11

对以上各新区的不同类型进行总结可以看出，我国国家级新区建设正处于阶段性进程，同时由于所承担的使命任务不同，其在国家投入力度和地方发展规划层面的安排上也有所区分。上海浦东新区作为国家级新区发展的首先试点以及其所具备的地域优势等因素，使得其发展较为迅速，在国家级新区建设中较为典型，其他新区的发展也根据其各自所承担的使命任务各有差异，呈现出不同特色，但是均呈现出以促进经济总量发展与单一经济领域的改革为目的以及以发展方式转型与全面深化改革为目的两类布局。由于新区各自作为本区域经济增长极以及制度创新增长极，带有地方区域经济发展引擎动力的作用，所以其对带动所在区域以及引领周边区域发展具有重要价值。当然，由于国家级新区不同于经济特区，国家级新区采用“制度外部供给”与“内生创新机制”相结合的实践思路，这使得国家级新区在不同的发展阶段呈现出不同的特征。综合来看，国家新区的推进与发展具有两个方面的作用：其一，国家级新区是国家重大区域发展战略的支撑点与启动点。针对我国当前经济进入新常态的新形势，国家先后实施了“一带一路”“京津冀协同发展”与“长江经济带”三大战略性区域发展政策，这使得国家级新区作为国家重大区域发展战略的支撑点与启动点的使命任务得以凸显；其二，国家级新区是国家全面深化改革、

① 参见林立勇：《功能区块论》，重庆大学博士论文。在原文整理基础上加入河北雄安新区。

推动制度创新的先导区。①

二、赋权型

就当前各国家级新区的先行先试权的赋予角度来看，各新区的发展模式亦有差别。全面深化改革的深入使得原有依靠中央政府自上而下式的强制性制度变迁不再完全吻合社会改革的需要，这就需要适时地增加地方性的治理的自主选择权，发挥区域发展的地方自主性，国家级新区的设立与合理分布可以起到推进国家全面深化改革、推动制度创新的地方性作用。具体来看，为充分实现国家级新区的自主性，激发区域发展活力，现有新区都被赋予了改革的“先行先试权”。国家级新区“先行先试权”主要来源于两个方面：一是依托已有的国家综合配套改革试验区获得的“先行先试权”，主要有上海浦东新区、天津滨海新区、重庆两江新区、四川天府新区、湖南湘江新区，以及哈尔滨新区；二是在设立时由中央直接赋予其某一领域改革的“先行先试权”，除依托已有的国家综合配套改革试验区获得的“先行先试权”的情形外的所有新区都属于该种情况。②对现有新区的先行先试权进一步梳理可以清晰地看到当前我国新区的侧重点亦有不同，具体表现如下表3–3所示：

表3–3　国家级新区的先行先试权③

国家级新区	先行先试权	国家级新区	先行先试权
上海浦东新区	国家综合配套改革试验区	青岛西海岸新区	陆海统筹综合配套改革上的先行先试权
天津滨海新区	国家综合配套改革试验区	大连金普新区	投资、货物与服务贸易便利化政策与城乡管理、金融管理、行政管理、社会管理、涉外经济、生态文明建设等方面体制改革创新上的先行先试权
重庆两江新区	重庆统筹城乡综合配套改革试验区	四川天府新区	成都统筹城乡综合配套改革试验

① 参见郝寿义、曹清峰：《论国家级新区》，载《贵州社会科学》2016年第2期。

② 参见郝寿义、曹清峰：《论国家级新区》，载《贵州社会科学》2016年第2期。

③ 参见郝寿义、曹清峰：《论国家级新区》，载《贵州社会科学》2016年第2期。在原图16个新区的基础上增加吉林长春新区、江西赣江新区和河北雄安新区三个新区先行先试权发展模式。

续表

国家级新区	先行先试权	国家级新区	先行先试权
浙江舟山群岛新区	体制机制创新、统筹城乡综合配套改革上的先行先试权	湖南湘江新区	长株潭两型社会综合配套改革试验区
甘肃兰州新区	行政管理体制、涉外经济体制、社会管理体制、技术创新和服务体系、促进民营经济发展等方面的先行先试权	南京江北新区	苏南国家自主创新示范区的先行先试权
广州南沙新区	建设粤港澳口岸通关合作示范区、土地管理改革综合试点、国家社会管理创新综合试点、国际教育合作试验上的先行先试权	福州新区	福建自贸区、改革创新示范区
陕西西咸新区	创新城市发展方式上的先行先试权	云南滇中新区	西部地区新型城镇化建设综合试验区与改革创新先行区
吉林长春新区	东北振兴改革先行自贸试验区	江西赣江新区	国家绿色金融改革创新试验区
贵州贵安新区	对外开放先行先试区与创新发展试验区	哈尔滨新区	黑龙江现代农业综合配套改革试验区
河北雄安新区	科技创新发展等领域先行先试		

三、协调型

就国家级新区的协调发展视角来看，新区建设在以“人与自然协调发展”这一基本模式的基础上，亦存有“经济社会协调发展模式、区域协同发展模式、城乡协调发展模式、陆海统筹发展模式”等不同的发展模式。区域协同发展的理论基础来源于协同学，协同学是研究开放系统通过内部子系统间的协同作用而形成有序结构机理和规律的学科，其理论核心系指在一个系统运行的范畴内，能使系统由不平衡恢复到平衡、由无序转变为有序的能力。[①]对于区域协调发展的认知，主要表现为三个方面：一是强调系统内诸要素之间的协调，即在区域发展中所进行的要素利用和要素条件间要实现协调；二是针对区域发展要实现本区域与他区域、本区域新区与

① 参见郝寿义、曹清峰：《国家级新区在区域协同发展中的作用——再论国家级新区》，载《南开学报（哲学社会科学版）》2018年第2期。

本区域他区之间的协调，即区域发展水平间要实现协调，区域的发展差距要保持在合理区间范围内；[①]三是满足区域发展要素与区域发展之间的协调，即发展要素、发展条件与区域发展的成果要保持基本协调，保持一定的投入产出效率水平。[②]结合区域协同理论，通过对各国家级新区的战略定位和具体实践进行分析，可将国家级新区的协同发展分为经济社会协同发展模式、区域协同发展模式、城乡协同发展模式、陆海统筹发展模式，以及人与自然协同发展模式等新区发展模式，现将具体发展模式展开阐述如下。

（一）经济社会协调发展模式

“国家级新区在注重经济发展的同时，注重社会发展和社会治理，使改革成果全民共享，更多更好地惠及人民群众，不断地提高人民群众的获得感和满意感。”[③]其典型代表为上海浦东新区，该区的发展过程充分体现了其不仅仅局限于经济开发这一单一领域，更注重的是对社会的整体开发，以争取国家、社会和人的全面进步和全面发展。上海浦东新区的目标定位虽然是构建“四个中心”核心功能区建设和科技创新中心建设，但是其却在兼顾公共服务能力的提升，亦将保障和改善民生作为新区治理的工作重心，出台系列推动公共服务体系建设的规范性文件，主要涉及公共设施建设、职业教育培训、环境卫生管理、农村经济与环境发展、社区事务受理服务中心标准化建设、养老体制机制等方面，以有效推动浦东新区公共服务体系的建立和公共服务的供给。[④]与此同时，该新区在探索公共服务的一站式、电子化、市场化、社会化等方面亦做出显著成效，这充分表明了上海浦东新区的建设和治理过程归属于经济社会协调发展模式。

（二）区域协同发展模式

通过推动国家级新区创新合作平台，以构建出区域融合发展的大平台、大战略，增强新区发展对周边区域的辐射带动作用。我国国家级新区的区域分布表现为8个在东部，2个在中部，6个在西部，3个在东北，其中长江经济带分布9个国家级新区，

① 参见郝寿义、曹清峰：《国家级新区在区域协同发展中的作用——再论国家级新区》，载《南开学报（哲学社会科学版）》2018年第2期。

② 参见郝寿义、曹清峰：《国家级新区在区域协同发展中的作用——再论国家级新区》，载《南开学报（哲学社会科学版）》2018年第2期。

③ 王佳宁、罗重谱：《国家级新区发展模式比较与重庆两江新区发展的路径选择》，载《重庆社会科学》2017年第1期。

④ 参见王佳宁、罗重谱：《国家级新区发展模式比较与重庆两江新区发展的路径选择》，载《重庆社会科学》2017年第1期。

其具有显著的地区分配特征，即在西部大开发、振兴东北老工业基地、中部崛起和东部地区率先发展、长江经济带等战略实施的基础上推进新区改革创新，为新区发展赋予区域协同发展的示范带动作用使命。总体上，国家级新区建设致力于顺应时代背景和条件新变化，充分激发、挖掘和发挥地区发展比较优势，并加快形成动态比较新优势。在鼓励各地区依托基础条件和特色资源，积极探索差异化的高质量发展路子上具有突出成果，进而凸显了地方发展特色，推动区域优势互补，协同提升地区发展竞争力。[①]区域协同发展的深入开展和全面布局，积极推动了国家治理体系一体化建设，既有利于逐步消除影响要素自由流动的各类制度性障碍，又有利于深化和创新区域合作，引导各地区有序竞争、互利合作、互为支撑，实现资源要素有序、顺畅流动和优化配置。

（三）城乡协调发展模式

通过统筹城乡发展，以城市经济发展带动区域新农村建设，以健全城乡发展一体化体制机制。这里最为典型的新区主要有重庆两江新区、四川天府新区、云南滇中新区、浙江舟山群岛新区以及哈尔滨新区。以四川天府新区为例，加快构建统筹城乡一体化发展，通过加快平衡城乡要素平衡交换，实现城乡资源公平配置，推动农村劳动力就业方式城镇化转型以及改善农业生产方式等手段，统筹城乡综合配套改革试验向纵深拓展，努力实现城乡要素平等交换和公共资源均衡配置，实现“以工促农、以城带乡、工农互惠、城乡一体”的新型城乡建设格局，以推动现代城市与新型农村建设的和谐共生、互利共赢、彼此互动的发展格局。除此之外，其他国家级新区也就新型工农城乡发展形式进行探索，分别提出要构建“新型城市化典范”（广州南沙新区）、“中国特色新型城镇化的范例”（陕西西咸新区）、“新型城镇化的先行区”（大连金普新区）、“城乡一体的新型城镇化示范区”（湖南湘江新区）、“新型城镇化示范区”（南京江北新区）、“西部地区新型城镇化综合试验区”（云南滇中新区）、“特色山地城镇化格局”（贵州贵安新区）等[②]适合本地区发展特色的城乡协调发展一体化模式。

（四）陆海统筹发展模式

陆海统筹发展模式以“陆海一体化发展、陆海联动发展”为指导思想和行动指南。通过把握陆海区域的内在联系，将谋划海洋与沿陆海区域内的经济发展要素统

---

① 贾若祥、张燕、王继源、汪阳红、窦红涛：《我国实施区域协调发展战略的总体思路》，载《中国发展观察》2019年第9期。

② 参见王佳宁、罗重谱：《国家级新区发展模式比较与重庆两江新区发展的路径选择》，载《重庆社会科学》2017年第1期。

筹利用，努力实现综合区域内的资源利用、经济发展、环境保护和生态安全。其中最为典型的当属青岛西海岸新区。该新区在“陆海统筹发展试验区”建设过程中，高效整合陆海资源，在陆海战略规划、产业发展、生态保护、政策安排、管理体制统筹联动等方面先行先试，探索以对外开放带动对内开放、沿海发展带动内地发展的新路径，并在“促进生态保护、经济社会发展和文化传承，以及构建‘生态、安全、活力’的城市新形象”[①]方面取得了显著成效，建设出水生态良好、水安全保障、水环境改善、水景观优美、水文化丰富的新区形象，实现了该区域内的产业发展、基础设施建设、生态环境整治陆海联动等建设目标。

综上所述，我国国家级新区的模式选择根据不同的判断标准和划分视角可以作出不同的区分，每种发展模式所强调的重点取决于其区域社会发展需要解决的主要矛盾，经济社会协调发展强调的是经济与社会的关系，区域协同发展强调的是区域合作与竞争的关系，城乡协调发展强调的是城市与农村的关系。[②]

① 参见张相忠、王晋、王琳：《海绵城市的规划建设探索——以青岛市西海岸新区核心区为例》，载《城市发展研究》2017年第6期。

② 参见王佳宁、罗重谱：《国家级新区发展模式比较与重庆两江新区发展的路径选择》，载《重庆社会科学》2017年第1期。

第三节 | 新区治理法治化的理论基础

新区社会治理是国家治理和社会治理推进的全新阶段和重要环节，这不仅仅表征着社会治理理念的革新，更表现为国家治理方略的规范化。国家级新区的法治建设应在遵循国家法治统一的前提下，遵守国家宪法、基本法律、单行法律和行政法律等法律的基础上，在宪法、法律授权范围，根据法治的原则和精神，立足于新区区域内的政治、经济、文化和社会的特点，依法开展地方性立法，促进司法公正、依法行政，进行法治文化建设、推动法治建设进程，保障社会和谐发展的系列目标、活动、状态和过程。[①]党的十九届四中全会提出“加快推进社会治理现代化”的重大政策方针，这与党的十九大确立的实现国家治理体系和治理能力现代化的战略目标密切呼应，与中国特色社会主义发展过程中基本矛盾的转变密切联系。社会治理的现代化建设要求加快构建系统完备、科学规范、集约高效的社会治理法治体系，实现社会治理制度化、规范化、程序化，以最终实现社会治理的法治化。

一、系统完备

社会治理法治化具备完备的理论系统，社会治理法治化可分为横向视角、纵向视角与领域视角三大思考路径。[②]横向上，社会治理具体表现为经济法治化、政治法治化、文化法治化、生态法治化、社会法治化。“社会治理是跨越城乡治理的整体工程，是以城区治理引领、带动乡村发展的协同治理，也是社会经济发展各核心要素高度汇聚、集中整合的生态系统，更是政治、经济、社会、文化、生态等多维治理形态有机统一的综合治理场域。”[③]领域划分上，可分为社会经济生活、公民参与活动、社会公益事业、社会矛盾解决、社会公共安全。中国社会治理法治化的理论探索与创新，一定程度上说明了社会治理结构的不断扩大和日益复杂。社会治理作为一种新型治理模式，合法性、稳定性、资源的可获取性、生存与发展前景是不可回避的理论问题。在不同事务领域的结构化与制度化中形成的社会治理环境，相较于以往主要由国家治理、区域治理、基层治理等概念组成的治理体系，在治理路径的

---

① 参见邹鑫：《我国国家高新区立法问题研究》，载《社会科学家》2017年第10期。

② 庞金友：《“中国之治”的市域之维新时代市域社会治理现代化的逻辑与方略》，载《人民论坛》2020年第35期。

③ 庞金友：《“中国之治”的市域之维新时代市域社会治理现代化的逻辑与方略》，载《人民论坛》2020年第35期。

内部协调和控制上具有主动性、灵活性、现实性的优势。纵向视角主要有市级社会治理、县区社会治理、乡镇社会治理三个主要层次。纵向视角是与社会治理概念联系最为直观的角度，社会治理理论对于理顺地级市、县区以及城镇三者之间的关系具有重要作用。这不仅是地理区划上的联系，其内涵在于通过社会治理理论明确权责关系、形成高效的法律运行体系，各级政府最终实现有能力运用权力、能够用好权力。

二、价值意义

社会治理法治化具有较强的理论价值和实践意义，“凡是法律制度所应调整的，均应由法律制度调整；调整不同领域的法律制度应当相互衔接，有机协调；法律制度在执行、遵守、监督中的任何问题，均能在法律制度中获得解决的途径”[①]，所以，新区社会治理法治化的过程必然是一个系统庞大的理论体系，绝非孤立存在的单一方面。社会治理法治化发展的绝对速度快、变迁范围精准，现代社会治理制度的固有特性是中国特色社会治理制度从传统的社会治理理论中分离出来的要素。之所以将社会治理法治化称为社会治理理论之创新，是因为这种中国现代化治理的绝对速度、变迁以及规范属性，表现为一种全新的权力运行方式、社会发展模式、生活组织形式。

从底层看，社会治理法治化表现为一种动力的革新而不仅仅是外观的演变，是一种自下而上的、贴近现实的、关于人类社会关系及时空关系的规范化、精准化，以一种更加微观、开阔的视角，实现了“现代”治理与“传统”治理的切割。现代化的社会治理意味着不同时区时间认知的标准化、不同地区空间认知的延展化、多样化。过往的社会理论或者说传统与现代断裂之前的社会治理理论中，时间与空间在有限的社会关系范畴中紧密关联，而空间能借由时间得以度量，时间概念得以在空间概念的扩张中得到展示。因此，社会治理的法治化所表现出的实现现代性的重要推动力就是通过对时间与空间两大社会关系构成的基础性要素的重构。社会治理时间规划主要表现为传统治理理论与现代治理理论的衔接、国家与社会治理规划的历时性统筹。社会治理空间规划主要表现为不同领域、地理区划层级的统筹。社会治理的时间规划是空间规划的前提，两种要素在社会治理这一范畴中获得解放，即在时空规划的基础上，社会治理关系实现从有限到无限的变革，通过法治化的方式，走上社会治理规范建构的道路。可以说，赋予国家级新区先试先行权是加强地方法治建设机动性，增强地方法治建设活力的重要体现，大大加强了新区政府作为本地

① 卓泽渊：《法治国家论》，中国方正出版社2001年版，第54页。

治理规范的制定者和推动者的角色，使得社会治理的各个层级得以搭建完整的治理体系，对于新区社会治理法治化建设具有重大意义。显然，提高新区社会治理法治水平并非简单地赋予新区政府先试先行权就可以实现，还需要各主体相互协调，各程序各环节相互衔接，并配有法治建设的配套措施方能完成，这就需要在进一步明确新区社会治理法治化理论架构的基础上去发掘法治建设机理，进而出台相应地实践举措，以真正实现国家级新区的法治化建设。

同时，社会治理法治化具有明确的实践路径，以及较强的法治实践指导意义。法治化是社会治理现代化的标志与媒介，法治化能将资源、信息、产权传递开来，而不再仅仅考虑在特定场景下，对处理相关治理资源、信息的个人或团体的个别化、无序化的规制，如行政执法失序。从社会治理的经济实践来看，政府权力的法治化运行标志着由计划经济向市场经济深化过渡的过程。社会治理法治化的规范解释力，附有国家政权的背书，实现了时空的延伸，使得各项治理及法治资源能够从具体的场景中解脱出来。今天社会治理已经独立于它所代表的理论定位，如同数据信息之间的流通一样，以规范化的信息沟通形式显现出来，社会治理不仅仅是一种实体性的内容，不再是简单的基层乡镇治理与县域治理的差异，而是通过连接传统与现代、行政运行中与运行后，将时间托架出来的程序性手段。社会治理是社会学中脱域机制的现实案例，它能够实现不同时空间的生产资料、法律运行资源的沟通交换，促进不同主体之间的交往，推动新型的社会治理生产关系的完善，使得服务型权力能够在极大程度上实现解放。在这一层面，社会治理的法治化对中国新农村建设、城乡衔接、城市化治理这种历时性与共时性兼备的社会事物的解读更加透彻。社会治理法治化需要在实践中关注体系的生成，正是这些体系编织着社会治理法治化的物质环境、社会环境、文化环境等范畴的博大范围。而社会治理法治化的延伸是通过应用于传统区域治理、新兴改革区域建设的个性化实践性质以及区域联动的共性化实践性质来构建的，这种个性与共性之间的牵连协调是社会治理存在的应有之义，更是社会治理继续发展的底层逻辑路径。如社会司法治理中的公益诉讼，已经不仅局限于具体利益事项上的满足，更是出于一种实质化、程序化价值的统筹。

第四节 | 新区治理法治化的实践要求与立法概况

新区社会治理法治化以多元化协同共治为基础思想理念，采用法治途径和方式，全面推动政府、社会组织和公民等社会各阶层的力量共同在法治的理念下参与到对社会的管理活动中来。所以，在国家级新区社会治理的法治化理论框架下，各新区政府纷纷出台相应的规范性文件，以推动本区域治理的法治化进程，规范新区治理违法违规行为，提高新区社会治理的现代化程度。为此，新区所在各省市纷纷出台贯彻中央决定的意见，积极开展在国家法制统一的大框架下进行大量具有鲜明地方特色的实践探索。新区社会治理的法治化要求政府在市内的所有新区治理参与主体应当在治理的各个领域坚持依法办事，提倡用法治化手段解决社会矛盾突出问题，多主体共同参与相互融合，将法治手段制约和规范公权力，切实有效地保障私主体的基本权利，充分保障公民和社会组织积极参与新区社会治理的全过程，不断提高新区治理的法治化水平，推进新区治理的法治化进程，以构建法治新区、法治社会为目标。总而言之，新区社会治理的法治化就是需要坚持“系统治理、依法治理、综合治理、源头治理”，提高社会治理法治化水平，将法治国家、法治政府、法治社会有机结合，以最终实现新区社会治理的科学立法、严格执法、公正司法、全民守法，进而促进国家治理体系和治理能力现代化。

一、法治要求：先行先试

社会治理法治化应当设定基本要求，科学落实法治进程。当前国家级新区的法治化建设应当根据党中央、国务院有关法治政府建设的战略目标和实施规划，结合有关省市和国家级新区法治政府建设实践中的发展要求、共性做法与创新经验制定相关规范性文件，在制定相关规范性文件的过程中应当突出和明确新区法治建设指导思想和基本原则。对此，新区治理法治建设应当抓好试点作为全面深化改革的重要任务和重要方法，注重调动新区治理改革积极性，激励争取试点和探索创新，引导各级、各部门先行先试，全面加强和规范改革试点工作，准确落实新区法治建设基本要求。

（一）明确新区法治建设指导思想

社会治理法治化应当全面贯彻党的十九大和十九届二中、三中、四中、五中全会精神，坚持以马克思列宁主义、毛泽东思想、邓小平理论、“三个代表”重要思想、科学发展观、习近平新时代中国特色社会主义思想为指导，增强“四个意识”，坚定“四个自信”，做到“两个维护”，深入学习贯彻习近平总书记重要讲话精神，统筹推进

“五位一体”总体布局，协调推进“四个全面”战略布局，贯彻落实创新、协调、绿色、开放、共享的发展理念，坚持党的领导、人民当家作主、依法治国有机统一，坚持解放思想、实事求是，坚持改革创新，突出坚持和完善支撑各新区建设战略目标的法治保障体系，着力固根基、扬优势、补短板、强弱项，构建系统完备、科学规范、运行有效的制度体系，加强系统治理、依法治理、综合治理、源头治理，全面提高“运用法治思维和法治方式深化改革、推动发展、化解矛盾、维护稳定能力”①，把新区制度优势更好地转化为治理效能，在各方面制度更加成熟更加定型取得明显成效的基础上进一步将法治江北建设推向新阶段，为新区开发建设营造国际一流营商环境，让法治成为新区发展核心竞争力的重要标志，为建设“强富美高”新区社会提供有力法治保障。

（二）突出新区法治建设重点领域

新区在制定相关的规范性文本时，应当坚持中国共产党的领导，坚持人民主体地位，坚持法律面前人人平等，坚持依法治区和以德治区相结合，坚持从新区实际出发，坚持规划先行、改革先行、法治先行、生态先行，把新区各项工作全面纳入法治轨道，实行法治新区建设与制度创新型新区、协调发展型新区、生态友好型新区、开放合作型新区、共治共享型新区建设相结合，不断满足人民群众日益增长的美好生活需要。着重设定新区社会治理法治化的衡量标准，即通过对依法治理体制系统的完备性、政府职能转变程度、法治营商环境国际水平、商事制度改革力度等方面予以评估和考量，切实让规范性文件的制定落于实处、用于实处。国家级新区规范性文件的出台应当注重补充和完善区域依法治理体制机制，针对新区建设的重点领域进行重点布控，在国家相关法律文件的基础上，结合本区域法治建设的空白地带进行全面性立法防控。就我国部分国家级新区在法治建设过程中所制定的规范性文件进行梳理（如表3–4所示），可见，现有新区的立法主要集中在落实赋权、深化机构和人事制度改革、注重基层体制机制法治发展、强化规范性文件审核监督、健全权力制约与监督体系以及完善投资促进和保护机制等方面。

1. 全面深入落实赋权决定

全面深入贯彻落实本区域省市人大常委会赋权决定及中央和省、市有关政策文件精神，发挥先行先试优势，加快推进依法治理体系建设，确保新区法治建设纲举目张，运转有序，为构建国际一流营商环境提供坚实法治保障。以江北新区为例，新区管委会按照分类指导原则在直管区、共建区、协调区履行相应职责，管委会职能机构依法行使各项行政管理权。健全完善并动态调整权责清单体系，积极承接并

① 蒋传光、刘悦：《中国法治政府建设的价值基础》，载《哈尔滨工业大学学报（社会科学版）》2020年第3期。

转化落实上级下放经济社会管理权限，全面推进新区依法治理各项职权制度化规范化程序化运行。坚持改革先行，深入贯彻落实中央和省、市有关法治改革决策部署，主动配合开展国家级新区和自贸区相关法律、法规、规章和政策文件清理工作，适时提出调整实施建议。健全完善规范性文件体系，及时研究出台上级政策文件配套实施办法，适时将改革创新经验上升为制度规范，不断完善新区依法治理体制机制。

2. 深化机构和人事制度改革

推进新区各类开放创新平台互动发展，实现国家级新区管理机构和新区管理机构协调配合、联动改革。积极服务国家战略，加强与“一带一路”沿线国家（地区）口岸执法机构机制化合作，加强与有关区域和新区所在的相关省市法治合作。围绕协同管理、责权一致、精简高效目标，系统设计职能机构、产业平台和街道职责体系，持续推动机构设置、职能配置、工作流程与中央和省、市机构科学对应、有效衔接、协同运转。严格机构编制管理，统筹利用行政管理资源，节约行政成本。全面推进公务员、法律服务人员的聘任制改革，强化竞争择优、以事择人导向，坚持竞聘上岗、以岗定级、以岗定薪，推动实现身份管理转向岗位管理。优化绩效考核评价体系，将考核结果与奖惩措施直接挂钩，健全完善鼓励激励、容错纠错、能上能下“三项机制”。深入实施“名校优生”计划，加快推进国际人才服务管理改革试点，积极探索职业资格国际互认，依法保障境内外高层次人才合法权益，着力打造国际化人才集聚高地。

3. 推进街道体制机制改革

深入推进街道体制机制改革，建立健全适应新区发展需要、契合新区治理体制、符合新时代街道工作特点的管理体制和运行机制。坚持党对街道工作的全面领导，深入落实区域化党建工作联席会议机制，全面推进辖区各领域党组织互联互动。厘清街道职责边界，编制街道职责清单，统筹优化街道管理架构，建立健全简约高效的基层管理体制，持续推动治理重心下移。加快建设新区网格化社会治理联动指挥云平台，搭建区街两级联动指挥平台及支撑平台，加强街道线上线下便民服务机构及平台建设。全面组建街道综合执法大队，完善以街道综合执法大队为骨干，公安机关执法力量为保障，相关职能部门执法力量共同参与的联动工作机制，强化“街道吹哨，部门报到”联合响应机制，实现基层一支队伍管执法。加快建设全要素“红色便民网格”，打造全科型网格员队伍，建立健全网格管理协同联动机制、多元共治机制、激励奖惩机制、投入保障机制。探索推进街道财政管理体制改革，明确收入划分，优化考核体系，完善新区与街道财权分配机制。

4. 强化规范性文件审核监督

完善规范性文件制发体制机制，依法依规动态调整规范性文件制定主体清单，明确公文种类，列明事项类别，规范流转程序。加强投资领域改革、贸易转型升级、金融领域开放创新、创新驱动发展和服务国家战略等重点工作领域规范性文件制发，逐年制订计划，强化清单管理，加强政策解读，及时修订调整。强化规范性文件合法性审核，凡是涉及公民、法人和其他组织权利义务的规范性文件均纳入审核范围，确保实现全覆盖，做到应审必审。未经合法性审核或者经审核不合法的文件，不得提交集体审议。深入落实专家协助审核机制，采取多种方式提升规范性文件审核质效。充分发挥审核管理信息平台作用，实现与公文管理系统和政务信息公开平台一体化互联互通。完善规范性文件解释和解读工作机制，贯彻落实规范性文件提请审查工作机制。深入实施规范性文件评估制度，充分落实规范性文件实施报告、评估报告和动态清理制度。加强规范性文件制定实施监督检查，严格落实责任追究机制。

5.健全权力制约与监督体系

坚持制度化制约，坚持决策权、执行权、监督权相互协调、制约，深入健全新区公权力制约与监督体系。严格落实党风廉政建设责任制，切实履行各级党组织主体责任和主要负责人第一责任人责任，统筹推进纪检监察机构改革任务落地、落实、落细。自觉接受人大监督、民主监督，及时研究办理人大代表建议和政协委员提案。深入落实行政首长出庭应诉制度，尊重并执行人民法院生效裁判裁定，积极配合检察机关依法履职。加强层级监督，对公共资金、国有资产、国有资源和领导干部履行经济责任情况实行审计全覆盖。建立健全网络舆情监测、收集、研判、处置机制，充分发挥舆论、新闻和群众监督作用。依法加强重点领域信息公开，完善突发事件信息发布、专家解读等制度，加快推进政府数据共享开放，完善依申请公开机制，强化政务公开考核和责任追究制度。贯彻落实公职人员政务处分法，完善纠错问责机制。

6.深入推进“放管服”改革

全面清理行政审批事项，全部取消非行政许可审批事项，最大程度减少对生产经营活动的许可，最大限度缩小投资项目审批、核准的范围，最大幅度减少对各类机构及其活动的认定，全方位打造审批事项最少、创新活力最强、审批效率最高的国家级新区“放管服”改革标杆。[①]动态调整“不见面审批”事项清单，完善“不见面审批”实施方案，优化“不见面审批”标准流程，着力打造动态管理服务体系，深入推进优化简化审批流程，全面实行企业市场准入“全网通办”，真正实现“一次受理、一套材料、一窗发证”。全面贯彻落实优化营商环境行动方案，深入推进工程建设项目审批制度改革、告知承诺制改革、施工图审查制度改革及相对集中行政许可权改革。深化办税缴费便利化改革，开展新办企业涉税业务一表办理。强化审批监管协调联动，健全“不见面审批”风险防控机制。充分运用现代信息技术，推动政务服务事项办理由实体大厅转向虚拟大厅，推进跨部门、跨层级、跨区域信息共享协同办理，全面提高政务服务互动性、便捷性、准确性和有效性，加快建立高效、便利、优质的扁平化行政审批体制。贯彻落实重大行政决策程序。坚持重大决策于法有据，加强决策规划备案审查，确保决策程序严格遵守，推动决策流程高

① 参见《法治政府建设实施纲要（2015—2020年）》。

效运转，推进决策责任严格落实，深入推行依法、依规划、依程序决策。结合新区实际情况修订出台重大行政决策程序实施细则，明确决策依据、决策主体、决策事项、决策程序和决策责任。深入推行重大行政决策事项目录化管理，健全重大行政决策舆情反馈机制。加强决策规划备案审查制度建设，建立健全决策规划异议审查机制。严格落实公众参与、专家论证、风险评估、合法性审查、集体讨论等重大行政决策法定程序。重大行政决策方案未经合法性审查或经审查不合法的，不得提交新区管委会党政联席会议讨论决策。对专业性、技术性较强的决策事项，组织专家、专业机构进行第三方论证。深入推进重大行政决策程序规则与现代信息技术深度融合，形成流程化决策平台，分步骤设置决策程序和期限。制定实施重大行政决策监督管理办法，深入落实重大行政决策后评估机制和纠错机制，全面实施重大行政决策终身责任追究制度，健全完善决策责任倒查机制。

7. 推进综合行政执法体制改革

建立完善行政执法统筹协调机制，全面推进执法体制机制改革，加强执法队伍素质建设，严格落实行政执法责任制，确保严格规范公正文明执法落到实处。深入推进直管区综合行政执法体制改革，建立完善内部协同机制，统筹协调各类执法队伍，构建新型基层综合行政执法体制。制定实施行政执法权责清单，妥善做好部门职责划转调整，厘清执法部门与街道职责定位，做好执法力量下沉衔接协调工作。全面推行行政执法公示、执法全过程记录、重大执法决定法制审核“三项制度”。对行政执法人员严格实行资格准入制度，通过整合执法资源、盘活人员存量、提升队伍素质等途径不断充实执法力量，全面推行执法人员定期考核制度。健全行政执法和刑事司法衔接机制，深入实施案件移送标准、重点领域案件移送证据指引等制度，定期组织专项检查。健全执法问责机制，加强行政执法监督统一网络平台建设，顺畅投诉举报、情况通报等监督通道。加强行政执法信息化建设，深入推进行政执法信息平台建设，健全信息化执法保障系统，积极承担智慧城市建设管理职责。

8. 完善法治政府建设支撑体系

加快完善依法行政配套制度体系，深入推进法治政府建设体制机制创新。全面推进行政复议工作规范化，深入推行行政机关负责人参加行政复议案件听证制度，贯彻落实部门行政复议重大案件集体讨论决定制度，完善行政复议案审会工作细则，扎实推进行政复议中心建设，充分发挥行政复议基层联系点作用。完善行政应诉制度，开展风险排查、预先防范工作，将行政机关负责人出庭应诉率纳入法治建设考评指标体系。创新发展行政调解、行政裁决、仲裁制度。健全行政调解工作体制，强化行政机关解决同行政管理活动密切相关的民事纠纷功能，着力打造与国际接轨、与市场经济相适应的区域性国际仲裁中心。深入构建大信访、大安全体系，坚持信访和安全工作领导“一岗双责”，健全公共安全监管体系和信访维稳防控网络。全面落实政府法律顾问制度和公职律师制度，建立完善法律顾问专家库，深入实施第三方专业力量全链条融入法治政府建设机制。创新推进“互联网+政务服务”体系建设，制定出台营商环境政策服务事项目录清单，深入推进行政服务中心建设。

9.推进“证照分离”改革全覆盖

推动商事制度改革深化拓展，全面清理涉企经营许可事项，全面落实“非禁即入”要求，分类推进审批制度改革，完善简约透明的行业准入规则，进一步扩大企业经营自主权，激发微观主体活力。制定涉企经营许可事项“证照分离”清单并及时公布、动态调整、接受监督，清单之外不得违规限制企业进入相关行业或领域。对所有涉企经营许可事项按照直接取消审批、审批改为备案、实行告知承诺、优化审批服务四种方式分类推进改革。规范健全企业登记经营范围与申办经营许可的衔接，明确涉企经营许可事项对应的经营范围表述，建立经营范围与涉企经营许可事项的对应关系。加快实现政务数据“一次采集、一库管理、多方使用、即调即用”，有关部门通过信息共享获取的信息，一律不得再要求企业提供。推动投资建设项目涉审中介机构“零门槛、零限制”申请入驻“中介超市”在线平台。持续提升审批服务质效，深入推进政务服务标准化改革，制定并公布准确完备、简明易懂的操作规程，消除隐形门槛，规范和压减自由裁量权。

10.完善投资促进和保护机制

深化投资领域改革，深入推进投资自由化便利化，提高境外投资合作水平，大力发展总部经济。全面落实外商投资准入前国民待遇加负面清单管理制度，负面清单以外按照内外资一致原则实施管理。建立外商投资信息报告制度，创新外资创业投资企业和股权投资企业开展境内投资监管模式，探索允许外商投资企业将资本项目收入划转或结汇并依法用于境内股权投资，完善外商独资设立经营性教育培训、职业技能培训机构和投资设立航空运输销售代理企业的审查和监管制度。依法统一内外资人才中介机构投资者资质要求。[①]完善外商投资促进、项目跟踪服务和投诉建议工作机制，持续放宽外资市场准入，在法定权限内制定外商投资促进政策，实施重大外资项目“直通车”制度。推动建立市场化、专业化招商机制，依法探索设立境外招商机构。创新境外投资管理，建立完善助推企业“走出去”激励保障和风险预防制度，推动建设国家级境外投资服务中心。

11.推进基层社会治理法治化

深入推进省级现代社区治理创新实验，积极构建政府治理、社会调节、居民自治良性互动的基层社会治理体系。健全社区工作准入制度和清单制度，制定刚性化准入清单，深入实施“网格+网络”治理模式，推进智慧技防建设与网格化社会治理融合对接。推进社区协商示范点建设工作，扩大有序参与，推进信息公开，加强议事协商，强化权力监督。创新探索“区块链+社会治理”管理手段，加快建立集信息采集、

① 参见《（江苏）自由贸易试验区总体方案》（国发〔2019〕16号），第4条。

纠纷受理、数据集成、智能研判于一体的社会治理智慧系统。积极发挥社会组织和市场主体作用，探索“政社分开”和“政社协同”工作机制，推进“三社联动”扩面增效，全面激发多元主体参与社区治理强大动能。健全社会组织管理制度，加强社会组织评估工作，建立健全以社区居民满意度为主要衡量标准的社区治理评价体系和评价结果公开机制。完善安全风险分级管理和隐患排查治理双重预防机制，贯彻落实社会稳定风险评估制度，把“全周期管理”理念贯穿城市规划、建设、管理全过程各环节。全面加强公共卫生治理体系建设，完善重大疫情防控体制机制，健全公共卫生应急管理体系。同时，还应强化落实法治建设责任制，各级党政主要负责人要积极履行推进法治建设第一责任人职责，把法治建设成效作为衡量各级党政领导班子及主要负责人工作实绩的重要内容，纳入政绩考核指标体系。明确尊法守法用人导向，建立实施法治新区建设目标责任制，建立健全法治建设成效考核评价指标体系，根据不同考核对象设置共性指标、专业化指标和社会评价指标。压紧压实各级领导干部法治建设责任，把法治建设成效考核结果作为党政领导干部选拔任用的重要依据。加强对领导干部任前法律知识考查和依法行政能力测试制度，将考查和测试结果作为领导干部任职的基本依据。建立健全容错申诉机制和函询谈话机制，深入落实法治建设长效化激励机制，为领导干部敢于负责、勇于担当、大胆作为创造良好的政治生态和从政环境。

二、立法探索：现状考察

国家级新区的先行先试性决定了其法治建设将是一个不断发现、不断推进的立法完善过程。新区作为中国社会主义经济市场化进程中的重要一环，本身就是制度的产物，先行先试市场规则，探索各种改革开放措施，尝试各项制度创新，正式制度和非正式制度交互推动着新区的发展。[①]经历了数十年的发展，现有国家级新区的法律体系已初见雏形，法律分布较为健全（如下表3-4所示），并正在结合自身发展不断趋于完善，然而，由于新区在立法方面的先行先试也导致了大量授权立法的存在，造成立法内容出现交织和混乱，使得新区法律体系的内部关系更为复杂。

面对国家级新区已经或可能出现的立法问题，应当在合理利用现行制度资源主动争取中央立法支持的基础上，充分发挥新区地方立法的自主性、试验性和创新性，调动新区管委会制定规范性文件的主动性和积极性。认真梳理研究现有新区法律体系的内部关系，逐步构建以国家统一立法为基础、符合各新区内生性需要的法律体系，从而为新区改革和建设营造良好的法治环境，并为后期新区的改革提供更多可复制、可推广的立法经验。[②]以自贸区为例，我国《中国（上海）自由贸易试验区条例》第1条

① 参见余宗良：《我国开发区建设的法治化研究》，武汉大学2014年博士学位论文。

② 参见李敏：《上海自贸区法律体系的现状反思与完善路向》，载《南都学坛》2016年第1期。

明确规定，除中央决定在自贸区暂时调整实施的有关法律规定、行政法规和国务院文件规定外，其他法律和行政法规及文件规定在自贸区内都应适用。对此，全国人大法工委和原国务院法制办针对国家级新区的地方特色和调整必要，出台了相应的规章条例，如《全国人大常委会关于授权国务院在中国（上海）自由贸易试验区暂时调整有关法律规定的行政审批的决定》等。同时，国务院对于部门规章和文件规定的适用也制订了相对应的总体方案，明确各部门要支持试验区在服务业扩大开放，实施准入前国民待遇和负面清单管理模式等方面深化改革试点，及时解决试点过程中的制度保障问题。

（一）新区法律体系的分布特征

“立善法于天下，则天下治；立善法于一国，则一国治。”党的十八大以来，依法治国方略已经被提到新高度，依法治理已经成为新区社会治理和建设的坚实保障和基础条件。立法立规是落实和推进新区法治建设的首要环节，也是新区法律体系赖以形成的基本方式。新区法治建设虽然起步较晚，然而就我国新区的立法历程来看，我国国家级新区立法在发展趋势上呈现从无到有、体系上从碎片化到系统化、内容上从单一化向多元化的方向转变，初步形成了从中央到地方的全方位立法体系。

1.地方立法占据绝对主导

由于国家级新区的立法起步阶段较晚，以及国家层面具有普遍性、权威性等宏观价值束缚，导致国家层面的立法相对较少，在政策上的指导文件相对较多，这也体现了我国在新区建设方面充分发挥新区的先行先试权。在国家积极鼓励地方政府充分发挥新区建设自主权，构架地方特色的新区法治体系的形势下，地方政府为了建设新区，制定了大量的地方性法规、政府规章以及指导性文件。所以就中央和地方立法数量的比例可见，地方性立法占据绝对的数量优势，比例较大。显然，地方性立法的占比较大有其存在的合理性，其主要原因有三个方面：

一是地方政府可以根据新区建设的具体情况适时调整立法规范，增强立法的现实指导意义。新区的建设机动性较强，治理挑战较为复杂，在新区建设的过程中规章的实用性极有可能很快需要进行调整，地方立法则能满足这一要求。

二是地方立法的内部体系较为全面，覆盖面较广。国家层面的立法很难触及地方社会治理的各个方面，而地方性立法则不同，可以根据治理需要增补相应的立法规范，随时指定规范性文件进行行为指导。

三是地方性立法水平不断提高，可以满足新区社会治理的需要。立法的目的在于解决立法所要针对的社会治理问题，而非为了立法而立法，国家级新区地方性立法目前已经涉及了市场主体与竞争秩序、风险投资、知识产权保护、环境与规划建设、国际经济技术合作等新区出现的新事物，可以及时解决新区社会治理过程中的各种问题，不需要再上升到国家层面。同时，现有地方立法突破了旧有观念和实践的束缚，体现了制度创新，充分引进并吸收先进地区的创造经验，大力简政放权，注重构建更加系统的制度和更为创新的立法设计，都充分表明了地方立法水平的提升可以在一定程度上满足地方社会治理的需要。

2. 法律体系涉及内容全面[①]

在新区现代化的进程中，地方治理的法治化的内容涵盖新区社会建设的方方面面，在一定意义上有助于国家法治体系的健全。新区法治政府的建设伴随着新区经济建设的发展而同步展开，可以说，地方政府为了增强区域经济发展的竞争力，围绕招商引资所进行的政府职能转变和管理方式的调整，不断增强政府服务经济社会发展的能力，其本身就是推进政府法治化的一个重要举措。在新区法治建设的过程中，各地在进行经济发展方面“先行先试”的同时，也在不断健全社会文化保护创新、制度推进实施以及政府行政管理体制改革等法治建设的内容。

在法治政府建设方面，新区政府及其所属各部门不断规范决策程序，努力提升民主决策、科学决策和依法决策水平，努力实现决策中有论证、执行中有监督、执行后有评价、决策失误有追究的全程制约机制。新区政府紧紧围绕打造“为民、务实、清廉”人民满意政府的总要求，努力建设“善治”“善政”的服务型政府，不断强化政府公共服务、市场监管、社会管理和环境保护等职能，推动政府职能向创造良好发展环境、提供优质公共服务、维护社会公平正义转变，不断提高政府的执行力和公信力。

在制度建设方面，新区政府注重社会制度建设，落实依法治理、依规治理的指导思想，创新社会管理与服务的方式、方法，充分发挥行政立法在社会管理改革创新中的引领和推动作用，加强保障和改善民生、加强公共服务等重点领域和关键环节的立法，以进一步规范政府的行政管理、宏观调控和公共管理、社会服务工作，将社会管理与服务工作纳入法治的轨道。同时，行政性立法色彩浓厚也是当前新区立法所具备的特征之一。在国家法律缺位的情况下，为支持新区的快速、持续、有序、和谐发展，国务院、国务院各部门、省级人民政府及其部门以及高新区所在地政府在高新区设立及运行过程中，制定了大量的行政规章及规范性文件，较为系统地确立了新区的管理体制、特殊政策及特定功能。

（二）新区立法体系的不足检视

综观新区立法的基本现状，我国国家级新区在立法方面取得了一定的成就，为维护新区内在主体的合法权益、推动新区产业发展、实现新区法治政府建设起到了保证和促进作用。然而，也不可避免地存在一些问题，新区地方立法缺乏系统性、协调性，极大地增加了执法和司法的困难，同时，新区立法自主权的有限性及其在自贸区适用性审查机制的不健全，也在限制地方立法对新区建设的制度支撑作用，抑制新区立法制度上的自主创新。

---

① 参见孙红军：《中国地方政府法治化：目标与路径研究》，苏州大学2016年博士论文。

1.地方立法缺乏系统性、协调性和可持续性

对现有新区立法进行梳理可以清楚地看到，当前我国19个国家级新区的法律体系呈现出过于分散、杂乱，尤其是大量授权立法的存在，其中既有全国人大常委会和国务院对新区的授权，又有新区所在地方的人大常委会对新区政府和管委会的授权，在授权立法体系内部呈现出一般授权立法与特殊授权立法的交织。“授权暂时调整或暂停实施现行法律法规的部分规定，对这些授权立法效力等级的不同理解使得新区法律体系的内部关系更为复杂，这给当事人的选择适用和监督救济带来困惑。”①

除此之外，新区立法还表现出法律体系定位模糊的弊端，这就造成了立法内部的结构紊乱，必然导致立法数量的增加，即一部法律缺少所应囊括之内容，需要通过其他立法加以增补。与此同时，新区内部部门之间各自为政，缺乏沟通协商和整体意识也导致了新区社会治理过程中根据立法规定进行执法和司法相对困难。对此，需要新区地方性立法站在国家赋予新区的使命高度制定地方性法规，注重立法整体、加强体系和内容的协调衔接，在地区利益与国家利益一致性的基础上开展地方立法。

2.绝大部分立法内容缺乏特色性、创新性

我国大多数新区将工作重点放在引进外资、扩大用地、科技创新和生产规模上，土地开发面积、开发土地转让情况、引进外资以及高新技术等要素成为衡量新区社会治理成效的唯一标准。这就造成部分新区管理主体在项目申报、审批环节，专注于项目投资规模、技术等级等内容，使得全国大多数新区类型趋同、产业同质现象明显。②各新区在国家专门法律、行政法规及总体新区规划的基础上，进行立法创设，往往会出现因调整内容的一致性而引发的各地立法内容相似程度较高，没有体现地区特色。《中国（上海）自由贸易试验区条例》第4条规定指出：“推进自贸区建设要充分运用现行法律制度和政策资源……不断激发制度创新的主动性、积极性，营造自主改革、积极进取的良好氛围”，这是国家级新区地方立法的基本要求，然而，地方特色的挖掘缺乏，必然导致各地立法创新性的缺乏，进而引发新区地方原封不动的借鉴，即便是进行相应修订，也难以脱离借鉴的立法文本原稿，不能充分体现自身的创新之处。

3.立法缺乏评估，既有立法更新迟缓

立法评估作为立法工作的继续和延伸，当属立法工作的组成部分，通过立法评估可以有效检验立法质量，进而提高立法质量。在地方立法评估实践的发展中，我国地方立法评估的规范化程度也在提升，国内各省、市争相颁行地方立法评估办法、规定等规范性文件，但是针对新区立法的立法后评估却鲜有为之。同时，由于立法后评估的缺乏，使得社会治理实践中难以发现既有立法的不足，进而导致新区立法“立、改、废”的进程相对迟缓，致使部分早期的国家级新区20多年前的立法规定仍在继续适用，

① 李敏：《上海自贸区法律体系的现状反思与完善路向》，载《南都学坛》2016年第1期。

② 参见邹鑫：《我国国家高新区立法问题研究》，载《社会科学家》2017年第10期。

不能紧跟社会发展在原立法文本上做出调整，在面临新的社会治理问题时，往往出台一新的法律文件，增加了法律适用的难度和复杂性。对于自贸区而言，鉴于国家级新区的国家战略地位和先行先试的改革需要，根据有关文件和《自贸区条例》的规定，除明确规定适用于自贸区的外，地方性法规和地方政府规章并不直接适用于自贸区，需要依法进行审查。但由于自贸区改革涉及的部门领域较多，自贸区建设不仅涉及本区域地方性法规、规章及文件规定，还涉及各类政府部门所制定的大量规定，对于后者的适用性应如何确定，现行法规文件并未规定，此外，关于“适用性”的判断标准或者审查基准、审查的职责划分、处理意见反馈、审查时限以及审查结果的处理方式等方面都没有规定，这在很大程度上限制了新区地方立法对自贸区建设的支撑作用。[①]

表3–4　部分国家级新区出台的规范性文件

新区名	规范性文件	效力	文本主要内容
广州南沙新区	《广州市南沙新区产业园区开发建设管理局设立和运行规定》	有效	总则、职责、治理模式、财务管理、人力资源和薪酬管理、监督机制和问责免责、附则。共7章37条。
	《广州市南沙新区明珠湾开发建设管理局设立和运行规定》	有效	总则、职责、治理模式、财务管理、人力资源和薪酬管理、监督机制和问责免责、附则。共7章37条。
	《广州市南沙新区条例》	有效	总则、行政管理与服务、规划建设与土地利用、区域合作、生态环境保护、产业促进、人才保障、社会治理、法律责任、附则。共10章77条。
	《广州市人民政府关于向中国（广东）自由贸易试验区南沙新区片区下放第一批市级管理权限的决定》	有效	市政府决定将58项市级管理权限下放自贸区南沙片区管委会，由其在自贸区南沙片区范围内严格按照法律、法规规定的权限和程序实施。市政府将根据法律、法规的立、改、废情况及自贸区南沙片区经济发展的实际需要，适时对下放自贸区南沙片区管委会实施的管理权限目录进行调整。
	《广州市人民政府关于在中国（广东）自由贸易试验区广州南沙新区片区暂时调整实施本市有关政府规章规定的决定》	有效	法律、法规在中国（广东）自由贸易试验区广州南沙新区片区调整实施有关内容的，本市有关政府规章作相应调整实施；本市有关政府规章中的规定，应与《中国（广东）自由贸易试验区总体方案》保持一致。

① 李敏：《上海自贸区法律体系的现状反思与完善路向》，载《南都学坛》2016年第1期。

续表

新区名	规范性文件	效力	文本主要内容
贵州贵安新区	《贵州省人民政府关于向贵安新区、国家级经济技术开发区、国家级高新技术产业开发区和贵阳综合保税区下放一批行政审批项目的决定》	有效	公布一批向贵安新区、国家级经济技术开发区、国家级高新技术产业开发区和贵阳综合保税区下放的行政审批项目，原实施机关要加强对新实施机关的业务指导、培训和监督，新实施机关要主动承接，落实责任，规范管理，优化流程，提高审批效率。
	《贵州省人民政府关于向贵安新区、国家级经济技术开发区、国家级高新技术产业开发区和贵阳综合保税区下放一批行政管理事项的决定》	有效	公布一批向贵安新区、国家级经济技术开发区、国家级高新技术产业开发区和贵阳综合保税区下放的行政审批项目，原实施机关要加强对新实施机关的业务指导、培训和监督，新实施机关要主动衔接，完善制度，规范管理，提升服务，缩短办事时限，提高工作效率。
黑龙江哈尔滨新区	《哈尔滨市人民政府关于在哈尔滨新区委托实施市级行政许可的决定》	有效	市人民政府及其所属各部门（含法律、法规授权组织，以下统称委托机关）可以将其在哈尔滨新区范围内实施的行政许可，委托哈尔滨新区行政管理机关或者行使哈尔滨新区管理职能的行政机关实施。
	《黑龙江省人民政府关于下放给哈尔滨新区一批省级行政许可事项的决定》	有效	下放给哈尔滨新区19项省级行政许可事项，赋予哈尔滨新区辖区内审批权4项；哈尔滨新区要对承接的省级行政许可事项，依法规范行使，切实加强管理，确保行政权力承接到位。
湖南湘江新区	《长沙市人民政府关于赋予湖南湘江新区市级经济管理权限的决定》	有效	向湖南湘江新区赋予部分市级经济管理权限。
青岛西海岸新区	《青岛市人民政府关于授予青岛西海岸新区（黄岛区）市级国土资源行政审批权限的决定》	有效	授予青岛西海岸新区（黄岛区）更大自主发展权、自主改革权、自主创新权，做到新区的事新区办，向青岛西海岸新区（黄岛区）下放市级国土资源行政审批权限事项10项。
	《青岛市人民政府关于向西海岸新区（黄岛区）赋权的决定》	有效	将由市级有关部门管理的海洋经济类、投资发展类、人才引进类等第一批67项管理权限赋予西海岸新区（黄岛区）。
	《山东省青岛西海岸新区条例》	有效	总则、管理体制、规划建设、产业发展、军民融合、生态保护、保障措施、附则。共8章55条。

续表

新区名	规范性文件	效力	文本主要内容
上海浦东新区	《关于浦东新区外商投资项目审批和管理暂行办法》	有效	凡在浦东新区内新申请设立的500万美元以上，3000万美元以下的外商投资项目，报市政府浦东开发办审批（市外资委正在审理的项目仍由市外资委审理），同时抄报市外资委。
	《关于上海浦东新区产业导向和投资指南》	有效	明确规定：浦东新区的产业发展原则、浦东新区鼓励发展的主要产业、浦东新区限制或禁止发展的产业。
	《关于上海浦东新区鼓励外商投资减征、免征企业所得税和工商统一税的规定》	失效	上海浦东新区鼓励外商投资减征、免征企业所得税和工商统一税的相关规定。共17条。
	《关于上海浦东新区规划建设管理暂行办法》	失效	对上海浦东新区（规划城市化地区和发展控制区）的规划建设管理作出规定。
	《关于上海浦东新区外商投资企业审批办法》	失效	为改善投资环境，提高办事效率，便于外商在浦东新区投资，根据国家的法律、法规和有关政策，特制定浦东新区外商投资企业审批办法。
	《上海市鼓励外地投资浦东新区的暂行办法》	失效	投资范围、投资形式、审批办法、优惠政策。
	《上海市鼓励外商投资浦东新区的若干规定》	失效	更好地吸收外商投资，加快上海浦东新区建设，制定相关优惠措施规定。共29条。
	《上海市浦东新区土地管理若干规定》	有效	合理利用土地资源，加快浦东新区的开发建设，制定合理利用土地的相关规定。共21条。
	《上海市人民代表大会常务委员会关于开展“证照分离”改革试点在浦东新区暂时调整实施本市有关地方性法规规定的决定》	有效	在浦东新区内，本市有关地方性法规规定，凡与国务院批准的《上海市开展“证照分离”改革试点总体方案》不一致的，调整实施。《上海市开展“证照分离”改革试点总体方案》实施过程中，国务院对改革试点事项进行调整，本市有关地方性法规规定与其不一致的，作相应调整。
	《中华人民共和国海关对进出上海浦东新区的货物、运输工具、行李物品和邮递物品的管理办法》	失效	总则、对进出口货物的税收优惠、对进出口货物的管理、对进出境运输工具、行李邮递物品的管理、附则。共5章22条。

续表

新区名	规范性文件	效力	文本主要内容
天津滨海新区	《天津滨海新区条例（2015年修订本）》	有效	总则、管理体制、改革创新、投资贸易便利化、社会建设、附则。共7章59条。
	《天津滨海新区条例》	有效	总则、管理机构和行为规范、投资促进和保障、附则。共4章20条。
	《天津市人民代表大会常务委员会关于加强滨海新区与中心城区中间地带规划管控建设绿色生态屏障的决定》	有效	加强滨海新区与中心城区中间地带规划管控、建设绿色生态屏障，实现滨海新区与中心城区“两城夹绿”，严格规划管控有损环境建设的行为。共11条。
	《天津市人民政府批转市滨海新区领导小组〈关于加快滨海新区建设的若干规定〉的通知》	有效	为加快滨海新区建设，制定有利于新区经济发展的相关规定。
	《天津市政府办公厅转发市口岸委〈关于在天津滨海新区新建仓储库场的审批办法〉的通知》	有效	为加强滨海新区仓储行业管理工作，作出相关规定。共9条。
浙江舟山群岛新区	《浙江省人民政府关于下放行政审批事项推进舟山群岛新区建设发展的决定》	有效	省政府有关部门应当就下放的行政审批事项统一制订目录，明确行政审批事项的内容、具体承办单位和下放方式，报省政府批准、公布。
重庆两江新区	《商务部关于在重庆两江新区、苏南现代化建设示范区、苏州工业园区开展商业保理试点有关问题的复函（2015年修正本）》	有效	建立工作机制、加强准入管理、规范经营行为、健全监管制度。
	《重庆两江新区管理办法》	有效	总则、管理体制、开发建设、产业发展、促进和保障、附则。共6章46条。
	《重庆市人民代表大会常务委员会关于重庆两江新区行政管理事项的决定》	有效	规定两江新区有关行政管理事项，明确重庆两江新区管理委员会工作职责以及机构设置。
江苏南京江北新区	《江北新区管委会应对行政复议与行政诉讼工作管理办法（修订稿）》	有效	规范南京市江北新区管理委员会各相关单位行政复议、诉讼应诉工作，明确工作职责，理清工作流程，防范行政法律风险，制定相关工作管理规范。

续表

新区名	规范性文件	效力	文本主要内容
江苏南京江北新区	《南京市江北新区管理委员会行政复议办法》	有效	总则、申请与受理、审理、听证、回避、查阅、决定、调解和解、送达与归档、附则。共10章55条。
	《江北新区管委会合同管理办法（修订稿）》	有效	总则、新区管委会对外签署合同、职能部门对外签署合同、附则。共10章18条。
	《南京市江北新区管理委员会法律顾问专家库管理办法》	有效	对南京市江北新区管理委员会法律顾问专家库的聘任和管理作出相关规定。
	《江北新区管委会合法性审查工作管理办法（修订稿）》	有效	总则、职能分工、审查程序、社会公开与文件管理、监督与管理、附则。共6章23条。
	《江北新区行政执法证件管理办法》	有效	规范新区行政执法行为，对新区执法证件管理作出相关规定。共13条。
	《关于促进中国（江苏）自由贸易试验区南京片区法律服务业高质量发展的若干意见（试行）》	有效	鼓励优质法律服务机构就近服务、提升法律服务业国际化程度、鼓励提供高端法律服务、加强部门协作形成合力、附则。共16条。
	《关于进一步落实党政主要负责人履行推进法治建设第一责任人职责实施办法》	有效	总则、职责内容（党工委主要负责人主要职责、行政主要负责人主要职责）、督查考核、问责、负责。共24条。
	……	……	……

第四章

江北新区治理法治化的改革探索：法治政府建设[1]

① 选编自2020年12月中国法治现代化研究院“江北新区三年（2018—2020）法治政府建设评估”课题组提交南京市江北新区管理委员会综合治理局的中期素材稿，课题组成员有：杨登峰、程德文、吴欢、尹培培、孟星宇、王晓强。

第一节 | 切实贯彻法治先行理念

一、工作举措

江北新区建设，法治先试先行。法治先行理念，始于规划，终于落实。为了增强新区政府人员的法治意识，深入推进依法行政，加快建设法治新区，2018年4月10日，南京江北新区管委会根据《中共中央关于全面推进依法治国若干重大问题的决定》、中共中央国务院《法治政府建设实施纲要（2015—2020年）》、江苏省委省政府《江苏省贯彻落实〈法治政府建设实施纲要（2015—2020年）〉实施方案》，南京市委市政府《南京市法治政府建设实施规划（2016—2020年）》和南京市人大常委会《关于南京江北新区行政管理事项的决定》等顶层设计精神，结合新区实际，在深入扎实的前期调研和起草论证基础上，依据法定权限和程序审议通过并公开发布《南京江北新区法治政府建设实施规划（2018—2020年）》，关于贯彻"法治理念"制定了多种举措。

（一）坚持党对法治政府建设的领导

新区政府着力健全依法行政领导协调机制，始终坚持党总揽全局、协调各方、领导一切，充分发挥江北新区党工委领导的核心作用。2018年以来，新区党工委认真落实中央和省委决策部署，建立完善由新区党政主要负责人牵头的依法行政领导协调机制，党的领导和党的建设进一步加强。同时围绕"三区一平台"定位，加快"两城一中心"建设，推动新区改革发展取得新进展。

（二）注重法治教育培训工作

新区政府持续推进人才强法工程，不断加强干部法治教育培训，提高干部法治思维和法治能力，助推新区法治政府建设，并在实践中取得了良好的效果。

一是长效学法机制深入落实。2019年，新区党工委开展对党的十九届四中全会精神、《中国共产党政法工作条例》等法治政府建设重要文件集体学习4次，组织领导班子学法活动4期，并进行了8期领导干部法治专题培训。2020年，新区党工委围绕《中国共产党党校（行政学院）工作条例》法规等主题开展4次中心组专题学习；党群工作部已组织开展包含法治教育在内的党务干部教育培训活动2期；经济发展局通过制定《江北新区经济发展党工委2020年工作要点》规范性文本，建立"党工委中心组带头学习、基层党支部集体学习和个人自学相结合"的学习模式，表明常态化领导干部和公务人员长效学法机制已逐渐形成，确保各级领导干部具有较高的法治理念与法治素养。

二是培训协作机制不断健全。新区政府积极联手高校院所，开展专业法律培训活动。如2019年江北新区“浦棠讲坛”，通过与河海大学法学院协作，开展水污染防治法相关培训；综合执法局长期与江北新区党校、南京信息工程大学进行法律培训合作。这些法治培训活动有助于加强执法工作人员法律意识与法律素养，提高运用法治思维和法治方式开展工作、解决问题的能力。

三是用人导向转变成效显著。为强化尊法守法用人导向，三年间新区党工委、管委会职能机构、监察室、派出机构组织人事干部、各街道组织委员和人事干部、部分选调生参加干部考核考察专题培训，集中学习《公务员法》《党政领导干部选拔任用工作条例》等法律法规规章和党内法规，并通过结业考试的形式进行考核。

（三）完善法律顾问管理制度

为切实发挥法律顾问风险防范、化解矛盾与重大决策帮助作用，三年间江北新区制定实施《江北新区管委会法律顾问专家库管理办法》和《南京市江北新区管理委员会法律顾问服务管理办法（修订稿）》等规范性文件，明确新区各职能部门对接入库律所的工作机制，建立对入库律所、律师事中监管与事后追责相结合的监管模式以及年度评查与日常抽查机制，进一步规范了法律顾问制度的运行，并对各单位法律顾问的使用情况进行阶段性考核。截至目前已有十余部（局）外聘法律顾问单位，各街道已将法律顾问深入纳入日常管理工作中，如大厂街道通过“社区法律顾问制度3.0版”的形式优化法律顾问制度管理。

（四）健全法治考核督促机制

将法治践行效果作为考核标准可以极大提高政府法治建设的积极性。新区政府确立了法治政府建设年度报告制度。自2018年开始，江北新区开始发布法治政府建设年度工作报告，并部署下一年度法治政府建设重点工作。这标志着法治政府建设年度报告制度基本形成，进一步表明法治政府建设已纳入经济社会发展、全面深化改革整体规划中。与此同时，新区政府将法治绩效评价纳入了政绩评价体系。2019年，江北新区首次将“依法”指标纳入新区职能部门组织绩效考核指标体系中，与“高效履职”指标共占职能部门绩效评估的12%。法治指标的设立，有助于进一步加强法治政府建设理念，提高依法行政意识，夯实法治政府建设基础。

（五）加强法治理论研究与宣传

现代法治社会的形成必先使全民信法、用法，再逐步走向全民守法。新区政府提升社会法治意识健全法治服务体系等方面为着力点，不断加强法治理论的研究与宣传。一是积极引入法治外脑。江北新区积极与高校科研院所开展协作研究，长期与紫金传媒智库、南京师范大学、南京工业大学、南京信息工程大学、中国科学技术发展战略研究院等机构进行深度合作。通过与高校科研院所的协作研究，能够较好地实现法治新区建设理论与实践的有机结合，为专题协商和专题调研提供理论指导和智力支持。二是深入开展法治宣传。江北新区近年来开展了“反传销”法治宣传活动、“建设法治新区增进民生福祉”法治宣传活动、“法援惠民生”主题活动等一系列法治宣传活动，公民知法守法水平得到明显提升，取得良好的社会效果。同时，完善法治政府建设多元宣传机制，拓宽法治政府建设宣传媒介，提高法治宣传频次，完善线下法治文化宣传组织形式。如通过“12348”法律服务热线、社区微信公众平台、“法治微课堂”等信息媒介加强法治文化宣传；通过网格员巡查走访辖区搭设法治宣传展台，宣讲法律政策，提供咨询服务，分发普法宣传手册，创设“街道外卖骑手法治宣传志愿者联盟”等新型法治宣传模式。经过一系列努力，江北新区已形成了较为成熟有效的多元法治文化宣传机制。

二、现状问题与完善建议

新区政府对政府工作人员和社会公众两头抓，深刻理解了法治的价值和基本要求，将“法治先行”理念落到了实地。但难免也存在一些问题，如对外来务工人员等部分群体法治宣传效果不足，建议优化法治宣传方式，将传统媒体与新媒体进行融合，进一步优化多元化法治宣传机制。

从长远来看，新区政府应当时刻注重更新法治理念，“法与时转则治，治与世宜则有功”。我国社会主义民主法治建设不断开启新篇章，全面依法治国持续深化拓展，在这样的时代浪潮下，新区顺利完成《南京江北新区法治政府建设实施规划（2018—2020年）》，又处于妥善研究编制“十四五”期间法治江北建设规划的奋进之年，肩负起重大的发展使命。为了适应新形势新要求，为日后工作提供正确的理念指引，建议江北新区要以习近平法治思想为根本遵循和行动指南，在法治政府建设取得显著成效基础上进一步全面推进法治新区建设踏上新征程、迈上新台阶。这就要求结合新区法治建设实际全面贯彻落实作为习近平法治思想核心要义的11项“坚持”。

（一）准确把握全面依法治国政治方向

首先，坚持党对依法治国的领导是全面依法治国的根本保证，必须坚持党总揽全局、协调各方、领导一切，发挥新区党工委领导核心作用，把党的领导贯彻到法治新区建设的各环节各方面。其次，坚持以人民为中心是全面依法治国的力量源泉，法治新区建设要为了人民、依靠人民、造福人民、保护人民，不断满足人民群众日益增长的美好生活需要。同时坚持中国特色社会主义法治道路是建设社会主义法治国家的唯一正确道路，法治新区建设要符合我国国情，符合新区实际，符合时代发展要求，加快推进规则标准等制度创新，把新区制度优势更好转化为治理效能，进一步将法治江北建设推向新阶段。

（二）贯彻落实全面依法治国工作布局

第一，坚持在法治轨道上推进国家治理体系和治理能力现代化是全面依法治国的科学路径选择，法治新区建设要全面提高运用法治思维和法治方式深化改革、推动发展、化解矛盾、维护稳定能力，让法治成为新区发展核心竞争力的重要标志，为建设“强富美高”新江北提供有力法治保障。第二，坚持建设中国特色社会主义法治体系是全面依法治国的总体目标，法治新区建设必须以此为总抓手，突出坚持和完善支撑江北新区“两区一平台”战略目标的法治保障体系，着力固根基、扬优势、补短板、强弱项，构建系统完备、科学规范、运行有效的制度体系。第三，坚持依法治国、依法执政、依法行政共同推进，法治国家、法治政府、法治社会一体建设是全面依法治国的工作布局，新区要在重点推进法治政府建设取得显著成效的基础上，进一步做好提升司法服务保障质效、打造国际一流营商环境、深化拓展商事制度改革和扎实推进法治社会建设等方面的工作。[①]

（三）着力完成全面依法治国重点任务

第一，坚持依宪治国、依宪执政是全面依法治国的首要任务，在法治新区建设实践中要自觉维护宪法权威，捍卫宪法尊严，保证宪法实施。第二，坚持全面推进科学立法、严格执法、公正司法、全民守法是全面依法治国的基本方针，要根据新区实际突出强化规范性文件审核监督、深入推进“放管服”改革、贯彻落实重大行政决策程序、推进综合行政执法体制改革、深入推进法治园区建设、创新事中事后监管体制机制、推进“证照分离”改革全覆盖、深入实施公平竞争审查制度、创新商事纠纷解决机制、营造全民守法浓厚氛围等重点任务，扎实有序推进。第三，坚持统筹推进国内法治和涉外法治是全面依法治国的宏伟战略格局，法治新区建设实践中必须围绕构建国际一流法治营商环境的核心命题，完善涉外法治工作机制、深化涉外法治交流合作、加强涉外法律服务保障。

（四）积极建设全面依法治国重要保障

首先，坚持建设德才兼备的高素质法治工作队伍是全面依法治国的重要保障，

① 参见陈邦：《乡镇法治政府建设的困境与对策研究》，苏州大学2018年硕士学位论文。

要全面加强新区本级和各部局各街道法治职能机构规范化建设，建立与新时代新形势相适应的法治职能机构体系，充分发挥法治职能机构在推进法治新区建设中的参谋助手和法律顾问作用。其次，坚持抓住领导干部这个“关键少数”是全面依法治国的关键举措，新区法制建设要着力推动领导干部做尊法、学法、守法、用法的模范，各级党政主要负责人要积极履行推进法治建设第一责任人职责。

第二节 | 全面推行行政制度规范

一、工作举措

地方政府法治建设问题是国家法治建设的重要组成部分，地方法治水平的高低在很大程度上决定着整个国家法治建设的成败，是法治建设的关键因素。而在地方法治建设的探索进程中，不少是由于制度的落后和僵化影响到法治建设的进程。这时，在地方法治建设中进行制度创新，盘活整个制度体系则显得更加重要。①

江北新区政府不断创新政府管理体制，提高政府行政效率，积极发挥政府行政管理能力，促进了区域经济发展并打造了人才资本竞争优势，为建设法治政府提供了坚强保障。

（一）加强规范性文件管理，落实依法行政

1.逐步完善规范性文件制发制度

制发规范性文件是行政机关依法履行职能的重要方式和手段，但近年来我国有不少地区政府存在越权发文，侵犯公民合法利益，以及大规模发布照搬上级文件、没有实质内容的规范性文件，违背了法治政府的要求。新区政府引以为鉴，严格按照法定权限履行职能，依照国务院要求及时开展规范性文件的自查自纠工作，并逐步制定文件制发制度，从源头上防止不规范文件的产生。

首先，新区政府制定规范性文件时普遍征求公众意见。近年来新区政府先后制定的《江北新区直管区征收集体土地涉及房屋补偿安置办法》《江北新区直管区国有土地上房屋征收补偿办法》《关于加强烟花爆竹禁放管理的通告》《关于促进中国（江苏）自由贸易试验区南京片区法律服务业高质量发展的若干意见（试行）》《南京市江北新区化工（危险化学品）企业承包商安全管理规定》《南京市江北新区养老服务补贴办法（试行）》《江北新区渣土运输企业信用评价办法》《南京市江北新区高技能人才培养办法（试行）》等规范性文件，都依法依规公开征求公众意见，公众参与规范性文件制发程度逐年提升。

其次，新区政府不断完善规范性文件解释和解读机制。为加强和规范江北新区政策文件解读工作，促进新区各项政策的执行和落实，2018年江北新区印发《江北新区政策文件解读实施办法（试行）》，明确规范性文件的解释以制定机关规范性文

---

① 朱瑜：《地方政府法治建设中的制度创新研究——以合肥市为例》，安徽大学2014年硕士学位论文。

件的形式发布。该文件的出台，对于后续规范性文件制发质量有明显提升作用。

最后，新区政府加强规范性文件制发与审查能力建设。新区综合治理局组织编印《江北新区行政规范性文件制定与管理工作学习材料汇编》，持续开展规范性文件审查培训讲座，为审核工作人员搭建学习交流平台，提升队伍专业素质。

2. 逐步健全规范性文件监督机制

新区政府加强了对《国务院办公厅关于加强行政规范性文件制定和监督管理工作的通知》《市政府关于印发南京市规范性文件管理规定的通知》的执行力度，采取了以下措施健全规范性文件监督机制：一是修订规范性文件合法性审查流程。根据依法行政制度体系建设要求，新区综合治理局牵头组织对《江北新区管委会合法性审查工作管理办法》进行修订，优化了规范性文件合法性审查流程。二是明晰规范性文件合法性审查主体。结合《江北新区政策文件解读实施办法（试行）》与《江北新区管委会合法性审查工作管理办法》，明确规范性文件的审查主体，由综合部牵头落实“三统一”工作制度；由新区综合治理局负责规范性文件的合法性审查；各文件承办部门配合执行规范性文件制发与合法性审查相关工作要求。各单位制定印发的政策文件，拟文送签时须将解读方案、解读内容、合法性审查意见一并报单位主要负责人签批。规范性文件合法性审查流程得到进一步完善。三是加强规范性文件审查清理力度。以2019年为例，按照“谁实施、谁负责”的原则，新区先后两次组织自行清理各部局制定及提请新区管委会名义出台的规范性文件，对关于城乡规划、工程建设、园林绿化等涉及建设项目审批、优化营商环境的规范性文件进行全面清理。

3. 持续开展规范性文件学习活动

为持续深化法治规范体系建设，加强新区各部局、街道工作人员对规范性文件的重视，新区综合治理局制定《江北新区行政规范性文件制定与管理工作学习材料汇编》，持续开展规范性文件学习培训活动，并多次举办规范性文件审查培训讲座。

（二）规范决策程序，保障科学民主

1. 细化重大行政决策程序环节

党的十九届五中全会要求，“健全重大政策事前评估和事后评价制度，畅通参与政策制定的渠道，提高决策科学化、民主化、法治化水平”。2018年以来，江北新区根据中央和省、市有关法律法规和政策文件，结合新区实际，对多项重大行政决策程序环节予以细化和明确。新区管委会制定出台的《中共南京市委江北新区工作委员会关于进一步加强“三重一大”事项决策和监管的意见》，较为集中地规范了“三重一大”事项决策和监管问题。2018年4月28日印发的《江北新区综合行政执法局重大行政执法决定集体研究暂行办法》，明确要求实行重大行政决策目录制度，进一步细化了重大行政执法决策的内容与范围。新区综合行政执法局还制定实施了

《江北新区综合行政执法局重大行政执法决定集体研究暂行办法》，明确了重大行政执法集体讨论决定程序，确立了重大行政执法决策审核主体，明晰了重大行政执法审核机制与执行机制。

2. 落实重大行政决策程序要求

科学、民主、依法决策机制的完善，重大行政决策程序的规范，有助于提高行政决策质量和效率，快速推进法治政府建设。新区政府在实践中发展了多种措施规定行政决策的程序。一是扩大公众参与。对于重大行政决策，新区相关职能部门一般通过座谈会、听证会、实地走访、书面征求意见、向社会公开征求意见、问卷调查、民意调查等多种方式听取群众对重大决策的意见。针对广泛涉及群众利益的重大行政决策事项，新区有关部门注重通过官方网站、新媒体等途径进行公开发布，以提高行政决策民主化程度。二是强化专家论证。对专业性、技术性较强的决策事项，专家论证机制的建立能够有效提高重大决策的科学性。2019年江北新区第二届决策咨询委员会宣告成立，27名院士、高校教授、企业精英成为决咨委委员。江北新区图书馆项目、S8号线南延交通项目等新区重大决策项目，均经过专家论证。各职能部门的技术性决策也积极引入专家论证机制。如新区生态环境和水务局在研判汛情、险情时，积极组织水利专家进行论证，助力提高行政决策的科学性。三是严格合法性评估。新区综合行政执法局常年聘任法律顾问团队，建立法律顾问参与重大及疑难案件法制审核并提出法律意见的机制，发挥法律顾问风险防范和化解作用。

3. 强化重大行政决策科技支撑

江北新区积极运用现代科技手段，为重大行政决策注入强劲科技支撑。新区行政处罚自由裁量辅助决策系统的使用具有特色和代表性。新区生态环境和水务局将行政处罚事项通过权力阳光网站运行并与市生态环境局联网，全面使用南京环保行政处罚自由裁量辅助决策系统，在行政处罚裁量时体现合法性、合理性、科学性，有效制约行政权滥用。

（三）改革执法制度，提升执法质效

1. 多方面完善执法统筹协调机制

第一，新区政府完善执法统筹协同规范。江北新区职能部门通过出台执法协同相关规范依据，减少执法协同联动不确定性。新区综合行政执法局印发《关于加强违法排水协同治理及规范执法工作流程的实施意见》和《江北新区违法建设治理工作实施意见》，新区纪工委监察工委发挥纪检监察组织协同监督职责，印发《关于监督推动新区安全生产专项整治工作的实施方案》等规范性文件。

第二，强化街道统筹协调职能。新区政府印发《南京市江北新区街道综合执法大队规范化建设实施意见（试行）》，完善综合执法大队规范依据。新区综合行政执法局等职能部门以与群众生产生活密切相关、执法频率高、多头执法扰民问题突出、

专业技术要求适宜等为重点，将城市管理、交通、文化、旅游、农业、劳动监察等领域262项行政执法权委托综合执法大队，综合执法大队执法事项得到进一步规范。新区相关职能部门与7个街道综合执法大队签订“行政执法委托书”，授予“行政执法专用章”，由街道综合执法大队统一行使上述领域的日常执法工作，合法使用综合执法权得到加强。

第三，加强重点领域联合执法。在城市管理、交通、文化、旅游、农业、劳动监察等重点领域加强联合执法监督力度。提出“进一次门，查多项事”的原则，组织全部业务条线协同检查，调配充实一线执法检查力量。仅在2020年，新区综合行政执法局在渣土车管理方面开展联合执法16次，新区生态环境和水务局在危废固废安全生产专项开展联合执法19次，新区社会事业局联合相关职能部门对11家单位卫生安全生产工作进行督查，从而有效防范重点领域风险积聚，取得良好的社会效果。

2. 多角度创新数据执法保障系统

数据执法保障系统是指结合现有的执法模式，整合多种现代化的信息手段，从而实现执法过程的数字化。借用现代科技手段可以大幅度提高行政效率，同时也减少执法过程中的错误。新区政府注重对数据执法系统的创新，是打造现代化政府的重要步骤。

第一，推进行政执法信息一体化平台建设。江北新区持续推进“互联网+监管”等执法监管新举措，探索非现场执法等先进执法方式，着力提升执法效能。2017年10月，江北新区数字化城管系统建成，直管区7个街道全部纳入系统，实现了数字化城管全覆盖。截至目前，阳光执法模块已融入新区城市治理一体化平台，推进行政执法信息平台建设。综合行政执法局与新区财政局、收缴银行对接，已建立二维码收缴罚没款的信息化快速处理机制。

第二，创新行政执法信息化模式。顶山街道建立“云上顶山”全域指挥中心，以综合执法为突破口，结合街道实际理顺综合执法大队运转机制和运作模式，确立“1+4+3”内部架构，即1个综合执法大队、4个科（综合科、公用事业科、安全生产监管科、市场监管科）、3个中队（研创园片区、中央商务区片区、街道建成区），实行“科队分离”。同时，明确“1+3+N”的执法模式，即1个综合执法大队，3项常态化执法事项（城市管理、安全生产、市场监督），以及国土、环保、教卫、民政等N项动态性的执法事项，优化信息化行政执法机制。

第三，拓宽执法信息化采集方式。新区综合行政执法局借助水下管道机器人查验、无人机航拍等现代科技手段，将图片视频信息即时传回执法平台进行研判、存档，极大提升了执法效能。

3. 多举措深化行政执法“三项制度”

行政执法三项制度是指行政执法公示制度，行政执法全过程记录制度，重大执法决定法制审核制度。这三项制度是党的十八届四中全会部署的重要改革任务，对于促进严格规范公正文明执法，保障和监督行政机关有效履行职责，维护人民群众合法权益，具有重要意义。[①]新区政府突出工作重点，扎实推进“三项制度”，确保全面完成任务。

第一，加强“三项制度”规范建设。为推进行政执法“三项制度”建设，新区综合行政执法局于2018年4月、2020年1月分别印发了《江北新区综合行政执法局重大行政执法决定集体研究暂行办法》和《综合行政执法局全面推行行政执法公示制度全过程记录制度重大执法决定法制审核制度工作方案》，有效加强了行政执法“三项制度”改革推进力度。

第二，健全行政执法公示制度。明确“谁产生、谁公示、谁负责”行政执法原则，确立行政执法公示主体责任。建立多元化行政执法公示平台，目前已形成以新区门户网站、政务服务事项管理平台、“江北新区综合行政执法”官方微博以及微信公众号等平台为主要公开方式的多元行政执法公示网络。明细行政执法公开事项，确立行政执法机构设置、行政执法职能、职责权限、执法依据、裁量基准、执法流程、执法结果、救济途径等内容作为公示信息。完善行政执法主体和人员信息统一公布制度，明确执法主体资格，全面推进持证上岗和资格管理制度，并完善行政执法公示机制。综合行政执法局执法人员自作出行政执法决定之日起7个工作日内，将行政处罚等案件信息上传信用门户网站进行公示，并同步公示在江北新区门户网站。生态环境和水务局完善行政执法环保信用评价公示机制，在“南京市市区两级统一公共信用信息归集和服务平台”和江苏省企业环保信用公示系统公示行政处罚等行政执法信息。

第三，完善执法全过程记录制度。健全执法全过程记录规范，印发《关于加强使用执法记录仪的通知》规范性文件，进一步规范和明确了执法记录仪的使用管理规定。明确执法文书全过程记录规范化，严格规范执法办案记录行为，做到统一规范、用语准确、内容全面。将执法全过程记录纳入城市治理考核。加大执法记录装备投入，执法人员逐步配备移动执法平台、视频记录仪、相机等执法设备，实现执法全过程同步网络管理。

第四，完善重大执法决定法制审核制度。规范集体讨论决定程序，集体审议重大行政执法案件。确定审核主体和落实审核决定执行，设置政策法规办承担重大执法决定法制审核工作。此外，新区综合行政执法局还通过开展法制审核相关培训以及常年聘用法律顾问团队等方式，提高重大执法决定法制审核能力。

4. 推进执法队伍素质建设的进程

新区综合行政执法局不断强化执法队伍建设，编印下发《南京江北新区综合行

---

①《国务院办公厅关于印发推行行政执法公示制度执法全过程记录制度重大执法决定法制审核制度试点工作方案的通知》（国办发〔2017〕14号），2017年1月19日。

政执法100问》《南京江北新区街道综合执法城市管理92项行政处罚事项名录》《南京江北新区街道综合执法城市管理行政处罚自由裁量权基准》《南京江北新区街道综合执法实务指南》等综合执法指导性材料，同时持续开展行政执法业务培训。截至2020年已组织新区1020名执法辅助人员和80名执法人员综合业务培训，组织50名新招录人员进行为期15天的封闭式全科培训。此外还开展案卷评比活动并设定奖项激励机制，监督考核执法办案情况，切实提升执法队伍业务能力。

5.优化行政执法与刑事司法的衔接

行政执法与刑事司法衔接机制，主要是指行政执法机关在依法查处行政违法行为过程中，发现涉嫌犯罪的行为及时移送公安机关、检察机关等司法机关处理，以形成行政执法和刑事司法工作合力的机制。首先，新区政府强化与法院的衔接机制。将需要申请人民法院强制执行的案件积极与有关法院对接，申请强制执行。三年间，有关法院累计准予3起行政执法案件进行强制执行。其次，强化与建交、公安等部门的衔接机制。主动对接建交、公安等部门，共享视频监控1000余个，打破“平台单一、信息孤岛”壁垒。2019年以来，新区有关行政执法部门共移交案件至公安部门6起，接受公安部门移送案件4起，接受检察院移送案件5起。

二、现状问题与完善建议

（一）现状问题

江北新区始终高度重视法治政府建设，全面贯彻落实《南京江北新区法治政府建设实施规划（2018—2020年）》，以法治思维和法治方式深化改革、推动发展、化解矛盾、维护稳定，工作举措有力，建设成效显著。但“两区联动”新形势下的江北新区法治建设是一项主体众多、内涵丰富、层次鲜明、范围广泛的系统工程，实践中仍存在制约法治政府建设质效提升的若干问题。

1.行政决策程序制度需进一步完善

（1）重大行政决策事项范围有待明确

江北新区为加强决策制度建设，出台了《中共南京市委江北新区工作委员会关于进一步加强“三重一大”事项决策和监管的意见》等规范性文件，但就重大行政决策事项范围相关规定而言，尚存在一定的模糊地带。实践中，重大行政决策事项中的“重大”标准往往难以统一量化，不同领域政府决策的影响面和侧重点也不相同，“三重一大”事项的判断很多时候尚存主观判断空间。尽管由立法统一确定重大行政决策事项的具体标准实现难度较大，但仍旧应当采取尽可能详细、明确的列举方式；对于兜底条款本身，也应当设立相对清晰的判断标准和条件。当前江北新区在重大行政决策事项认定过程中，缺乏对于重大行政决策事项认定本身的程序性规定，应当在接下来的制度建设当中加以完善。

（2）重大行政决策程序落实机制有待完善

“行政决策是行政权力运行的起点，规范重大行政决策程序是加快建设法治政府的迫切需要”，①可以说，行政机关能否依法依规决策直接体现其依法行政的程度，直接关系法治政府建设推进的广度和深度。当前江北新区在重大行政决策程序制度建设方面出台了系列规范性文件，采取了系列具体举措，然而，根据对江北新区法治政府建设所做的调查问卷结果来看，在为完善重大行政决策制度所采取的具体措施方面，推行重大行政决策目录管理、流程监控、立卷归档和卷宗评查制度的机关仅有50%，采取推进重大行政决策草案和重大行政决策听证、论证、评估、审查报告格式化制度的机关仅有58.33%，采取重大行政决策后评估制度的机关仅有41.67%。这说明江北新区为完善重大行政决策制度所采取的程序制度建设尽管已经取得了突出成效，但具体措施普及率仍然相对较低，新区在下一阶段法治政府建设过程中应当进一步强化重大行政决策程序制度建设工作，全方位、精细化落实具体措施。

2.综合行政执法改革需进一步推进

综合执法体制机制是否理顺，事关新区各部门能否各司其职、各负其责，事关综合行政执法领域各项改革的协调推进，影响新区法治政府建设的总体成效，是必须常抓不懈的重点工作。当前江北新区在推进综合执法改革方面取得了突出成效，同时执法力量配备相对不足、执法协同尚需增强等问题亟待解决。

（1）执法力量配置不够均衡

综合行政执法改革后，伴随着职能划转、体制调整及机构整合的同时进行，部门执法职能悉数下沉至街道，基层执法任务面临前所未有的挑战。然而与之相对应的执法力量配置却出现较为明显的不平衡不充分现象。调研发现，当前各街道普遍存在编制内的执法人员数量不足，需要大量外聘人员协助执法的情况，与繁重的执法任务不相匹配。从执法人员身份来看，执法人员有行政编与事业编的区分，也有大量执法协管员，执法实践中如何配备和规范执法人员身份仍有待进一步明确。此外，在实际执法的过程中，拥有执法证的只是部分在编人员，其他的聘用人员并没有独立的执法权，这就导致尽管从表面看起来有相当数量的执法人员，但大多数外聘人员只能起到协助作用。再者，部分领域的执法专业性技术和专业知识要求较高，而职能部门存在只将执法职能下放，未将与这些执法职能相匹配的专业人员、设备、经费及时下放的问题，这就造成综合执法职责与现有执法力量不匹配。②

① 张晓晶：《“十四五”时期我国经济社会发展的战略重点》，载《经济学动态》2020年第5期。

② 参见中共郑州市委编办课题组：《关于县级政府深入推进综合行政执法改革的思考》，载《行政科学论坛》2019年第4期。

（2）执法协同尚需增强

江北新区聚焦全科高效，全面推行一支队伍管执法。通过整合城管、安监、市场监管等多项执法职能，不断提高综合执法效能，促进城市治理精细化。然而，尽管综合执法大队统一行使执法权的方式显著提升了执法实效，但实践中，对于专业性较强的执法工作，并非仅仅通过人员、职能的物理合并即告完成，在实质层面，由于较高的专业技术要求，一些领域的行政执法难以进行有效融合。究其原因，一方面在于综合执法权的下放程度不统一，如执法队伍合并后，执法过程中常出现各职能部门执法权下放形式、程度、职责不一的情形，从而引发综合执法权难以统一行使的困境；另一方面则在于，由于领域、部门的差异，各部门的职能性质原本也并不统一，在具体执法过程中，不同部门的执法人员在执法内容、执法程序、执法方式等方面都存在差异。因此，应当在下一阶段的综合行政执法改革中进一步统筹配套、增强执法协同。

（二）完善建议

1. 完善重大决策程序制度

（1）进一步明确重大行政决策事项范围

规范重大行政决策程序是推进科学民主依法决策的必然要求，而落实重大行政决策制度的前提是重大行政决策事项范围本身的规定应当明确具体。[①]江北新区下一阶段应当进一步规范重大行政决策事项目录制定程序，加强目录管理，明确事项范围。具体而言：建立重大行政决策事项目录化管理制度，将不属于保密范围的事项予以公布，同时，探索实行重大行政决策事项目录动态管理制度，根据新区年度重点任务及工作实际情况，按照一定的流程对事项目录予以增减。在重大行政决策事项范围的设定上，应当树立原则性加灵活性标准，既对重大行政决策事项充分列举，又按照一定的标准设立相应的兜底条款，防止挂一漏万。同时，对于重大行政决策事项的界定要尽可能地客观化和标准化，可以通过建立重大行政决策事项认定程序，就一些重大的、非列举性事项是否应当纳入重大行政决策事项范围制定相应的认定标准，明确认定流程，以此克服决策范围不清晰、决策事项认定的主观性问题。

（2）进一步强化重大行政决策程序落实

党的十九届四中全会《决定》指出，健全决策机制，加强重大决策的调查研究、科学论证、风险评估，强化决策执行、评估、监督，为重大行政决策程序的建构部署了新的要求。就江北新区而言，应当从如下方面着力完善重大行政决策程序制度建设，确保决策程序有效落地：全面贯彻落实《江苏省重大行政决策程序实施办法》，

① 参见张晓晶：《“十四五”时期我国经济社会发展的战略重点》，载《经济学动态》2020年第5期。

坚持重大决策于法有据，加强决策规划备案审查，确保决策程序严格遵守，推动决策流程高效运转，推进决策责任严格落实，深入推行依法依规划依程序决策；出台实施细则，结合新区实际情况进一步明确决策依据、决策主体、决策事项、决策程序和决策责任；健全重大行政决策舆情反馈机制，加强决策规划备案审查制度建设，建立健全决策规划异议审查机制；严格落实公众参与、专家论证、风险评估、合法性审查、集体讨论等重大行政决策法定程序；深入落实重大行政决策后评估机制和纠错机制，全面实施重大行政决策终身责任追究制度，健全完善决策责任倒查机制。

2. 深化综合行政执法体制改革

（1）进一步加强行政执法队伍建设

执法队伍建设直接事关综合行政执法体制的改革实效，充实的执法力量、高素质的执法队伍是构建综合行政执法体制的有力保障，是提升行政执法水平的重要支撑。面对当前执法人员数量短缺、人员素质有待提升，执法人员业务水平参差不齐等问题，新区应当多措并举，进一步加强执法队伍建设。一是充分下沉、整合执法人员。应当在明确执法机构和人员划转认定标准和程序的基础上，落实编随人走、人随编走的原则，有序整合不同领域的执法资源，盘活存量，优化结构，不断充实执法力量，进一步推动执法力量向基层和一线倾斜，着力解决基层执法人员和执法力量薄弱等问题。二是不断加强执法业务交流培训。合理规划、调整、布局基层执法队伍，进一步规范执法人员管理，定期开展执法人员专业培训、定期进行部门轮岗交流，提高执法人员职业素养和专业水平，全面提升执法队伍素质，着力培养综合型执法人员；深入落实行政执法“721”工作法，全面推行执法人员定期考核制度。三是进一步增强财政经费保障制度。应当在现有基础上不断加强对执法人员待遇、执法补贴等方面的保障，将相关经费纳入财政预算，尽量避免执法人员流失现象。

（2）进一步加强执法协同机制建设

行政执法主体之间以及与业务主管部门间的协调配合关系是行政执法体制改革的重要内容。综合执法改革推进以来，执法主体与原行政主管机关之间、执法主体相互之间的关系是行政执法体制改革面临的重要问题，必须加以妥善研究处理。综合行政执法效能的发挥有赖于行政执法机关的有效协作配合机制。江北新区应当建立和完善综合行政执法内部协同机制，统筹协调各类执法队伍，构建新型基层综合行政执法体制。具体而言，第一，理顺权责关系。制定行政执法权责清单，理顺综合行政执法部门与业务主管部门的权责关系，妥善做好部门职责划转调整，确保权责一致，同时厘清执法部门与街道职责定位，做好执法力量下沉衔接协调工作。第二，加强执法协作，提升综合执法效能。优先在重点发展领域、常态化监管领域以及应急防控领域建立综合执法协调机制，探索建立综合行政执法联动平台，共同确定执法范围、执法程序、执法方式，加强部门信息资源共享，部门联动协作，建立行之有效的综合执法工作协调办法，形成执法监管合力。

第三节 | 深化落实机制改革方案

一、工作举措

在推进国家治理体系和治理能力现代化进程中，根据现实需求促进机制改革是加快建设法治政府的迫切需要。江北新区政府坚持积极稳妥、循序渐进、成熟先行的工作方法，将各项工作机制纳入规范化、法治化轨道运行，切实提高了自身的管理与服务水平。

（一）全面履行职责，提升治理水平

1. 全面落实赋权决定

江北新区依照中央和省、市有关顶层设计精神，持续推动南京市人大常委会《关于南京江北新区行政管理事项的决定》贯彻落实，并采取以下措施：

第一，建立完善赋权清单制度。通过制定实施《南京江北新区直管区省级管理事项赋权清单》，江北新区不断强化职权法定、法无授权不可为等原则，持续推进新区行政管理事权规范化、制度化、法治化运行。

第二，探索创新赋权下放机制。新区行政审批局采取建立赋权清单方式有序承接和规范行使下放行政职权，即以街道为单位，推进行政审批认领事项，形成赋权清单，再通过完善赋权制度规范，推动下放街道事项赋权到位。综合行政执法局以“放得下，接得住”为原则，以与群众生产生活相关性、执法频率、是否存在多头执法以及专业性作为判断标准，精准确立赋权事项。以签订“行政执法委托书”、授予“行政执法专用章”的方式，在新区相关职能部门与街道综合执法大队之间建立行政执法协作机制，由街道综合执法大队统一依法行使赋权下放的职能。

第三，全面优化机构职能配置。新区党群工作部积极落实自贸区南京片区管委会职责安排，出台《关于中国（江苏）自由贸易试验区南京片区管委会工作职责安排的方案》，明确自贸区综合协调局、自贸区制度创新局具体职责，明确新区管委会各职能机构、派出机构按照各自职能分工相应承担自贸区建设职责任务，推动实现自贸区管委会和国家级新区管委会职能叠加、功能集成、效能提升。

2. 持续深化放管服改革

作为体制机制改革的前沿阵地，江北新区近年来全面推进“放管服”改革，持续深化简政放权，积极创新监管方式。一是持续推进“不见面审批”。新区行政审批局以政务服务信息化建设为依托，建立“不见面审批”信息平台，完善“不见面审批”事项清单，升级“不见面审批”服务举措，在新区政务服务大厅设置咨询窗

口，还创新建立“企业有事电话询，窗口人员为您办”机制。在新区1156项政务服务事项中，“不见面审批”数量为1144项，占比99%。新区建设与交通局通过接入全市统一网上消防审验系统，积极助力实现审批不见面。二是积极创新监管方式与手段。为提高行政监管效率与正当性，江北新区在全面推行“双随机、一公开”监管全覆盖、常态化的同时，深入推进多部门协同行政监管，即按照“进一次门，查多项事”的原则，组织全部业务条线相关行政职能部门协同监管。新区市场监督管理局运用GIS、大数据技术，建设市场监管一体化综合信息平台，深度挖掘各类监管数据，实现食品、药品、农贸市场监管“一张网”。新区生态环境和水务局以高质量发展新区监管平台为依托，通过建立监管平台月度信息工作专报、工作月报以及年度考核机制，确立监管典型案例与重点问题，优化行政监管手段选择。三是创新行政许可运行机制。为进一步营造更加优良的营商环境，江北新区不断探索行政许可新模式。新区行政审批局创新工程建设项目审批模式，全面推行施工许可告知承诺制通过建立一次性告知、书面承诺、容缺办理、信息公开等标准，提前核发施工许可证。同时，持续推进“信用承诺制”在行政许可领域的运用，2018—2020年三年以来已累计发放施工登记函89张。此外，推行分阶段施工报建许可机制。针对符合条件的社会投资类项目，改传统的整体报建许可模式为分阶段施工报建许可机制，大幅缩短项目建设周期。

3.不断完善知识产权综合管理

推进知识产权综合管理改革是深化知识产权领域改革、破解知识产权支撑创新驱动发展瓶颈制约的关键。江北新区持续推动知识产权综合管理改革进程，并采取了以下措施：一是完善知识产权保护体系。新区科技创新局牵头制定实施《关于加强中国（江苏）自由贸易试验区南京片区知识产权保护体系建设的若干意见》，推动中国（南京）知识产权保护中心、江北新区人民法院、知识产权检察室、知识产权维权援助分中心、海外知识产权维权联盟等平台协同发展，积极构建与国际领先水平“等高对接”的知识产权保护体系。二是创新知识产权制度与运营模式。自贸区综合协调局加快建设全国首家新结构经济学知识产权研究院，率先探索原创认证知识产权保护平台与知识产权数据支持中心运营模式，推动知识产权制度创新。此外还积极推动建设南京国际知识产权金融创新中心，研究知识产权证券化、质物处置、运营交易运作机制，探索建立与国际知识产权规则衔接的制度标准。三是解决科技型中小企业融资难题。截至2019年5月底，新区科技创新局助推有关企业完成有效发明专利6837件，PCT国际专利申请158件，知识产权质押融资额1.15亿元。

4.持续提升社会治理法治化水平

第一，完善公共法律服务体系。持续推进新区、街道两级公共法律服务中心和村（社区）司法行政服务站全面覆盖，进一步拓展公共法律服务功能；完善公共法律服务中心建设，建成信息互联、资源共享、集中受理、“一站式”综合性公共法律服务平台；创新公共法律服务模式，通过社区法律顾问机制，将公共法律服务进行延伸；组建职工法律援助服务中心，2020年上半年，已为330名职工申办保险理赔，发放困难职工等各类慰问金69.03万元；建立专业法律志愿者基层服务常态化机制，提升公共法律服务质量；加深“法律桥”等公共法律服务品牌效应，扩宽公共法律服务范围。沿江街道、大厂街道、顶山街道、盘城街道等街道公共法律服务已逐渐成熟，获得良好社会效果。

第二，创新“政法网格员”治理模式。“政法网格员”是网格化社会治理与法治社会建设相结合的创新模式。江北新区探索“政法网格员”模式，充分利用“政法网格员”的专业资源优势有机结合下沉干部、网格员、楼栋长、志愿者等群体，夯实街道“1+X”机制，实现基层“零距离”服务。新区已经初步完成了“政法网格员”的报名审核、编入网格、精准下沉的工作，正处于“全面推进”阶段。截至2020年6月9日，新区已有869人完成注册，已在新区每个社区形成了涵盖政法干部、法官、检察官、警官、律师等专业的政法队伍。“政法网格员”采用线上线下相结合的形式，以“大数据+网格化+铁脚板”为抓手，与社区专职网格员优势互补、高效协作，开展矛盾纠纷化解、法治宣传教育、基层法律服务等10项工作。

第三，完善依法应急处理机制。新区政府制定实施《江北新区生命健康产业发展管理办公室食品安全突发事件应急预案》《江北新区应急值班制度》《江北新区有关部门和单位安全生产工作职责清单》等规范性文件，明确应急权力行使主体、行使依据、行使范围以及运行机制，确保应急权力行使正当性。建立应急处理行政处罚委托行使机制，将应急管理局101项安全生产行政处罚事项委托街道行使，并将相关执法人员下沉街道，进一步增强了街道对区域安全监管执法的统筹能力和对相关力量的调配能力。在2020年新冠肺炎疫情防控中，新区综治局立足健全完善的基层社会治理组织体系，及时编制依法防疫知识手册、复工复产法律指南、常态化疫情防控工作指引等防疫资料，有力助推新区疫情防控取得战略性胜利，工作成效位居全市前列。

5.不断加强法治市场建设力度

第一，深入推进行业准入审批改革。在南京片区和扩大试点地区开展“证照分离”改革全覆盖试点。按照直接取消审批、审批改为备案、实行告知承诺、优化审批服务四种方式分类实施“证照分离”改革。同时，探索推进“一业一证”改革，选择“零售药店”业态作为改革的创新切入点。

第二，优化创新商事登记与注销制度。一方面，新区市场监督管理局在自贸区率先探索个体工商户集群注册登记模式，已与平台企业签署江苏省平台经济集群注册战略合作协议。新区行政审批局在创新创业载体与登记机关之间建立抄告制度，推进住所登记便利化改革，提高商事活动登记效率。另一方面，优化企业注销机制。相对人依托江苏政务服务网“全链通”服务平台，在线提交拟申请简易开展环保信用评价，完善信用体系，将382家企业纳入环保信用评价系统，通过动态评级实现对企业的信用管理。江北新区还着力建立公示信用信息机制。新区有关部局全面依托“注销登记及全体投资人承诺书”等公示信息，公示期满后，即可向登记机关递交简易注销申请材料，并当场获批。2020年以来，自贸区综合协调局采取简易注销程序的企业占总注销数量的60%，极大缩减企业注销时间与成本。

第三，深化社会信用体系建设。新区综合行政执法局不断落实社会信用体系建设要求，将行政处罚等案件信息上传信用门户网站进行公示。新区生态环境和水务局深入南京市市区两级统一公共信用信息归集和服务平台与江苏省企业环保信用公示系统报送有关行政许可和行政处罚信息，通过“信用南京”网站进行公示。同时建立“红黑名单”清单，将年度环境信用评价结果确定为绿色和黑色的企业分别列入“红名单”和“黑名单”。

6. 日益完善生态环境法治保障

江北新区高度重视生态环境与经济发展协同，各部门各单位普遍将生态环保纳入职权行使考量过程，切实做到“生态先行”。自贸区综合协调局发布支持绿色金融“10条举措”，对接生态文明建设和高质量发展要求；新区财政局出台《关于进一步深化绿色金融创新促进绿色产业高质量发展的实施意见（试行）》，编制江北新区绿色发展指数，加速推进绿色环保项目融资与建设；新区生态环境和水务局构建环境保护协调机制，成立了环境保护委员会、水环境整治提升办公室、扬尘管理办公室、打好污染防治攻坚战指挥部、河长制办公室等多个议事协调机构，统筹新区生态环保和水务工作。同时，新区各部门各单位注重运用法治思维和法治方式推动生态环境保护工作，积极以规范性文件的形式确立环境保护规划与实施措施，先后制定实施了《打赢蓝天保卫战实施方案》《打好污染防治攻坚战实施方案》《集中式饮用水源地保护攻坚实施方案》《长江保护修复攻坚战行动计划实施方案》《防洪防涝规划》《河长制管理办法》《河道蓝线规划》《生态文明规划（2018—2022年）》等多个规范性文件，为建设“美丽新区”提供了坚实法治保障。

（二）权力制约监督体系逐步健全

健全依法行使权力的制约机制，加强对权力运行的监督，是防止权力违法和滥用的基本要求。江北新区不断深化健全监督制约行政权力的有效机制并取得良好效果。

1. 不断完善党内监督机制

一是优化纪检监察体系。为加强对行政权力行使的监督，新区纪工委监察工委优化监督体系，形成了“新区纪工委+11个系统（平台）纪工委+2个市属区管单位纪委（扬子集团、公建中心）+7个街道纪工委”的监督格局。二是建立常态监督机制。新区政府建立纪检监察工作汇报制度，每半年听取纪检监察工作汇报。定期研究党内问责案件查办工作，紧跟形势任务变化完善落实全面从严治党主体责任和监督责任清单，发放履责纪实手册并适时组织抽查。三是建立巡察联络机制。2018年以来，已对76个党组织开展四轮巡察。2020年4月，新区巡察工作领导小组成立并组建巡察联络办。四是落实廉政教育机制。坚持并深化廉政考试、集体廉政谈话、廉政短信等方式，约束权力滥用行为发生，起到很好的社会效果。

2.持续优化审计监督机制

新区财政局建立完善“大监督”工作机制，聚焦财政中心工作。仅在2020年上半年，新区财政局即重点围绕“严肃财经纪律专项检查”“街道及社区银行账户检查”“脱贫结果复核”“防疫资金专项审计”等问题开展专项审计监督，完成了4个街道下属36个村居专项审计调查，跟踪审计重点建设项目270项。对财政资金分配使用、国有资产、政府投资、政府采购、公共资源转让、公共工程建设等领域的权力行使起到很好的监督制约作用。

3.依法推进舆情防控工作

为确保舆情监管防控依法进行，江北新区先后发布《江北新区网络舆情处置（暂行）办法》和《江北新区新闻接待（暂行）办法》，依法建立网络舆情监督防控机制。以宣传和统战部为主的职能部门，通过建立舆情双向监测与通报机制，并逐步完善舆情快速联动应对机制与网评员依法引导舆论机制，积极进行舆情引导与处置，有效化解舆情风险，并取得良好社会效果。

4.深化拓展政府信息公开

一是完善政府信息公开制度规范。近年来，为规范政府信息公开，提高公开质量与效果，江北新区先后印发《南京江北新区政务新媒体在线政民互动实操手册》《南京江北新区政务新媒体专职编辑新闻发言人制度》《南京江北新区政务新媒体三级审核制度》《南京江北新区政务新媒体编辑记者实操手册》等规范性文件，围绕领导与网民交流、新媒体发言人、引导网民建言献策、掌控新媒体舆情信息、重大新媒体舆情快速联动应对、网民意见集中交办六项工作内容进行规范与指导，加强社会对行政权力行使的监督力度。二是加强重点领域政府信息公开。2019年印发的《江北新区2019年政务公开工作要点》明确要求建立年度重点公开事项制度，对年度重点工作、重点领域公开工作进行部署，配套印发的《2019年江北新区政务公开考评实施细则》明确要求加强重点领域和关键环节的政府信息公开，通过日常督查与年终考核，加强对政务公开工作的督促。得益于此，新区政务公开工作取得南京市2018年度B类考核对象第一的优异成绩。

5.深入落实责任追究机制

一是建立完善法治政府建设责任体系。为加强对行政权的有效约束，2018年4月，江北新区发布《员工工作失误责任追究办法（试行）》，并在2018—2020年出台的《江北新区政府信息依申请公开工作规定》《南京市江北新区行政事业单位国有资产处置管理暂行办法》《关于在江北新区推开“证照分离”改革的通知》等规范性文本中设立责任条款，形成“第一责任人责任”“领导挂钩责任制”“谁执法谁普法责任清单”等多项责任落实机制，明确责任追究范围、责任追究原则、责任追究方式和责任追究程序，确立不同层次、不同主体、不同对象承担的法治政府建设责任，已基本形成立体化法治政府建设责任体系。二是优化问责机制，强化问责力度。近年来，江北新区采取系列措施明确主体责任，归纳问责的具体情形、问责主体与问责方法，形成有针对性、可操作性的廉政问责机制。2018年以来，问责“两个责任”不力的党员干部81人、党组织20个，追究领导责任5人，向3个街道党工委、1个系统党工委和1个社区党总支发出专责监督意见书。将“两个责任”逐渐由软任务变成硬约束。同时深化标本兼治，贯通运用“四种形态”，2020年上半年综合运用“四种形态”处理344人次。新区问责立案数连续两年在全市问责考核中位列12个板块第一方阵。

二、现状问题与完善建议

（一）现状问题

江北新区自成立以来，全面贯彻落实市人大常委会“赋权决定”以及中央和省、市有关政策文件精神，不断推进行政管理事权规范化、制度化、法治化建设，建立健全了行政权力公开透明运行的工作机制和实施流程，行政管理体制机制不断完善。同时当前新区政府治理领域的依法治理体制机制仍有待完善。

1. 依法治理体制机制需进一步完善

（1）治理机构职能体系有待完善

在新一轮机构改革背景下，传统行政机构的管理体制、职能配置、机构设置、人员配备以及组合方式、运行机制都发生了较大的调整和变革。此种变革使得机构人员在精简高效的同时，也带来了机构职能交织不清、边界模糊等问题，加之江北新区不同于传统行政区，而是按照精简高效原则设立必要的职能机构，同时探索行使依法下放的省、市行政管理权。在此过程中，各机构条块之间会出现部分职能不对应现象。与此同时，由于新区成立时间较短，加之与传统行政区、共建区、协调区之间的事权关系、职责关系尚未完全厘清，导致各区域职能部门之间边界不清、职能碎片化等问题。这也为新区下一步的体制机制改革提供了更为清晰的方向，即应当进一步明确各机构行政管理职能、明晰不同区域之间行政管理事项，建立健全跨区域行政管理事项协调机制。

（2）街道管理体制机制有待理顺

在本轮机构改革过程中，江北新区不断深化街道管理体制改革，依法委托街道办事处实施有关行政管理和公共服务事项，积极推动社会治理和服务重心向基层下移，取得了较为显著的成效，解决了一系列基层治理难题。随着当前街道管理职责的不断扩大，街道的综合治理职能不断加强，各部门法治工作集中下沉，但街道与原职能部门之间的关系仍未完全理顺，存在一定的模糊地带。除此之外，新区职能部门在职权下放过程中还存在权责下放不统一的问题，尽管相应职责已经划转至街道，但相应职能尚未划转到位。在涉及部门派出机构工作人员的工作考核和人事任免问题上，新区托管街道话语权较小，这就造成街道对部门派出机构人员管理的不力。此外，在基层治理的过程中，由于涉及部门较广，街道的统筹协调、指挥调度功能相对较弱，这无疑构成了基层工作推进过程的体制机制障碍。

2. 政府职能转变和归属需进一步加快

（1）“放管服”改革还需顺应新形势深入推进

“放管服”改革是推动政府职能深刻转变的重要抓手，是极大激发市场活力的战略举措。新区严格按《南京江北新区法治政府建设实施规划（2018—2020年）》实施要求，转变政府职能，积极推动简政放权，不断创新监管方式，政府公信力和执行力显著增强。然而，“放管服”改革是一场涉及理念、体制机制、工作方式的深刻变革。在涉及“放管服”改革的工作理念和工作方式变革方面，新区政府仍然需要在进一步厘清政府和市场边界的基础上，最大限度地发挥市场基础性作用，明确政府职责范围，保障市场高效运行。因此，在下一阶段的法治政府建设过程中，新区仍然需要从更深层次、更高目标、更远眼光进一步深化“放管服”改革，最大程度地释放市场活力，从根本上推动政府职能转变，为新区高质量建设发展提供坚实保障。

（2）机构职能配置和边界有待明确

在政府机构改革背景下，新区政府职能机构快速精简整合的同时，也引起了机构职能上的模糊，机构职能出现重叠和缺失。就法治政府建设而言，虽然法治政府建设已成为常规工作，但是新区政府具体职能分工常未完全厘清，仍存在机构职能边界不清、职能分工碎片化等情况，影响法治工作的有效推进。

（二）完善建议

1. 深入完善依法治理体制机制

党的十九届四中全会《决定》要求，“坚持和完善中国特色社会主义行政体制，构建职责明确、依法行政的政府治理体系”。党的十九届五中全会也明确提出，“建设职责明确、依法行政的政府治理体系”。当前江北新区还需要继续紧密结合工作实际，进一步深化机构和行政体制改革、继续深入推进街道体制机制改革，补齐短板，确保各项制度更加完备，不断提升治理水平，破除阻碍新区经济社会发展的体制机制障碍，助力法治新区建设。

（1）深化机构和行政体制改革

党的十九大报告深刻阐述了党和国家事业的新形势对组织结构和管理体制的新

要求，就如何深化机构和行政体制改革作出重要决策部署。在下一阶段法治政府建设中，江北新区应当积极推进新区机构和行政体制改革创新，深入探索扩大深化改革的领域和内容，进一步推进简政放权、职能转变、放管结合、优化服务，加快推进新区依法治理体系建设。具体而言，建议按照分类管理原则进一步明晰机构职能，厘清各部门法治政府建设项目清单，同时进一步细化、健全并动态调整权责清单体系，积极承接并转化落实上级下放经济社会管理权限；全面推进新区依法治理各项职权制度化规范化程序化运行；围绕协同管理、权责一致、精简高效目标，系统设计职能机构、产业平台和街道职责体系，持续推动机构设置、职能配置、工作流程与中央和省、市机构科学对应、有效衔接、协同运转，严格机构编制管理，统筹利用行政管理资源，节约行政成本；继续推进公务员聘任制改革，强化竞争择优、以事择人导向，坚持竞聘上岗、以岗定级、以岗定薪，推动实现身份管理转向岗位管理；优化绩效考核评价体系，将考核结果与奖惩措施直接挂钩，健全完善鼓励激励、容错纠错、能上能下“三项机制”。

（2）深入推进街道体制机制改革

基层是各种问题和困难最集中的地方，基层工作能否做好直接影响社会的稳定，也是对治理能力和治理水平的严峻考验。当前新区经济社会高速发展，与之伴随而来的是不确定风险的增加以及一系列民生问题亟待解决，而化解经济社会发展风险的出路在基层，解决各类民生问题的出路亦在基层。街道管理体制机制的有效运行是新区治理体系和治理能力现代化的重要体现，是保障新区各项事业健康有序长效发展的重要依托。在下一阶段的新区法治政府建设中，江北新区应当进一步整合街道职能，构建以基层治理特点为导向、面向群众、简约高效的街道管理体制机制。具体而言，应当坚持党对街道工作的全面领导，深入落实区域化党建工作联席会议机制，全面推进辖区各领域党组织互联互动，充分发挥街道党工委协调各方、领导基层治理的核心作用；厘清街道职责边界，编制街道职责清单，统筹优化“6+1+3”管理架构，建立健全简约高效的基层管理体制；进一步整合街道机构人员，突出街道服务职能，增强在编人员配备数量；进一步完善激励机制和基层考核评价机制，突出公共服务考核指标权重，弱化经济考核指标比重。

2. 创新推动政府职能变革

（1）持续深化“放管服”改革

深化“放管服”改革，深入推进“证照分离”对于推动政府简政放权、强化放管衔接、加快转变政府职能，有效提升政府治理水平具有关键意义。江北新区近年来蹄疾步稳推动“放管服”改革，先后推出“相对集中审批”“信用承诺制”“证照分离”“区域环评”“数字化联合图审”等改革举措，取得显著成效。当前，改革进入攻坚阶段，如何推进“放管服”改革向纵深发展成为下一阶段江北新区法治政府建设的重中之重。作为“放管服”改革的重要环节，“证照分离”改革是商事制度改革的深化拓展，是回应市场主体关切的创新举措，是进一步提高政府依法治理水平和能力的生动实践。进一步开展“证照分离”改革，是落实党中央、国务院重大决策部署，深化“放管服”改革、优化营商环境、更大激发市场活力的重大举措。[①]具体而言，应当继续推动商事制度改革深化拓展，进一步分类推进审批制度改革，完善简约透明的行业准入规则；进一步扩大企业经营自主权，激发微观主体活力；制定涉企经营许可事项“证照分离”清单并及时公布、动态调整、接受监督，清单之外不得违规限制企业进入相关行业或领域；加快实现政务数据“一次采集、一库管理、多方使用、即调即用”，打破数据共享壁垒。

（2）厘清各部门职能边界

厘清各部门法治政府建设项目清单，建立责任落实机制。目前基层所反映的“一对多”问题原因在于部分机构职能模糊。必须要着力解决职能交叉、办事推诿等问题，推动形成职责边界清晰、协调配合顺畅的工作机制。建议新区政府首先要重点摸牌新区两个及两个以上部门职责交叉的事项，部门履职中不明确、不通畅的事项以及社会反映不满意的焦点难点，在此基础上编制新区政府部门职责边界清单。针对同一事项，严格按照有关法律法规和部门职责，确定职责边界，明确主体责任、细化工作内容、完善配合机制；针对交叉事项，若涉及部门共同确认的事项，需要逐项对接，充分沟通，形成一致意见；针对重点领域事项，原则上统一事项由一个部门统筹，一个事件由一个部门负责，涉及多个部门的，各参与部门要协商确定职责分工、建立协作机制，保证职能运行顺畅。

① 《国务院关于深化“证照分离”改革进一步激发市场主体发展活力的通知》（国发〔2021〕7号）。

第四节 | 着力提升政务服务水平

一、工作举措

服务型政府建设作为深化体制改革的重要内容之一，是关系改革成败的核心环节，更是法治中国能否实现的关键因素，越来越受到社会各界的广泛关注。党的十九大报告指出，要转变政府职能，深化简政放权，创新监管方式，增强政府公信力和执行力，建设人民满意的政府。新区政府紧扣时代命题，积极推动矛盾纠纷化解，加快构建国际一流营商环境，取得了良好的效果。

（一）优化多元机制，有效化解纠纷

1.健全完善行政复议制度

一是深入推进行政复议规范化建设。2018年江北新区出台《南京市江北新区管理委员会行政复议办法》。围绕复议申请与受理、审理、听证、回避、查阅、决定、调解和解、送达与归档等内容进行细致规范。同时，为强化南京市江北新区管理委员会对行政复议工作的宏观管理和统筹协调，发挥新区管委会行政复议委员会的重要作用，形成南京市江北新区管理委员会行政复议委员会制度，进一步规范复议工作程序，确保复议委员会合法、公正、高效办理行政复议工作。二是畅通行政复议纠纷解决渠道。除新区综合治理局作为管委会的行政复议机构对外直接受理行政复议申请外，各街道普遍设立了行政复议受理点，并在新区官网上公布了各街道基层行政复议受理点联络方式，推进行政复议职责有效整合。2019年新区受理行政复议案件13件，审结11件，其中有8件进入听证程序，3件调解结案，4件撤回，撤销1件，维持1件。三是落实行政首长出庭应诉机制。为减少涉诉纠纷发生数量，降低纠纷争议，江北新区进一步建立行政首长出庭应诉工作制度，推进行政机关负责人出庭应诉工作。2019年制定出台《关于进一步加强行政首长出庭应诉工作的通知》，明确要求各相关单位严格按照文件要求落实行政首长出庭应诉工作，并通过开展印发江北新区行政涉诉情况通报等方式将涉诉情况通报至新区各相关部门单位。

2.全面推进行政调解工作

一是推进行政调解机构建设。为进一步发挥行政调解功能，新区不断推进新区、街道两级公共法律服务中心和村（社区）司法行政服务站全覆盖工作。二是构建矛盾纠纷调解平台。为提升纠纷调解效果，江北新区建立人民调解工作室、公调对接办公室，及时有效分流公安机关及交通管理部门的大量矛盾纠纷，整合公安和司法

行政力量，在优化警力资源配置的同时，提升了司法行政部门化解基层矛盾的势能。三是完善人民调解组织网络。为充分发挥人民调解功能，江北新区调解工作主体下移，工作重心前移，不断推进建立健全人民调解组织机构网络建设，建立“网格+调解”模式，主动组织开展矛盾纠纷调解活动，巩固和规范调解组织，建立完善满足社会化解各类矛盾纠纷的需求。四是强化人民调解队伍建设。三年来，江北新区以基层街道和司法所为依托，持续推进人民调解队伍建设工作。通过定期组织开展线下调解培训、召开调解例会、研判重点难点调解案例、运用“微信群+业务培训”等网络创新调解培训方式，不断提高人民调解员的业务水平与法律素养。

3. 深化创新仲裁服务体系

一是打造区域性国际化仲裁中心。2018年，江苏（南京）知识产权仲裁调解中心揭牌成立，南京知识产权仲裁院被国家知识产权局列为全国首批、省内唯一知识产权能力建设试点仲裁机构。2020年1月，江北新区仲裁院增挂中国（江苏）自贸区仲裁院牌子，成为省内第一家在自贸区设立的仲裁工作平台。2020年6月，新区参与筹建江苏扬子江国际商事调解中心。二是加强重点领域仲裁服务供给。新区劳动人事争议仲裁院坚持以预防为主，立足调解优先，完善参与集体维权事件前期处理机制。建立免费法律咨询服务制度，设立专门法律咨询点。充分发挥基层调解组织作用，加强对7个街道调解所工作指导，提升调解人员业务能力水平。开展劳动人事争议调解平台的调解工作，优化调解仲裁工作资源，使调解仲裁实现有序衔接。加强劳动人事争议巡回法庭建设，有效发挥“一裁两审”功能，完善裁审衔接工作，完善劳动监察有效衔接机制。2020年，行政执法局对拖欠农民工工资重点难点问题，制定了《关于成立江北新区根治拖欠农民工工资工作领导小组的通知》，成立新区治欠办。强化书面审查主动巡查机制。2019年以来，书面审查用人单位15856家，省联动举报投诉平台按期运行率目标任务100%，完成运行率100%。三是创新兼职仲裁员办案机制。为拓宽仲裁办案力量来源渠道，新区仲裁委探索推行聘任仲裁员新模式，聘用律所律师和高校教师作为兼职仲裁员，充分发挥社会法律人才在构建和谐劳动关系中的积极作用。目前，兼职仲裁员已办理仲裁案件51件，调撤率达85%，取得良好的社会效果。

4. 持续优化信访工作机制

江北新区近年来持续探索建立信访举报工作标准化管理体系。2019年，新区纪工委监察工委引入ISO9001：2015质量管理体系的现代理念和控制方法，以制度保障促流程规范，实现信访举报工作由分类分项分散管理向综合一体化管理转型。截至目前，新区综合治理局已形成“指引+图表”流程控制、“线上+线下”互为补充、“窗口+下沉”结合三项信访管理机制，实现信访工作由分类分项分散管理向综合一体化管理转型。

（二）优化营商环境，提升服务效能

高标准高质量构建国际一流法治营商环境是“两区联动”形势下江北新区法

治建设的核心命题。当前新区正处于“两区联动”发展新阶段，亟待加快转变政府职能、深化投资领域改革、推动贸易转型升级、深化金融领域开放创新、推动创新驱动发展和积极服务国家战略。这些改革任务投射到法治建设领域，无不指向和要求打造国际一流法治营商环境。秉承“法治是最好的营商环境”，江北新区深入实施《优化营商环境条例》，对标国际先进规则，形成许多有国际竞争力的制度创新成果。

1.政策扶持力度持续加大

为加速提升法治营商环境的建立，新区持续推动法治营商环境政策扶持。2020年3月，综合治理局正式出台《关于促进中国（江苏）自由贸易试验区南京片区法律服务业高质量发展的若干意见（试行）》，确立了“打造南京片区法律服务高地”“打造南京片区国际一流法治营商环境”，以及“法律服务机构为新区提供优质服务”等行业扶持原则，明确以“鼓励优质法律服务机构集聚”“引进域外法律服务机构”“鼓励法律服务机构为新区提供优质服务”，以及“促进部门形成合力，加强工作保障”作为法律服务行业政策推进的主要着力点。同时，江北新区为加速行业发展，依法出台行业扶持政策，为企业创造更好的营商环境。

2.市场准入机制不断优化

为促进公平竞争、增强市场活力和经济内生动力，江北新区不断优化市场准入机制。江北新区以政务服务信息化建设为依托，持续推进“不见面审批”改革。江北新区行政审批局建立“不见面审批”信息平台，并升级“不见面审批”服务举措，在新区政务服务大厅设置咨询窗口，创新建立“企业有事电话询，窗口人员为您办”机制；完善“不见面审批”事项清单，在新区1156项政务服务事项中，“不见面审批”数量1144项，占比为99%。同时，持续实施“证照分离”改革全覆盖。在南京片区和扩大试点地区开展“证照分离”改革全覆盖试点。按照直接取消审批、审批改为备案、实行告知承诺、优化审批服务四种方式分类实施“证照分离”改革，探索推进“一业一证”改革。此外，创新商事登记制度。市场监督管理局在自贸区率先探索个体工商户集群注册登记模式，已与平台企业签署江苏省平台经济集群注册战略合作协议。行政审批局在创新创业载体与登记机关之间建立抄告制度，推进住所登记便利化改革，提高商事活动登记效率。调研走访的企事业单位，尤其是科技、医疗创新类企业，对江北企业准入机制及配套措施普遍表示认可。江北新区企业准入机制的优化已成为江北发展建设的崭新优势。

3.市场监管模式不断创新

近年来，新区行政监管方式与手段不断推新。全面推行“双随机、一公开”监管全覆盖。同时，按照“进一次门，查多项事”的原则，组织全部业务条线相关行政职能部门协同监管，降低企业营运成本。通过创新行政监管模式，运用GIS、大数据技术，一体化综合信息平台以及信用体系，对企业运行进行监管、评估，助力企业快速发展。

4. 商事法律服务逐步完善

一是建立知识产权保护体系。江北新区已建立国家级的知识产权保护中心、江苏知识产权维权援助分中心、知识产权法庭、知识产权仲裁院、知识产权检察室、海外知识产权维权联盟，形成了以知识产权保护为核心的法律服务结构网络。二是完善新区法律国际化服务。新区建立南京片区国际商事调解中心，加速推进调解中心调解协议的域外司法确认，高效实现片区国际商事调解协议在域外的执行力，助力新区形成法治化、国际化、便利化的一流营商环境。

二、现状问题与完善建议

（一）现状问题

1. 纠纷解决机制需进一步细化

法治政府建设离不开健全的制度支撑体系，其中，多元化矛盾纠纷解决机制建设显得尤为重要。当前，江北新区采取了一系列重要举措、出台了一系列文件推进行政复议、行政调解、行政裁决及仲裁等制度的完善。然而，相关制度的规范化、制度化、体系化建设仍需进一步加强。此外，商事纠纷解决机制是否健全也直接体现法治政府建设水平。当前，新区对标国际一流营商环境建设要求，不断探索多元化商事纠纷解决机制。尤为突出的是，新区正在着力打造与国际接轨、与市场经济相适应的区域性国际仲裁中心，取得了显著进展。然而，当前新区国际商事纠纷解决制度尚处于初级探索阶段，仍然存在纠纷解决体系化不足、相关制度有待进一步健全等问题，应当切实加强组织领导和保障，确保实施方案落地，持续开展政策创新，在法治框架内加大自主创新力度，在制度协调性上注意诉讼与非诉讼纠纷机制的有效衔接问题。

2. 法治营商环境建设需进一步细化

在“放管服”改革、打造法治营商环境的背景下，江北新区法治营商环境建设提升显著，但仍存有提升的空间。问题主要表现在两个方面：一是不同行业领域的法治营商环境提升存在差别。相比较而言，目前江北“两城一中心”行业领域的法治营商环境整体提升较快，传统行业法治营商环境提升则并不明显。二是部分法治服务仍待完善。比如，外籍专家人才引进税赋问题已掣肘新区人才发展计划，域外法查明等法律服务需求缺口明显。

（二）完善建议

1. 创新商事纠纷解决机制

商事纠纷解决机制是否健全直接体现新区法治环境的建构水平，影响着新区的国际竞争力和影响力。对于江北新区而言，应当在下一阶段法治政府建设过程中着力创新商事纠纷解决机制，发展国际商事仲裁、调解等司法替代性解决机制，为新区高质量发展提供国际化纠纷解决服务。具体而言：应当进一步健全产权司法保护制度，推动市场化、法治化、国际化贸易规则体系有效建立；充分发挥商事审判规范职能，引领开放透明的跨境投资贸易环境转型升级；推动完善涉外商事案件审理机制，切实保障当事人合法权益；加强商事仲裁审查工作，积极推进国际商事调解合作机制建设发展；建立商事纠纷特邀调解组织名册，健全诉前委派调解与司法确认程序衔接机制。与此同时，探索多元化非诉讼商事纠纷解决机制，积极推进现代信息技术在商事纠纷解决领域深度应用，全面缩短纠纷解决时间、降低纠纷解决成本、提升纠纷解决质量。

2. 高标准高质量构建国际一流法治营商环境

第一，要在法治新区建设总体要求中明确构建国际一流法治营商环境的重要地位，为此要明确法治新区建设以坚持和完善支撑江北新区“两区一平台”战略目标的法治保障体系为导向，明确法治新区建设为新区开发建设营造国际一流营商环境服务，明确将营商环境一流、市场活力充沛等作为法治新区建设的重要目标。

第二，要以国际先进规则为对标对象，整体谋划打造国际一流法治营商环境。为此要积极推动南京法治园区拓展建设布局，系统提升新区司法辐射力；充分发挥“一带一路”交汇点区位优势，完善国际标准相适应的法律服务体系；建立健全事中事后监管体系，全力打造市场化营商环境建设先行示范样板区；深入确立竞争政策基础性地位，保障市场配置资源的决定性作用得到充分发挥；深入推进知识产权管理服务体制机制改革。

第三，要以激发市场主体活力为抓手，重点推进深化拓展新区商事制度改革。为此要全面清理涉企经营许可事项，全面落实“非禁即入”要求；深化投资领域改革，深入推进投资自由化、便利化，提高境外投资合作水平；依法提升贸易便利化水平，推动服务贸易创新发展，着力创新贸易综合监管模式；依法扩大金融领域对内对外开放，引导强化金融对实体经济的支撑，为深化金融领域开放创新提供坚实法治保障；发展国际商事仲裁、调解等司法替代性解决机制，为新区高质量发展提供国际化纠纷解决服务。

第四，要统筹兼顾法治新区、法治政府和法治社会各项工作，将构建国际一流法治营商环境的核心命题贯彻到法治新区建设全过程各方面。为此要完善依法治理体制机制，为新区开发建设奠定更加成熟更加定型的制度环境，推动国家级新区和自贸试验区依法治理体制机制“江北样本”的打造；全面加快转变政府职能，深入推进“放管服”改革，全方位打造国家级新区“放管服”改革标杆；扎实推进法治社会建设，大力营造全民守法的浓厚氛围，积极助力法治营商环境建设。

第五章

江北新区治理法治化的特色打造：“双区”互嵌

第一节 | 国家级新区与自贸试验片区的互嵌模式

一、江北新区与南京自贸片区及其并行

（一）南京江北新区概况

南京江北新区，2015年6月27日由国务院批复设立，是全国第13个、江苏省首个国家级新区。江北新区位于江苏省南京市长江以北，包括浦口区、六合区和栖霞区八卦洲街道，总人口约250万，规划面积788平方公里；其中，直管区管辖7个街道，共386平方公里。

1.战略定位

根据国务院批复，新区战略定位是“三区一平台”，即逐步建设成为自主创新先导区、新型城镇化示范区、长三角地区现代产业集聚区、长江经济带对外开放合作重要平台。①

（1）自主创新先导区。充分发挥苏南国家自主创新示范区的引领带动作用，突出企业创新主体，强化科技与经济对接、创新成果与产业对接、创新项目与现实生产力对接、研发人员创新劳动与其利益收入对接，加快集聚高端创新要素，充分释放各类创新资源的潜力与活力，推动大众创业、万众创新，不断提高创新型新区建设水平，着力打造宁镇扬乃至全省创新的策源地和引领区。

（2）新型城镇化示范区。坚持走以人为本、四化同步、优化布局、生态文明、文化传承的中国特色新型城镇化道路，有序推进农业转移人口和其他常住人口在新区落户并享受基本公共服务。保持历史耐心，尊重城市建设规律，合理把握开发节奏，完善提升“新城—新市镇—新社区”新型城镇体系，用最先进的理念和国际一流的水准进行城市设计，打造标杆工程，建设绿色、智慧、人文、宜居新区。

（3）长三角地区现代产业集聚区。加快经济转型升级，以新产业、新业态为导向，以高端技术、高端产品、高端产业为引领，培育壮大战略性新兴产业集群，稳步推进传统产业提档升级，加快发展现代服务业，积极发展现代农业。促进工业化、信息化深度融合，完善产业链条和协作配套体系，建设长三角地区具有较强自主创新能力和国际竞争力的现代产业集聚区。

（4）长江经济带对外开放合作重要平台。抓住国家实施“一带一路”和长江经济

---

① 本部分参见江北新区官网：《南京江北新区发展总体规划（摘录）》，http://njna.nanjing.gov.cn/zjxq/fzgh/，2021年4月29日访问。

带建设重大战略机遇，发挥区位优势，加强港口联动，推进国际产能合作，加快南京区域性航运物流中心建设，打造江海联动、铁水联运、对接国内外的综合性开放平台，促进长三角城市群与长江中游城市群、皖江城市带等长江中上游地区的协同合作。

总而言之，从国家层面来看，根据2019年国务院办公厅印发的《关于支持国家级新区深化改革创新加快推动高质量发展的指导意见》对国家级新区的定义和要求，江北新区作为国家级新区，是承担国家重大发展和改革开放战略任务的综合功能平台，要成为中国高质量发展的引领区，要能够突破一些关键的核心技术，要有新业态、新产业产生。与此同时，江北新区也是体制机制改革的窗口，是探索如何把制度优势转化为治理效能、如何让管理架构适应市场化和法治化的平台，是推动国内国际双循环发展格局的阵地。从省级层面来看，江北新区作为试验田，要追求高质量发展的深度和速度，要勇于担当习近平总书记专门对江苏提出“两争一前列”的要求。从市级层面来看，江北新区要扛起市委市政府提出的“新主城”“增长极”“领头羊”三大新区建设新使命。①

2. 新区优势

作为国家级新区，江北新区建设拥有三大优势，包括科技创新优势、产业聚集优势和区位交通优势。②

（1）科技创新优势。依托南京丰富的科教资源，南京江北新区现有南京大学、东南大学、南京农业大学、南京工业大学等12所高校，并组建了南京市江北高校联盟，各类科技创新平台和工程技术中心50多个，集聚国内外知名的高科技企业及研发机构数百家。同时，新区大力推进省、市创新资源向江北集聚，加快建设创客集聚区，不断激发各类创新主体活力，不断推动以科技创新为主导的全面创新，大力促进科技与产业、金融深度融合，加快建设具有全球影响力的产业科技创新中心的重要基地。

（2）产业聚集优势。南京江北新区拥有国家级、省级园区5个，产业基础雄厚。战略性新兴产业发展迅速，生物医药、软件与信息服务等产业快速增长，其中高端装备制造业近三年产值年均增幅达到20%以上；现代服务业加快发展，近三年产值年均增幅达到20%以上；化工、钢铁等传统产业加速转型升级。

（3）区位交通优势。江北新区处于“一带一路”和长江经济带战略交汇点，同时地处我国东部沿海经济带与长江经济带“T”字形交汇处，东承长三角城市群核心区域，西联皖江城市带、长江中游城市群，长江黄金水道和京沪铁路大动脉在此交汇，连南接北、通江达海，面临长三角一体化发展机遇，是长三角辐射中西部地区

① 参见南京市江北新区党工委、管委会综合部：《罗群、周金良同志在新区（自贸区）2021年高质量发展大会上的讲话》，载《江北新区综合部通报》2021年2月20日，第1期，第2—3页。

② 本部分参见江北新区官网：《南京江北新区发展总体规划（摘录）》，http://njna.nanjing.gov.cn/zjxq/fzgh/，2021年4月29日访问。

的综合门户、华东面向内陆腹地的战略支点、南京都市圈核心地区向西北方向辐射的桥头堡。[①]与此同时，新区自身综合交通体系完善，公路、铁路、水运、航空、管道等综合运输方式齐全，路网骨架逐步拉开，城市轨道交通线网逐步完善，过江通道逐步建成，内部交通基础设施条件不断提升，为新区快速发展提供了良好保障。[②]

3.产业体系

基于上述三大优势，江北新区主要产业体系定位有三，即要建成"芯片之城""基因之城"和"新金融中心"。

（1）"芯片之城"[③]

江北新区以重点产业园区为载体打造两大集成电路产业基地：一是以新区产业技术研创园为载体，建设集成电路设计及综合应用基地，打造"全球智能设计中心"；二是以浦口经济开发区和智能制造产业园为载体，建设集成电路与半导体装备先进制造及应用产业基地，打造国内领先的集成电路与半导体装备先进制造及应用产业基地。

到2025年，集成电路产业规模显著扩张，集聚集成电路企业超1000家，产业收入超3000亿元，吸引集成电路产业人才超3万人；通过建设国家集成电路设计服务产业创新中心，全面提升EDA、IP研发实力和EDA产业自主可控能力，成为全球EDA、IP前沿技术研究中心、技术储备中心、人才培养与集聚中心，打造全球知名的"中国芯片之城"。

（2）"基因之城"[④]

江北新区将结合国内外生命健康产业的先进经验，在原有生物医药产业分布基础上，重点规划"一谷一区一中心一基地"的产业空间布局，即南京生物医药谷、健康医疗服务城市示范区（南京国际健康城）、国家健康医疗大数据中心以及制剂原料保障基地。同时，新区将重点围绕"三中心一高地"定位，按照医、教、研、康、养五大板块布局，打造江北新区健康医疗服务产业的核心板块和宜业、宜居、宜养城市形象展示窗口。

到2025年，集聚基因及生命健康类企业超1200家，基因及生命健康类产业呈高端化、创新化、集群化发展，产业收入突破3000亿元，吸引基因及生命健康产业人才超3万人；发挥江北新区基因及生命健康产业创新优势，聚焦新药研发、高端医疗器械、精准医疗及健康服务，加快构建一流的基因细胞产业链和创新生态圈，打造精准

① 参见江北新区官网：《南京江北新区发展总体规划（摘录）》，http://njna.nanjing.gov.cn/zjxq/fzgh/，2021年4月29日访问。

② 参见建设与交通局：《区位交通》，http://njna.nanjing.gov.cn/zjxq/qwjt/，2021年4月29日访问。

③ 参见江北新区官网：《"芯片之城"》，http://njna.nanjing.gov.cn/tzxq/cytx/201808/t20180808_618342.html，2021年4月29日访问。

④ 参见江北新区官网：《"基因之城"》，http://njna.nanjing.gov.cn/tzxq/cytx/201808/t20180803_618341.html，2021年4月29日访问。

医疗“三中心一高地”，建成国内领先的基因及生命健康产业高地、全球知名的基因及生命健康产业创新集群，把江北新区打造成独具特色、独树一帜的“中国基因之城”。

（3）“新金融中心”①

金融与产业深度融合、共生发展现已是大势所趋。江北新区积极探索金融与产业、科技高效融合，将以建设国际金融中心协同承载区和金融支持科技创新改革试验区为驱动，助力南京打造泛长三角区域金融中心。

在产业升级层面，江北新区将聚焦打造科技金融、自贸金融、数字金融、民生金融、绿色金融“五大新金融”（详见下图5-1），同时建设内外双循环新格局、整合数字与科技新要素、激发经济与社会新动能，构筑“四新”新金融产业体系（详见下图5-2），实现金融服务体系转换升级。

图5-1 江北新区聚焦打造“五大新金融”②

① 参见江北新区官网：《“新金融中心”》，http://njna.nanjing.gov.cn/tzxq/cytx/201711/t20171120_618340.html，2021年4月29日访问。

② 资料来源：江北新区官网：《“新金融中心”》，http://njna.nanjing.gov.cn/tzxq/cytx/201711/t20171120_618340.html，2021年4月28日访问。

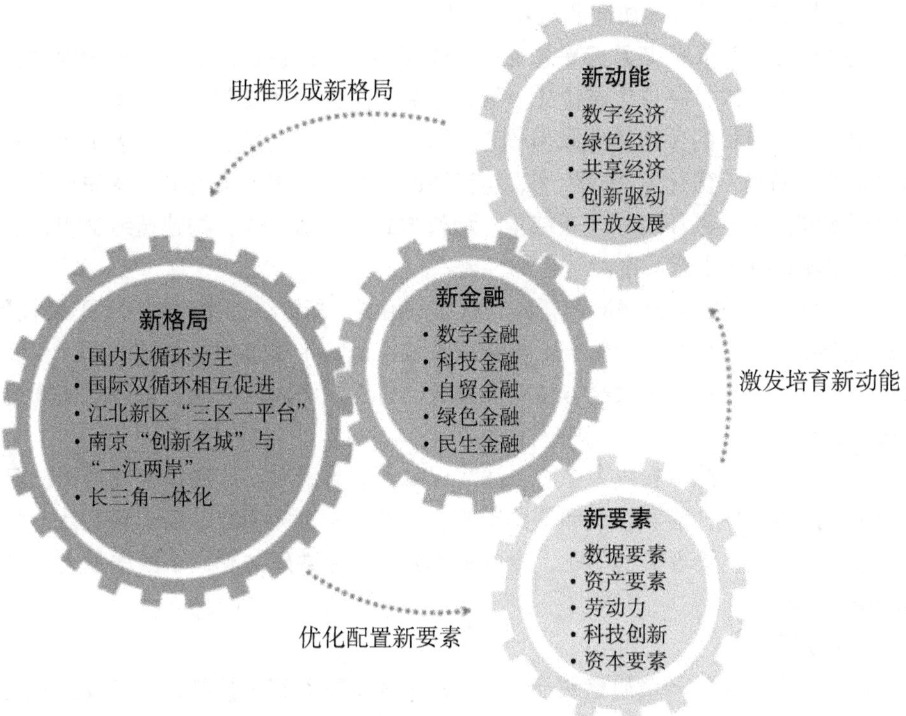

图5-2　江北新区"四新"新金融产业体系[①]

在国际金融中心协同承载区建设层面，首先，江北新区将与浦东新区协同构筑长三角金融"一中心一高地"新格局，打造机构协同、产品协同、服务协同、市场协同新模式；其次，江北新区将通过建设扬子江新金融创意街区、CBD资产管理与证券化中心等措施打造南京新金融"一江两岸"。

4.发展模式[②]

以上述三大产业体系为基础，江北新区采取产城融合的发展模式。深入学习深圳特区、浦东新区、雄安新区的有益经验和成功实践，增强城市规划、建设、管理的科学性、系统性和协调性，充分发挥南京高新区、南京化工园、南京海峡两岸科工园等产业载体的优势，统筹城市空间和产业发展，提供优质公共服务，建设优质公共设施，以产兴城、以城聚产，创建城市管理新样板，增强辐射带动效应，积极

① 资料来源：江北新区官网：《"新金融中心"》，http://njna.nanjing.gov.cn/tzxq/cytx/201711/t20171120_618340.html，2021年4月28日访问。

② 参见江北新区官网：《南京江北新区发展总体规划（摘录）》，http://njna.nanjing.gov.cn/zjxq/fzgh/，2021年4月29日访问。

促进跨江发展，推进区域协同和城乡一体化进程。

生态优先。深入贯彻习近平总书记对长江经济带建设提出的“共抓大保护，不搞大开发”的要求，坚持生态优先、绿色发展，把保护和修复长江生态环境摆在压倒性位置，让良好的生态环境成为核心竞争力。构建“一圈、三楔、多板块”网络状生态安全格局，优化生态、生产、生活空间，严格治理各类污染，率先形成节约能源资源和保护生态环境的产业结构、增长方式和生活方式，构建蓝绿交织、清新明亮、水城共融的生态城市。

开放合作。加强与上海浦东新区、浙江舟山群岛新区、上海自贸区等联动发展，积极促进扬子江城市群、宁镇扬一体化以及长江经济带城市间的区域协同，积极融入“一带一路”建设，扩大全方位对外开放，打造陆海内外联动、东西双向开放的全面开放新格局。

以人为本。坚持以人民为中心、注重保障和改善民生，从增进人民福祉、促进人的全面发展出发，落实惠民和便民措施，以群众满意为标准，切实解决社会各界最关心、最直接、最现实的问题，推进基本公共服务共建共享，不断增强人民群众的获得感和幸福感。

5. 发展目标①

到2020年，生态环境质量明显改善，环境风险得到有效控制，节能减排成效显著，形成节约资源和保护环境的空间格局、产业结构、生产方式和生活形态。新区地区生产总值年均增幅明显高于南京市水平，创新引领作用不断增强，全社会研发经费支出占地区生产总值比重力争达到3.3%。新型城镇化发展格局初步形成，常住人口城镇化率达到80%，创新社会治理方式，使新区人民在共建共享发展中拥有更多获得感。产业结构和布局不断优化，服务业增加值比重提高8个百分点，战略性新兴产业年均增长20%左右，现代产业科技创新框架体系基本形成。重大基础设施框架基本完成，区域治理体系不断完善，努力把江北新区建成南京发展新的重要增长极，在全省跨江发展、扬子江城市群建设中发挥更大作用。

到2025年，绿色发展战略取得重要进展，产业与人口、资源、环境协调发展水平显著提升。南京江北新区综合实力大幅提升，地区生产总值稳定增长，为推进长江经济带建设提供有力支撑。创新驱动发展取得明显成效，力争全社会研发经费支出占地区生产总值比重达到国际先进水平。新型城镇化建设水平和质量稳步提升，常住人口城镇化率高于南京市平均水平，进一步提升社会服务水平，提高城市功能品质。布局合理、特色鲜明的现代产业体系基本形成，服务业增加值比重再提高8

---

① 参见江北新区官网：《南京江北新区发展总体规划（摘录）》，http://njna.nanjing.gov.cn/zjxq/fzgh/，2021年4月29日访问。

个百分点，战略性新兴产业产值年均增长达到30%以上，建成具有重要影响力的现代产业科技创新中心。城市枢纽功能得到优化、公共服务水平明显提升、区域辐射带动作用不断增强，初步建成长江经济带上环境优美、宜居宜业、具有较强国际影响力的现代化新区。

（二）南京自贸片区

中国（江苏）自由试验区南京片区（以下简称南京片区）2019年8月获批设立，位于国家级南京江北新区范围内，地处我国东部沿海与长江经济带"T"字形交汇处，承东启西、沿江近海，是南京市落实"一带一路"倡议、长江经济带、长三角区域一体化等国家战略的重要载体。[①]

自贸区南京片区的定位，是建设具有国际影响力的自主创新先导区、现代产业示范区和对外开放合作重要平台。按照方案，南京江北新区正加快建设下一代互联网国家工程中心，建设国家集成电路设计服务产业创新平台、国家健康医疗大数据中心等，一批前瞻性、先导性产业将成为南京"创新名城"建设的重要支撑。在国家创新驱动发展战略指引下，南京江北新区将发挥国家级新区和自贸区的"双区"叠加优势，围绕产业链布局创新链，聚焦科技与产业深度融合，打造国际创新策源地，建设好"芯片之城""基因之城"和"新金融中心"的"两城一中心"。[②]

获批以来，南京片区新增注册企业1.8万余家，注册资本1300亿元，新增外资企业130多家，实际利用外资13亿美元。累计备案新型研发机构84家，孵化引进科创企业超1000家，培育独角兽企业、瞪羚企业共83家。在海外主要创新城市设立7个海外创新中心（离岸孵化器）。引育诺贝尔奖得主2名、中外院士61名，集聚海外创新人才及留学归国人员逾6000人。

南京片区围绕市场主体需求，形成全国全省首创的制度创新成果70个。7项改革试点经验在全省复制推广、7个创新实践案例供全省借鉴学习，"搭建生物医药集中监管与公共服务平台"入选国务院服务贸易创新发展试点"最佳实践案例"。力争通过3—5年的改革探索，建成投资贸易便利、服务体系健全、金融创新功能突出、监管高效便捷、法治环境规划、全域联动效应明显的中国自贸试验区新标杆。

在产业体系发展上，南京片区将聚焦"两城一中心"，着力打造高端产业地标。大力发展集成电路、生物医药、新金融等前瞻性、先导性产业，重点打造具有国际影响力的"芯片之城"、引领国际产业创新前沿的"基因之城"和具有强大辐射力

---

① 参见江北新区官网：《自贸试验区南京片区简介》，http://njna.nanjing.gov.cn/zmq/，2021年4月29日访问。

② 何聪、申琳、曲颂：《感受古老城市的创新活力》，载《人民日报》2019年11月28日，第17版。

的扬子江“新金融中心”。在台积电、健康医疗大数据中心等龙头企业和国家试点带动下，集成电路、生命健康上下游企业正加速集聚。同时，大力发展资产管理、股权投资等新金融业态，为新兴产业发展提供强大资本支撑。

南京片区坚持开放导向，不断优化对外开放格局。积极打造市场化、法治化、国际化的营商环境，推动开放与创新深度融合。深化“放管服”改革，不断扩大“不见面审批”事项范围，在全省率先开展行政审批“2330”改革。成立江苏首个自贸试验区（南京片区）国际商事调解中心，设立江苏首个全面授权商标窗口，率先开展和国际通行模式相符的创新管理和运营模式。积极探索放宽外商投资领域，成功引进全省首家外商独资职业技术培训机构。加快申报设立南京自贸片区综合保税区，进一步提升区域投资贸易便利化水平。①

（三）双区并行

2019年8月，中国自贸区获批设立，其中南京片区面积39.55平方公里，全部位于江北新区范围内。由此，江北新区和南京片区形成了“国家级新区+自贸区”的“双区”并行模式。“双区”不仅在地理区位上互嵌，在战略定位、产业定位、发展目标等方面都存在“重叠”。

在战略定位上，根据江苏自贸区设立总体方案，南京片区的战略定位是建设具有国际影响力的自主创新先导区、现代产业示范区、对外开放合作重要平台，而江北新区“三区一平台”的战略定位也包含要建设“自主创新先导区”“长三角地区现代产业集聚区”“长江经济带对外开放合作重要平台”三方面内容，“双区”总体战略定位具有重叠的特征。

在产业定位和发展目标上，基于类同的战略定位，江北新区和南京片区都坚持以创新导向构建一流创新生态，以制度创新为科技创新赋能，推动产业、科技、金融深度融合，把建设具有国际竞争力的创新策源地作为首要任务，②着力打造以创新为内核的“两城一中心”现代地标产业体系，坚决扛起“创新名城建设领头羊、美丽古都新主城、高质量发展增长极”三大使命，加快把南京江北新区打造成为南京建设国家东部地区重要中心城市的有力支撑、美丽江苏建设的示范引领、长三角一体化发展的战略支点和东部沿海地区率先转型发展的新增长极。

总而言之，“双区”将牢牢锁定“三区一平台”战略定位，通过“坚持以创新为本”“汇集创新要素”“做精做强主导产业”“创新创优营商环境”“促进创新成果产

---

① 参见江北新区官网：《自贸试验区南京片区简介》，http://njna.nanjing.gov.cn/zmq/，2021年4月29日访问。

② 参见南京市科学技术局：《江苏自贸区南京片区的创新底色》，载《国际人才交流》2020年第10期。

业化""坚持高水平对外开放""建好建强新主城""调优调活管理运行机制"等战略路径，积极抢抓"一带一路"、长江经济带、长三角一体化等战略机遇，充分发挥国家级新区和自贸试验区"双区联动"优势。①

二、江北新区的特色与优势

南京江北新区，是全国第十三个、江苏省唯一的国家级新区；也是江苏自贸试验区南京片区所在地。作为国家级新区，江北新区是承担国家重要发展和改革开放战略任务的综合功能区，更注重体制机制的改革创新、对区域发展的带动能力，力图打造区域增长极，而非仅着眼于产业发展。

从1992年上海浦东新区的设立到2017年雄安新区的成立（详见下表5–1），我国已成立19个国家级新区，其中东部沿海地区8个、西部地区6个、东北地区3个、中部地区2个，基本上与全国区域政策调整保持步调一致。按照重大国家战略（京津冀协同发展、长江经济带发展、粤港澳大湾区建设、长三角一体化、黄河流域生态保护和高质量发展），9个国家级新区分布在长江经济带，3个分布在长江三角洲地区，2个分布在京津冀地区，1个分布在粤港澳大湾区，2个分布在黄河流域。由于重大国家战略有交叠，故而国家级新区的分布也有交叠，上海浦东新区、南京江北新区、浙江舟山群岛新区既属于长江经济带，也属于长三角地区。

表5–1　19个国家级新区获批进程及其定位

序号	名称	设立时间	基本定位	所在重大国家战略区域
1	上海浦东新区	1992年10月	科学发展先行区、综合改革试验区	长江经济带　长三角地区
2	天津滨海新区	2006年5月	北方对外开放门户、北方国际航运和物流中心	京津冀地区
3	重庆两江新区	2010年5月	统筹城乡综合配套改革试验先行区、内陆地区对外开放的重要门户	长江经济带
4	浙江舟山群岛新区	2011年6月	海洋综合开发试验区，陆海统筹发展先行区	长江经济带　长三角地区
5	甘肃兰州新区	2012年8月	西北地区重要的经济增长极	黄河流域

① 参见南京市江北新区党工委、管委会综合部：《罗群、周金良同志在新区（自贸区）2021年高质量发展大会上的讲话》，载《江北新区综合部通报》2021年2月20日，第1期，第3—6页。

续表

序号	名称	设立时间	基本定位	所在重大国家战略区域
6	广州南沙新区	2012年9月	粤港澳优质生活圈和新型城市化典范	粤港澳大湾区
7	陕西西咸新区	2014年1月	西部大开发的新引擎，中国特色新型城镇化的典型	黄河流域
8	贵州贵安新区	2014年1月	西部地区重要的经济增长极，内陆开放型经济新高地	长江经济带
9	青岛西海岸新区	2014年6月	海洋经济国际合作先导区，陆海统筹发展试验区	/
10	大连金普新区	2014年6月	面向东北亚的战略高地，引领东北全面振兴的增长极	/
11	四川天府新区	2014年10月	内陆开放经济高地，统筹城乡一体化发展示范区	长江经济带
12	湖南湘江新区	2015年4月	促进中部地区崛起，长江经济内陆开放高地	长江经济带
13	南京江北新区	2015年6月	自主创新先导区，新型城镇化示范区	长江经济带　长三角地区
14	福建福州新区	2015年8月	两岸交流合作重要承载区，东南沿海重要现代产业基地	/
15	云南滇中新区	2015年9月	面向南亚东南亚辐射中心的重要支点、云南桥头堡建设重要经济增长极	长江经济带
16	黑龙江哈尔滨新区	2015年12月	中俄全面合作重要承载区，东北地区新的经济增长极	/
17	吉林长春新区	2016年2月	新一轮东北振兴的重要引擎	/
18	江西赣江新区	2016年6月	中部地区崛起和推动长江经济带发展的重要支点	长江经济带
19	河北雄安新区	2017年4月	北京非首都功能集中承载地	京津冀地区

然而，由于在起步时间、地域分布、基础条件等方面存在差异，19个新区在自身经济建设和引领区域发展方面做出的成绩也大不相同。对此，本节将从经济发展情况、政策优惠及法治建设现状等方面对比江北新区和全国其他新区，在考察江北新区发展现状之时，探究其特色。

（一）"后起新秀"：江北新区经济发展态势良好

首先，从经济发展状况来看，以2019年①为例：

第一，从19个国家级新区2019年GDP总量来看（参见下图5-3），位于东部沿海地区的上海浦东新区和天津滨海新区明显属于第一梯队；南京江北新区与青岛西海岸、重庆两江新区、成都天府新区、湖南湘江新区、大连金普新区与福建福州新区GDP都超过2000亿元，同列第二梯队；包括滇中新区在内的8个新区2019年GDP总量没有破千亿，这些新区基本上位于西部和东北，其中除了新设的雄安新区之外，GDP总量最低的兰州新区已经设立8年。与2019年GDP总量位列南京江北新区之前的其他新区相比，南京江北新区设立的时间最晚，整体表现是较为可观的。

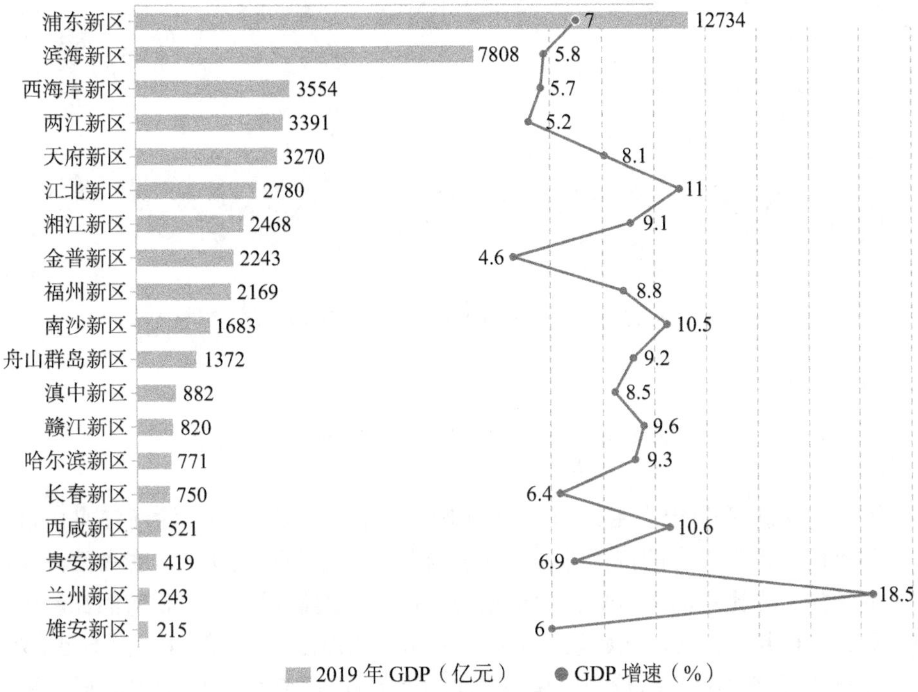

注：滨海新区数据为2018年数据，由全市GDP减其他区县GDP得出

数据来源：各地统计局、新区官方网站

图5-3　19个国家级新区2019年GDP及增速②

① 考虑到2020年以来各地经济发展状况均会或多或少受到COVID-19的影响，为保证更为客观的观察，故选取2019年数据展开分析。

② 资源来源：参见搜狐城市：《19个国家级新区大比拼：浦东GDP总量一骑绝尘、兰州GDP增速远超全省》，https://www.sohu.com/a/440036723_120179484，2021年4月16日访问。

第二，从经济增速来看，甘肃兰州新区增长18.5%，一枝独秀，南京江北新区、陕西西咸新区、广州南沙新区增速也达到两位数，分别增长11.0%、10.6%和10.5%。与新区所在省份相比（参见下图5-4），各新区的增速普遍高于所在省份的增速。江北新区的增速为11%，位居19个新区之二，比全省增速高出近5个百分点，增长势头迅猛，发展势头良好。

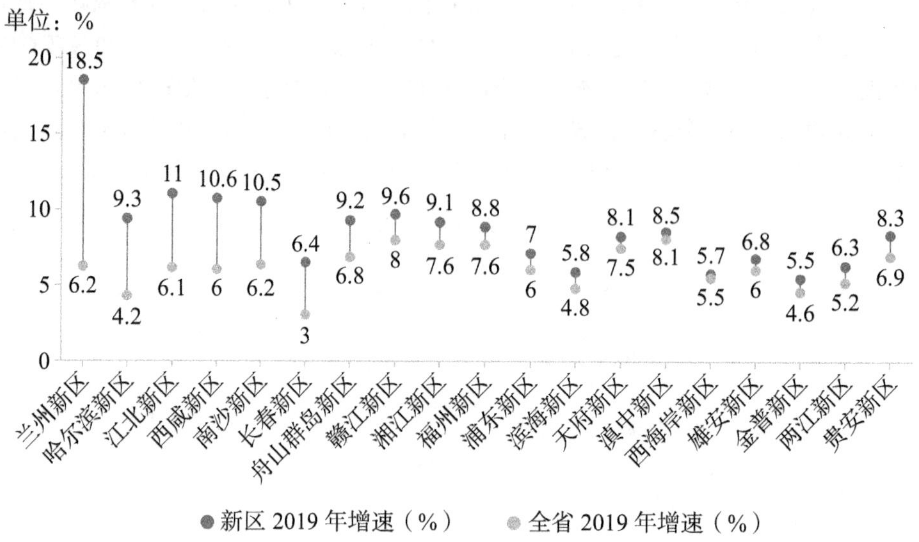

数据来源：官方报道、新区官网

图5-4　2019年19个国家级新区GDP增速与所在省份增速[①]

第三，从新区GDP占主体城市比例来看（详见下图5-5），除浙江舟山群岛新区与舟山市范围重合的特例外，天津滨海新区、上海浦东新区、青岛西海岸新区遥遥领先，占比均高于30%。大连金普新区、福建福州新区、湖南湘江新区紧随其后，占比超过20%。江西赣江新区、甘肃兰州新区等6个新区占比不足10%，对主体城市经济总量贡献较小。南京江北新区GDP占南京的17.78%，居于中等水平。

① 资源来源：参见搜狐城市：《19个国家级新区大比拼：浦东GDP总量一骑绝尘、兰州GDP增速远超全省》，https://www.sohu.com/a/440036723_120179484，2021年4月17日访问。

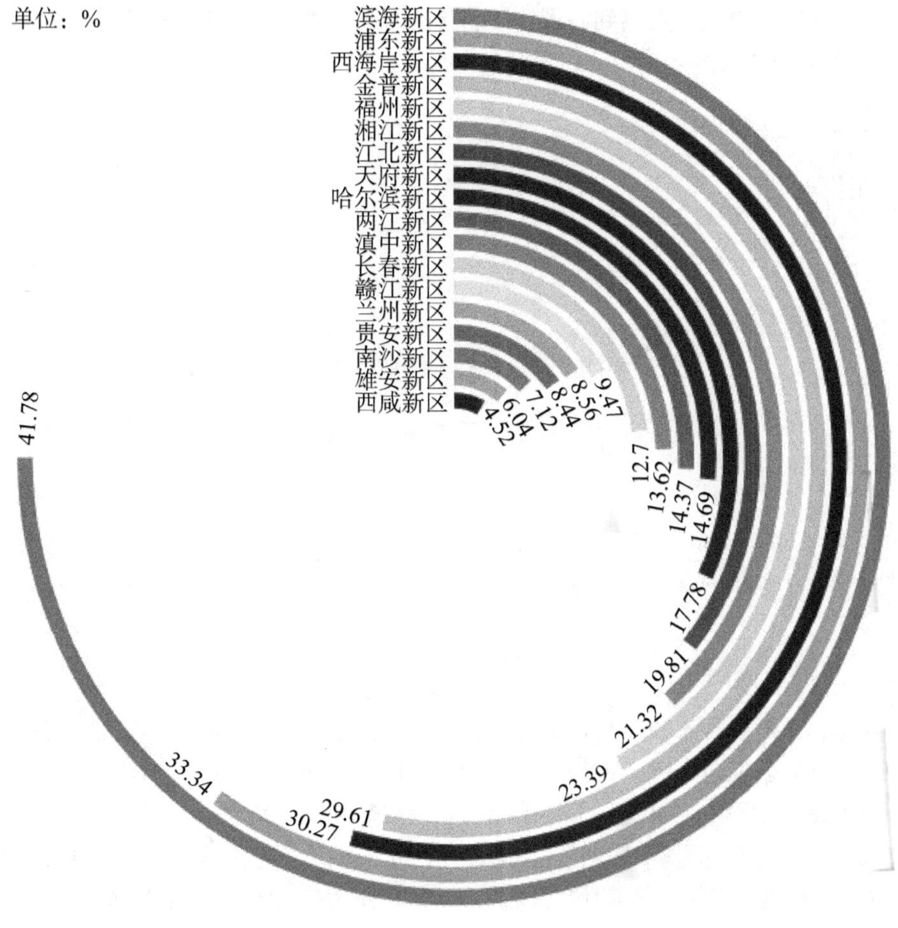

注：滨海新区为2018年数据

数据来源：各地统计局、新区官方网站

图5-5　国家级新区2019年GDP占主体城市比例[①]

第四，从经济密度来看（详见下图5-6），浦东新区一马当先，成为唯一一个地均GDP超过10亿的新区。仅成立5年的湘江新区以490平方公里的土地，创造了2468亿元的经济总量，地均GDP达到5亿，位居第二。还有江北、滨海、两江、福州、天府、南沙6个新区地均GDP超过2亿，西咸、兰州、贵安新区地均GDP不足

① 资源来源：参见搜狐城市：《19个国家级新区大比拼：浦东GDP总量一骑绝尘、兰州GDP增速远超全省》，https://www.sohu.com/a/440036723_120179484，2021年4月17日访问。

1亿。从地均GDP可以观察到，虽然江北新区的成立时间仅有5年，但经济密度高，2019年地均GDP位列全国第三，经济集中程度、产值密度、土地使用效率高。

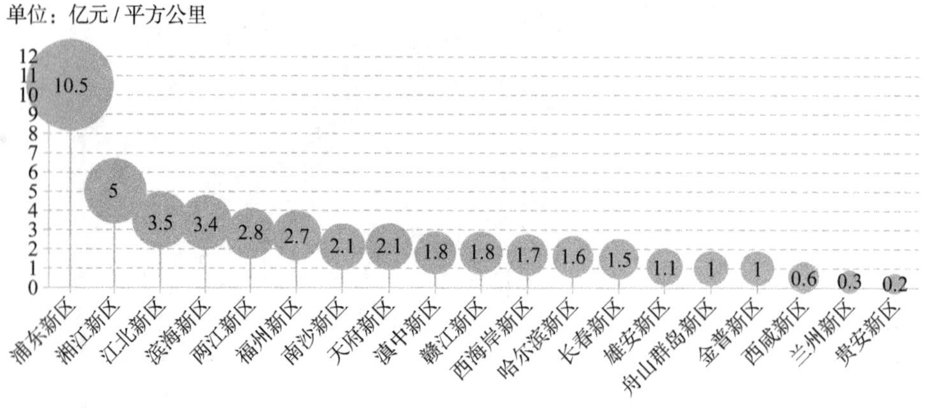

注：天津为2018年数据

数据来源：各地统计局、新区官网

图5-6　19个国家级新区2019年地均GDP

第五，从财政收入和GDP含金量来看（参见下表5-2），湖南湘江新区大幅领先，南京江北新区表现亦不俗。从财政收入总量来看，2019年浦东新区是唯一破千亿的新区，毫无疑问占据第一的位置。除天津滨海新区和湖南湘江新区外，重庆两江新区和南京江北新区一般公共预算收入均超过300亿元，分居第四、第五位。从一般公共预算收入来看，东部地区多排名靠前且在百亿之上（除广州南沙新区外），中西部地区除湖南湘江新区、重庆两江新区和四川天府新区外，还没有新区破百亿大关。从GDP含金量（即地方一般公共预算收入占GDP比重）来看，湖南湘江新区实现双高，居于首位。南京江北新区GDP含金量为11.1%，位于第四。总体而言，无论是一般公共预算收入还是GDP含金量，南京江北新区虽均未达到前三，但也可谓紧跟前三，整体表现不俗。

表5-2　2019年国家新区一般公共预算收入与GDP含金量[①]

新区名称	一般公共预算收入（亿元）	地区生产总值（亿元）	GDP含金量（%）
湖南湘江新区	453.8	2468.0	18.4
陕西西咸新区	71.9	520.7	13.8

① 资料来源：曾全红、戚军凯：《国家级新区面面观》，载《四川省情》2020年第10期。

续表

新区名称	一般公共预算收入(亿元)	地区生产总值(亿元)	GDP含金量(%)
浙江舟山群岛新区	154.9	1371.6	11.3
南京江北新区	308.1	2780.0	11.1
大连金普新区	242.8	2242.8	10.8
云南滇中新区	87.9	882.4	10.0
福州新区	213.7	2169.3	9.9
重庆两江新区	319.6	3391.0	9.4
天津滨海新区	502.7	5891.9	8.5
上海浦东新区	1071.5	12734.3	8.4
四川天府新区	260.0	3270.3	8.0
江西赣江新区	64.3	820.0	7.8
甘肃兰州新区	17.6	225.6	7.8
青岛西海岸新区	268.1	3554.4	7.5
广州南沙新区	84.0	1683.2	5.0
哈尔滨新区	36.4	770.8	4.7
贵州贵安新区	15.9	418.9	3.8
长春新区	18.1	750.3	2.4

综合以上分析,无论是从GDP总量还是GDP占主体城市比例抑或地均GDP来看,上海浦东新区和天津滨海新区都是当之无愧的“龙头”。与之相比,江北新区在自身经济发展和对区域经济的贡献度上,都应再接再厉。当然,与上海浦东新区和天津滨海新区相比,江北新区设立时间较晚,综合表现已相对亮眼。

(二)“新区标配”:“优惠政策层叠”与“权力体系重构”

国家级新区是由国务院批准设立的与相关行政区、特殊功能区为基础,承担着重大发展和改革开放战略任务的综合功能区。[①]从1992年浦东新区的设立至今,我国国家级新区的发展普遍表现出“优惠政策层叠”和“权力体系重构”两项“标配”特征。

“优惠政策层叠”是指国家级新区同时承担多重国家政策,“而这些政策本身只

① 国家发展和改革委员会:《国家级新区发展报告》,中国计划出版社2016年版,第3页。

是量上的加总”。[①]优惠政策层叠既是由国家级新区特殊战略定位所决定，也是国家级新区发展的推动力。从“优惠政策”获得程度来看，只有最先设立的上海浦东新区、天津滨海新区和重庆两江新区获得了最全面和最大力度的政策支持。例如，重庆两江新区作为“一带一路”、长江经济带和西部开发等国家和区域战略交叉新区，在国家层面获得西部大开发优惠政策、统筹城乡综合配套改革先行先试政策以及比照浦东新区和滨海新区的开发开放政策三大优惠政策的叠加支持。[②]再如，从最直接的财政补贴来看，上海浦东新区设立之初得到国家财政每年3亿元开发资金支持，天津滨海新区2005年至2014年获得国家财政每年10亿元的专项资金支持。相较之下，此后密集设立的新区，极少得到国家财政直接补贴，一般都是由所在省市政府酌情补贴。税收政策方面亦是如此，上海浦东新区生产性质的外资企业、天津滨海新区高新技术企业、重庆两江新区符合国家鼓励发展条件的产业、浙江舟山群岛新区涉海高新技术企业，在一定时期内均按15%税率征收企业所得税，但此后设立的国家级新区规划大多从直接的财税支持转变为赋予“先行先试”权力。

另外，国家级新区的政策优势逐渐减弱，在浦东新区设立之初，中央给予位于浦东新区的外资企业提供“五免五减半、二免三减半”等减免税政策，赋予地方政府更大权力；在天津滨海新区成立初期中央也在一定时期内予以专项补助。但是2014年国务院发布的《关于清理规范税收等优惠政策的通知》（国发〔2014〕62号）要求：严格禁止各种越权税收减免，统一税收政策制定权限，切实规范各类税收等优惠政策，逐步对税费优惠政策进行清理。宏观政策的调整使西部国家级新区在政策上趋于均等，特别是对新区发展具有重要意义的财政、税收等专项优惠政策的吸引力正逐渐减弱，新区政策红利渐失。[③]国家级新区发展的政策红利已经从简单的“政策洼地红利”向“制度高地红利”转变。

“优惠政策层叠”是国家战略对国家级新区发展的统合推动，具体特征有二，一是国家级新区与国家改革开放空间布局的对接；二是其他类型功能区与国家级新区发展的联动。

其一，就国家级新区与国家改革开放空间布局的对接而言，一方面，自党的十八大以来，国家前后提出“一带一路”、京津冀协同发展、长江经济带发展、粤港澳大湾区建设和长三角一体化等国家战略，共同构成了我国改革开放的空间格局。国家级新区从空间层面上对接了国家发展战略（详见下表5-3），“是地方对接国家

① 赵吉：《权力重塑与政策叠加：中国国家级新区发展机制研究》，载《中南大学学报（社会科学版）》2020年第2期。

② 吴志鹏：《三大国家级新区现行政策比较及对浙江舟山群岛新区建设的启示》，载《发展研究》2011年第12期。

③ 朱江涛：《西部国家级新区发展如何适应新常态》，载《城市》2015年第12期。

重大发展战略的政治实践"。[①]

表5-3　国家级新区与国家改革开放战略布局的空间对接

国家战略	空间上覆盖的国家级新区
"一带一路"	上海浦东新区、重庆两江新区、浙江舟山群岛新区、甘肃兰州新区、广州南沙新区、陕西西咸新区、大连金普新区、福州新区、云南滇中新区、哈尔滨新区、长春新区
京津冀协同发展	天津滨海新区、河北雄安新区
长江经济带	上海浦东新区、重庆两江新区、浙江舟山群岛新区、四川天府新区、湖南湘江新区、南京江北新区、云南滇中新区、江西赣江新区
粤港澳大湾区	广州南沙新区
长三角一体化	上海浦东新区、浙江舟山群岛新区、南京江北新区

另一方面，如下表5-4所示，国家级新区的战略定位不仅在于促进自身及所在城市的发展，也在于成为区域协同发展的引擎。例如，南京江北新区的战略定位就包括"积极参与长江经济带和'一带一路'建设""扩大对外开放合作，与上海浦东新区、浙江舟山群岛新区、中国（上海）自由贸易试验区等联动发展，逐步建设成为自主创新先导区、新型城镇化示范区、长三角地区现代产业集聚区、长江经济带对外开放合作重要平台"。[②]国家级新区的战略定位决定其能够在更大程度上聚集金融、财税、土地、人才、科技等资源，并以此为基础，反作用于自身城市发展建设。

表5-4　国家级新区与国家区域发展战略布局的空间对接

区域发展战略	空间上覆盖的国家级新区
东部发展	上海浦东新区、天津滨海新区、浙江舟山群岛新区、广州南沙新区、青岛西海岸新区、南京江北新区、福州新区、福州新区、
中部崛起	湖南湘江新区、江西赣江新区
东北振兴	大连金普新区、哈尔滨新区、长春新区
西部开发	重庆两江新区、云南滇中新区、甘肃兰州新区、陕西西咸新区、四川天府新区、贵州贵安新区
长三角一体化	上海浦东新区、浙江舟山群岛新区、南京江北新区

① 赵吉：《权力重塑与政策叠加：中国国家级新区发展机制研究》，载《中南大学学报（社会科学版）》2020年第2期。

②《国务院关于同意设立南京江北新区的批复》（国函〔2015〕103号）。

其二，就其他类型功能区与国家级新区发展的联动而言，包括自贸区、自主创新示范区等在内的国家近年来设立的功能区，在发展目标上与国家级新区既有差别又有联系。以“自贸区+国家级新区”为例，自贸区主要享有贸易、投资、金融等方面的政策优惠，叠加国家级新区的行政体制改革，不仅意味着国家级新区行政改革权边界的扩大、深化体制机制改革程度的加强，同时也反作用于自贸区的发展建设。也就是说国家级新区行政管理体制对功能区产生影响的同时，功能区在经济上的发展也倒逼行政管理体制改革，以使新区加强对功能区发展的统筹。①例如，上海浦东新区以自贸区理念改造浦东地方政府管理体制，通过陆家嘴金融城管理体制创新，构建“法定机构+业界共治”的新型治理机制；在自贸区探索推进建设工程招投标改革、施工图审查制度改革、探索建立建筑领域认可人士制度等。②

“权力体系重构”是指国家级新区对地方行政权限和治理体系的重塑，即基于国家级新区“综合功能区”的特殊定位，新区所获得的特殊权限及其运行对行政体制产生的影响。一方面，从中央政府和地方政府的权力结构出发，新设国家级新区被赋予的“先行先试”权实质上是中央和上级政府权力向地方政府让渡的权力，从而使得地方政府对于新区发展拥有更大的自主权，给予新区改革创新根本保证。例如，南京市委市政府发布的《关于促进中国（江苏）自由贸易试验区南京片区高质量发展的意见》指出，为推进全域投资便利化，“将加大赋权力度，全面下放市级权限，支持片区管理机构对相关事项的批准方式优化调整”③“全面清理取消未纳入负面清单的限制措施，支持片区管理机构在科技创新、产业集聚、市场流通等领域，根据实际需求，按照规定程序，对相关管理事项的批准方式进行优化调整，加快实现‘片区事、片区办’。对上级部门下放（委托）南京片区的事项，主动做好业务指导，确保‘放得下、接得住’”。④另一方面，从治理体制现代化角度来看，国家级新区通过优化行政管理架构、规范权力运行机制等方式极大推动其治理体系革新，使其治理体系表现出“机构少、大部制、扁平化”的特征，凸显出“重效率、重服务”的治理理念。例如，上海浦东新区和天津滨海新区经过多次行政体制调整，完

---

① 参见王佳宁、罗重谱：《国家级新区管理体制与功能区实态及其战略取向》，载《改革》2012年第3期。

② 参见国家发展和改革委员会：《国家级新区发展报告》，中国计划出版社2016年版，第195页。

③ 江北新区自贸区综合协调局：《南京市委　南京市人民政府关于促进中国（江苏）自由贸易试验区南京片区高质量发展的意见》（宁委发〔2019〕35号），http://njna.nanjing.gov.cn/zmq/1j9zctx/zcjd/202101/t20210105_2782781.html，2021年4月21日访问。

④ 江北新区自贸区综合协调局：《南京市委　南京市人民政府关于促进中国（江苏）自由贸易试验区南京片区高质量发展的意见》（宁委发〔2019〕35号），http://njna.nanjing.gov.cn/zmq/1j9zctx/zcjj/202101/t20210114_2792570.html，2021年4月21日访问。

成了从管委会模式到行政区模式的转变。

综上所述，"优惠政策叠加"和"权力体系重构"已经成为促进国家级新区发展的作用机制，通过两者从空间格局和权力格局两个层面的共同作用，使得国家级新区能够获得更大的自主发展权，能够集聚土地、科技、人才、税收等方面的优势资源快速发展，从而为深化改革开放和推动"一带一路"发展助力。

（三）"法治先行"的"江北特色"

与其他国家级新区相比，江北新区是目前唯一被国务院明确要求坚持"法治先行"的国家级新区，江北新区法治园区是全国首个法治园区。江北新区法治园区是江苏省、南京市着力推动打造的重要法治建设高端平台，将深入践行江北新区"法治先行"战略，按照新区"规划先行、整体布局、分步实施"的建设构想，"立足于江苏发展实际，建成区域性法治服务高地，放大司法集聚效应，吸引各类高端法律人才，对未来南京、江苏、长三角区域乃至整个华东地区产生重大司法辐射力，旨为'一带一路'建设和长江经济带发展、长三角一体化、沿海开发等重大战略实施提供优质法律服务"。①

作为全国首个法治园区，目前江北新区法治园区建设已取得阶段性成果。以第三巡回法庭为首，包括已经设立的南京海事法院、南京环境资源法庭、江北新区人民检察院、江北新区人民法院、江北新区知识产权法庭和即将设立的"一带一路"国际商事法庭、南京片区商事派出法庭、南京知识产权法院等机构都将入驻江北新区法治园区。

随着江苏经济社会尤其是港口经济和航运事业的快速发展，发生在江苏省区域内的海事海商纠纷逐渐增多，南京海事法院作为全国第11家专门海事法院，对妥善化解江苏省境内海事海商纠纷提供有力的司法保障。

为加大生态环境司法保护力度，优化资源环境审判工作机制，经最高人民法院批准，全国首家环境资源法庭在南京设立，集中管辖全省9个生态功能区法庭上诉案件和中级法院管辖的一审案件。南京环境资源法庭将认真贯彻落实习近平生态文明思想，充分发挥环境资源审判职能作用，为加强生态文明建设、促进经济高质量发展提供有力的司法服务和保障，并将积极探索环境司法新模式，形成更多可复制和可推广的经验。②

2020年3月28日，南京江北新区人民法院正式成立，标志着法治园区建设迈出了新的步伐。江北新区人民法院将主要负责审理新区直管区内的各类案件，经最高人民

① 法制网：《江苏南京法治园区正式奠基：未来将入驻"两庭五院"辐射华东》，http://www.legaldaily.com.cn/index/content/2020-09/04/content_8298040.htm，2021年4月20日访问。

② 参见《让法治成为江苏发展核心竞争力的重要标志》，载《南京日报》2020年9月14日，第A02版。

法院批准后指定管辖的江北新区、鼓楼区、浦口区、六合区内的知识产权案件，以及全市基层一审行政案件。此外，江北新区人民检察院也于2020年7月30日正式揭牌，将行使基层人民检察院职权，负责受理、办理江北新区直管区范围内的各类案件。

另外，目前江北新区知识产权法庭、江北新区法律服务园、公共法律服务中心已运作，南京仲裁委江北新区仲裁院与南京知识产权仲裁院已合署实体运营，并正在申报增挂自贸区国际商事仲裁院牌子。11家境内知名律师事务所，以及来自我国台湾地区的法律事务所已落地入驻，来自日本、美国等数家著名律所正申报进驻，香港国际调解协会将与新区管委会联手共建自贸片区国际商事调解中心。①

除了法治园区的建设，江北新区也将把握机遇服务高质量发展大局，以法治先行护航“双区”开发开放。

在项目建设方面，江北新区将对规范性文件进行动态式目录化管理，为项目建设提供有效指引。以府院联动合作机制试点为契机，对因项目建设、征地拆迁等可能引发的矛盾纠纷按照法定程序做好行政复议、诉讼等工作，依法高效化解行政争议，为项目顺利完成提供法治保障。

在产业发展、科技创新等方面，江北新区将进一步扩大集中行使行政审批事项改革范围，全面推行“双随机、一公开”监管、积极探索包容审慎监管模式，制定实施各项标准规范。同时，探索“信用+容缺”政务服务受理模式，利用信息化手段提升服务效率，促进产业健康发展；充分发挥法治在激发创新活力、完善科技体制机制、保护创新成果等方面的重要作用，不断推动科技创新管理向科学化、规范化、制度化方向发展。

江北新区积极推进行政诉讼法律援助试点工作，将涉及土地房屋、劳动保障、城乡规划等与民生密切相关的事项纳入行政诉讼法律援助事项范围；落实1名法律顾问只挂钩服务1个村（社区）的工作要求，常年驻点服务，以新区“风险智能评估+小法管家”推广使用为抓手，为群众提供包括“风险智能评估+人民调解”、法律援助、社区矫正、法治宣传等内容的7×24小时专业法律咨询服务，不断提升人民群众满意度、获得感和幸福感。

江北新区充分释放国家级新区和自贸试验区“双区”叠加效应，在深化改革、扩大开放的同时，发挥法治的引领和推动作用，坚持制度先行、大胆革新，全力打造法治化营商环境。

一是聚焦知识产权保护、数字贸易监管、跨境交付、自然人移动等新区发展重点领域，对国际高标准经贸规则和现行国内法规相抵触事项进行系统梳理和重点评估，配合开展国家级新区和自由贸易试验区相关法律、法规、规章和政策文件清理

①《“两庭五院”入驻打造国家级法治高地》，载《法制日报》2020年1月6日，第8版。

工作，及时研究出台上级政策文件配套实施办法，将改革创新经验上升为制度规范，不断完善新区依法治理体制机制。

二是做好南京法治园区建设服务工作，配套出台法律服务业扶持政策实施细则，有序引入国内、国际头部律师，为管理机构和企事业单位提供高端优质诉讼及非诉讼专业服务，助力新区开展招商引资、招才引智工作。

三是根据把非诉讼解决机制挺在前面的要求，协同最高人民法院第三巡回法庭及新区法、检两院，构建诉讼对接工作平台，完善多方参与调解机制，推进行政诉讼调解、律师调解等工作；探索建立江北新区非诉讼化解中心、涉外法律服务暨海外法务中心、自贸片区域外法查明中心，全流程、闭环式解决当事人及国际商事主体在寻求矛盾纠纷化解和国际法律服务中的诸多痛点问题。①

三、南京自贸片区的特色与优势

江北新区治理法治化的特色打造，离不开对南京片区特色与优势的探究。这一探究的展开，不能仅着眼于南京片区自身，而应将其置于江苏自贸区和我国其他自贸区的纵横关系上，从深度和广度两个层面的比较中予以定位。具言之，纵向上，南京片区与苏州片区、连云港片区同为江苏自贸区的组成部分，相互间既有共性，又各具特色，整体上"大同小异"；横向上，南京片区作为江苏自贸区的重要组成部分，与全国其他自贸区之间的整体差异性大于共性，但在具体发展规划上可以"求同存异"。与此同时，南京片区的高质量发展与建设要求其对标高标准全球规则，通过探讨全球自贸区的发展模式与趋势，为南京片区未来高标准特色发展找准方向。

（一）"大同小异"：南京自贸片区与江苏其他自贸片区

江苏自贸区共划分为三个片区：南京片区、苏州片区和连云港片区，通过对比发现，三个片区共同服务于《中国（江苏）自由贸易试验区总体方案》的总体要求，在指导思想、战略定位及发展目标、整体的主要任务和措施上具有共性；在具体实施范围和功能划分上具有差异性。

三个片区的共性具体表现为：

其一，就指导思想而言，根据《中国（江苏）自由贸易试验区总体方案》，三个片区将"以习近平新时代中国特色社会主义思想为指导，全面贯彻党的十九大和十九届二中、三中全会精神，统筹推进'五位一体'总体布局和协调推进'四个全面'战略布局，坚持稳中求进工作总基调，坚持新发展理念，坚持高质量发展，以供给

① 陈宇、陈超：《南京江北新区法治先行护航高质量发展》，载《法治日报》2021年3月23日，第12版。

侧结构性改革为主线，主动服务和融入国家重大战略，更好服务对外开放总体战略布局，解放思想、大胆创新，把自贸试验区建设成为新时代改革开放的新高地”。

其二，就战略定位及发展目标而言，根据《中国（江苏）自由贸易试验区总体方案》，三个片区将“以制度创新为核心，以可复制可推广为基本要求，全面落实中央关于深化产业结构调整、深入实施创新驱动发展战略的要求，推动全方位高水平对外开放，加快‘一带一路’交汇点建设，着力打造开放型经济发展先行区、实体经济创新发展和产业转型升级示范区。经过三至五年改革探索，对标国际先进规则，形成更多有国际竞争力的制度创新成果，推动经济发展质量变革、效率变革、动力变革，努力建成贸易投资便利、高端产业集聚、金融服务完善、监管安全高效、辐射带动作用突出的高标准高质量自由贸易园区”。

其三，就江苏自贸区整体的任务和措施而言，三个片区均需加快转变政府职能、深化投资领域改革、推动贸易转型升级、深化金融领域开放创新、推动创新驱动发展、积极服务国家战略。

三个片区各司其职，在实际分工上存有差异，具体表现为：

其一，就实施范围而言，自贸试验区的实施范围共计119.97平方公里，其中南京片区39.55平方公里，苏州片区60.15平方公里（含苏州工业园综合保税区5.28平方公里），连云港片区20.27平方公里（含连云港综合保税区2.44平方公里）。

其二，就功能划分而言，三个片区所在地理位置、已有经济基础各不相同，故而功能不尽相同，以各取所长，发挥最大优势。南京片区主要任务在于建设具有国际影响力的自主创新先导区、现代产业示范区和对外开放合作重要平台；苏州片区在于建设世界一流高科技产业园区，打造全方位开放高地、国际化创新高地、高端化产业高地、现代化治理高地；连云港片区在于建设亚欧重要国际交通枢纽、集聚优质要素的开放门户、“一带一路”沿线国家（地区）交流合作平台。

《中国（江苏）自由贸易试验区南京片区实施方案》业已明确，南京片区以供给侧结构性改革为主线，以制度创新为核心，不断深化“放管服”改革，在创新生态、集成电路产业、生命健康产业、金融领域、人才支持、产业引导等领域加大支持力度，全力打造具有国际影响力的自主创新先导区、现代产业示范区和对外开放合作重要平台，为全面深化改革和扩大开放探索新路径、积累新经验。①

综上所述，南京片区、苏州片区与连云港片区作为江苏自贸区的组成部分，在整体目标追求上具有一致性，但在具体功能划分及实施上又存有差异。质言之，三个片区在相同的战略定位下功能各有侧重，但塑造创新驱动的新动能和打造创新驱

① 参见中国贸易投资网：《中国（江苏）自由贸易试验区南京片区实施方案发布》，http://www.tradeinvest.cn/information/4866/detail，2021年4月16日访问。

动的新环境是其内在的共同要求。[①]总体上"大同小异"。

（二）"求同存异"：江苏自贸区与我国其他自贸区

自2013年上海自贸区成立至今，我国已成立21个国家级自贸区，按地理位置划分，其中有10个位于沿海地区、8个位于内陆地区、3个位于沿边地区。从东部沿海到内陆沿边沿疆地区，目前我国自贸区分布已形成"全方位、有梯度的开放格局"，[②]成为进一步深化改革开放的前沿区域。各自贸区因地理位置、经济发展水平的差异及由此产生的发展模式、发展重点、功能定位及推行进度方面的差异。虽然各自贸区本质上并不相同，但相近的目标追求是基本的，差异的具体实施是局部的，可以"求同存异"。

江苏自贸区属于沿海自贸区，是我国第五批设立的自贸区之一，承继新一轮自贸区深化开放的使命。通过将包括南京片区在内的江苏自贸区与全国其他自贸区的对比，可以发现江苏自贸区与全国其他自贸区间的区别与联系，从而有利于江苏自贸区发挥找准定位、发挥特色、达成使命。

1.整体共性：基本战略目标与建设路径

不论是沿海自贸区、内陆自贸区还是沿边自贸区，其战略目标均涵盖：积极带动所属经济区域的整体发展，成为推动"一带一路"发展与建设的"领头羊"。

一方面，综观各个自贸区设立的总体方案，可以发现其基本战略思路是，以自贸区更为开放自由的贸易和投资政策带动其所属经济区域的联动发展。申言之，自贸区的基本战略定位就是要在所属省份乃至整个周边地区经济发展过程中，发挥先行先试的"试验田"作用，进而推动所属经济区域更快更好发展。[③]以沿海自贸区为例，上海、浙江和江苏自贸区之于长江三角洲和长江经济带，天津和河北自贸区之于京津冀地区，福建和广东自贸区之于珠江三角洲和粤港澳大湾区，辽宁自贸区之于东北老工业基地，都被赋予带动区域发展的重任，在区域发展中需要发挥龙头作用。如江苏自贸区（南京片区）的主要任务包括更好推进长江经济带发展、更好融入长三角区域一体化发展，以服务多重国家战略，打造对外开放合作重要平台。

另一方面，沿海、内陆及沿边自贸区一同发挥着承接对外开放与"一带一路"合作发展的重要作用。广东、福建和辽宁自贸区在发展跨境经贸合作上居于重要地位；广东和海南自贸区在推动粤琼港澳之间建设上不可或缺；福建自贸区以深化两岸经贸合作示范区为战略目标；上海、江苏、浙江、福建和广东具有承接"一带一路"合作

---

① 参见张二震、戴翔：《江苏自贸区建设的目标与思路》，载《唯实》2019年第11期，第53页。

② 张金杰：《中国自贸区的战略布局与发展重点》，载《人民论坛》2020年第27期，第20页。

③ 参见张金杰：《中国自贸区的战略布局与发展重点》，载《人民论坛》2020年第27期，第20页。

平台的战略定位。如江苏自贸区（连云港片区）的功能定位在于建设亚欧重要国际交通枢纽、集聚优质要素的开放门户、“一带一路”沿线国家（地区）交流合作平台。又如，广东自贸区总体方案要求其扩大对21世纪海上丝绸之路沿线国家港口的投资。再如，河南自贸区处于我国在“一带一路”南向、西向和连接海上丝绸之路的中心，建设现代立体交通体系和现代物流体系的定位也是为了更好地服务“一带一路”的发展。①

在建设路径上，习近平总书记在党的十九大报告中明确指出，“赋予自由贸易试验区更大改革自主权”；李克强总理在2019年《政府工作报告》中指出，“赋予自贸试验区更大改革创新自主权”，均为新一轮自贸区深化改革开放指明统一方向和路径。申言之，中国自贸区在建设路径上，一改传统的政策红利洼地方法，开始迈向制度性开放高地打造的时代。②目前自贸区的发展模式均包含制度创新、改善营商环境、大力发展先进产业等方面的要求。

2. 全局异同：江苏自贸区之于全国各类自贸区

如前所述，按照地理位置划分，我国现有21个国家级自贸区可以划分为三类，即10个沿海自贸区、8个内陆自贸区和3个沿边自贸区。基于地理位置与经济发展水平等方面的差异，三类自贸区在发展模式与发展重点上各有侧重、不尽相同。江苏自贸区与其他沿海自贸区在发展重点和功能定位上具有相似性，同内陆自贸区和沿边自贸区具有差异性。

首先，10个沿海自贸区分别是上海、广东、福建、天津、浙江、辽宁、海南、江苏、山东和河北自贸区，整体呈现以港口片区为主要特征，以高端产业和现代服务业的发展为重点，以对标国际先进规则并实现制度创新、营造优质营商环境、带动所属经济区域发展为目标，承担联系对外开放和“一带一路”合作发展的“领头羊”任务。具体而言：

第一，沿海自贸区的划分均包含港口片区。2013年至2019年，我国共增设5批自贸区，每一批增设名单中都包含沿海城市，从而渐进式发展出目前我国东部沿海地区自贸区全方位的格局。这些自贸区所在省份至少设有一个港口，这些港口自改革开放初期发展至今，已经成为沿海外向型经济发展的主阵地。在当前沿海自贸区的总体规划中，依然以港口片区为基础，通过制定自贸试验区金融、税收、投资、贸易、人才等诸多政策，带动自贸区的整体发展。如江苏自贸区（连云港片区）地处欧亚大陆桥开端，作为“一带一路”的支点城市，被赋予建设国际交通枢纽、集聚优质要素的开放门户的战略使命。除了发挥港口片区的上述优势以外，以海南自

① 参见张金杰：《中国自贸区的战略布局与发展重点》，载《人民论坛》2020年第27期。

② 参见戴翔：《制度型开放：中国新一轮高水平开放的理论逻辑与实现路径》，载《国际贸易》2019年第3期。

贸港、山东自贸区和浙江自贸区（舟山群岛片区）为主的自贸区着重发展海洋经济。

第二，沿海自贸区的共性发展产业在高端产业和现代服务业。如上海、天津、广东、江苏、辽宁等沿海自贸区，作为我国经济最发达的区域，已有许多高端制造产业，通过自贸区设立，使其在深化改革开放、推动国民经济转型升级中发挥"排头兵"作用。如上海临港新片区的发展构想是，要在三年的时间里发展世界最为前沿的产业集群，打造我国经济发展新的增长极。再如，辽宁自贸区以原工业基地为依托，重点发展先进装备制造业、航空装备、汽车及其零部件，以及金融、港航物流等现代服务业等领域，以推动辽宁乃至东北老工业基地产业结构的转型。①

江苏自贸区中，苏州片区以建设世界一流高科技产业园区，打造高端化产业高地进行功能划分与规划；南京片区以建设具有国际影响力的"芯片之城"、建设引领国际产业创新前沿的"基因之城"、建设具有强大辐射力的扬子江"新金融中心"、建设总部经济集聚区、推动现代服务业集群发展等为主要任务，建设自主可控现代产业体系，打造现代产业示范区。

第三，沿海自贸区的发展目标在于对标国际先进规则以完成制度创新、营造优质营商环境。综观自贸区建设总体要求，沿海地区尤其是经济较发达的省市，其自贸试验区制度创新的起点和发展方向都要大大高于其他自贸试验区。②按照自贸区发展要求，沿海自贸区大多要按照法治化、国际化和风险可控的要求，在核心领域对标先进的国际规则，在金融与税收、贸易与投资和人员流动等方面突破、创新原有管理体制；以法治化、市场化和便利化为指导方向，转变政府职能，升级营商环境。

江苏自贸区（南京片区）将建设具有国际竞争力的创新策源地作为首要任务，"通过不断深化科技创新体制改革，全力激活以科技创新为核心的全面创新，南京片区现已建立了4000多家科技企业数据库，推动企业需求对接和产学研合作80多次。面向社会征集优质科技服务机构195家，为企业提供10余类服务项目，并与剑桥大学等国际知名高校建设了顶尖创新平台"。③

其次，江苏自贸区作为沿海自贸区与包括重庆、湖北、湖南、河南、四川、陕西、北京和安徽自贸区在内的8个内陆自贸区的差异不仅在地理区位上，在具体的功能定位上也具有差异。具体而言，差异表现有三：

第一，由区位决定，内陆自贸区不具有沿海自贸区的港口区位特征，不过由于其涵盖武汉、重庆、西安等科技创新能力出众的城市，故而在高科技产业等领域，其发展定位并不逊于沿海自贸区。如基于武汉片区已有的集成电路、人工智能、光

① 参见张金杰：《中国自贸区的战略布局与发展重点》，载《人民论坛》2020年第27期。

② 参见张金杰：《中国自贸区的战略布局与发展重点》，载《人民论坛》2020年第27期。

③ 南京市科学技术局：《江苏自贸区南京片区的创新底色》，载《国际人才交流》2020年第10期。

电子信息等高科技产业群，发展战略性新兴产业和高科技产业聚集区当然成为湖北自贸区的重点所在。

第二，内陆自贸区位于我国中西部地区，承担我国经济内循环和带动西部连片区域发展的重要责任。在沿海内外资企业内迁、产业转移的背景下，内陆自贸区的设立有利于承接内迁企业及转移的产业，以带动中西部地区的产业、投资的升级，对于推动经济内循环大有裨益。如重庆、四川和陕西自贸区的战略定位中均包括承担西部大开发的责任；而湖北和河南自贸区的发展，在推动中西部经济发展的同时，也能在沿海地区参与西部大开发的过程中，发挥积极的协同作用。

第三，基于打造制度红利的基本建设路径，与沿海自贸区相似，内陆自贸区同样需要大力进行制度创新、改善营商环境。不过，相较于沿海自贸区，内陆自贸区的经济发展基础尚存在差距，在实际利用外资方面也略显不足，东部地区实际利用外资，往往要占到全国的80%左右，[①]故而在此方面，内陆自贸区的压力与挑战更显巨大与艰巨。

最后，广西、云南和黑龙江自贸区是与江苏自贸区同批设立的沿边自贸区，在发展重心的定位上与江苏自贸区及其他沿海自贸区、内陆自贸区大有不同。

第一，沿边自贸区的产业发展定位在于推动产业结构升级换代，不过不同于江苏自贸区，重点发展的并非主要在第三产业（如推动金融服务业发展等），特别是高端战略产业。广西自贸区的发展方案包括扶植发展6大类制造产业（电子信息、装备制造、新能源汽车、人工智能、生物医药、绿色化工）和鼓励投资6大类现代服务业（现代物流、数字经济、文化创意、医疗康养、融资租赁、人力资源服务）。云南自贸区的发展重点在于高端制造、航空物流、数字经济等，同时鼓励发展加工及贸易、大健康服务、跨境旅游、跨境电商等产业。黑龙江自贸区作为我国重要农业生产基地，其发展核心则是以粮食生产为核心的现代农业产业，推动粮食生产的科技化和规模化发展。

第二，沿边经贸区在发挥与周边国家合作上也发挥着重要作用。广西、云南在推动与南亚、东南亚国家跨境经贸合作上至关重要，两省自贸区的总体要求均要求其面向南亚、东南亚，特别是面向东盟各国，发展加工贸易、跨境金融、跨境电子商务、交通基础设施建设，乃至对外文化交流方面的国际合作。黑龙江自贸区的战略定位则在建成我国向北开放的重要窗口，打造对俄罗斯及东北亚区域合作的中心枢纽。广西自贸区围绕建设西南中南西北出海口、面向东盟的国际陆海贸易新通道，形成21世纪海上丝绸之路和丝绸之路经济带有机衔接的重要门户，提出了畅通国际大通道、打造对东盟合作先行先试示范区和打造西部陆海联通门户港等方面的具体

① 参见张金杰：《中国自贸区的战略布局与发展重点》，载《人民论坛》2020年第27期。

举措。云南自贸区围绕打造"一带一路"和长江经济带互联互通的重要通道，建设连接南亚、东南亚大通道的重要节点，推动形成我国面向南亚、东南亚辐射中心、开放前沿，提出了创新沿边跨境经济合作模式和加大科技领域国际合作力度等方面的具体举措。①

总而言之，综观我国自贸区建设与发展全局，可以发现：（1）同类型自贸区的发展目标和功能定位"共性大于差异性"，不同类型自贸区的发展目标和功能定位"差异性大于共性"；（2）每一类型、每个自贸区均立足于自身地理位置和经济发展现实，因地制宜地制定符合自身特点的发展模式。

3.具体异同：南京片区与我国其他自贸区

以上从整体层面对我国三类自贸区及其特点予以分析，江苏自贸区作为沿海自贸区分享沿海自贸区与内陆自贸区、沿边自贸区的整体共性和差异，以下将从具体发展目标、功能定位层面考察，详细比较南京片区与其他自贸区之间的异同。

南京片区具体的发展目标是通过改革探索，建成投资贸易便利、服务体系健全、金融创新功能突出、监管高效便捷、法制环境规范、全域联动效应明显的中国自贸区新标杆；基于自主创新先导区、现代产业示范区和对外开放合作重要平台的功能定位，将重点发展集成电路、生命健康、人工智能、物联网和现代金融等产业。

与我国其他自贸区（特别是沿海自贸区）相比，南京片区在地理位置、发展目标和功能定位等方面具有共性。南京片区在地理位置上位于国家级新区江北新区内，根据统计，目前我国已有13个国家级新区实现"新区+自贸区"联动发展模式，包括上海、广东、天津、福建等先设自贸区。故而，下文将针对投资便利化措施和金融体制改革两方面内容，选取上海、广东、天津、福建自贸区与江苏自贸区及南京片区进行对比分析，②在观察各自贸区在具体实践中的共性以相互借鉴的同时，展现南京片区的特色，找准南京片区高质量发展的着力点和突破口，以期为南京片区建设的具体实施有所裨益。

（1）投资便利化措施

从上海、天津、广东、福建四个自贸区的总体方案比较中，可以发现，它们在投资便利化的论述中均有一个共同特点，即都包含外资"引进来"和内资"走出去"的双向投资便利化支持政策。申言之，自贸区投资管理制度的主要发力点在"准入"和"对外投资"两个约束机制上，以建立负面清单的方式降低投资准入门槛，以推广复制投资项目备案制的方式促进内资走出去。例如，上海自贸区总体方案中关于

① 参见张金杰：《中国自贸区的战略布局与发展重点》，载《人民论坛》2020年第27期。

② 选取这4个自贸区做对比的原因：（1）4个自贸区均属于沿海自贸区，在地理位置、经济发展水平和功能定位上与江苏自贸区具有共性；（2）上海、广东、天津、福建自贸区均属于先设自贸区，在制度建设与改革创新上较为成熟。

扩大投资领域的开放部分，有两条“扩大服务业开放”和“探索建立负面清单管理模式”是针对外资进来的，而“构筑对外投资服务促进体系”这一条则是针对内资走出去的。[①]江苏自贸区总体方案第二部分第4—5条“深入推进投资自由化便利化”和“完善投资促进和保护机制”是针对外资引进的，第6条“提高境外投资合作水平”是针对内资走出去的。

根据江苏自贸区总体方案、建设实施方案以及南京市委、市政府《关于支持中国（江苏）自由贸易试验区南京片区高质量发展的意见》精神，结合省、市职能部门以及新区出台的相关政策，南京片区在技术手段上瞄准“数字化+互联网化”，在市场准入、审批权限、公共服务、投资服务、金融服务、人才服务等方面均出台措施保障投资贸易便利化。[②]具体实施包括：统筹推进“证照分离”“证照联办”和“一业一证”等相关改革，全面推行“极简”审批；推动商事制度改革向纵深发展，全面落实“多证合一”、全程电子化登记、住所（经营场所）登记便利化、简易注销等改革举措，持续激发市场主体活力；全面推行“互联网+政务服务”模式，建立统一认证平台和电子证照共享规范，实现政务数据“一次采集、一库管理、多方使用、即调即用”；建设网上“中介超市”平台，推进投资建设项目涉审中介机构“零门槛、零限制”申请入驻，片区企业可通过平台在线遴选优质中介服务供应商；加快建设具有国际先进水平的国际贸易“单一窗口”，推动与国际贸易相关的政府部门、企业间数据开放共享；扩大第三方检验结果采信商品范围，放宽第三方检验鉴定机构准入条件；优化口岸通关流程，推进货物平均放行和结关时间体系化建设，按要求压缩整体通关时间；积极争取海关接受软件报关，探索数字化贸易等新兴业态通关及出口退税方式等促进投资便利化的措施。

综合比较包括江苏自贸区总体方案及南京片区实施方案在内的自贸区建设总体方案及实施措施有关自贸区投资便利化的规定，大多包含三个方面的内容：一是推行“证照分离”改革，包括开展行政许可事项分类管理、简化市场主体名称登记程序、建立市场主体简易注销制度、推行登记注册和行政审批电子化，等等；二是深化投资项目综合审批改革，包括建立“多规合一”规划管理体系、推行项目审批“一门式、一网式”服务、推行项目审批标准化、实行建设工程竣工联合验收，等等；三是优化投资环境，包括强化事中事后监管、健全综合行政执法体系、减轻企业行政收费负担、完善配套法规政策、提供全程导办服务，等等。

就自贸区投资便利化方面的差异性而言，在上海、天津、广东、福建和江苏自

---

① 参见王麒麟：《自贸试验区投资便利化改革的方向与政策保障》，载李善民主编：《中国自由贸易试验区发展蓝皮书（2016—2017）》，中山大学出版社2017年版，第33页。

② 南京自由贸易区：《中国（江苏）自由贸易试验区南京片区投资贸易便利化措施汇编解读（一）》，http://njna.nanjing.gov.cn/zmq/1j9zctx/zcjd/202012/t20201231_2780101.html，2021年4月25日访问。

贸区的总体方案中，只有广东的总体方案单独列出"服务要素便利流动"，同时该方案也在服务业开放的内容上突出了港澳特色，明确要求对接港澳服务业开放。

南京片区立足于整体功能定位，在基因和生物医药等方面也有特色规定，包括：以基因和免疫细胞治疗作为突破口，探索建立快速审查通道，对国外上市的细胞及基因治疗产品经快速审查批准后先行开展临床研究；搭建生物医药进出口集中监管和公共服务平台，优化生物医药全球协同研发的试验用特殊物品的检疫查验流程，探索建设首次进口药品和生物制品口岸；等等。同时，南京片区创新国有建设用地开发利用及监管模式，片区内土地可以按不同功能用途混合利用，允许同一地块或同一建筑兼任多种功能，产业用地可实行弹性年期供应，根据产业政策和项目类别可采取先租后让、租让结合、弹性出让等供地方式。

与其他4个自贸区相比，南京片区也在积极争取国家和省支持，推动海关、海事、边检等口岸查验单位在南京片区设立综合保税区。探索先进技术装备、关键零部件及其他机电产品（医疗器械等高风险产品除外）等平行进口，在南京片区建设集成电产品保税交易中心，以弥补自身不足，同时进一步推进投资便利化。

（2）金融制度改革创新

金融制度改革也是我国自贸区的重要改革任务之一，上海、天津、广东、福建等自贸区的总体方案、主要任务及措施中均明确金融改革创新。《进一步深化中国（上海）自由贸易试验区改革开放方案》第四部分"深入推进金融制度创新"的第22条、《中国（天津）自由贸易试验区总体方案》第四部分"深化金融领域开放创新"第9—12条和"推动和实施京津冀协同发展重大国家战略"第15条、《中国（广东）自由贸易试验区总体方案》第四部分"深化金融领域开放创新"第8—11条、《中国（福建）自由贸易试验区总体方案》第五部分"推进金融领域开放创新"第11—13条均明确金融改革的任务。

江苏自贸区总体方案第四部分"深化金融领域开放创新"第11—13条同样明确江苏自贸区的金融改革任务，包括"扩大金融领域对内对外开放""强化金融对实体经济的支撑"以及"推进金融支持科技创新"三方面内容。南京片区实施方案亦明确要"深化金融业对内对外开放""推动金融业创新发展""推进金融支持科技创新"以及"建立健全金融风险防控体系"，具体包括：鼓励外资投资信托、金融租赁、汽车金融、货币经纪、消费金融等非银金融领域；积极争取开展债券、股权融资支持工具试点，鼓励符合条件的科技创新企业通过资本市场首次公开发行股票、发行公司债券等方式融资，提高直接融资比重；等等。[①]

① 参见中国贸易投资网：《中国（江苏）自由贸易试验区南京片区实施方案发布》，http://www.tradeinvest.cn/information/4866/detail，2021年4月24日访问。

通过比较江苏自贸区及南京片区与其他4个自贸区（特别是上海自贸区）有关金融改革的方案条款发现，各自贸区金融改革条款既存在相似之处，又有各自的差异性。

共性主要有二：

其一，包括江苏自贸区及南京片区在内的大部分自贸区金融改革方案复制了上海第一轮金融改革的经验（详见表5–5）。这些措施包括，建立与自贸区相似的账户管理体系；促进跨境贸易、投融资结算便利化、试行资本项目限额内可兑换，符合条件的自贸区内机构在限额内自主开展直接投资、并购、债务工具、金融类投资等交易。

表5–5　上海自贸区金融制度改革进程及成果[①]

<table>
<tr><th colspan="3">改革进程</th><th rowspan="2">主要成果</th></tr>
<tr><th colspan="2">阶段及标志</th><th>具体内容</th></tr>
<tr><td>1.0版</td><td>以“央行30条”为核心的政策框架</td><td>（1）央行30条：自由贸易账户体系、资本项目可兑换、利率市场化、人民币跨境使用、外汇管理体制改革、风险管理；
（2）银监会8条：支持中外资银行入区、支持民间资本入区银行业；
（3）证监会5条：深化资本市场改革、提升资本市场开放程度；
（4）保监会8条：完善保险市场体系，促进功能型保险机构聚集</td><td rowspan="3">（1）建成自由贸易账户系统，不断扩展账户功能，以建立完备的风险管理和事中事后监管体制；
（2）以“分类别、有管理”为原则推进资本项目可兑换；
（3）以开放小额外币存款利率等方式探索利率市场化；
（4）深化外汇管理体制改革，促进贸易投资便利化；
（5）实施简政放权和负面清单管理，高效服务实体经济；
（6）发挥自贸区金融改革辐射作用，加强与上海国际金融中心建设联动。</td></tr>
<tr><td>2.0版</td><td>以中国人民银行上海总行《中国（上海）自由贸易试验区分账核算业务实施细则（试行）》和《中国（上海）自由贸易试验区分账核算业务风险审慎管理细则（试行）》为标志</td><td>银行、证券、保险等金融机构和企业可接入自由贸易账户（FT）系统以实现与境外金融市场的融通</td></tr>
<tr><td>3.0版</td><td>以中国人民银行上海总行《中国（上海）自由贸易试验区分账核算业务境外融资与跨境资金流动宏观审慎管理实施细则》为中心</td><td>建立宏观审慎的本外币全口径境外融资管理制度</td></tr>
</table>

① 资料来源：宋晓燕：《自贸区试验：中国金融改革的重任、突破与法律挑战》，载郑少华主编：《自贸区法治回顾与展望》，法律出版社2019年版，第69—71页。

其二，提出了一些类同的措施，包括：自贸区设立金融租赁公司、融资租赁公司，开展飞机、船舶和海洋工程设备等融资租赁业务；建立健全金融风险防控体系；探索在区内建立金融消费者权益保护协作机制以及和解、专业调解、仲裁等金融纠纷司法替代性解决机制，鼓励金融行业协会、自律组织独立或者联合依法开展专业调解，建立调解与仲裁、诉讼的对接机制，加大金融消费者维权支持力度，依法维护金融消费者合法权益。支持建立健全证券投资消费者教育服务体系，积极创新自贸区特色的多元化证券投资消费者教育产品和方式。①

除了以上两项共性，各自贸区金融改革也有各自的特色（详见下表5–6）。津粤闽自贸区金融改革方案的差异化也表现出一定的共性，或者说这种差异化也具有整体上的相似性，即津粤闽自贸区金融改革方案具有服务于其空间所在的国家重大战略的导向，天津自贸区之于"京津冀协同发展战略"、广东自贸区之于"粤港澳大湾区战略"皆如是，福建自贸区之于两岸发展自不待言。

表5–6 津粤闽自贸区金融改革方案的差异化表现②

名称	差异化表现	
天津自贸区	提升租赁业发展水平	推进租赁业政策制度创新、加快建设国家租赁创新示范区、设立中国天津租赁平台、推进租赁资产公示等试点、支持符合条件的金融租赁公司和融资租赁公司设立专业子公司。
	"推动区域金融市场一体化"	探索京津冀金融改革创新试验，开展金融监管、金融产品和服务方面的创新。加强区域金融监管协作，破除地域限制。优化京津冀地区金融资源配置。
广东自贸区	"推动适应粤港澳服务贸易自由化的金融创新"	完善金融业负面清单准入模式，简化金融机构准入方式，推动自贸区金融服务业对港澳地区进一步开放。允许符合条件的外国金融机构设立外商独资银行、共同设立人民币海外投贷基金、在香港股票市场发行人民币股票、跨境人民币信贷资产转让业务、各类非银行金融机构开展与港澳地区跨境人民币业务，等等。
福建自贸区	"推动两岸金融合作先行先试"	区内设立多币种的产业投资基金，支持厦门两岸区域性金融服务中心建设，支持境内期货交易所根据需要在平潭设立期货交割仓库，创新知识产权投融资及保险、风险投资、信托等金融服务，等等。

① 参见宋晓燕：《自贸区试验：中国金融改革的重任、突破与法律挑战》，载郑少华主编：《自贸区法治回顾与展望》，法律出版社2019年版，第74页。

② 资料来源：《中国（天津）自由贸易试验区总体方案》《中国（广东）自由贸易试验区总体方案》《中国（福建）自由贸易试验区总体方案》和宋晓燕：《自贸区试验：中国金融改革的重任、突破与法律挑战》，载郑少华主编：《自贸区法治回顾与展望》，法律出版社2019年版，第75页。

总体而言，从共性发展层面来看，中国自贸区作为改革开放新格局中的“先试先行”点，实质上是要成为一场新的制度改革的起点。通过金融体制等一系列制度变革，以期为全国性改革带来“可复制、可推广”的经验。上海自贸区金融体制改革已经进入3.0阶段，其他先设如浙江自贸区也已经开始2.0阶段，江苏自贸区及南京片区目前尚处于1.0阶段。由是观之，江苏自贸区在稳扎稳打基础上，可以吸取诸如上海自贸区2.0阶段的改革经验，稳步推进金融体制改革的进一步发展。从差异定位层面来看，江苏自贸区及南京片区的金融改革整体方案中虽没有明确服务于重大国家战略或区域一体化战略，但南京片区所在江北新区是连接“长江经济带”“长三角一体化”及“东部地区发展”的重要节点，在明确发展方案及方向时，除了学习先设自贸区的经验，也应当放眼重大国家战略及区域发展战略，构建及完善具有自身特色的金融改革方案。

（三）“对标国际”：全球自贸区的发展模式与趋势

南京片区的建设，需要对标高标准全球经济规则，在“大胆试、大胆闯、自主改”中形成更多制度创新成果，以提高自贸区建设和发展的质量。[①]基于此，通过考察全球自贸区发展模式、功能定位异同以及全球自贸区发展趋势，并将之与我国自贸区发展相对比，在考量异同之时，取其之长以最大限度发挥己身之长，观其之短以避免之。

1.差异的发展模式

纵观全球自贸区的发展历程，自19世纪开始，各国/地区对自贸区名称的使用不尽相同（详见表5-7），其中使用最为广泛的名称是“自由贸易区”（Free Trade Zone）、“出口加工区”（Export Processing Zone），我国即使用“自由贸易区”这一名称。虽然世界各国对自贸区命名方式存有差异，但“经济自由、境内关外”是全球自贸区所具有的共性内涵。自贸区以扩大开放，消除贸易、投资壁垒等方式，在区内完成生产要素的大量聚集，在促进资源要素在全球范围内流动的同时，推动全球经济一体化进程。

表5-7　自由贸易区（FTZ）的名称及其变化[②]

园区名称（中英文）		首用国家	首用时间（年）
自由贸易区	Free Trade Zone	自19世纪开始普遍使用的传统名称	
对外贸易区	Foreign Trade Zone	印度	1983

① 参见张二震、戴翔：《江苏自贸区建设的目标与思路》，载《唯实》2019年第11期。

② 参见上海财经大学自由贸易区研究院、上海发展研究院：《全球自贸区发展研究及其借鉴》，格致出版社、上海人民出版社2015年版，第4页。

续表

园区名称（中英文）		首用国家	首用时间（年）
工业免税区	Industrial Free Zone	爱尔兰	1970年之前
免税区	Free Zone	阿拉伯联合酋长国	1983
组装工厂	Maquiladores	墨西哥	20世纪70年代早期
出口免税区	Export Free Zone	爱尔兰	1975
出口加工免税区	Duty Free Export Processing Zone	韩国	1975
出口加工区	Export Processing Zone	菲律宾	1977
投资促进区	Investment Promotion Zone	斯里兰卡	1981
自由贸易试验区	Pilot Free Trade Zone	中国	2013

自贸区所具有的扩大开放功能，在发展中表现出多种模式并存的特点。依照《关于简化和协调海关业务制度的国际公约》（International Convention on the Simplification and Harmonization of Customs Procedures，载《京都公约》）相关规定，自由区划分为商业自由区和工业自由区两种，商业自由区仅限存储货物、简单包装等常规作业，工业自由区则允许加工制造。然而，现实中由于产业规划和经济发展水平不尽相同，全球自由贸易区的发展模式也呈现出多样性。[①]根据表5-8，全球自贸区按照产业功能、专注领域、覆盖区域三种标准，分别可以划分为7、2、4种发展模式，每种发展模式的侧重点各不相同。当然，同一自贸区也不是只有一种发展模式，如新加坡自贸区，是产业类型综合发展、多元化且港城融合发展的代表。

表5-8　全球主要自由贸易区（FTZ）发展模式[②]

分类标准	模式类型	主要内容	代表区域
以产业功能划分	转口集散	港口装卸转运、货物简单加工和配送发挥区位优势，进行集散装运	德国汉堡和不来梅自由区、法国敦刻尔克、西班牙巴塞罗那自由港等欧洲自贸区/港

① 参见李志鹏：《中国建设自由贸易园区内涵和发展模式探索》，载《国际贸易》2013年第7期。

② 资料来源：赖庆晟、郭晓合：《中国自由贸易试验区渐进式扩大开放研究》，格致出版社、上海人民出版社2017年版，第69—70页；李琳：《自由贸易区的功能定位及区位分析——兼及国外自由贸易区与我国保税区之比较分析》，载《新疆社科论坛》2004年第3期；王晓明、赵启兰：《以"综合保税港区"模式推动我国临空经济发展》，载《重庆工学院学报（社会科学版）》2009年第3期。

续表

分类标准	模式类型	主要内容	代表区域
以产业功能划分	出口加工	以加工制造为主，以国际贸易为辅	中国台湾地区及马来西亚、菲律宾、印度、印度尼西亚等亚非国家自贸区
	保税仓储	主要以保税仓储为主，免除办理境外货物进出口手续	荷兰阿姆斯特丹自贸区、意大利巴里免税仓库、西班牙阿利坎特免税仓库
	贸工结合	以开展国际贸易为主，兼以简易加工装配为辅	美国对外贸易区、韩国仁川国际机场自贸区、菲律宾苏比克湾自贸区
	商业批发零售	园区内有专门从事商品展示与零售交易的商业区	智利伊基克自贸区
	边境自由工业区	加工工业	墨西哥马魁拉边境自由工业区
	综合发展	对以上各种产业发展模式综合运用	新加坡等
以专注领域划分	单个领域	聚焦某一产业领域重点发展	尼日利亚石油天然气自贸区、提纳帕旅游自贸区
	多元领域	不限定某种特定产业，充分发挥比较优势，形成多元化产业集群	新加坡等
以覆盖区域划分	港城融合发展	将口岸所在城市全部划归园区，园区内允许居民实际居住与生活，以及享受进口免税消费品	新加坡等
	港城分离发展	将口岸所在城市部分划归园区，园区内不允许居民居住与生活。境外货物进入园区内，才可以享受免税待遇以及不受海关监督	德国汉堡、丹麦哥本哈根、吉布提港
	跨境园区发展	相互邻接的国家或地区在法律约束下，划定在一个闭合区域内建立自贸园区	美国与墨西哥：马奎拉多工业园区
	主副园区发展	根据空间或产业布局的要求，划分主副园区	美国对外贸易区等

由于各自贸区的发展模式各不相同，故而其功能定位也有所差异。如表5-9所示，全球主要国家自贸区的功能定位，根据各国自身发展需求与自贸区所在区位的地理特点，表现出多元化特征与趋势。

表5-9 主要国家自贸区的功能定位[①]

国家/地区	功能定位
美国	进出口贸易、保税仓储、简单商业性加工、商品展销、混合加工和制造以及转口贸易等
韩国	仓储物流、旅游、加工制造和进出口等
巴西	贸易、制造、出口加工、金融服务和旅游等
新加坡	保税仓储物流型、转口集散型以及综合型
英国	仓储物流、金融服务和加工制造等
印度	综合性出口加工区的主要功能有吸引外资、中转和储备、加工制造以及展示和交易等；专业性出口加工区主要面向电子和珠宝产业的加工和出口

2.共性的基本特征

由上观之，全球主要自贸区的命名、发展模式和功能定位上具有差异性，不过全球自贸区间也拥有共性特征：[②]一是"自由开放"的本质，即商品、服务、资本、人员等生产要素可以在园区内各个经济实体与境外之间自由流动；二是"区位优越"，全球自贸区一般会选在地理位置优越的海港城市或交通枢纽节点；三是"出口导向"，即全球自贸区内企业的产品和服务通常定位于出口而非所在国内市场；四是"政策利好"，为了吸引外资，区内一般会出台系列优惠政策，包括免除进口原材料关税等。全球自贸区发展模式的差异化与本质特征的同质化表明，各国在自贸区建设的基本功能定位上已形成共识，只是不同国家根据自身发展需求与区域特色可以进行特色化建设，这与中国自贸区建设的理念也是相一致的。

3.全新发展特点与趋势

随着全球化的深入发展，全球经济进入深刻转型时期，新的经济格局、贸易规则和形式由此形成，全球自贸区也需要随势而变。在此背景下，全球自贸区的发展表现出以下五个特点（详见表5-10）：第一，传统"制造+贸易"功能逐步弱化，"科技+金融"契合区域产业链、价值链升级的趋势与要求逐渐成为核心新功能，如仁川国际空港等。第二，在区域产业结构多元化、垂直和水平产业链合作复杂需求的要求下，自贸区功能朝着专业化、复合化方向发展，如迪拜自贸区等，亦可参见表5-9。第三，以互联网技术为基础的现代物流系统及信息服务体系成为高效配置全球

① 参见上海财经大学自由贸易区研究院、上海发展研究院：《全球自贸区发展研究及其借鉴》，格致出版社、上海人民出版社2015年版，第50页。

② 参见赖庆晟、郭晓合：《中国自由贸易试验区渐进式扩大开放研究》，格致出版社、上海人民出版社2017年版，第64—65页。

资源、商品与服务的基础，如汉堡自贸港。第四，以专业服务为基础构建的综合服务体系是支撑诸如香港自由港经济的核心功能。第五，制度性优势保障治理与服务水平、贸易便利化、监管高效化等软实力的提升为新加坡等自贸区提供竞争优势。①

表5–10　世界主要自贸区发展特点②

名称	硬件特点	软件特点
汉堡自由港	(1)密集的航运路线通、高效的火车运输系统，港口联通全球市场；(2)180万平方米储存区，160万平方米的集装箱中心。	(1)不征关税；(2)外汇交易不作限制；(3)船只自由进出，货物在自由港装卸、转船和储存不受海关的任何限制。
安特卫普港	(1)六种类型保税库区，同一仓库区设立不同类型保税仓库；(2)海关临时存储区，可不设在港区，提前简易申报，不必批准。	(1)注重单证管理而非实物管理；(2)实行临时存储的管理方式；(3)设立自由区和自由创储区域，货物长期保税中转存放。
香农自由贸易区	(1)占地600英亩；(2)基础设施先进，航空运输、陆运、海运网络发达；(3)毗邻高校科研机构。	(1)航空运输、租赁及相关服务企业；(2)科研与实业结合政策；(3)免税，低成本运营；(4)健全高效配套服务。
迪拜自由港	由港口和22个专业化自由贸易区组成。	(1)企业100%外资拥有、50年免征公司税、进出口关税，免征个人所得税、资本金和利润允许100%遣返，廉价能源等政策；(2)港口装卸、仓储物流、贸易及加工制造，服务业带动效果不明显。
釜山经济自由区	(1)面积104平方公里；(2)物流流通区、商务居住区、海洋运动娱乐休闲区、专业教育·R&D区、知识产业区5个区。	(1)自由区税收7年减100%，3年减50%；(2)租用期为50年，政府还对土地收购费及建筑物租用费的30%、50%进行2年补贴。
新加坡自由港	(1)成立裕廊集团开发和管理工业园区；(2)樟宜机场自贸区主要负责空运货物外，其余6个自贸区都负责海运货物。	(1)公司所得税税率为20%，来自岸外公司红利收入免征所得税；(2)外币可在新加坡自由兑换及进出；(3)商品及服务税税率为7%；(4)10秒钟完成通关申报手续。

① 参见倪外：《国际先进自贸区核心竞争力构成及其启示研究》，载《世界地理研究》2015年第3期。

② 倪外：《国际先进自贸区核心竞争力构成及其启示研究》，载《世界地理研究》2015年第3期。

续表

名称	硬件特点	软件特点
马瑙斯自由贸易区	（1）面积1万多平方公里；（2）亚马孙黄金水道；（3）由工业区、商业区和农牧区三部分组成。	（1）区内生产并在本国销售的产品，免征工业产品税；（2）对以农业和亚马孙地区植物为原料加工而成的产品免征工业产品税；（3）企业10年内免征所得税。
香港自由港	（1）发达航空、海运及陆地交通网络连通经济腹地与全球市场；（2）先进ICT系统，云数据处理系统等构建全球领先的数字网络环境。	（1）基于市场经济秩序构建无障碍投资环境；（2）简单税制及低税率降低资本运行成本与资产保值风险；（3）以专业服务为基础的综合服务体系发达；（4）多维功能性国际通道顺畅。

如前所述，随着全球经济的深刻转型及全球经济格局的演变，全球自贸区的发展呈现出新特征，与之对应，全球自贸区也展现出新的发展趋势，主要表现有四：其一，全球先进自贸区的经济目标由微观向宏观演进，即自贸区的目标不仅在于增加贸易机会、外汇创收，而且包括发展战略调整、发展方式转变、构建新型经贸关系等宏观目标的制定。其二，体制性改革替代特定优惠政策，即自贸区采用的如关税减免、外汇管制特权等以经济刺激和行政特权为核心的特定优惠政策将逐渐弱化，"通过实践优化选择的具有普遍意义的法规将逐渐主导自贸区制度框架，适用范畴从贸易拓展到服务、制造、治理和环境等领域，适用空间逐步扩大到自贸区以外范围，基于国民待遇的区域经济一体化政策将逐步拓展，制度空间、制度层次及制度权力普遍化"。其三，自贸区政府导向型、独立型管理和行政区治理模式将逐步弱化，而企业导向型、混合管理型及跨领域服务将逐渐成为自贸区导向型管理模式，即监管逐渐向多元功能服务转变。其四，自贸区产业体系由第三产业主导向三级产业协同发展演变，整体产业结构表现出结构多元化、综合化趋势。①

4. "对比"与"对标"

与前述全球自贸区的命名、发展模式及功能定位相对比，不难发现，我国自贸区（包括江苏自贸区及南京片区在内）在命名与发展模式上具有自身特色，在基本功能定位上也表现出同质性，整体发展趋势也与全球自贸区发展趋势具有一致性。

（1）宏观"对比"

不过，与其他国家主要贸易区相比，我国自贸区还拥有"试验"这一前缀，这

① 参见倪外：《国际先进自贸区核心竞争力构成及其启示研究》，载《世界地理研究》2015年第3期。

决定了我国自贸区“先试先行”的政策属性。一方面，“先试先行”意味着有“先行”也有“后进”，有“推广”也有“复制”。例如，南京片区作为我国第五批自贸区，属于“后进”自贸区，故而“借鉴”上海等“先行”自贸区的经验，这既是应当之举，也是南京片区作为中国自贸区的特色。另一方面，“先试先行”的政策选择也使我国自贸区具有渐进式扩大开放的特点。这种渐进式扩大开放是“点线面”相结合的，既包含某一自贸区（单点）的深入发展，又意味着多个自贸区（多点）的共同发展，同时借由多个自贸区的发展带动其所在区域（线）的协同发展，最终实现各区域联动发展（面）。关于我国自贸区“点线面”结合的渐进式扩大开放模式的实施，详见表5-11。

表5–11　我国自贸区“点线面”渐进式开发模式①

渐进式开发模式		主要内容	涵盖自贸区
点	单点开发模式	上海自贸区设立	上海自贸区
	单点强化模式	上海自贸区内部扩张	上海自贸区在原有基础上增加陆家嘴、张江、金桥、世博4个片区
	多点扩散模式	全国自贸区外部扩容	增设广东、天津、福建、辽宁、浙江、河南、湖北、重庆、四川、陕西、海南、江苏、山东、广西、河北、云南、黑龙江、北京、湖南、安徽20个自贸区
线	轴线开发模式	沿长江经济带轴线	上海、浙江、江苏、安徽、湖北、湖南、重庆、四川、云南9个自贸区
		沿丝绸之路经济带轴线	河南、河北、陕西、四川、重庆、云南、广西7个自贸区
		沿21世纪海上丝绸之路轴线	辽宁、天津、山东、上海、江苏、浙江、福建、广东、海南9个自贸区
	轴线强化模式	沿“上海—舟山”双核驱动轴线	上海、浙江自贸区
		沿“重庆—四川”双核驱动轴线	重庆、四川自贸区
面	网络开发模式	“长江经济带轴线”与“21世纪海上丝绸之路轴线”相衔接的T型网络开发结构	上海、浙江、江苏、安徽、湖北、湖南、重庆、四川、云南、福建、广东、海南、天津、辽宁、山东15个自贸区

① 根据“赖庆晟、郭晓合：《中国自由贸易试验区渐进式扩大开放研究》，格致出版社、上海人民出版社2017年版，第136—137页，表6.1”更新整理。

（2）微观"对标"

通过以上对比有利于从全局角度把握自贸区建设方向、尺度及自身特色，为推进我国自贸区进一步发展还需要"对标"，即从具体的自贸区先进水平评价标准出发，从微观层面衡量自贸区发展水平。具体而言，以波特菱形理论（Michael Porter Diamond Model）①为基础，可以从目标指向、开放程度、环境塑造和功能培育四个维度建立评价自贸区发展情况的综合指标（参见表5–12）。综合指标是评价自贸区发展水平的标尺，可以为新一代自贸区确立发展的标准及导向。②

表5–12　国际先进自贸区发展标准综合评价维度③

一级指标	二级指标	三级指标
目标指向	贸易成果	进出口贸易额
	就业指数	企业数量；就业人数
	经济效益	政府税收；国内生产总值
	引资效益	实际利用外资
	制度创新	新政策
开放程度	贸易自由	货物出入境；海关稽查；备案控制；电子监管
	投资自由	行业限制；控股比例；最低投资额
	金融自由	结算货币选择；外币汇兑；资本流通；外币存储
	人员进出	落地签证；免签证；手续办理效率
功能培育	产业功能	物流集散；先进制造；离岸金融；专业服务产业
	服务功能	中介服务；城市服务
环境塑造	区位优势	经济腹地；地理位置；交通通达
	基础设施	硬件设施；金融机构
	政策优惠	信贷措施；税收优惠；市场准入
	园区治理	互联网效率；商务成本；资讯渠道；生态环境

根据表5–12的三级指标体系，初步评价南京片区的发展。从目标指向方面考察，

① 波特菱形理论又称波特钻石模型、钻石理论及国家竞争优势理论，是由美国哈佛商学院著名的战略管理学家迈克尔·波特于1990年提出的，用于分析一个国家如何形成整体优势，因而在国际上具有较强竞争力。

② 参见倪外：《国际先进自贸区核心竞争力构成及其启示研究》，载《世界地理研究》2015年第3期。

③ 参见倪外：《国际先进自贸区核心竞争力构成及其启示研究》，载《世界地理研究》2015年第3期。

南京片区以长三角及长江经济带为核心的东部沿海和内地经济腹地发展支撑，总体经济规模已经达到全国领先水平，但在反映全球或区域经济影响力和控制力指标方面尚有待提高。从开放程度方面考察，南京片区采用负面清单等多种模式不断提高贸易自由、投资自由和金融投资度，并且大力支持人才引进，整体上看逐渐缩小与国际先进水平差异。从功能培育方面来看，南京片区的产业功能和服务功能规划较为接近国际先进水平标准，但由于设立时间较短，在高端金融、专业服务等方面仍有较大提升空间。从环境塑造方面考察，南京片区区位优势明显，政策优惠、基础设施及园区治理尚处于初步建设阶段。总体而言，南京片区应该在环境塑造（特别是园区治理）、功能培育方面着重发力。自贸区经济功能培育与环境塑造，需要一定的发展周期及综合发展规划，[①]比照国内外先进自贸区经济的优势特点，结合南京片区的功能定位，以关键支撑点的发展促进整体功能的提升。

四、"双区"互嵌互补的特色与优势

南京片区于地理位置上内嵌于江北新区而形成了江北新区"国家级新区+自贸区""双区"并行的事实特征，"双区"在战略定位、产业定位和发展目标等方面存在"叠加"现象，由此形成"1+1＞2"的叠加特色，前文"双区并行"部分已述，此处不再赘述。

除此以外，"双区"也具有各自特色，江北新区更强的"行政"特质与南京片区本质的"经济"特色形成"双区"互补优势。

江北新区的"行政"特色主要表现在于：[②]

江北新区紧紧抓住国家级新区、长三角一体化地区、社会主义现代化试点等重要历史机遇，以高级别、高标准推进城市规划建设，聚焦创新、开放、绿色三个重点领域的探索，在"自主创新、现代产业、长江大保护、开放合作、多规融合、民生福祉、深化改革"等方面高质量发展取得了显著成绩。江北新区"江北新主城"的全新城市规划定位将极大提升江北新区发展的"新"能级，即"新"的城市规划理念、"新"的城市功能设施和"新"的"民生保障"。

在城市规划理念方面，新区将以国际化视野和现代化理念开展各类规划编制，坚持地上地下统筹开发，建设国内规模最大、最复杂的480万平方米地下空间；同时引入小街区密路网、海绵城市、综合管廊等先进理念，高标准打造南京"陆家嘴"。

① 参见倪外：《国际先进自贸区核心竞争力构成及其启示研究》，载《世界地理研究》2015年第3期。

② 参见江北新区官网：规划与国土局：《国家"双区"战略高品质新主城——南京江北新区举办江北新主城发展论坛》，http://njna.nanjing.gov.cn/xwzx/tpxw/201909/t20190917_1653553.html，2021年4月30日访问。

在城市功能设施方面，新区正在加快推进5条过江通道建设，远期规划24条过江通道，实现江南江北无缝对接；南京北站综合客运枢纽、江北海港枢纽经济区等也在加速规划建设中；结合新区94公里长江岸线，全力打造新区滨江风光带、青龙绿带等重大绿色生态工程。

在民生保障方面，托马斯等一批国际学校正在加紧推进中，今年还将有20多个新建教育项目陆续建成；规划、建设落地三甲综合性医院4所，哈佛大学医学院、卡罗琳斯卡医学院等高端国际化医院也将落户新区；世界轮滑锦标赛、羽毛球世锦赛、世界田径挑战赛等体育盛会接连在青奥体育公园举办，新区已成为南京国际化交流的重要窗口。

南京片区的"经济"特色在于：

顾名思义，自贸区的本质在于"自由贸易"，"自由"以及"聚焦经济活动"是自贸区的本质及共性特征。不论自贸区所在区位如何，其发展重点均在于本国和所在地区经济，在于促进对外贸易、吸引外国投资、推动国内资本走出去等各项经济活动。

以此为基础，自贸区的建设要求高于所在国家或地区平均水平的基础设施和服务，比如土地、办公场所、公共服务部门、物流服务、金融服务等；同时自贸区的建设需要更宽松的商务环境，如更为简化的政府管理体制、投资申请与许可的"一站式服务"、专项自贸区法律政策等。

具体而言，江北新区结合"双区"并行的叠加优势，充分发挥"自贸区+国家级新区""双区"叠加与互补优势，共生共赢，积极探索金融与产业、科技高效融合，打造具有强大资本吸纳能力、产融结合能力和科技创新转化能力的全国一流国家级新区与自贸区。比如江北新区积极学习上海自贸区临港新片区和其他国家级新区的经验做法，聚焦关键处，找准发力点，推动自贸试验区南京片区建设取得更大突破。在制度创新上见成效，围绕落实市委市政府"1+9"政策文件，坚持系统集成、问题导向和场景应用，深入开展首创性、引领性、创新性探索，进一步出新招、出实招、出标准、出制度、出案例、出成效，打造一流营商环境。在要素集聚上求突破，跑出招商引资"加速度"，重点抓好战略性新兴产业、先进制造业、现代服务业等项目招商工作；实现招才引智"大突破"，围绕创新链、产业链、价值链，集聚更多领军性、非共识性人才；打造企业培育"新高地"，推动更多高成长性科创型企业涌现，持续做好移栽大树、育苗造林、老树发新芽"三棵树"文章。在产业重构上强优势，紧扣"两城一中心"产业定位，大力推进产业地标政策、创新名城政策和自贸试验区政策集成落实，着力推动集成电路、生命健康、新金融等特色产业，加快形成产业竞争新优势。在"双区"联动上下功夫，全力推进改革联动、建设联动、运作联动，把"双区叠加"特色从"概念上的叠加"转化为"动力上的叠加""成效上的叠加"，把目标变成项目，把理念变成路径，把思路变成行动，争取在新一年实现爆发式、跨越式增长。[①]

总而言之，江北新区的“行政”特色可以为南京片区的“经济”特色建设提供环境保障与制度支持，为贸易自由化、投资便利化的发展提供更为优质的营商环境，而南京片区“经济”底色又可以反作用于江北新区“行政”建设，为其提供经济支持，两者互补，从而形成上层建筑与经济基础的“互嵌”，达成“共赢共享”的复合优势。

进言之，这种复合优势的维持与推进，离不开江北新区优质营商环境的构建，而营商环境的构建离不开“法治”建设。故而下文将从南京片区“法治先行”特色出发，探讨江北新区与南京片区的“双区”特色法治构建，进一步阐释“双区”互嵌优势法治保障建设的法治逻辑与完善进路。

① 江北新区官网：综合部：《韩立明参加江北新区代表团审议：释放“双区”叠加效应推动发展新跨越》，http://njna.nanjing.gov.cn/xwzx/xqyw/202001/t20200114_1772461.html，2021年4月30日访问；《释放“双区”叠加效应推动发展新跨越》，载《南京日报》2020年1月11日，第A01版。

第二节 江北新区与南京自贸片区的“双区”特色法治构建

江北新区与南京片区的功能性互嵌决定了“双区”法治建构的先行特色。立基于新区、叠加设置自贸区后的“双区”必然要求“法治先行”。

一、法理逻辑

“法治先行”理念既源自超大型国家治理中地方法治试验的先行法治化要求，更是国家治理现代化进程中的内在需要。中国作为超大型国家，“政府集权+行政集权”的国家治理模式存在着四大结构性难题：第一，国家治理资源总量的有限性与超大规模社会对国家治理大规模需求之间的矛盾；第二，决策一统性与地方治理有效性之间的矛盾；第三，提升地方整体效应与不同层级政府利益诉求之间的矛盾；第四，经济发展要求国家放权与政治发展要求国家集权之间的矛盾。[①]对此，在坚持中央权威前提下的地方法治试验，成为有效缓解国家潜在权力和实际权力之间的张力，继续保持和增强超大型规模国家治理能力。[②]

与此同时，“法律是治国之重器，法治是国家治理体系和治理能力的重要依托”[③]。在国家主导型现代化的国家，公共权力的现代化程度特别是其内部关系架构的合理与否极为重要，因此中国国家治理现代化最为关键的内容即推动公共权力内部的合理关系架构，特别是纵向架构——中央、地方、基层之间责权利划分的明确化与合理化。[④]对于经由国家正式批复或批准设立的开发区、自由贸易试验区等特定区域而言，作为国家总体改革开放、依法治国方略实施的试验田，为促进区域功能的实现，必然要求“根据本区域发展的需要制定更为先进、更加超前的相关规范，即所制定的相关立法规范可以与国家法律不同，可以在一定条件下超出或者突破上位法的规定。因为这些地区都有自己独特的、较高的发展诉求，对法治建设也有比

① 参见郑智航：《超大型国家治理中的地方法治试验及其制度约束》，载《法学评论》2020年第1期。

② 参见郑智航：《超大型国家治理中的地方法治试验及其制度约束》，载《法学评论》2020年第1期。

③ 习近平：《关于〈中共中央关于全面推进依法治国若干重大问题的决定〉的说明》，载《中国共产党第十八届中央委员会第四次全体会议文件汇编》，人民出版社2014年版，第68页。

④ 李海青：《新时代的国家治理现代化：变革与方向》，载《人民论坛》2020年第29期。

其他地方更为迫切、更高的需求”[①]。

在此基础上，自贸区主要是地方政府基于发展规划、区域战略、资源政策获取、项目可行性等多方面的人为考量因素所划定出来的空间区域，它内嵌于传统的行政区域之内，是一种“行政区划型（地方）法治”内部的地方法治新形态。[②]因此，对于在“政策优惠层叠”与“权力体系重构”基础上以“法治先行”为主要法治建构特征的江北新区，叠加为实现对外开放合作重要平台功能，而以“制度创新”为核心内容的南京片区而言，“法治先行”理念既有其地方法治试验的理论基础，更有其“双区”互嵌基础上新区先行先试、片区延续试验的实践基础。

二、法治特色[③]

“双区”特色法治建构的先行理念确立于江北新区建设初始，并经由南京片区提供的制度创新空间得到进一步延续与拓展，最终形成与“双区”发展需要相适应的法治先行理念。全面依法治国是中国特色社会主义的本质要求和重要保障。党的十九大明确提出要坚定不移走中国特色社会主义法治道路，建设社会主义法治国家，坚持依法治国、依法执政、依法行政共同推进，坚持法治国家、法治政府、法治社会一体建设。国家级新区作为区域开发建设与制度改革创新等国家战略布局的实施主体，必然要求贯彻全面依法治国战略，坚持把“法治先行”作为新区发展的重要遵循，依法推进各项建设与管理工作，确保新区发展始终沿着法治化的道路前进。

（一）坚持党的领导，注重高位统筹与顶层设计

深化机构和管理体制改革。党的十九大对深化机构和行政体制改革作出明确部署，强调统筹考虑各类机构设置，统筹使用各类编制资源，转变政府职能，创新监管模式。市委秉承“改革先行、法治先行”的基本理念与发展思路，在认真总结调研的基础上，于2017年5月制定下发了《关于进一步完善南京江北新区管理体制的意见》，将新区管委会与规划范围内的两个国家级园区管理机构高度融合，并将区域内两个行政区下辖的7个街道划由新区管委会统一行使相关行政管理权限，构建统一管理、权责一致的管理体系。进而于2017年8月出台了江北新区党工委、管委会三定方案，按“大部制、扁平化”原则成立15个市管副局级职能机构，行使省市赋予的和区政府全部的行政管理权限，承担相应经济、城市、社会管理责任，通过

① 王春业：《论我国“特定区域”法治先行》，载《中国法学》2020年第3期。

② 丁轶：《“自贸区法治”的法理意蕴与规范证成》，载《法治现代化研究》2020年第3期。

③ 选编自刘志伟：《谋篇布局，统筹推进，江北新区开创法治先行新局面》，载《法制日报》2018年9月1日。

管理体制的完善和创新，努力构建新区发展的独特优势。

统筹推进新区依法赋权工作。早在2015年上半年江北新区筹建之际，省市党委即高度重视新区的法治建设顶层设计工作。在时任市委主要领导的直接部署下，围绕制定《江北新区发展条例（草案）》，组织了一系列调研论证和文件起草工作。新区管理体制调整以后，为及时解决新区管理机构的依法行权问题，经过充分调研，确定了由市人大常委会行使宪法和组织法所赋予的重大事项决定权作为依法赋权的路径，经市政府提交专题议案，于2017年6月27日由市十五届人大常委会第三十四次会议审议通过，并由省人大常委会批准出台了《南京市人大常委会关于南京江北新区行政管理若干事项的决定》，从而将市委关于新区管理体制调整的政策意志转化为地方人大的决定，实现了新区管理主体赋权路径的法定化以及承接国家和省市先行先试改革政策的法定化，体现了新区法治先行的基本特色。

切实推进新区决策科学化、民主化、法治化。党的十九大提出要健全依法决策机制，构建决策科学、执行坚决、监督有力的权力运行机制。决策的科学化、民主化和法治化既是法治建设之要，也是新区发展之基。作为管理职能中最广泛、最频繁、最复杂的权力，决策权必须纳入法治轨道。2016年7月，新区党工委、管委会正式成立之后，首份出台的规范性文件即为《南京市江北新区党工委议事决策规则》，不仅对党工委职责、议事和决策流程、执行程序及工作督查机制等诸多环节作出了全面详尽的规范，同时也对"三重一大"事项及重大改革、重大经济发展和开发建设等涉及全局性的重要问题，都提出严格遵循流程、实行科学民主决策的要求。

（二）构建制度框架，扎实推进法治新区建设

全面规划，绘制新区法治建设蓝图。为厘定新区法治政府建设的政治站位与法治方位，充分落实中央及省市有关新区顶层设计的基本精神、基本框架及基本特色，新区管委会于2017年1月制定出台了《关于推进依法行政工作的指导意见》，对新区管委会及其职能机构推进依法行政工作作出了整体安排，此后，又联合中国法治现代化研究院，调研起草了《南京江北新区法治政府建设实施规划（2018—2010年）》并于今年4月正式向社会发布。该规划不仅明确了新区法治政府建设的目标任务、指导思想与战略步骤，更细化分解了新区法治政府建设各牵头部门的100项分解任务，从而为新区推进依法行政、建设法治政府提供了路线图、施工图和时间表，凸显了新区法治先行的创新亮点。

逐步完善，不断丰富新区法治制度体系。一是及时建立合法性审查制度。在制定决策议事规则的基础上，新区于2017年1月出台了《新区管委会合法性审查工作管理办法》，就各职能部门的合法性审查职责与审查程序等环节作出了具体规定。二是加强新区合同管理工作。先后出台了《江北新区管委会合同管理办法》及其修订稿，确认了由管委会签署的重大合同范围及相关审查程序，强调了各相关单位对

外独立承责义务，构筑起责任防火墙，有效防范合同风险。三是促进新区行政复议工作开展。根据市人大赋权决定，新区管委会下属各部局均为独立行权主体，新区管委会对其具有行政复议权。为此，新区先后制定了《应对行政复议与诉讼工作管理办法》《江北新区管委会行政复议办法》及《江北新区管委会行政复议委员会制度》，明确复议案件登记受理、审查决定、听证审议等全工作流程，并组建了行政复议委员会。为充分发挥第三方专业力量优势，外聘了行政法专家、资深专业律师担任非常任委员，全程深度参与各类复议案件的受理、听证与审议工作，确保行政复议工作公开、公平、公正开展。

重点突出，严格规范行政执法权力。“建设法治政府，推进依法行政，严格规范公正文明执法”是党的十九大提出的重要任务。新区体制机制改革以来，注重执法人员队伍建设，整合了原两区两园的各类执法人员，统一组建江北新区执法队伍，严控新进执法人员资格准入关，科学制定行政执法人员培训方案和考试机制，着力提高执法人员法律素养和依法履职能力；注重执法规范制度建设，进一步落实规范性文件备案、重大执法决定法制审核等制度要求，定期检查通报并纳入依法行政年度考核，规范行政权力运行；注重探索国家级新区行政执法改革，在省市法制部门的支持下，将持证执法人员范围扩大至新区员额人员，弥补了执法力量不足的矛盾。同时，积极有效推进证照分离、不见面审批、信用承诺制不再审批严格监管以及区域环评、数字化多图联审等多项改革，探索建立行政审批、执法监管与法制监督的跨部门联动机制。

（三）汇聚各方合力，共建法治园区

对接服务最高法院三巡法庭。根据中央深改组的部署，最高人民法院于2016年在南京市设立第三巡回法庭。在市领导的明确支持下，法庭经选址最终落户江北新区。设立以来，新区在法庭办公用房、诉讼服务功能、周边环境整治等保障方面主动对接、贴近服务，获得最高法院多次肯定与表扬。以三巡法庭为依托，国内高端法律服务机构纷至沓来，对江北新区表现出极大兴趣，在相当程度上撬动并改写了我省、我市在全国法律服务行业与市场中的排名及地位。

推动设立新区知识产权法庭。围绕“芯片之城”“基因之城”和“新金融中心”的建设要求，新区在起步之初即着眼于发挥司法力量独特优势，加大知识产权保护力度，加大新区科技创新人才聚集力，助推新区科技创新，论证适时引入司法资源，设立江北新区知识产权法庭的可行性与必要性，并最终被列入国家发改委2016年度全国国家级新区改革创新任务及当年市委市政府出台的《南京市争当江苏省产业科技创新中心排头兵和建设国家创新型城市若干政策措施》。该法庭已于2017年4月依托南京铁路运输法院正式揭牌成立，受理全江北区域知识产权一审案件。

联合成立江北新区仲裁院。根据江北新区作为长江经济带对外开放合作重要平

台的定位与发展战略，新区在积极引入国际化高端科技与经贸资源的同时，注重顺应国际通行的纠纷解决机制，高度重视仲裁所独有的高效快捷、保护商誉、境外执行力强等特点，主动对接南京仲裁委，联手申报设立江北新区仲裁院。经市政府批准，该院已于2016年12月在江北新区科创中心挂牌成立，目前已与南京知识产权仲裁院合署实体化运营，在新区引进设立剑桥南京研发中心、中法产业合作示范区等重点项目中发挥了独有的影响力。

组织创设法律服务园区。为引入国内领先、与国际接轨的先进法治元素，建设区域法治建设的展示窗口及对外交流的合作平台，在省市司法行政部门的支持下，江北新区法律服务园于2017年7月揭牌正式运营，涵盖面向新区居民群众的公共法律服务中心及由6家省内高端律所、1家司法鉴定所以及1家公证处入驻的法律服务产业园，并以此为依托逐步建成法律服务产品研创中心、知识产权服务中心、法律风险防控中心及法治宣传教培中心，完善了新区法律服务功能，展现了新区高端法律服务水平，提升了新区发展品质与营商环境。

支持组建法律顾问专家库。为贯彻落实中央、省市委"普遍建立法律顾问制度"的决策部署，进一步提升依法执政、依法决策和依法治理水平，新区在从全市法学专家和优秀社会律师中选聘8名党工委法律顾问的同时，正策划公开遴选组建法律顾问专家库，推荐给新区各部局、平台及街道对接选聘。为此，已同步起草《江北新区管委会法律顾问专家库管理办法》，明确江北新区各单位对接入库律所的工作机制，建立对入库律所、律师事中监管与事后追责相结合的监管模式。今后还将及时出台新区法律服务业优惠扶持政策，适时组建市律师协会新区分会，整合提升新区公共法律服务力量，打造新区特色法治服务品牌。

第六章

江北新区治理法治化的环境优化：法治营商环境构建

“营商环境”一词源自世界银行（World Bank）《营商环境报告》（Doing Business）项目。该项目启动于2002年，首次发布于2003年，对190个经济体以及所选地方城市的营商法规及其执行情况进行客观评估，旨在对内资中小企业进行考察，评估在企业生命周期内的适用法规，以期为了解和改善世界各国的营商监管环境提供一个客观的依据。《营商环境报告》通过收集并分析全面的定量的数据，对各经济体在不同时期的营商监管环境进行比较，鼓励各国竞相提高监管效率，为改革提供可衡量的基准指标，为学术界、媒体、私营部门研究者及其他关注各国营商环境的人士提供参考。同时，《营商环境报告》还提供了详细的地方性报告，介绍一个国家不同城市和地区的营商监管和改革情况。地方报告提供营商便捷度方面的数据，对各个地区进行排名，提出各指标领域提升绩效的改革建议。所选城市可以同本经济体内或本地区内其他城市进行营商法规比较，也可以同列入《营商环境报告》排名榜的190个经济体进行比较。[①]

《营商环境报告》所采用的营商环境评估方法是以各经济体中最大商业城市[②]的企业为案例，考察企业从开办时起，开展建设、融资、贸易、纠纷解决直至破产清算注销登记退出市场这一全生命周期内不同阶段的系列客观运营活动适用不同法律规范的量化指标。（如图6-1所示）

具言之，《营商环境报告》涵盖了12个领域的商业法规。其中，营商环境便利度分数和营商环境便利度排名涵盖了其中的10个领域：开办企业、办理施工许可证、获得电力、登记财产、获得信贷、保护少数投资者、纳税、跨境贸易、执行合同和办理破产；同时，也衡量了有关雇佣员工和政府采购的规定，但这两个指标不包括在营商环境便利度分数计算和排名中。[③]（详见表6-1）

---

① 关于世界银行《营商环境报告》项目的详细介绍参见https://chinese.doingbusiness.org/zh/about-us，2021年3月2日访问。

② 对11个人口超过1亿的经济体（孟加拉国、巴西、中国、印度、印度尼西亚、日本、墨西哥、尼日利亚、巴基斯坦、俄罗斯和美国）将数据采集范围扩大到第二大商业城市。

③ 关于世界银行《营商环境报告》项目的详细介绍参见https://chinese.doingbusiness.org/zh/reports/global-reports/doing-business-2020，2021年3月2日访问。

图6-1　世界银行营商环境指标与企业生命周期对应图①

表6-1　世界银行营商环境指标②

序号	一级指标	二级指标	主要内容
1	开办企业	1.1　办理程序（项） 1.2　办理时间（天） 1.3　办理费用（占人均收入比） 1.4　有限责任公司最低注册资本金（占人均收入比）	从申请注册登记企业开始，到该企业能够开始营业时止，必需的所有手续及其所需时间和经济成本。
2	办理施工许可证	2.1　开工前手续（项） 2.2　开工前手续办理时间（天） 2.3　开工前手续办理费用（占人均收入比） 2.4.　建筑质量控制指数	从建筑物建设申请立项、环境影响环评、建设用地规划、建设工程规划等开工前手续，到竣工消防、质量验收、交付使用后质量保证等全部手续及其所需时间和经济成本。
3	获得电力	3.1　接入电网手续（项） 3.2　接入电网手续办理时间（天） 3.3　接入电网手续办理费用（占人均收入比） 3.4　供电稳定性和收费透明度指数	从企业提出接入电网申请到供电设施接入、正常用电，所需手续及其时间和经济成本，以及在使用过程中发生供电故障后恢复正常供电的及时性，包括电费缴纳信息的透明度。
4	登记财产	4.1　产权转移登记程序（项） 4.2　产权转移登记时间（天） 4.3　产权转移登记费用（占人均收入比） 4.4　用地管控系统质量指数	包括土地和建筑物在内的不动产交易中，使用权转移所需全部手续及其税费，以及土地管理能力和水平。

① 参见 World Bank Group: *Doing Business 2020*: *Comparing Business Regulation in 190 Economies*, at https://openknowledge.worldbank.org/bitstream/handle/10986/32436/9781464814402.pdf, 3rd March, 2020。

② 参见 World Bank Group: *Doing Business 2020*: *Comparing Business Regulation in 190 Economies*, at https://openknowledge.worldbank.org/bitstream/handle/10986/32436/9781464814402.pdf, 3rd March, 2020。

续表

序号	一级指标	二级指标	主要内容
5	获得信贷	5.1　动产抵押法律指数 5.2　信用系统指数	为获得金融机构贷款查询并提供信用信息报告的便利度和提供抵押担保所需全部手续及其时间和经济成本。
6	保护少数投资者	6.1　信息披露指数 6.2　董事责任指数 6.3　股东诉讼便利指数 6.4　股东权利保护指数 6.5　所有权和控制权保护指数 6.6　公司透明度指数	公司小股东为维护自身权益而获取公司治理内部信息（包括公司财务资料、董事会决议内容、关联交易内幕等）的权利保护状况，以及获得纠纷化解的保护力度。
7	缴纳税费	7.1　公司纳税次数 7.2　公司纳税所需时间 7.3　总税率 7.4　税后实务流程指数	正常纳税款的次数和时间，及退补税的繁简程度、税费的轻重程度。
8	跨境贸易	8.1　出口报关单审查时间 8.2　出口通关时间 8.3　出口报关单审查费用 8.4　出口通关费用 8.5　进口报关单审查时间 8.6　进口通关时间 8.7　进口报关单审查费用 8.8　进口通关费用	国际贸易中按照联合国国际货物贸易的相关公约规定，出口国货物从工厂运输至港口口岸离境所需的运输时间、费用和办理全部手续所需经过的环节、花费的时间和经济成本；以及进口国货物入境所需办理的全部手续花费的时间和经济成本。这其中均不包含关税。
9	执行合同	9.1　解决商业纠纷的时间 9.2　解决商业纠纷的成本 9.3　司法程序的质量指数	合同纠纷提起诉讼后，从审判机关立案、审理、判决、执行全流程的效率、公正、透明程度，特别是生效裁判的执行状况。
10	办理破产	10.1　回收率 10.2　破产法律框架保护指数	从破产申请受理立案到破产程序终结所需时间和费用；实现债权人债权的法律保护力度。
11	雇佣员工	11.1　雇佣监管灵活度 11.2　工作质量控制灵活度	雇佣监管的灵活性。
12	政府采购	12.1　公共采购程序 12.2　公共采购程序办理时间 12.3　公共采购程序法律监管的指数	从需求评估到经由公共采购程序签订采购合同的全部程序及其所需时间；包括质疑投诉在内的公共采购监管。

由于“一国或地区营商环境的好坏直接影响其招商引资的多寡，同时直接作用

于已经在该国和地区设立的企业的经营活动，最终影响其经济发展状况、财税收入、社会就业情况等”[①]，世界银行《营商环境报告》成为全球投资的重要指引，对国际投资流向及其在国家间的分布具有重要影响。

中国作为国际经贸大国，不仅积极开展营商环境改革，在世界银行《营商环境报告》中的排名自2018年第78位上升到2020年的第31位，连续两年跻身全球十大营商环境改革国家之列，更在世行评价体系的基础上，于2019年由国家发改委创设《中国营商环境评价指标体系》，形成了更符合中国实际，被认为是中国特色、国际可比的三维评价体系：企业全生命周期、城市投资吸引力、城市高质量发展水平。国家评价体系共18项评价指标，包含世行的12项指标，另外加上：政务服务、市场监管、知识产权创造保护和运用、招投标、获得用水用气、包容普惠创新。与此同时，中国“为了持续优化营商环境，不断解放和发展社会生产力，加快建设现代化经济体系，推动高质量发展”，[②]制定了《优化营商环境条例》，明确了“优化营商环境应当坚持市场化、法治化、国际化原则，以市场主体需求为导向，以深刻转变政府职能为核心，创新体制机制、强化协同联动、完善法治保障，对标国际先进水平，为各类市场主体投资兴业营造稳定、公平、透明、可预期的良好环境”。[③]

① 沈国兵、孟彩霞：《优化城市营商环境与国际国内双循环相互促进——基于上海与多个国际大都市的比较分析》，载《广西师范大学学报（哲学社会科学版）》2021年第3期。

②《优化营商环境条例》（2019）第1条。

③《优化营商环境条例》（2019）第4条。

第一节 | 法治营商环境的共性与新区治理个性

法治是最好的营商环境。无论是世界银行还是中国的营商环境报告，“营商环境”均主要指向两类指标：一是与各项指标相关法律体系的健全程度；二是相关法律适用中所呈现的效率指数，包括时间、手续复杂程度、经济成本等。

一、基本内涵

稳定、公平、透明、可预期是优质营商环境的基本表征，也是法治化营商环境建设的价值取向。[①]从营商环境指标所指向的具体法律体系内容来看，法治营商环境不仅涵盖静态的法律法规，更包括立法、执法、司法等动态的法治要素。究其实质，即特定经济体内经济法律规制体系的法治化程度。具体包含三个方面：“第一，完善的法律体系。该法律体系是由透明、明晰以及功能健全的法律规则构成，尤其强调强有力的产权保护、信息披露以及尊重当事人意思自治的法律规则对于创建良好的营商环境的重要性，这些在登记财产、保护少数投资者、获得信贷、执行合同和办理破产等指标中得到体现；第二，规范高效的行政监管体系，主要体现在精简行政监管流程，以及从制度和程序上加强对行政权力运行的管控，以确保行政监管的稳定性和公开性，开办企业、办理施工许可证、获得电力等指标来确保行政监管体系的高效运行；第三，公正高效的司法体系，尤其强调要完善纠纷解决机制，主要体现在保护少数投资者、办理破产等指标中。”[②]

二、核心命题

法治营商环境建设的核心是深化体制改革，处理好政府和市场的关系，使市场在资源配置中起决定性作用。因此，“要加强制度建设，合理界定政府与市场、社会的活动边界，尊重市场经济规律，依法调整各类市场主体的利益关系，提高多元主体在营商环境建设中的积极性和参与度。这就需要持续推进政府机构改革、‘放管服’改革，转变政府职能，依法保护市场主体意思自治，保障政府与社会资本合作的有序展开，依托权责清单、行政协议等治理工具的有效适用促进政府与市场、社

① 石佑启：《法治化营商环境建设的司法进路》，载《中外法学》2020年第3期。

② 参见宁子昂：《法治化营商环境的世行标准及其局限》，载《中国社会科学报》2020年9月23日，第4版。

会的功能分域及其法定化”。[①]

（一）深化经济体制改革，厘清多元主体间关系

中国当代社会的基本制度定位于社会主义市场经济与法治，前者为基本经济制度，立足于优化资源配置；后者为基本政治制度，立足于完善权利与权力配置。自党的十四大提出“社会主义市场经济”作为转轨的目标、十五大提出“非公有制经济是社会主义市场经济的重要组成部分”和“建设法治国家”的治国方略以来，我国在党中央的领导下，始终以构建社会主义市场经济体制和法治为核心目标。

依据现代市场经济理论，市场经济是指由市场机制调节资源配置的经济，市场在资源配置中发挥基础性作用。现代市场经济作为由高度非人格化的交换活动组成的经济形式，其交换秩序既要求经济上的自由贸易和竞争，又要求秩序和机会均等，从而须由以国家作为第三方保证执行的规则体系即法律体系来维系，因此，现代市场经济须建立在规则的基础之上，又被称为法治的市场经济。法治在现代市场经济中对经济发展和经济效率的作用有两层：其一是约束政府，即约束政府对经济活动的任意干预；其二是约束经济人行为，其中包括产权界定和保护，合同和法律的执行，公平裁判，维护市场竞争。[②]质言之，法治的核心在于廓清公权力之间、私权利之间以及公权力与私权利二者之间的界限。

具体适用于营商环境的优化，则要求顺应市场经济发展要求，进一步激发市场活力和转变政府职能，完善产权保护制度、保证各种所有制经济依法平等使用生产要素、公开公平公正参与市场竞争、同等受到法律保护。“系统回应营商环境建设的法治需求，要求相对应的法治体系建设必须扎根合作治理的现实语境，从以‘权力—权力’或‘权力—权利’两造对抗为基础构建起来的制度形态中挣脱出来，谋求权力与权力的合理分配和权力与权利之间的平衡。”[③]因此，厘清政府与市场、社会等多元主体间的关系成为法治营商环境的核心命题。

（二）继续扩大对外开放，统筹推进国内法治与涉外法治

法治营商环境的另一重要命题则是扩大对外开放，适应经济全球化新形势，推动对内改革与对外开放相互促进的需要。我国当前置身于包括贸易与投资在内的国际规则重构的国际新形势中，无论是《全面与进步跨太平洋伙伴关系协定》（CPTTP）、《区域全面经济伙伴关系协定》（RCEP）、自由贸易协定（FTA）还是双

① 石佑启：《法治化营商环境建设的司法进路》，载《中外法学》2020年第3期。

② 参见张晓晶：《“十四五”时期我国经济社会发展的战略重点》，载《经济学动态》2020年第5期。

③ 石佑启、陈可翔：《合作治理语境下的法治化营商环境建设》，载《法学研究》2021年第2期。

边投资协定（BIT）的谈判与签订，均反映出国际经贸规则正在迅速发展与变化。加之2014年我国双向投资首次接近平衡，已然成为双向投资大国，我国的国内投资等营商法律体系必须因应国际经贸规则与角色的双重变化。但是，现行营商法律体系虽然内容不断扩充、制度逐步细化，但其多元分散的“补丁叠加”立法形式和各类审批制管理体制均已不能适应我国社会主义市场经济发展和构建开放型经济新体制的需要，不利于激发市场活力和转变政府职能。因此，依据党的十八届三中全会提出的“扩大对外开放、构建开放型经济新体制”的精神，需要放宽投资准入、统一内外资法律法规，保持营商政策稳定、透明、可预期，以与有关国家和地区商签经贸协定的进程相适应。

与此同时，新区、自贸试验区的改革经验推广上升为制度，需要经由修改法律的方式实现。我国已有上海、广东、天津、江苏等自贸试验区建设的关键，在于通过负面清单、引入国际惯例和通行制度来进一步推动我国深化改革，特别是在行政体制改革方面，如何促进政府职能转变，减少不适当的市场干预，转而集中精力提供公共服务，营造法治化国际化的公平环境。现有自贸试验区的改革经验，特别是在深化与扩大开放相适应的投资管理制度创新方面已在全国范围复制推广的经验和做法，[①]需要经由法律的相应修改方可成为稳定的制度。

三、新区治理

国家级新区社会治理是国家治理体系中的关键环节，法治营商环境的优化应以新区治理为重要依托。

（一）国家治理“中坚带”之新区社会治理

国家治理经由其项下不同层级的社会治理协同实现。国家级新区，是由国务院批准设立，承担国家重大发展和改革开放战略任务的综合功能区，在我国的行政区划架构中占有重要地位。设立国家级新区作为国家战略，是在新的发展背景下，对特定区域的发展做出重新定位，在进一步整合资源的基础上，发挥该区域的潜在比较优势和竞争优势，从而解决长期以来困扰中国经济的产业结构同构和产能过剩困局，进而优化产业布局，提升产业能级，提高经济发展的质量和效益。[②]就此而言，新区所指向的功能作用，突出体现落实国家重大改革发展任务和创新体制机制的试

---

①《国务院关于推广中国（上海）自由贸易试验区可复制改革试点经验的通知》（国发〔2014〕65号）。

② 参见杨洪颖：《基于因子分析与聚类分析的西部地区产业创新能力评价研究》，贵州师范大学2016年硕士学位论文。

验示范作用，加快集聚特色优势产业，推动产城融合和新型城镇化建设，提高资源利用效率，改善生态环境质量，优化地区营商环境，在治理实践中能够弥补行政大片区和市域层级协调能力不足、资源短缺等方面的缺陷。因此，基于各行政层级之间的纵向联动关系，新区社会治理起到了国家治理系统中承上启下的“中坚带”与带动地方经济的“火车头”的功能。

（二）新区社会治理与法治营商环境优化

新区是优化法治营商环境的关键地域。营商环境指标所指向的包括开办企业、办理施工许可、获得电力等具体涉企行政审批管理程序（手续），绝大部分集中在市县级层面办理。法治营商环境所要求的公开、透明与可预期的企业全周期法治保障，是新区社会治理法治化的应有之意。一方面，作为公共政策决策与执行的关键环节，市域是实施《优化营商环境条例》的重点层级，应坚持法治城市、法治政府、法治社会一体建设，将优化营商环境建设全面纳入法治化轨道，从依法治理、系统治理、综合治理、源头治理上践行“法治是最好的营商环境”，为优化营商环境提供最根本和最稳定的保障。①

另一方面，作为化解现代商业社会风险的有效界面，就新区本身而言，其是解决营商纠纷的核心层级。营商环境指标所要求的有效保护少数投资者权益、公正高效地处理合同纠纷、有效办理破产以实现债权人债权，均有赖于包含调解、仲裁、诉讼等营商纠纷多元化解机制的有效运作。我国新区特设仲裁机构、新区法院，特别是涉外仲裁和审理涉外案件的新区法院，如江北新区检察院、“一带一路”国际商事法庭、南京环境资源法院、南京知识产权法院等，均位属新区管辖范围。新区法院作为新区纠纷处理的特别法院，可以看到，跨行政区划管辖、专业化审判为解决经济发展中的新型、疑难、复杂问题发挥了重要作用，加上新区特有的区域优势，一定程度上加快了围绕巡回法庭的“外溢”效应建设司法集聚区构想快速成型。②而且通过对上诉案件的审理行使审判监督权，对地方纠纷处理案件进行业务指导与监督纠错。因此，新区争议解决机制的机构种类和功能属性均呈现较为完善的多元化样态，更有利于营商纠纷的多元化解。

---

① 尚庆忠：《市域治理法治化与优化城市营商环境的思考》，载《中国司法》2020年第9期。

②《“两庭五院”入驻打造国家级法治高地》，载《法制日报》2020年1月6日，第8版。

第二节 "双区"互嵌模式下法治营商环境的差异化构建[①]

为贯彻中共中央推进国家治理体系和治理能力现代化部署，落实国务院《优化营商环境条例》，服务长三角一体化发展战略，江北新区与南京自贸片区如何因应国内国际双循环发展格局，结合自身定位，立足既有优势，构建对标国际一流、体现江苏特色、符合南京实际的法治营商环境，是我省特别是自贸区营商环境建设亟待解决的重要课题。

一、问题导向："双区"法治营商环境建设的不足

如前所述，法治营商环境的核心命题是厘清政府、市场、社会等多元主体间的关系。对于江北新区与南京自贸片区而言，基于双区叠加的区位优势，则应立足于《中国（江苏）自由贸易试验区总体方案》（以下简称《总体方案》）确定的推动全方位高水平对外开放、建设辐射带动作用突出的高标准高质量自贸园区这一战略定位及发展目标，重点推进国际以及国内营商规范机制的衔接协调。

对照上述评价指标和具体要求，当前片区法治营商环境建设主要存在以下三个方面的不足。

第一，机制供给尚待完善。在规范健全度方面，尽管结合江北新区法治体系完善，大量基础性规范清理工作已卓有成效，但对照诸项营商环境指标，在开办企业、办理建筑许可、登记财产、获得信贷等特定的具体相关领域仍存在立法缺位、滞后与不完善等制度供给问题。在规范实施度方面，规范实效实现的相应机制设置仍存有一定缺失，如为保护少数投资者利益、提升执行合同效率的真正高效的多元争议防范与化解机制尚有待构建，既有多双边国际经贸协定尚未与国内规则充分衔接并得到有效实施。

第二，制度创新面临瓶颈。有别于上海自贸区临港新片区的"首创性探索"、海南自贸港"自由港政策和制度体系"创建，江苏自贸区《总体方案》明确提出的以

---

① 选编自2020年6月"南京自贸片区全面对接国际通行规则，打造国际一流法治营商环境之思路研究"课题组提交南京市江北新区管理委员会综合治理局的研究成果《差异化构建南京自贸片区法治营商环境的建议》，报告撰写成员为：肖冰、于文婕。

制度创新为核心推动全方位高水平对外开放，附有对其他地区具有示范引领作用的“可复制可推广”的天然限制。同时，尽管《关于支持中国（江苏）自由贸易试验区高质量发展的若干意见》明确提出加大自贸区赋权力度，并已就赋权事项、形式等征求意见，但一方面，明确的赋权清单尚未形成；另一方面，基于对外开放的事权属于国家事权，相关制度创新主要由国家部委决定，因此，地方主动作为的制度创新空间已达瓶颈。

第三，模式同质亟待突破。与全国其他地区相比，片区的“高水平对外开放”“新高地”尚无凸显。作为“后进”自贸片区，多效仿“先行”自贸区营商环境建设举措，尽管各自贸区之间存有先行与后进的阶段性进度差异，但就最终形成或拟形成的具体机制模式来看，多无实质差别。在营商环境规范健全、实施等方面的制度创新呈现同质化，不符合各自贸区及其各片区依据各自总体方案开展差别化探索的要求。

二、个性定位：片区法治营商环境的差异化构建

片区营商环境建设应以《总体方案》明确的区位功能划分为依据，以建设具有国际影响力的自主创新先导区、现代产业示范区和对外开放合作重要平台为目标，以片区在江苏自贸区、南京市、江苏省以及长三角区域的个性定位为导向，以机制创新为核心，以差别化探索为路径，打造以高水平涉外法律服务、高透明度法治服务机制、高层次涉外法治人才培养为三重内涵的开放水平更高、营商环境更优、辐射作用更强的法治服务高地。

（一）因应产业特色，立足涉外法律服务专业化发展

片区在吸引与稳定外资的基础上，重点打造集成电路、生命健康及新金融产业，同时配合南京区域性航运物流中心建设，相关业态与项目快速集聚，在对一般商事法律服务需求的基础上，产生大量涉知识产权、医事、金融、海事海商等特定类型的国际商事法律服务需求。

既有国际商事争议解决机制的基本样态呈现为在机构设置上以法治园区为中心的集中式发展，和在制度创设上的以服务为主导的保障型供应。前者涵盖了法院、仲裁机构、调解机构等国际商事争议解决机构与公证机构、鉴定机构、律师事务所等争议化解辅助机构。后者则主要包含由法院主导的争议化解司法保障制度和由行政主管部门主导的争议化解行政保障政策。

经由对片区既有机制构建模式类别化解构，无论是在“分散式”还是“一站式”建构模式下，包含国际商事仲裁、涉外法律服务机制以及“一站式”多元争议化解机制在内的既有机制构建都存在公共资源配置低效、多元机制不足、司法主导下争

议化解关系公私二元矛盾加剧等问题。因此，提供对标国际一流但有别于其他自贸片区的涉外法律服务机制，是片区法治营商环境建设的基础内容。

（二）借势双区叠加，聚力法治营商环境透明度提升

法治营商环境建设要求合理界定政府与市场、社会的活动边界，尊重市场经济规律，依法调整各类市场主体的利益关系，提高多元主体在营商环境建设中的积极性和参与度，重点在于国际、国内双场域中营商机制的有效衔接协调，其核心路径就是透明度的提升。

片区所处江北新区，突出政府统筹引领性与市场配置自主性的有机结合，引入国内领先、国际接轨的先进的法治文化元素，打造成全国有影响的法律服务集聚区——江北新区“法律服务园区”，成为区域法治建设的展示窗口、对外交流的合作平台；[①]所在南京市，连续两年名列我国城市营商环境排名第六；所托江苏省，作为“一带一路”交汇区域和传统对外经贸强省，对外贸易、跨境投资体量大、活跃度高，具有全国排名前列的涉外法治水平。

片区应借力与国家级新区“双区叠加”的法治先行优势，以汇聚“两庭五院”的全国首家法治园区建设为契机，依据《政府信息公开条例》“以公开为常态、以不公开为例外”原则，呼应国际经贸活动与《贸易便利化协定》、双边和区域自由贸易协定等国际通行规则对信息公开与流通的内在需求，实现涉外法治的“国际国内”一致化高水平透明度，是片区法治营商环境建设的核心要素。

（三）依托教育强市，支撑法治营商环境区域一体化

片区处于涉外法治人才的供需两端——基于涉外法治人才入境后从业落地期较长的局限性，片区当前自身迫切需要相应专业领域的涉外法治人才；同时，基于片区所处的传统教育强市（南京）、强省（江苏）高校、科研院所云集的区位优势，其又具有培养涉外法治人才所必需的、其他自贸片区并不具备的优质教育资源。

建设具有国际影响力的“两区一平台”，需要充足的涉外法治人才保障。因此，拓宽人才引进、创新人才培育路径，打造立足自贸片区、辐射长三角区域的涉外法治人才培养新高地，是片区法治营商环境建设的应有之意。

三、创新驱动：片区法治营商环境的聚焦化建设

片区法治营商环境差异化构建要求立足片区的个性定位、产业特色与既有法治

---

① 参见《法治先行江北新区的创新之路》，载《江苏法制报》2018年9月6日，第A04版。

基础，因此，片区法治营商环境的具体完善亦应有针对性地采用以点带面、系统集成的聚焦化建设路径。

（一）夯实特色机制创新，打造区域涉外法律服务新高地

因应片区特色产业涉外法律服务需要，依据“整合公共法律服务资源，加快推进公共法律服务体系建设”要求，以构建体系化国际商事争议多元化解机制为目标，重点突破，逐项构建。

在国际国内及自贸区二元三重视阈下，自贸区涉外法律服务机制应在具备高效解纷功能之余，作为国内机制引导国际商事争议优先在境内（国内、自贸区内）解决，同时因应共建共治共享的社会治理制度对开放多元的社会协同体制、创新社会协同供给模式的要求，实现争议解决的社会化协同治理，并形成自贸区际、自贸区与非自贸区间的机制创新范本。

具体至片区涉外法律服务机制构建，则应立足于片区的自身定位，聚焦为创新构建兼具争议化解服务成倍集成效应和资源管理功能的国际商事争议多元化解平台。

1.推进“多元复合式”涉外法律服务合作机制。结合片区产业布局特点，重点在知识产权、金融、医事、海事海商等专业领域落实并推广境内外律所、调解机构、仲裁机构等法律服务机构的“多元复合式”合作模式，引导集聚落户，形成开放型复合合作机制，优化配置涉外法律服务资源，提供高质量涉外法律服务，稳步推进区域内更深层次的法律服务业开放。

2.构建“区域平台化”涉外法律服务创新业态。定位长三角区域，引导形成以专业领域为凝聚要素的“联合仲裁”“外国法查明”等多元涉外法律服务平台，探索“跨省市”区域共通、“点线面”立体构建的“平台化”高效协同业态，探索与“一带一路”沿线国家互惠开放法律服务领域的创新合作模式，形成立足周边、辐射“带路”、面向全球的高标准、区域性法律服务业态。

3.打造“聚合功能型”商事争议多元化解机制。对标营商环境指标，差异化构建兼具法律服务提供和争议解决资源整合功能，集业务导流、全流程协助及监管为一体的国际商事纠纷多元化解机制，创新打造“聚合式”“功能性”争议多元化解平台，涵盖“非诉分流”“非诉办理”“非诉数据”三大核心功能，实现“多元+集成”的成倍聚合效应、“政府+市场”的共建共治格局。

（二）以国际透明度为指引，构建便利化法治服务先行地

对照《贸易便利化协定》要求，因应后疫情时期促外贸、保民生需求，以法治服务便利化为落脚点，依托“双区叠加”优势，放大片区先行先试功能效应。

1.统筹“国际化”法治信息公开。确立涉外法治信息联动发布制度，统筹规划涉外涉企法律政策的清理与制定，健全统一规范、公开透明的营商法规体系，在片

区统一门户网站统筹发布涉外法律政策与服务信息；配套设置“线上+线下”咨询点，提供信息咨询与反馈通道；实现所有涉外门户网站、咨询点的全部信息与服务的中英双语对照，提升外籍人士、外资企业的信息与服务“可获得感”。

2.提供“便利化”涉外法治服务。建设“一网通办”涉外服务子门户，依法设置外国人工作居留“单一窗口”、外籍人士在宁工作生活便利化安排，为外籍人士对教育、医疗等公共服务便利化需求提供精准资源对接，建立常态化服务机制；围绕外资、外贸、外经、外汇、外专等内容，为涉外企业、跨国机构提供集成一站式政务服务；对照《外商投资企业投诉工作办法（征求意见稿）》对地方投诉工作机制要求，提前谋篇布局，加强中小投资者保护，指定投诉工作机构、完善投诉工作规则、健全投诉方式、明确投诉事项受理范围和投诉处理时限等，进一步畅通投资者维权渠道。

3.实现“可视化”争议化解服务。对标在线纠纷解决国际标准，综合运用人工智能、区块链等新兴技术，突破争议解决要素跨境带来的诸多难点；构建争议多元化解机制的线上平台，实现争议化解服务“线上+线下”的立体供应渠道，提升争议化解流程对于当事方的可视化程度，促进线上平台内多元争议化解机构间的数据资源融通共享，提升争议化解服务效能与可预期性，提供可视、可期、可信的线上争议化解服务。

（三）以人才为支撑，构建涉外法治人才联合培养基地

涉外法治人才培养在涉外法治建设中具有基础性、战略性、先导性的地位。片区应依托本地高等教育资源聚集优势，制订高端涉外法治人才孵化方案，为国际化法治营商环境提供人才支撑与智力支持。

1.明确涉外法治人才个性化培养。立足片区、区域法治营商环境建设的个性化人才需求，依托省内各政法院校自身学科专业实力、办学特色和区位优势，区别确定涉外法治人才培养功能，探索个性化培养机制。国际国内法治营商环境规则的有效衔接，需要通晓国际规则、精通国际谈判的国际法人才；加快“一带一路”交汇点建设，还需要大量熟悉沿线国别法的专才。

2.探索涉外法治人才培养创新模式。立足涉外法治人才专业知识与技能的综合性和叠加性要求，消除法学人才培养“碎片化”与涉外法治实际需要“体系化”的矛盾，创新论证“精英明法”的高端复合型人才培养机制，确立打破现有法学专业划分拘囿、强化实践教学、常规化“国内+海外”联合培养、独立建制培养的精英化培养模式。

3.推动国际化教育资源联动合作。引进与遴选境内外教学与实务机构的优质教学资源，引入世界排名前列的境外知名高校、国际法律研究与实务机构师资，建立培养涉外法治人才的联动合作机制，完善涉外法治人才的继续教育体系；建立切实

有效的激励机制，实现境内外高等学校与实务机构间相关教育师资的双向流动，提升涉外法治人才培养师资水平。

4. 打造区域专业化人才培养基地。结合片区专业化人才需求，依托本地高校既有的卓越涉外法律人才培养基地与涉外法治人才培养资源，与片区已有合作的国际调解机构、境内外律所、各国律师协会等实践教育机构合作，共同打造具有教育资源整合功能、独立建制的“涉外法治人才联合培养基地”，形成专业化人才的常态化培养。

第三节 | 公平竞争审查的规制自限[①]

江北新区作为中国国家级新区，涉及三个行政区、三个国家级园区和两个省级开发区，是华东面向内陆腹地的战略支点，也是长江经济带与东部沿海经济带的重要交汇节点。为充分迸发江北新区与南京自贸片区的经济活力，促成建立优良的营商环境，切实推动新区高水平发展，新区高速经济发展和法治建设呼吁适用于地方的公平竞争审查制度尽快依法建立。

一、制度依据

新区的经济发展具备一定的规模，在已有产业的基础上，让经济保持持久稳健的增长动力仍离不开营商环境的进一步优化。在政府能够控制的营商软环境中，通过制定合理的市场管理制度等措施，能有效提高软环境对经济发展的推动力，促进经济的长效发展。

个人行为会对制度环境做出适应性调整，这是经济学的一条基本原理。具体而言，好的营商制度环境，将使得企业家投入更多时间精力，通过生产性活动在市场领域创造财富，而不是在政治和司法等领域从事非生产性活动谋取利益；相反，在糟糕的营商制度环境中，企业家将花费更多时间在争取特殊政策和利益等非生产性活动甚至破坏性活动方面。[②]当企业家的更多精力投入生产性活动中时，对地区经济的贡献量更大，地区经济由此获利也更多，因而优良的营商环境对地区的经济发展有着关键的推动作用。

当地理位置、自然资源等发展因素的影响确定且难以改变时，政府的能动性体现在对市场的规制方式的选择和市场制度建立层面，通过制定优良的政策，极大地改善营商软环境，从而促进经济发展。[③]江北新区已吸引了巨大投资，落地了众多知名企业，形成了较为完备的产业链，具备经济发展的前提性基础。对于已经形成的

---

① 选编自2018年11月“江北新区公平竞争审查制度建设”课题组提交南京市江北新区管理委员会综合治理局的研究成果《公平竞争审查制度促进营商环境推动新区高水平发展》，课题组成员有：侯菁如、倪斐。

② 参见魏下海、董志强、张永璟：《营商制度环境为何如此重要？——来自民营企业家“内治外攘”的经验证据》，载《经济科学》2015年第2期。

③ 参见董志强、魏下海、汤灿晴：《制度软环境与经济发展——基于30个大城市营商环境的经验研究》，载《管理世界》2012年第4期。

经济规模，要确保既有产业和投资能发挥出最大价值；对于尚未落地成型的经济体，要能确保为其提供足够的吸引力，这些目标的实现，除了依赖于新区的地理自然因素之外，由政策起主要影响的营商环境是重要因素。营商环境的进一步优化，能促进既存的经济体迸发出更多的经济效益，同时吸引更多优质的经济推动加入，推动新区的发展步入更高水平。

公平竞争审查制度具有其理论和政策法规上的合理性，通过增加对政策制定机关的自我审查义务，有利于提高政策的合理性，优化市场管理规范，提升营商环境的正面效用。

（一）建立公平竞争审查制度的必要性

高效而有序的竞争是促进市场发展、保证市场活力的重要因素，但反竞争的传统思维定式在政府机构中还有存余，地方保护、行政垄断、行业壁垒等阻碍市场公平竞争的现象仍有存在。目前《反垄断法》和《行政诉讼法》对我国行政垄断的规制尚存在诸多现实困境，规制的效果并不显著，而公平竞争审查制度正是为规范行政权力提供的新思路和进行的制度创新。[①]市场需要通过建立公平竞争审查制度作为规制行政垄断路径的补充，以改善我国目前行政垄断的规制效果。[②]

公平竞争审查制度是政策制定机关对政策的自我审查，排除掉那些可能会影响市场竞争公平和活力的既存政策，提倡在政策制定过程中充分发挥对市场的尊重精神，从而最大限度地发挥政策的最优效用。公平竞争审查制度隐含了对经济效率和政府职能新定位的尊重，符合市场经济对政策的需求，具有制度本身的正当性和市场环境的适用性。

（二）公平竞争审查制度的实践价值

公平竞争审查制度在一定程度上是政府职能转变过程中与市场之间关系平衡的产物，该制度中包含的自我审查观念，是法治政府建设中对自我权力进行克制的表现。该制度赋予了政策制定机关对其政策的自我审查和优化义务，减少了存在不当干预市场经济政策存留，从政策源头降低对市场的不当干预。

营商环境受多方面因素影响，在自然因素不可更变的前提下，政策制度所带来的软环境是决定营商环境质量的关键因素。公平竞争审查制度不仅在实体政策排查上推动制度的优化，更在推行该制度的过程中展现了政府对政策审查的态度和决心，

---

① 郑鹏程、黎林：《澳大利亚公平竞争审查中的竞争支付制度及其启示》，载《价格理论与实践》2017年第11期。

② 参见朱静洁：《我国行政性垄断的公平竞争审查规制研究》，载《价格理论与实践》2017年第6期。

这是营商软环境建设过程中的积极信号。

二、机制构建

江北新区作为全国第十三个、江苏省唯一的国家级新区，不仅肩负着中央“三区一平台”建设的战略重托，还是目前唯一被国务院明确要求坚持“法治先行”的国家级新区，需在法治的框架下进行先行先试的市场经济管理体制改革创新，引领经济活力的进一步迸发。在《国务院关于在市场体系建设中建立公平竞争审查制度意见》(国发〔2016〕34号)、《江苏省政府关于在市场体系建设中建立公平竞争审查制度的实施意见》(苏政发〔2016〕115号)、《市政府关于在市场体系建设中建立公平竞争审查制度的实施意见》(宁政发〔2017〕128号)等文件的指引下，2017年11月2日，江北新区管委会出台《江北新区实施意见》以保障公平竞争审查制度的落地贯彻。

为了充分发挥国家级新区“先行先试”的战略优势，积极创新经济管理体制机制，更科学有效地实现公平竞争审查制度，南京市江北新区管委会综合治理局委托南京师范大学制定了《江北新区公平竞争政策审查办法》的建议稿(以下简称《审查办法》)。《审查办法》内容包括11条，分别从制定依据、审查范围、审查主体、审查标准、实施机制、社会意见征求程序、联席会议工作机制、评估机制、保障机制、解释主体和生效时间做了规定。

(一)依据法律规定，制定和审查新区政策

《审查办法》依照法律规定及相关文件精神，结合新区各职能机构分工，对公平竞争审查制度的审查范围、审查主体、审查标准和实施机制做了相关规定。

1. 审查范围。江北新区的经济建设活动中，新区管委会及各职能机构通过地方性法规专项决定承接的省市部分及区级行政管理权限，在新区直管区及共建区内拥有法定的政策制定权限，需按照公平竞争审查制度要求对于存量规范性文件、政策措施进行影响评估，对于法定权限内新增出台的政策文件进行公平竞争审查、自我审查。

新区范围内行政机关和法律法规授权的具有管理公共事务职能的组织(以下统称政策制定机关)制定市场准入、产业发展、招商引资、招标投标、政府采购、经营行为规范、资质标准等涉及市场主体经济活动的规范性文件和其他政策措施(以下统称政策措施)，应当依法进行公平竞争审查，评估对市场竞争的影响，防止排除、限制市场竞争。这种政策措施的制定，也应当提请市人大常委会或市政府同意后暂停或调整适用本市地方性法规、规章。

2. 审查主体。江北新区管委会及各职能机构作为适格的政策制定主体，以自身

名义出台的政策措施应当按照公平竞争审查标准及公平竞争审查要求进行自我审查。按照江北新区管委会及各职能机构职能规定，以新区管委会名义出台的政策措施由江北新区管委会公平竞争审查联席会议办公室负责牵头开展公平竞争审查工作，同时可由综合治理局配合进行合法性审查；以各职能机构名义出台的政策措施由各职能机构负责出具公平竞争审查书面报告，提交江北新区管委会综合治理局进行合法性审查。以多个职能机构名义出台的政策措施，由牵头部门负责公平竞争审查，其他职能机构在各自职责范围内参与公平竞争审查。

3. 审查标准。公平竞争审查标准参照国务院及省市公平竞争审查实施细则进行审查，依照国家政策对南京市江北新区产业支撑有特殊规定的，依其规定。公平竞争审查的审查标准通过国务院《关于在市场体系建设中建立公平竞争审查制度的意见》(国发〔2016〕34号)及市场监管总局等五部门《公平竞争审查制度实施细则》(国市监反垄规〔2021〕2号)明确为“十八不准”规定并进行了指标细化，同时就以上规定的政策突破行为明确了例外规定适用情形及适用要求。

对于符合《意见》例外规定适用情形的政策措施，政策制定机关应当对符合适用例外规定的情形和条件进行详细论证说明并形成书面报告。南京市江北新区公平竞争审查制度中有关审查标准的确立一方面应立足于维护全国统一市场、公平竞争秩序，另一方面基于江北新区“先行先试”权的特殊性，国家政策层面对新区产业发展有特殊规定的，应优先适用国家政策以保证南京市江北新区作为“自主创新先导区”战略职能的实现。具体到新区公平竞争审查工作中，审查标准依照“十八不准”规定及指标细化。

江北新区管委会可根据国务院及省市公平竞争审查实施细则的内容配套江北新区公平竞争审查标准解读。

4. 实施机制。《审查办法》指出，南京市江北新区管委会在出台相关政策措施前，由南京市江北新区管委会公平竞争审查联席会议办公室在30日内开始公平竞争审查工作。

南京市江北新区管委会各职能机构在出台相关政策措施前，应向南京市江北新区管委会公平竞争审查联席会议办公室报送公平竞争审查计划并制定书面公平竞争审查报告，由南京市江北新区管委会综合治理局负责合法性审查。

（二）建立社会意见征求程序，增强公众的参与度，提高决策科学性

《审查办法》指出，在进行公平竞争审查中，应当举行听证等形式，征求利害关系人意见或者向社会公开征求意见。江北新区特定行业政策措施出台前，可以征求专家学者、法律顾问、专业机构及社会公众的意见。上述社会意见应在公平竞争审查书面报告中予以说明并依法公开。

根据国务院及省市公平竞争审查制度实施文件，公平竞争审查制度明确了政策制定机关自我审查的审查主体要求，同时通过社会意见征求程序保证社会监督的外

部效果。就相关社会意见征求情况需按照政府信息公开程序依法公开。

江北新区在执行公平竞争审查社会意见征求程序中，应当征求利害关系人（参与相关市场竞争、上下游经营者、消费者以及政策措施可能影响其公平参与市场竞争的其他市场主体）意见。同时就新区特殊行业发展政策，可以根据政策情况通过公众参与程序、专家论证程序征求专家学者、法律顾问、专业机构及社会公众的意见，从而有效保证政策出台的合法性及专业性。在制定书面公平竞争审查报告时，应将社会意见征求情况如实记录并依法进行公开。听证会或论证会等形式公开征集利害关系人的意见或建议更利于征集各方意见、实现过程公开以利于公平、公正。

（三）建立健全配套保障措施，确保公平竞争审查制度的有效推行

1.建立联席工作机制。国务院及省市公平竞争审查制度实施文件明确了公平竞争审查联席会议工作制度，具体的联席会议工作机制及议事规则结合地方事务自行确定。

江北新区就公平竞争审查联席会议确立工作机制及议事规则应当由新区管委会负责，联席会议的牵头主体应结合新区法治实践及各职能机构职能进行确定。在具体的公平竞争审查工作中，对于存在较大争议或者机构意见难以协调一致的问题，应当按照议事规则交由联席会议进行协调处理。仍无法协调一致的，由政策制定机关提交上级机关决定。通过联席会议工作的协调，有助于更好地推进新区公平竞争审查制度的实施。

2.建立评估机制。根据国务院及省市公平竞争审查制度实施文件，公平竞争审查制度通过“规范增量政策措施”及“有序清理存量政策措施”两阶段实现。对于经公平竞争审查后出台的政策措施，应当建立定期影响评估清理机制。经评估认为妨碍全国统一市场和公平竞争的，应当及时废止或者修改完善。

江北新区在落实江苏省公平竞争审查制度实施文件的基础上，明确“每年”对新区政策措施进行自查，并按照联席会议办公室工作规则向其提交书面自查报告，以形成稳定运行的公平竞争审查工作制度。同时，新区结合自身实践将鼓励第三方评估机制创新，可委托第三方专业机构或者其他具有专业水平的组织或个人协助对政策措施进行公平竞争审查和定期评估，以形成更为中立客观的审查结论，使得公平竞争的市场秩序建立常态化维护机制。

3.建立保障机制。根据国务院及省市公平竞争审查制度实施文件，在建立公平竞争审查制度的同时需通过一系列保障机制以推进该制度的有效运行，公众宣传及工作人员培训是公平竞争审查制度落地的两项重要保障机制。

江北新区应当就公平竞争审查制度加大宣传培训和指导工作从而加强政策解读和舆论导引，增进社会对公平竞争制度的认识和理解，培育公平竞争文化，为新区开展公平竞争审查制度营造良好的舆论氛围，同时精准开展公平竞争审查工作。公众对公平竞争审查制度的认识加深、工作人员对政策把握水平提高，都将有助于公

平竞争审查制度在新区的规范落实。

结合江北新区的战略地位及各职能部门情况，切实有效地落实公平竞争审查制度，能有效地规范政策的出台与实施，从源头上由政府实现对市场管理过程中的规范性要求，进一步提升江北新区的营商环境，从而推动江北新区经济发展的同时，实现法治政府、法治社会整体建设迈上一个新的台阶。

第四节 | 新金融中心建设的产业保障①

作为我国第13个、江苏省唯一的国家级新区，南京江北新区自2015年6月获国务院批复以来，逐步形成了“自主创新先导区、新型城镇化示范区、长三角地区现代产业集聚区、长江经济带对外开放合作重要平台”的发展定位。随后，江北新区进一步聚焦思路，明确提出建设“两城一中心”，即建设“芯片之城”“基因之城”和“新金融中心”。

2017年，江苏省委、省政府明确表示，要充分发挥国家级新区的政策和体制优势，集中全省力量，在江北新区建设与上海金融中心错位发展的扬子江新金融集聚区，努力打造具有强大资本吸纳能力、产融结合能力和创新转化能力的全国一流新金融中心。南京江北新区新金融中心将打造成为辐射长江经济带、延伸全国、具有国际影响力的扬子江新金融集聚区，产融高度融合、全国一流的新金融示范区，金融科技创新发展之地以及保险创新试验区。

一、基础与目标

（一）南京江北新金融中心的功能定位

江北新区紧紧围绕“三区一平台”的战略定位，积极抢抓“一带一路”、长江经济带、长三角一体化三大国家战略机遇，加快推进创新名城先导区和“两城一中心”建设。作为区域新金融产业的承载区，江北新区中央商务区肩负起引领金融创新的使命。为了更好地落实省市两级的期待，基于实践与探索，新区逐步明确了中央商务区新金融产业定位：全国科创金融中心，与上海共同构筑长三角“金融双核”。根据规划，中心将围绕新科技（金融科技策源地）、新场景（产融结合示范区）、新开放（对外开放实验区）、新增量（增量机构集聚区）、新机制（沙盒监管、

① 选编自2019年12月“江北新区新金融中心建设的法治保障研究”课题组提交南京市江北新区管理委员会综合治理局的研究成果《南京江北新区新金融中心建设的法治保障》，课题组成员有：刘爱龙、王艳丽、秦康美；2019年12月26日智库咨询报告第117期《南京江北新区新金融中心建设的制度保障与政策激励建议》，报告撰写成员为：秦康美、刘旺红、刘爱龙；2019年12月“江北新区新金融中心建设的法治保障研究”课题组提交南京市江北新区管理委员会综合治理局的阶段性研究成果《网络借贷业投资者保护制度构建》，载《南京社会科学》2019年增刊，第66—71页，课题组成员有：秦康美、陈宇、陈超。

政策创新）五个方向来建设，最终形成以科技赋能金融助推实业，构筑“科技+金融+产业”融合发展的“五新”金融产业体系。[①]

江北新区“两城一中心”战略获得了丰硕成果。在“芯片之城”方面，目前，江北新区已集聚展讯通信、安谋电子、新思科技、晶门科技等集成电路上下游企业超过200家，国内排名前10的IC设计企业有一半落户新区。产业生态涵盖芯片设计、晶圆制造、封装测试等产业链上下游全部环节，形成以芯片设计为核心，集产、学、研、应用为一体的集成电路闭环产业链。逐渐成为全国集成电路设计、制造产业的新高地。在“基因之城”方面，江北新区集聚大健康产业链企业400余家，落户产业项目近200个；产业生态涵盖生物医药产业研发、原料生产、生物医药制造等全产业链环节。建成国家健康医疗大数据中心，年测序能力超50万人次，已成为全亚洲最大的基因测序基地。2018年，江北新区集成电路、生命健康等新兴产业均实现30%以上快速增长。[②]

依据新区规划，到“十三五”末，江北新区金融产业规模计划将集聚各类金融企业500家以上，集聚各类金融资本规模超过5000亿元，多层次资本市场上市企业100家，围绕芯片、基因等未来主导产业集聚股权投资机构200家，金融业增加值占GDP比重三年内达到全市平均水平。在发展改革初期，江北新区法治部门将协同各方，着力构建良好的制度框架与管理服务体系来保障辅助新区新金融中心的落地生根以及健康生长。

在建设总体规划上，南京江北新区新金融中心建设紧紧围绕实体经济，借助创新，不断优化向实体经济集聚发力的要素配置。把解决实体经济融资难、融资贵问题作为深化金融改革的出发点和落脚点，回归金融服务实体经济本源，特别是发挥金融对科技创新的支持。[③]新金融中心建设共分三步走：近期树立形象，中期规模集聚，远期实力示范。

具体而言，近期建设规划是依托健康险大数据创新试验区、知识产权金融创新试验区、绿色金融改革创新试验区的打造来凸显新金融产业特征，形成最鲜明的新金融产业特色。中期建设规划是规模集聚，持续发展金融科技、离岸金融、外资进入，积极探索打造全国首批金融监管沙盒试点，引领金融创新开放。远期建设规划是争创全国首个数字货币应用试点，集聚千家金融机构，构建长三角最完善产业金融生态，打造全国创新型产融中心。

---

① 龙昊：《江北新区，金融新城崛起有新意》，载《中国经济时报》2019年4月18日，第A02版。

② 龙昊：《江北新区，金融新城崛起有新意》，载《中国经济时报》2019年4月18日，第A02版。

③ 龙昊：《江北新区，金融新城崛起有新意》，载《中国经济时报》2019年4月18日，第A02版。

（二）南京江北新区新金融中心建设的实施路径

1. 实施路径一：创新

习近平总书记在全国科技创新大会、中国科学院第十八次院士大会、中国工程院第十三次院士大会暨中国科学技术协会第九次全国代表大会上指出："创新是一个系统工程，创新链、产业链、资金链、政策链相互交织、相互支撑，改革只在一个环节或几个环节搞是不够的，必须全面部署，并坚定不移推进。"①

创新链、产业链、资金链和政策链相互交织融合的结果就是，长三角区域各城市均依托自身优势和禀赋，打造特色化金融产业，初步形成了各具特色的金融业定位和产业体系——上海是国际金融中心，杭州确立了以支付为特色的全国互联网金融创新中心，苏州打造以"金融+科技"为特色的金融科技中心，宁波建设以航运保险、船舶融资等为特色的航运金融中心，合肥则积极发展金融中后台服务中心等。②

南京江北新区金融中心是针对某一区域或产业的金融集聚区，该区域内金融服务实体，产业特色则是围绕新区主打的芯片、基因产业。新金融中心的创新体现在具有国家战略意义的芯片工程技术和基因工程技术的创新、围绕着芯片产业和基因工程产业展开的产业链创新、服务于芯片产业和基因工程产业的金融业态的创新、政策和规范性文件的创新等各个环节和各个方面。

2. 实施路径二：协同

（1）政府与市场的协同。党的十八届三中全会明确指出，"使市场在资源配置中起决定性作用以及更好发挥政府作用"。政府的作用主要体现在通过一系列创新创业大赛，建立企业和项目数据库，筛选企业提供资金支持；设立专职机构与完善政策法规体系。通过各类研发基金的设立，解决科技创新项目融资困难的问题；提供一系列政府资金支持的孵化器项目，解决创业者创业初期无法获得资金的问题。③

（2）政策与法律的协同。政策与法律的协同是当下协同治理的关键因素。江北新区新金融中心建设的政策与法律的协同基础是新区经济社会发展的实际状况。新区政策既要符合国家宪法和法律尤其是金融法律的规定，又要在内容上有所突破，尤其是在产业政策和投融资政策上具有鲜明的个性和吸引力，这就要求新区的地方

---

① 刘恒怡、宋晓薇：《基于金融支持视角的全球科创中心建设路径研究》，载《科学管理研究》2018年第4期，第101页。

② 龙昊：《江北新区，金融新城崛起有新意》，载《中国经济时报》2019年4月18日，第A02版。

③ 参见刘恒怡、宋晓薇：《基于金融支持视角的全球科创中心建设路径研究》，载《科学管理研究》2018第4期，第103页。

性法规凸显新区的产业政策和投融资政策，二者高度协同。

（3）资本市场与产业业态的协同。新金融时代金融创新速率正在加快，互联网技术的发展赋予了新金融中心建设创新发展的新内涵，使新区政府能够为新区的“居民”量身定制金融产品与服务。新区的主要产业业态是芯片和基因工程，必须围绕着芯片业和基因工程业两大产业的发展来完善多层次资本市场，发挥辐射效应。

3.实施路径三：融合

（1）业态融合。金融、产业、科技三者融合。江北新区正全力建设扬子江新金融中心，积极探索金融与产业、科技的有效融合，充分发挥金融对产业发展支持作用和对科技进步的促进作用，为江北新区打造全省创新策源地、引领区和重要增长极提供有力的金融支撑。[①]譬如，创新科技投入方式，推动“创新贷”“助保贷”工作，既解决企业融资难题，同时又降低企业的融资成本；完善科技保险补贴政策，积极宣传动员新区内重点企业购买投保科技保险险种，按企业实际支出保险费用的固定比例进行补贴；鼓励企业积极参与专利权质押融资，充分发挥企业专利权的价值作用。

（2）区域融合。一是都市圈整合与融合。扬子江江苏段两岸分布着南通、泰州、扬州、苏州、无锡、常州、镇江、南京8个举世瞩目的城市，国土面积约5.1万平方公里，人口近5000万，是中国产业体系中最完整、创新能力最强、城镇分布最密集、开放程度最高的区域之一，具有深度融合发展的良好条件和现实需求。二是借助上海中心城市作用，推进南京、杭州、合肥、苏锡常等都市圈实现同城、跨城发展，延伸沿海发展带、沿江发展带，提升城市聚合和空间效率。[②]

（三）南京江北新区新金融中心建设的法治建设目标

探索新区新金融中心建设法治保障路径，结合江北新区地方法治发展状况和国内外金融中心建设的基本规律，建立完善江北新区新金融中心建设的法治保障体系，促进江北新区金融业健康发展。按照“打造法治营商环境，驱动江北新区金融业更好为产业服务”的宗旨，逐步建立起一整套具有针对性的组织架构和创新的法治金融管理体系。

按照党的十八届四中全会的要求，全面依法治国需要建立健全中国特色社会主义法治体系。因而，南京江北新区新金融建设的法治任务是要建立健全具有南京江北新区特色的完备的金融法律规范体系、高效的金融法治实施体系、严密的金融法治监督体系、有力的金融法治保障体系。在新金融中心建设初期，首要任务是建立

① 参见龙昊：《江北新区，金融新城崛起有新意》，载《中国经济时报》2019年4月18日，第A02版。
② 参见龙昊：《江北新区，金融新城崛起有新意》，载《中国经济时报》2019年4月18日，第A02版。

健全适用于江北新区产业集聚型特质的法律规范体系。当前，这一规范体系主要围绕着芯片和基因工程两大实体产业的金融支持及其服务监管来设计和展开。

新金融中心建设的法治路径，是在全面推进依法治国进程中，立足于新金融业态法治的基础上，广泛吸收借鉴国际国内金融中心建设尤其是产业集聚型金融中心的法治保障经验，建立健全具有国家战略意义的芯片工程和基因工程两大产业的法治保障体系，凸显科技金融法治、绿色金融法治、离岸金融法治相融合的法治建设道路。

二、规范与适用

（一）金融业国家立法的现状及其主要问题

1.金融业国家立法的现状

我国金融法治建设大体可以分为三个阶段：一是金融法律制度奠基阶段（1978—1994年），二是金融法律制度框架形成阶段（1995—2011年），三是金融法治建设全面推进阶段（2012年以来至今）。

1983年9月国务院发布《关于中国人民银行专门行使中央银行职能的决定》，正式确立中央银行制度。1986年1月国务院发布的《银行管理暂行条例》，明确了人民银行、专业银行和其他金融机构在我国金融体系中的法律地位及职责、银行业务运行规则，为信用工具的使用和发展提供了法律保障。随着金融改革从银行业扩展到保险、证券等行业，《保险企业管理暂行条例》《企业债券管理条例》《股票发行与交易管理暂行条例》《证券公司管理暂行办法》等法规、部门规章先后颁布，促进了非银行金融体系发展，推动了金融市场的建立。国务院还相继制定了《外汇管理暂行条例》《金银管理条例》《现金管理暂行条例》《储蓄管理条例》等法规，为这些业务领域的管理与运营确立了基本规则。为配合金融对外开放和涉外业务开展，《经济特区外资银行、中外合资银行管理条例》《境外金融机构管理办法》《外资金融机构管理条例》等行政法规陆续颁布。①

1995年被誉为我国“金融立法年”，全国人大常委会在这一年内相继通过了《中国人民银行法》《商业银行法》《保险法》《票据法》《担保法》《全国人大常委会关于惩治破坏金融秩序犯罪的决定》，在较短的时间内搭建起了我国金融法律规范的基本框架。1998年全国人大常委会通过了《证券法》，2001年通过了《信托法》，促进了信托市场的健康规范发展。同时国务院陆续制定发布了《外汇管理条例》（1996年）、《期货交易管理暂行条例》（1999年）、《人民币管理条例》

① 参见刘向民：《我国金融法治建设四十年》，载《中国金融》2018年第15期。

（2000年）、《外资保险公司管理条例》（2001年），标志着我国金融法律制度框架进一步完善。2003年12月全国人大常委会修订了《中国人民银行法》《商业银行法》，并通过《银行业监督管理法》《证券投资基金法》。2006年全国人大常委会通过《反洗钱法》，确立了我国反洗钱监管体制，明确了金融业和特定非金融行业反洗钱要求。2004—2009年，《保险法》《票据法》《证券法》《外汇管理条例》等先后修改，《外资银行管理条例》《期货交易管理条例》《机动车交通事故责任强制保险条例》等法规相继出台或修改，保障了金融市场、机构、业务等的规范发展。①

2. 金融业国家立法存在的问题②

当前我国金融立法存在法律体系不够完备的突出问题。从横向上看，主要表现为上位法存在空白。一方面，缺少《期货交易法》《金融控股公司法》《金融消费者保护法》等基础性法律；另一方面，现有上位法覆盖范围过窄，很多金融业务尚未纳入法律范畴。特别是随着金融不断深化，金融新业态不断涌现，这一问题越来越突出。例如，在借贷关系上，小贷公司、典当行、担保公司等非存款类机构，以及民间借贷（地下钱庄、P2P）等实际上从事的是金融业务，但在上位法中却没有法律地位，其金融机构或金融活动的性质不被认可，经营行为不受监管，潜在的金融风险不断加大。再如，在证券的界定上，目前大量存在的非公开发行或非标准化的证券资产（包括在银行间债券市场发行的债务融资工具、短期融资券、中期票据；在场外市场发展起来的私募股权、私募债等），也未在上位法上明确地位，在很大程度上影响了中国私募市场的发展。

从纵向上看法律层次不清。现有一些法律如《信托法》《证券法》《保险法》等都是混合立法，即将交易法和行业法糅合在一个法律之内，且偏重于行业立法，对于交易活动的立法相对薄弱。而在国外，大多对业务和机构是分别立法的。如既有《信托法》也有《信托业法》，既有《保险法》也有《保险业法》。前者属于商法范畴，是基本法；后者属于监管法范畴，是操作法。混合立法的益处是相对简单，缺点是将某一类金融交易活动归为一个行业，容易造成监管分工不清和监管空白等问题，甚至演变成主要为监管者立法。例如，信托是一种财产所有人在一定的信托目的之下将财产交付受托人管理的民事法律行为，信托行为的主客体极为广泛。但是现有法律将信托行为规范与信托业规范合为一体，并将监管信托业的职能赋予中国银监会，结果是一方面只有银监会批准的信托公司才能从事信托业务，另一方面银行、证券、保险等机构从事的大量理财业务又是事实上的信托行为，各监管机构不

① 参见刘向民：《我国金融法治建设四十年》，载《中国金融》2018年第15期。

② 郑金宏、王刚、张承惠：《我国金融法律体系的现状与缺陷》，载《中国经济时报》2015年7月22日。

得不制定各自的监管办法，造成监管制度的不一致。

（二）南京江北新区新金融中心建设适用的国家主要法律法规

表6-2　南京江北新区新金融中心建设适用的国家主要法律法规

类别	法律法规	立法主体	内容概述	时间
企业类	中华人民共和国中外合资经营企业法	全国人大	为了扩大国际经济合作和技术交流，允许外国公司企业和其他经济组织或个人按照平等互利的原则，经中国政府批准，在中国境内，同中国的公司或企业或其他经济组织共同举办合营企业。	2001年3月15日生效，2016年9月3日修正
	中外合资经营企业合营期限暂行规定	国务院	中外合资经营企业合营期限。	1990年10月22日生效，2011年1月8日修正
	外商投资企业设立及变更备案管理暂行办法	国务院	进一步扩大对外开放，推进外商投资管理体制改革，完善法治化、国际化、便利化的营商环境。	2016年10月8日发布并实施
	关于促进中小企业健康发展的指导意见	国务院办公厅	坚持新发展理念，以供给侧结构性改革为主线，以提高发展质量和效益为中心，按照竞争中性原则，改进服务保障工作，打造公平便捷营商环境，破解融资难融资贵问题，进一步激发中小企业活力和发展动力，提升创新发展能力。	2019年4月7日印发
	关于实施《中外合资经营企业合营期限暂行规定》的有关问题	外经贸部	中外合资经营企业合营期限。	1991年6月24日发布，1991年6月24日实施
	关于解决企业董事不出席董事会会议问题的指导意见	外经贸部	解决董事不出席董事会会议而致使董事会不能作出有效决策的现象时有发生，维护企业、企业股东和企业债权人的合法权益，同时减少审批管理部门为解决企业内部矛盾纠纷而产生的问题。	1998年4月20日颁布
	关于外商投资企业合并与分立的规定	外经贸部、商务部	外商投资企业合并与分立。	2001年11月22日实施，2015年10月28日修正

续表

类别	法律法规	立法主体	内容概述	时间
企业类	关于外商投资企业申请延期有关问题的意见	商务部	处理外商投资企业超过法定期限申请延长经营期限问题。	2004年11月11日颁布
	关于实施进一步支持和服务民营经济发展若干措施的通知	国家税务总局	落实和完善政策，促进民营企业减税降负；持续优化营商环境，增进民营企业办税便利；积极开展精准帮扶，助力民营企业纾困解难；严格规范税收执法，保障民营企业合法权益；切实加强组织实施，确保各项措施落实见效。	2018年11月16日
	外商投资合伙企业登记管理规定	工商行政管理总局	规定了外商投资合伙企业的设立登记、变更登记、注销登记、分支机构登记、登记程序、年度报告公示和证照管理、法律责任。	2010年3月1日施行，2014年2月20日修订
投投资类	中华人民共和国外商投资法	全国人大	进一步扩大对外开放，积极促进外商投资，保护外商投资合法权益，规范外商投资管理，推动形成全面开放新格局，促进社会主义市场经济健康发展。	2020年1月1日起施行
	国务院关于扩大对外开放积极利用外资若干措施的通知	国务院	进一步积极利用外资，营造优良营商环境，继续深化简政放权、放管结合、优化服务改革，降低制度性交易成本，实现互利共赢。	2017年1月12日发布并实施
	国务院关于积极有效利用外资、推动经济高质量发展若干措施的通知	国务院	积极有效利用外资推动经济高质量发展，出发点是要营造公平透明便利的、更有吸引力的投资环境，借鉴国际通行引资政策的框架，从投资自由化、投资便利化、投资促进、投资保护、优化区域开放布局、推动国家级开发区创新提升这六个方面提出了措施。	2018年6月15日
	关于修改《外商投资企业设立及变更备案管理暂行办法》的决定	商务部	推进外商投资管理体制改革，体现简政放权、放管结合、优化服务的改革方向，对于外国投资者并购境内非外商投资企业以及对上市公司实施战略投资，不涉及特别管理措施和关联并购的，适用备案管理。	2017年7月30日发布并实施

续表

类别	法律法规	立法主体	内容概述	时间
投资类	外商投资准入特别管理措施（负面清单）2018年版	发改委、商务部	外商投资准入的负面清单。	2018年6月28日发布，2018年7月28日起实施
其他类	国务院关于推进文化创意和设计服务与相关产业融合发展的若干意见	国务院	推进文化创意和设计服务等新型、高端服务业发展，促进与实体经济深度融合。	2014年3月14日发布
	国务院办公厅关于促进开发区改革和创新发展的若干意见	国务院办公厅	进一步发挥开发区作为改革开放排头兵的作用，形成新的集聚效应和增长动力，引领经济结构优化调整和发展方式的转变。	2017年1月19日发布并实施

（三）南京江北新区新金融中心建设适用的地方性法规和规章

表6–3　南京江北新区新金融中心建设适用的地方性法规和规章

类别	法规名称	立法主体	立法内容	立法时间
产业类	关于降低实体经济企业成本的意见	江苏省政府	深入推进供给侧结构性改革，切实降低实体经济企业成本，进一步优化发展环境，提升企业盈利能力。	2016年3月4日发布
	江苏省政府关于加快发展先进制造业振兴实体经济的若干政策措施	江苏省政府	促进先进制造业加快发展，大力振兴实体经济。	2017年3月20日发布
	关于知识产权强省建设的若干政策措施	江苏省政府	加快建设知识产权强省，切实保护和激励创新；强化知识产权领域“放管服”改革，突出市场导向，释放政策效应，充分发挥知识产权制度对创新资源、产业资源的优化配置作用。	2017年4月1日

续表

类别	法规名称	立法主体	立法内容	立法时间
产业类	江苏省关于加强对外合作交流鼓励外资参与养老服务业发展的意见	江苏省民政厅、商务厅等	将养老服务业作为我省服务业有序开放的重点领域，降低外资准入门槛，下放审批权限，改善投资环境，落实优惠政策，注重引进吸收。	2015年6月26日
	中共南京市委南京市人民政府关于支持民营经济健康发展的若干意见	中共南京市委	支持引导非公有制经济发展，坚定不移推动民营企业走向更加广阔的舞台，营造民营经济更好发展环境，激发民营企业创新活力，充分发挥民营经济作为推进供给侧结构性改革、推动高质量发展、建设现代化经济体系的重要主体作用，促进全市民营经济健康发展，建设“强富美高”新南京。	2018年11月25日
	南京市关于深化医药卫生体制改革建设现代医疗卫生体系的意见	南京市政府	加快构建现代医疗卫生体系，不断提高城乡居民健康水平。深化医药卫生体系改革，创新体制机制，力争用5年到10年时间，实现“六个提升”。	2010年2月24日
	南京市推进文化创意和设计服务与相关产业融合发展行动计划（2015—2017年）	南京市政府	以建设全国重要文化创意中心为目标，以“文化创意+”为实施路径，加快提升以文化软件服务、建筑设计服务、专业设计服务和广告服务等为主要内容的文化创意和设计服务产业发展水平，推进与相关产业融合发展，推动文化建设迈上新台阶，促进经济提质转型增效，全面提升文化软实力和经济竞争力。	2015年11月10日
	关于进一步降低企业成本 促进企业持续健康发展的意见	南京市政府	深入推进供给侧结构性改革，降低企业生产成本，增强企业盈利能力，解决实体经济企业的用工、用电和物流、用地、融资成本等问题。	2016年4月18日
	南京市创意文化产业空间布局和功能区发展规划（2016—2020年）	南京市政府	充分发挥市场在配置资源中的作用，引导文化资源和产业要素按照产业链、供应链、服务链聚集，破除区域之间、产业园区之间以及企业之间的同质化竞争。	2016年7月26日

续表

类别	法规名称	立法主体	立法内容	立法时间
产业类	南京市新兴产业发展基金实施方案（试行）	南京市政府	充分发挥市场在资源配置中的决定性作用，助推新兴产业项目引进和企业成长。	2017年7月17日
	南京市民营企业转贷互助基金实施暂行办法	南京市政府办公厅	助力民营企业解决到期银行贷款转贷资金周转困难，切实降低企业融资成本，防范金融风险。	2018年12月8日
	南京市打造新能源汽车产业地标行动计划	南京市政府办公厅	以打造自主可控的产业体系为主线，逐步清除低端低效产能，重点推进纯电动汽车、插电式混合动力汽车、燃料电池汽车开发，积极布局智能网联汽车产业，着力提升新能源汽车产业自主创新和核心竞争能力。	2019年1月4日发布
	南京江北新区科技成果转化贷款风险补偿资金管理办法（试行）	南京江北新区管委会	目的旨在为促进科技成果转化，加强科技资源与金融资源紧密结合，提升企业自主创新能力，江北新区财政安排科技成果转化贷款风险补偿资金，用于江苏省科技成果转化贷款的风险补偿。	2018年3月12日
	加快建设扬子江新金融集聚区的若干意见	南京江北新区管委会	从金融企业落户奖励、办公用房支持、经济贡献奖励，到金融高端人才引进、金融项目创新支持、投资风险补偿等形成全链条扶持政策体系。江北新区新金融中心，以CBD资产管理与证券化中心、创业创新基金小镇为载体，重点发展资产管理、股权投资、金融科技、创新保险等新金融业态。	2018年4月10日
投资类	江苏省保护和促进台湾同胞投资条例	江苏省人大	保护和鼓励台湾同胞在本省投资，促进江苏与台湾两地经济合作和发展。	2012年9月26日发布，2012年12月31日实施
	江苏省政府关于扩大对外开放积极利用外资若干政策的意见	江苏省政府	推动我省新一轮高水平对外开放，抓住机遇积极引进外资，提高利用外资水平和质量。	2017年4月7日

续表

类别	法规名称	立法主体	立法内容	立法时间
投资类	关于鼓励跨国公司在我省设立地区总部和功能性机构的意见	江苏省商务厅、江苏省财政厅	鼓励跨国公司在我省设立地区总部和功能性机构，进一步提高利用外资的质量和水平，推动我省新一轮高水平对外开放。	2018年11月5日
	关于进一步扩大对外开放加快利用外资若干措施的意见	南京市政府	全面落实国家新一轮高水平对外开放政策，进一步提高全市利用外资水平和质量。	2017年5月19日
其他类	省政府关于印发江苏省优化口岸营商环境促进跨境贸易便利化实施方案的通知	江苏省政府	落实精简进出口监管证件和优化办证程序的有关要求；大力提升口岸监管与服务效能，进一步压缩口岸整体通关时间，初步实现口岸治理体系和治理能力现代化，形成更有活力、更富效率、更加开放、更加便利的口岸营商环境。	2019年3月5日发布并实施
	中共南京市委南京市人民政府深化行政审批制度改革加快简政放权激发市场活力重点任务分解	中共南京市委	进一步深化我市简政放权放管结合优化服务，破除束缚发展的体制机制障碍，着力降低制度性交易成本，切实转变政府职能，创造便利创业创新的营商环境。	2017年1月25日
	南京市优化营商环境100条	中共南京市委	进一步转变政府职能，提高政务服务效能，加快形成法治化、国际化、便利化的营商环境，打造全国营商环境最优的示范城市，更好地服务企业发展，激发市场活力和创新动力。	2018年9月3日
	关于优化升级“创业江北”人才计划十策实施办法	江北新区管委会	在持续推进“创业江北”人才计划十策的基础上，进一步优化升级重点人才工程政策机制，深化创新名城先导区建设，加快将江北新区打造成为长江经济带创新支点。	2018年3月14日

三、问题与完善

（一）金融监管法治保障——以网络借贷为例

地方金融监督主要针对非正规金融机构行为及业务（类金融）进行监管，而这些类金融机构及业务具有分散性，具体条件不一致，不能一一而论，但监管思路基本一致，而网络借贷业涉及面广，风险大，故仅以此为例介绍地方类金融监管法治保障。

1.金融监管法治的现状

就金融监管机构而言，根据中共南京市委办公厅宁委办发〔2019〕64号文件：《南京市地方金融监督管理局职能配置、内设机构和人员编制规定》，南京市地方金融监督管理局有关监管方面的职责主要体现在：

（1）类金融机构和业务的监督管理。文件具体规定：第一，依照权限负责辖区内小额贷款公司、融资担保公司（含融资再担保公司）、典当行、融资租赁公司、商业保理公司、区域性股权市场以及从事经中央金融管理部门批准可开展金融企业不良资产批量收购处置业务的地方资产管理公司的监督管理。第二，依照权限负责强化对全市开展信用互助的农民专业合作社（含农民资金互助合作社）、具有金融属性但不属于中央金融管理部门监管的投资公司、社会众筹机构和地方各类交易场所的监督管理。

（2）金融风险防范和处置职责。文件具体规定：第一，推动落实金融风险防范处置属地责任，组织协调有关部门防范化解地方金融风险、处置地方金融突发事件和重大事件，协同配合驻宁中央金融管理部门健全全市金融风险监测预警体系和早期干预机制。第二，组织协调有关部门依法做好防范和处置非法集资工作，承担市处置非法集资工作领导小组办公室的日常工作。配合有关部门依法防范和查处非法金融机构和非法金融业务。

（3）职能转变。进一步明确职能定位，强化监管职责，加强审慎监管、行为监管和金融消费者保护，守住不发生系统性金融风险的底线。按照“放管服”改革要求，依法规范事前审批、提高审批效率，推进审批服务便民化，加强事中事后监管，提升地方金融监管效率。优化金融营商环境，进一步提升服务水平，更好地发挥金融服务实体经济功能。

从最新文件来看，当前除了正规金融机构及业务包括银行、证券、保险、信托机构和业务由银保监会承担监督管理，其他类金融机构及业务应该由地方金融监督管理局进行监督管理。

就类金融机构准入而言，除了小额贷款公司由地方金融监管局批准以外，其他都实行登记备案。其中，针对P2P网贷平台的准入，我国对网络借贷平台的设立就是按照公司法对一般公司的要求设立，而我国公司法对于公司设立没有注册资本法定限额限制，也没有专业的借贷从业人员的要求，只需要按一般企业到工商注册登记即可成立，成立后需要去地方金融监管部门进行备案。这就导致前期平台数量快速增长。但互联网金融行业是个专业很强的行业，需要有专业的从业人才，需要一定的自有资金来支持平台。当前平台设立制度导致很多平台的存活期很短，问题平台频现，对整个互联网金融行业的影响巨大，提高准入门槛势在必行。至于其他类金融机构准入，根据2018年5月14日《商务部办公厅关于融资租赁公司、商业保理公司和典当行管理职责调整有关事宜的通知》，制定融资租赁公司、商业保理公司、典当行业务经营和监管规则职责划至银保监会，有关职责由银保监会履行。

2. 金融监管法治的问题——以P2P平台为例

（1）立法滞后。当前类金融机构的监管主体不明确，自然监管职责、监管职权、监管措施等都无从说起。当前虽然有地方金融监督管理局挂牌成立，但由于缺失相关立法，导致地方金融监督管理局还不能行使其职能。其他地区已经有相关的地方法规开始实行：山东是全国最先出台的省份，《山东省地方金融条例》自2016年7月实行。然后是《河北省地方金融监督管理条例》，于2018年5月开始实施；此外，《四川省地方金融监督管理条例》（NO：SC132811）已由四川省第十三届人民代表大会常务委员会第十次会议于2019年3月28日通过，自2019年7月1日起施行；2019年5月30日，天津市第十七届人大常委会第十一次会议审议通过了《天津市地方金融监督管理条例》，于2019年7月1日起正式实施。

（2）类金融机构准入门槛过低。当前类金融机构除了小贷公司以外，其他都是按照公司法设立，准入门槛低。以网络借贷平台为例，当前网络借贷平台准入门槛的缺失是问题平台频发的主要原因之一。由于缺少准入门槛，导致网贷平台“野蛮生长”，不少实力不够及从业经验不足的机构与人士进入，由于经营不善或风险控制力不强而造成一些缺乏资质的平台不断爆发风险性事件，严重影响了行业正常秩序和金融稳定。具体而言，当前平台的设立制度存在如下五点问题：

一是备案登记制度存在一定的风险。目前由地方政府金融办对网络借贷平台进行备案登记，地方政府金融办对平台进行评估，备案制只能对平台的信用有所影响，并不能影响平台的设立，因为即或金融办对于平台信用评分较低，平台仍然能进入市场，监管部门也不能因此采用行政处罚等强制措施。而在审批制条件下，立法会设置各个审批事项，使符合条件的平台才能进入市场。未获得审批不能设立，更不能从事经营活动。因而，正是由于当前的备案制未实质性把关进入门槛，使得问题平台频现。

表6-4 中国P2P平台发展数据[①]

交易年	累计平台数量（个）	问题平台数量（个）	问题平台占当年平台数量比例（%）
2012年以前	50	10	20
2012	250	6	2.4
2013	1050	76	7.2
2014	2684	275	10.2
2015	5135	1207	23.5
2016	5881	1855	31.5
2017	6376	2003	31.4
2018（11月）	6429	2579	40.11
2018（6月）南京市	69	44	63.77

从表6-4中可看出，网络借贷在我国得到了快速发展，但在高速增长的同时，问题平台也很多。问题平台随着平台数量增加而快速增加，其比例也在快速上升，约有30%左右的平台产生问题，南京甚至达到63%的比例，这些问题平台的主要问题是跑路、停业、提现困难及经侦介入。[②]问题平台存在，一方面致使参与到平台中的投资者权益得不到保护，投资者对于融资方并没有具体的详细信息，一旦平台出现问题，投资者基本不能找到融资方；另一方面问题平台出现，给互联网金融这个新兴行业带来阴影，使投资者们不再信任这个行业，会产生互联网金融挤兑风险，极大地不利于这个行业的发展。[③]

二是平台设立成本低。由于目前对平台的设立没有最低注册资本金的限制，导致设立成本很低。平台设立数量在我国快速增长，但平台规模小导致其抗风险能力差，最终出现平台倒闭潮；同时，由于设立成本低，平台的违约成本低，平台违规经营机会会更大。

三是对发起人资格没有限制。近年来，问题平台的数量越来越多，与发起人有着很大的关联，一些P2P网贷平台虽然名称不一样，但其实际控制人却是同一人。

---

① 根据第三方资讯平台网贷之家数据编写而来。

② 网贷之家/网贷数据：http://shuju.wdzj.com/problem-1.html，2017年3月20日访问。

③ 参见秦康美：《互联网金融领域“投贷联动”制度构建——以小微企业融资为视角》，载《黑龙江社会科学》2018年第5期。

四是对从业人员资格没有限制。P2P网络借贷平台运营是否良好与从业人员专业素养和专业技能密切相关。由于金融行业的特殊性，其对专业知识和经济前瞻性的要求较高。

五是与准入有关的制度不配套。当前与P2P网络借贷平台有关配套制度，如信息披露制度、风险准备金制度、第三方担保审查制度、平台资金第三方存管制度的缺乏，给P2P网贷平台的准入带来风险。

（3）P2P网贷平台退出制度不健全。从目前有关P2P退出的规定来看，2013年由相关企业和科研机构等自发成立的中国小额信贷联盟与会员签署发布了《个人对个人（P2P）小额信贷信息咨询服务机构行业自律公约》，可以说这是首部P2P网络借贷行业自律公约，这也标志着P2P网络借贷行业自律的开始。同年，上海市网络信贷服务业企业联盟发布了《网络借贷行业准入标准》。这两个公约都是在政府鼓励下成立的行业自律社会团体发起、组织和倡导的，但是这些社会组织团体的组织建设能力较为薄弱、组织能力较为有限。尽管公约在行业市场退出制度方面明确了提前通知义务、成立退出执行工作的要求，但并未对市场退出标准及退出程序作出具体安排，惩戒措施也不到位。此外，其成员中所包括的平台所占的市场份额不足以影响整个行业的布局，体现不出行业自律规范实施的具体实践效果。直到2015年年底，全国性的行业自律组织“中国互联网金融协会”才得以在政府支持下组建成立，其在2016年发布《中国互联网金融协会会员自律公约》《自律惩戒管理办法》等5项文件，但多为平台应遵守的原则性条款，包括合法运营、各方监督等框架性建议，在退出制度方面的规定缺乏，缺乏行业退出救济制度。文件推出的时间还不长，其效果还有待考察，目前其发挥的自律作用有限，章程的公信力和执行力有待提高。

2016年银监会联合多部门发布了《网络借贷信息中介机构管理暂行办法》，其在退出制度的内容安排上主要包括平台暂停、终止业务时平台的公告义务；平台因解散或宣告破产而终止的义务规定；平台发生重大事件的报告义务；平台清算时的平台义务、借贷合同的效力、第三方存管以及破产隔离制度。其中，平台因解散或宣告破产而终止的，应当在解散或破产前，妥善处理已撮合存续的借贷业务，清算事宜按照有关法律法规的规定办理。由此看出，该办法未真正解决P2P网络借贷平台在退出过程中遇到的问题。这些规则只是明确平台退出不影响借贷双方的权利和义务，借贷双方的资金属于各自所有不属于平台资产，不得纳入平台资产进行清算。

首先，该办法对于平台退出后如何处理仍然存续的借贷业务没有具体规定，只是规定平台要妥善处理好存续的借贷业务，对于一个处于倒闭或破产状况的企业来说，其本身境况肯定非常糟糕，让这样的企业去处理未完成的借贷业务是很难做到妥善的处理结果，同时也没有人员愿意去处理，因为对于平台的投资人来说只有清算义务，对于平台的高管来说只负有尽责完成本职工作，但当平台终止时未完成借贷业务不属于清算范畴，平台高管也不需要工作，自然也不再负责这些工作；对于新成立的清算组或破产管理人来说现有的法律制度也未要求其处理借贷业务，清算组或破产管理人只负责清理平台的资产和债务，并不负责不属于平台资产和债务的处理。因此，该办法对于平台终止后妥善处理仍然存续的借贷业务并没有设置具体的规则，现有的制度也很难做到妥善处理，因而，平台终止后仍然存续的借贷业务会受到影响，我国应该对于妥善处理存续的借贷业务设置具体的规则。

其次，该办法没有明确借贷双方资产归属的具体情形。借贷双方的资产有多种情形，有时很难明确界定是谁的资产。比如，平台终止前，投资人已经将资金划转到平台账户上，项目仍然在筹集期内，此时平台终止了，此时资金属于谁的不能确定；再如，平台终止前，借款人已经将贷款返还到平台账户，但平台还未将资金转给投资人，此时资金属于谁的也没有规定。

最后，该办法没有规定平台终止后业务是否继续。当一个网络借贷平台终止后，平台上正在募集期的项目是应该结束还是应该继续募集后由平台妥善处理不得而知。此外，该办法也没有对风险准备金的清偿规则作出规定。当前很多平台风险都会有所防范，行业里通常做法是提取风险准备金，然而风险准备金是否一定就有保障、其本身是何性质、属于担保还是风险防范都是当前争议之处，同时如果出现风险时风险准备金按什么顺序清偿也有争议。对于行业中平台提取风险准备金的做法，立法应该尊重行业惯例，但应该设置规则使这一保护投资人的惯例能切实起到保护作用。

总之，当前有关P2P网贷平台的退出制度没有规定有关平台的退出标准和退出程序，也没有规定平台终止实体义务及投资人保护，最终会使投资人得不到充分保护，影响投资人利益及损害新兴行业的形象，同时会带来社会的不稳定。

完备的市场主体法应该要有主体设立、变更及终止制度，也要有主体运营规则及义务。目前我国法律对于网络借贷平台的设立、变更作了相应的规定，但对于平台的终止制度没有作出规定，只能参照一般的企业法来进行，这显然不利于保护投资者的利益，尤其是在当前问题平台多，行业信心指数下降时期，建构平台的退出机制就尤为必要。因此，我国法律应该对于网络借贷平台特别增加有关退出制度的规定。

（4）类金融业务中投资者保护不力。一方面，合格投资者制度尚不完善。《网络借贷信息中介机构业务活动管理办法》第14条确立了合格投资者的两个条件：一个是要熟悉互联网；另一个就是拥有非保本类金融产品投资经验。然而，符合这两个条件并不意味着投资人能正确识别和防范P2P网络借贷中的各种风险。网络借贷具有金融天然的高风险性，从风险来源分析，具体包括网贷平台自身带来的风险（非法集资风险、流动性风险、信息技术风险）、来自借款方的违约风险、来自第三方担保机构的担保风险。由此可见，错综复杂的金融风险仅仅依靠熟悉互联网显然是不够的，更不能说明投资人了解P2P网络借贷。拥有非保本类金融产品投资经验并不意味着投资人有相对应的实力面对P2P网络借贷的问题。投资人作为投资者存在风险与自身不匹配即不适当问题，主要体现在投资者对投资项目不能正确认知，投资收益的心理预期高，对投资可能造成的损失不充分预见及承受，一旦投资出现损失会超出其心理预期，这将导致其对市场失去信心，从而引起市场动荡，为防止网络借贷业的市场动荡，立法应该规定投资者对金融风险吸收能力能够与金融风险相互匹配，从而维护市场信心。①另一方面，投资金额没有限制。类金融机构中的投资人多为个人，这些投资人对于投资风险不能很好了解，在追求利益最大化目标下，可能将自己所有的财产全部用来投资，甚至可能将自己的唯一住房抵押借款来投资，一旦产生风险会极大影响到投资人的工作和生活。另外，类金融机构投资中存在典型的羊群效应现象，②这是由于投资人对于借款人的信息不了解，投资人会选择大家都爱投资的项目进行投资，这样的行为就会使投资变得不理性，尽管最先选择投资的投资人是理性的个人行为，但这个行为只能对他是理性的，是适合他的行为，如果别人效仿他，别人的情形与他不一定相同或类似，因此别人的效仿行为就会变得不理智，进而扩大到线下及网络上广大的投资人，就会变成群体市场动荡和从众现象。③投资人知识欠缺及从众心理在一般线下投资及网络行业中就是一个很大的风险。

与此同时，信用体系不完善。当前非法集资案件频发，导致P2P网贷风险爆发的根本原因是我国的信用体系不完善。以网贷平台为代表的类金融机构无法使用央行的征信系统，相互之间也没有联网，难以对平台公司的股东、借款人形成有效监管，因而利用平台多头借贷、诈骗、恶意逃废债等违法犯罪行为频繁发生。从几个方面来看，我国P2P网络借贷业在信用评价体系建设方面尚不完善。首先，目前我国网络借贷业缺少人民银行征信系统的支持，导致P2P基础数据不健全；其次，当前网络借贷业的评级机构经验不足，参与的会员单位少，导致评级结果不够完整准确。④这样会使借款人信用风险不能准确评估，不能有效降低网络借贷行业的违约风

① 参见李健男：《金融消费者法律界定新论——以中国金融消费者特别保护机制的构建为视角》，载《浙江社会科学》2011年第6期。

② 参见D Shen, C. Krumme, and A. Lippmann, "Follow the Profit or the Herd? Exploring Social Effects in Peer-to-Peer Lending", Social Computing (Social Com), 2010 IEEE Second International Conference on. IEEE, 2010, pp.137-144，认为在美国P2P平台上存在羊群效应；Lee Eunkyoung, and Byungtae Lee, "Herding Behavior in Online P2P Lending: An Empirical Investigation", *Electronic Commerce Reasearch and Applications*, 2012, pp.495-503，认为平台上存在羊群效应；D Chen, Z. Lin, "Rational or Irrational Herding in Online Microloan Markets: Evidence from China", *Social Science Electronic Publishing*, 2014，认为在中国P2P平台上也存在羊群效应。

③ 参见秦康美：《民间借贷网络服务平台监管：美国经验与中国路径》，载《江海学刊》2016年第5期。

④ 参见黄梦怡、谢新文等：《P2P网络借贷监管的国际经验及借鉴》，载《福建金融》2017年第7期。

险。江苏省高院民二庭也认为“目前P2P平台尚不能接入人民银行征信系统，无法利用现有征信资源降低交易风险”。[①]学者们对于建立网络借贷业信用体系意见一致，并且认为应该由国家承担起建设义务。

（5）类金融机构投资宣传虚假。类金融机构投资宣传存在大量的不实之处。以P2P平台为例，平台能否进行自我宣传，宣传内容是什么，宣传方式是什么，能否在线下进行宣传也没有规定。同时，平台能否通过奖励或提成形式为项目宣传变相进行宣传，这些都没有体现，而在现实中平台违法宣传非常常见。例如，宣传高收益，如承诺“无风险、高收益，公开向社会发售理财产品吸收公众资金”；形成上下线层级关系，无实体项目支撑，靠不断发展新的投资者实现虚高利润；打着响应国家产业政策、支持新农村建设、开展创业创新等幌子，编造各种虚假项目，以签订合同、投资理财、投资入股等名义，承诺高额固定收益，骗取社会公众投资。

3. 金融监管法治的域内外经验借鉴

（1）监管立法

就国内其他地方而言，目前山东、河北、四川及天津等地都已经制定地方性法规，对于当地的金融监督进行了立法，作为江北新区或南京市应该制定地方金融监督管理条例，以规范本辖区的地方金融监督。

就域外而言，美国对于投资方面的立法比较健全，包括1933年的证券法，1934年的证券交易法；20世纪60年代陆续出台诚实借贷行为法、联邦平等信用机会法、联邦公平信用报告法、联邦公平债务催收行为法、金融服务现代化法、军人民事救济法、联邦电子资金转移法、联邦国际和国内商业电子签名法、联邦电子交易法、银行保密法、联邦贸易委员会法。[②]对互联网金融进行专门立法的有2012年4月5日通过的JOBS法案（Jump start Our Business Startups Act），该法案共有七章内容，第一章规定新兴成长公司融资规则（2012年10月生效）；第二章规定创业企业的资本筹集（2013年9月23日生效）；第三章规定众筹（2015年10月30日生效）；第四章规定小企业集资（2015年6月生效）；第五章规定私人企业的成立及集资；第六章规定资本扩张；第七章规定本法的后续与完善；众筹法案（又叫2012年在线集资及防止欺诈和不道德隐藏法案）的生效是美国专门针对网络借贷业规制的一个专门性法律。根据《众筹法》规定，对于《1934年证券交易法》第15（I）条款进行了修改，增加了对网络借贷平台规定。另外美国在2010年7月21日制定通过的多德-弗兰克华尔街改革和消费者保护法案（Dodd--Frank Wall Street Reform and Consumer

---

① 江苏省高级人民法院民二庭课题组：《互联网金融纠纷民商事审判实务问题研究》，载《法律适用》2016年第1期。

② See U.S. GOV’T ACCOUNTABILITY OFFICE, Person-to-Person Lending, New Regulatory Challenges Could Emerge as the Industry Grows，Government Accountability Office Reports, 2011, pp.3-7,13,22,33,44.

Protection Act)，重点规定了对金融消费者的保护。

英国对于投资方面的法律规定有《消费信贷法》(The Consumer Credit Act)，这是英国规制民间金融服务机构的重要法律文件，于1974年由英国国会通过；1986年英国议会批准通过《房屋贷款与储蓄协会法》；1992年英国财政部制定《私人主动融资合同细则》；2012年12月19日，英国通过《2012年金融服务法案》；对于互联网金融专门立法规定的是2014年英国FCA发布《关于网络众筹和通过其他方式发行不易变现证券的监管规则》行政规章(The FCA's regulatory approach to crowdfunding over the internet and the promotion of non-readily realizable securities by other media，PS14/4)(以下简称《众筹监管规则》)，并于4月1日正式实施，2015年3月2号进行了修改。2016年4月，FCA根据P2P平台的发展状况对监管规则进行了一些调整，对监管细则进行了修订。第三章专门规定了网络借贷众筹。[①]这是全球第一个有关网络借贷业的部门规章立法，对P2P网贷行业运营细则进行了规定。

德国没有对网络借贷进行专门立法，网络借贷平台只能跟银行合作，因此网络借贷的规定只能参照一般借贷适用《德国民法典》和《德国金融业法(Kreditwesensgesetz)》。法国则对于互联网金融有专门立法，法国政府于2014年5月30日颁布了《参与性融资条例》，这是一部行政规章，专门规范众筹平台，也规定了网络借贷利率参照《法国民法典》。

(2)类金融机构准入门槛

就准入的方式而言，综观世界各国有关网络借贷中介机构设立都采审批设立制度，美国早期平台实行自由设立，但到2008年美国证券交易委员会(SEC)要求Prosper和Lending Club两大网络借贷平台关闭后重新获得SEC许可，到SEC重新注册设立，以及到各州获得经营牌照，最终从登记设立制到审批设立制。英国金融管理局(FCA)规定平台设立必须经过FCA的批准才能经营。法国规定平台设立需要获得法国金融审慎监管局颁发的“参与性融资中介”牌照。域外各国的立法对网络借贷中介都采审批设立制度，究其原因主要是考虑平台作为借贷中介属于金融业，如英国将平台界定为金融中介，平台经营具有涉众性，从投资者保护角度来说应该采取审批设立制度。

就准入的门槛而言，从世界两大P2P强国来看，对于平台都采高标准进入，导致英美两国网络借贷平台数量不多，同时网络借贷平台业务集中在少数几个平台中，

① Financial Conduct Authority，The FCA's Regulatory Approach to Crowdfunding over the Internet, and the Promotion of Non-Readily Realizable Securities by Other Media Feedback to CP13/13 and Final Rules March 2014，https://www.fca.org.uk/publication/policy/ps14-04.pdf.

像美国Lending Club在美国的市场份额占有率达75%，与另一家P2P公司Prosper一起占据了美国P2P行业96%的市场份额。英国目前平台业务也主要集中在五大平台内。之所以英美平台的集中度高是因为平台准入条件高，专业人员要求高，这样市场抵抗力才能强，也正因如此，英美国家没有平台跑路及问题平台较频现现象。以注册资本为例，网络借贷平台作为中介机构是否需要法定最低注册资本金或保证金，各国对此规定不一样，美国要求最低资本金要有400万美元，英国有最低资本金要求，包括静态资本金和动态资本金要求。

表6–5　英国网络借贷平台最低资本金保持表

时间	静态最低资本（英镑）	动态最低资本比例（%）
2014.4.1—2017.3.31	20000	
2017.4.1—至今	50000	
平台借贷余额（英镑）	5000万以内	0.2%
	5000万—2.5亿	0.15%
	2.5亿—5亿	0.1%
	5亿以上	0.05%

以平台借贷余额为5亿英镑为例，动态最低资本需要65万英镑，如果平台借贷余额为10亿英镑，动态最低资本需要90万英镑。动态最低资本金一般来说都要高于静态最低资本金，对于5000万英镑的贷款规模平台，最低动态资本金需要10万英镑，比2017年4月1日后的5万英镑静态最低资本还是高很多，而贷款规模5000万英镑的网络借贷平台还是比较常见。英国设立的动态和静态的最低资本金标准及最低审慎资本要求在对P2P网络借贷平台市场准入的资本金问题上具有一定的灵活性，即不同平台不同标准，避免出现一刀切的现象，导致监管过死限制市场活力。

就其他准入门槛而言，英国P2P金融协会（P2PFA）于2012年6月制定了规范网络借贷业运营的《P2P行业运营规则》，第3条a款中要求，网络借贷平台运营需要有相应的技术和专业运营能力。专有的技术需要有专业的技术人员来进行开发或维护，专业运营能力需要有网络借贷业相关经验的专业人士才能提供专业运营服务。所以要求平台要有专业的管理人员和专业的团队人才，为平台经营进行人才方面的保驾护航。另外还要看平台是否有相应的互联网相关的技术要求和环境，以及是否与所从事的业务相匹配。

就其他配套制度而言，以第三方存管制度为例，为防止平台挪用客户资金，英国监管规则规定投资人资金不能与平台资金相混淆，投资人资金必须单独开户设立，平台每年针对资金管理要接受专业机构的独立审计。以风险准备金制度为例，英国为防止网络借贷平台发生风险，影响整个行业发展及投资者信用指数，英国网络借贷行业协议倡议平台自行设立风险拨备金（Provision Fund），为平台经营进行自我增信。英国三大平台之一的RateSetter是全球首家为P2P网贷设立风险准备金（Provision Fund）的平台，到2016年7月止，该平台的风险准备金创造了100%覆盖损失的成绩纪录。目前，英国风险准备金一般来源于三个方面：一是来源于平台收取的业务管理费，规定一定比例的风险准备；二是由借款人另行交纳一定比例的资金作为风险准备金来源；三是来源于股东出资。如英国RateSetter平台设立的“Provision Fund”（预备基金），来源于借款人根据信用评级及项目具体情况而缴纳的专门费用，ZOPA平台设立的“Safeguard”（安全基金）以及Lending Works设立的构建“Reserve Fund”（风险准备金），其来源是借款人手续费的一部分，托管于信托机构；Wellesley & Co平台设立主动型风险准备基金，先由股东出资10万欧元，之后从借款中提取。

（3）类金融机构退出制度

美国2010年颁布多德弗兰克法案（Dodd–Frank Act），规定了金融机构的破产和清算机制，要求主管企业（财政部、美联储和联邦存款保险公司）同意将倒闭的金融机构进入清算程序，降低风险，稳定金融市场，三方协助办理。该法案制定了有关“遗嘱制”的规定，要求各大金融机构必须事先制订破产预案，使监管机构实时了解金融机构的框架，若出现不提前制订，则将会受到十分严厉的惩罚，如资本的高限制。在本法案中，鉴于P2P平台所提供的服务与“金融产品服务”形式上相一致，因此也将其纳入本法案的监管，即P2P平台的退出机制，也同样适用本法案，即有关破产清算程序以及事先遗嘱制的适用等。另外，美国还建立了P2P平台与第三方机构合作的模式，一旦P2P平台出现破产情形，第三方机构及时介入，对P2P平台进行接管，以缩小平台的风险波动，减少对贷款人的损失波及。[①]

英国为保护借款资金安全，规范网络借贷业发展，稳定网络借贷业行业信心指数，英国规定平台经营时要做好停止运营后的借贷合约处理预案，以便在停止经营后使用，保护投资者利益。《英国P2P行业运营规则》第17条规定平台必须做好预案，以便在终止运营时，仍能保证借贷业务的有效管理。英国P2P金融协会要求平台可以自行建立一个机构来处理后续未完成借贷项目的管理，或者委托有良好声誉的第三方来处理，并对后续管理机构有条件要求，具体内容：一是要有足够的人员来管理后续业务；二是要有贷款追讨时合理的程序安排；三是要有出借人到期本息的支付程序安排；四是确保客户能与后续管理人进行有效沟通途径，安排好后续管理需要的管理费

① 参见熊浩：《我国P2P网络借贷平台退出机制的法律研究》，云南财经大学2016年硕士学位论文。

用。①英国在退出制度的具体安排上，首先规定平台继续管理义务。英国对于网络借贷平台破产制度有相应的规定，规定网络借贷平台如果破产，应当继续对已存续的借贷合同继续管理，对贷款管理作出合理安排。主要原因有两个，一是放款人并不了解借款人，放款主要是依赖平台进行；二是放款人放款额度少，放款人自行去主张权利成本会很高。其次设置了资金处理规则。规定平台破产后未借出的资金不得再贷出去，而是要给借款人，规定贷款即使进入借款人账户中，只要借款人还未提到贷款，则借款人必须将资金返还给放款人；平台因倒闭注销后不得继续接受借款人归还的借贷本息。P2P金融协会的一个基本原则就是当平台破产时，破产管理人应该将已经持有的客户资金无论是借出去还是未还回的资金应该支付给放款人。当平台倒闭后，破产管理人应该重新设立一个新的账户以收取客户归集回来的资金。

法国《参与性融资条例》规定，平台必须在设立时与其他平台签署协议，在平台破产或终止后，平台中的交易业务不会因为平台退出而终止，而是由协议中的另一个正常经营的平台继续承担进行中的项目，直到项目完成才可以结束服务。

（4）投资者保护

美国各州一方面限制投资人的投资金额，很多州要求投资人的放款金额不能超过其净资产的10%；②另一方面还设置了完备的信用体系保护投资者。美国制定的第一部有关征信法律《公平信用报告法》于1971年4月开始实施。至此，美国的征信业已经形成了完整的信用法律体系和高度发达的征信市场，也有影响全世界的征信机构。Klafft利用美国最大的P2P网络借贷平台Prosper的数据，实证检验了借款人信用评级对借贷行为的影响。结果发现，信用评级对借贷行为的影响程度最大，信用评级越高，越容易获得贷款，贷款利率越低，并且逾期还款率越低，那些信用评级低的借款人在银行借不到钱，在网络借贷平台也很难借到钱，在Prosper平台数据显示，57.4%的信用低的借款人中只有5.5%的人成功获得借款。信用评级机制能够在一定程度上缓解由信息不对称导致的逆向选择和道德风险问题。③因此，在网络借贷业中，信用的评级对于借贷成功及违约率高低有很大影响。美国网络借贷平台一般会通过征信局的信用数据，使用专业信用评级公司的数据进行评分，目前，美国两大平台之一的Prosper使用征信巨头费埃哲公司的FICO（Fair Isaac Corporation）评

① P2PFA，Peer-to-Peer Finance Association Operating Principles，http://P2Pfa.info/wp-content/uploads/2016/06/Operating-Principals-vupdate2016.pdf.

② Lending Club，What are the Current State and Financial Suitability Conditions?，https://help.lendingclub.com/hc/en-us/articles/216092957-What-are-the-current-State-and-Financial-Suitability-conditions-。

③ Michael Klafft, "Peer to Peer Lending: Auctioning Microcredits over the Internet" , *Social Science Electronic Publishing*, 2008.

分系统进行信用评级；另一大平台Lending Club使用益百利（Experian）信用评级公司的评分系统进行评级，要求信用评分达到一定分数才能作为借款人。当前美国网络借贷信用数据已经纳入全美的信用体系。①

英国金融行为监管局（以下简称FCA）是法定的金融监管官方机构。它对投资人权益保护主要推行了三项重要规则：

第一，要求客户资金实行托管隔离。英国金融管理局发布的客户资产法令（CASS）保护了客户资金。英国金融管理局在其第10条服务宗旨中明确规定了“每个企业必须对客户的资金负责并提供足够的保护”，由英国金融管理局发布的客户资产法令（CASS）详细规定了公司对客户资金的运作和保护，包括公司自身要求、分隔管理方式、客户及财务记录的保存、核对制度以及信用函证。②英国FCA在《众筹监管规则》中认为这一规则同样适用于网络借贷平台，规定持有客户资金的公司对于客户资金持有不超过30天，③如果超过30天，持有公司必须将客户资金转入FCA监管机构指定账户进行资金隔离。

第二，设置了网络借贷平台投资人的反悔权。《关于网络众筹和通过其他方式发行不易变现证券的监管规则》规定，投资人在网络借贷平台上投资后，如果网络借贷平台没有二级转让市场转让其投资，投资者可以有14天的反悔期，14天内投资者享有无条件撤销投资权利，而不需要承担违约责任和支付任何费用。

第三，区别机构投资人和一般投资人权益保护。英国网络借贷平台区别个人投资者（P2P）和机构投资者（B2B，即机构对机构），早期FCA要求平台区别机构投资人和一般投资人，并且将这两部分资金进行分离，B2B投资资金不在监管范围内。但随着机构投资者的增多，FCA于2016年针对P2P借贷的客户资金申请规则发布了意见征询文件，最终确立机构投资者权益也要受到保护，允许平台不区分这两者资金，在破产时一样得到同等分配。并且有意向将机构投资者资金也纳入监管范畴。但是FCA制定的客户资产管理法令只要求零售客户资金实行隔离，对于机构投资者没有此要求。

法国《参与性融资条例》对单一项目投资者投资上限作了规定。2014年《参与性融资条例》规定网络借贷平台每个投资者对每个项目的投资额度不能超过1000欧元的有息投资及4000欧元的无息投资，2016年10月将这两个额度分别调高至2000

① 曹晓路：《金融消费者利益保护与互联网金融监管的规制路径——基于比较法视野的考察》，载《时代法学》2017年第1期。

② ActivTrades，客户资金分隔管理，https://www.activtrades.com/cn/segregation-client-funds。

③ 2017年8月FCA发布一则关于客户资金存放要求调整的咨询文件，该咨询文件于2017年11月1日关闭咨询通道，将持有时间可能修改为不超过90天。

欧元及5000欧元。①

（5）投资宣传监管

美国禁止借款人对于借款项目发售进行宣传。除了指引投资人至平台（集资门户和经纪商）进行购买的告示以外，禁止借款人对于借款行为进行广告宣传；禁止借款人直接或间接地向通过平台进行推广的个人提供报酬或承诺提供报酬。

英国FCA及P2PFA都非常重视平台的信息披露，并提出详细的要求。P2PFA在《运营准则》总则第3条第4款中提出平台运作要透明化基本原则，要求融资方对于信息披露方式有规定，在信息披露方面，要求网络借贷行业必须100%用通俗易懂的语言告知消费者其商业模式以及延期或违约贷款评估方式的信息，在与存款利率做对比说明时，必须公平、清晰、无误导。

4.金融监管法治的完善

（1）立法建议

由于中央没有相应的立法导致当前类金融领域没有相应的法律规范及监管，因此，我国内地已有多地出台地方性法规。江苏作为东部发达省份，江北新区作为国家级新区，对于类金融机构及业务同样有规范的必要，在众多地方政府出台相应的法规后，江北新区可以出台指导意见，其内容应当对包括从事相关地方金融活动的小额贷款公司、融资担保公司、地方各类交易场所、典当行、融资租赁公司、商业保理公司、地方资产管理公司、民间资金管理企业、民间融资服务企业以及法律、行政法规规定和国务院授权省人民政府监督管理的其他组织业务活动进行规范，包括这些组织的进入门槛、政策支持、业务规范、监督标准等内容。

（2）设置高门槛的审批准入制度

①改备案制为审批制，审批机构为地方政府金融办。有关P2P网贷平台的定性以及监管部门的管理模式是决定P2P网贷平台的准入模式的关键。P2P网贷平台作为从事金融服务的企业，在准入模式上应当与银行、小额贷款公司、担保公司、证券公司、信托公司等同等对待。目前上述金融服务企业均是采用审批制，这与金融行业涉及投资主体、消费主体众多，事关社会经济秩序的稳定有着重大的关系，也正因如此，国外的P2P网贷平台的准入也都是采用审批模式。目前，应该借鉴美国SEC做法，对现有的平台停业整改，再实行审批制。网络借贷平台方面不宜多而宜精，江北新区可以重点培育1—2家平台，走规模规范发展道路。

---

① 本条款来源于CROWDFUND INSIDER，条款内容为：Crowdlending platforms who have the status of Intermédiaire en Financement Participatif (IFP, crowdlending intermediary) under the supervision of the financial services regulator, APCR, now benefit from higher caps on lender contribution. The limits of €1,000 per investor per project for an interest-bearing loan and €4,000 for an interest-free loan are raised to €2,000 and €5,000, respectively。

②提高设立门槛。第一，设立最低注册资金门槛。我国法应该对于平台设定最低注册资本要求。同时为防止注册资本只是虚设，还有必要设置平台的实缴资本的标准，这样才能保证有实力的优质平台进入市场。可以参照英国采用静动态指标结合确定资本金的方式，规定一个最低注册资本，再根据动态指标来确定注册资本的实际数额。

第二，提高发起人门槛。参照各省依据《关于小额贷款公司试点的指导意见》对小额贷款公司发起人的资格进行重点审核和限制，对其资产、负债等进行严格审查，严格限制失信人员甚至是有犯罪记录的人成为发起人。

第三，提高从业人员门槛。应要求其具有金融行业从业经验或者为财务、金融、法律方面的专业人才，平台必须建立定期培训制度，对从业人员进行业务、技术培训，并建立问责制，强化其责任意识并推进网络借贷行业从业人员的任职资格考试，全面推进从业人员素质的提升。

③制定退出规则，包括自愿方式退出及其程序、强制退出的标准及其程序和建立责任追究制度。

首先，自愿方式退出及其程序，一方面，应涵盖平台后续业务接管的安排，即立法应该明确平台终止后的继续服务义务。我国法律应该明确要求平台在设立时就明确其借贷业务的接管方，对于其在终止后的后续服务事项进行信息披露，明确后续服务主体是谁、服务主体的义务是什么、是否收取费用等，并立法要求平台提前提取继受管理费用。

另一方面，平台主动向监管部门提出申请退出市场时，应按照公司章程规定的解散事由或者公司内部机关通过股东会决议作出终止解散意思表示，向监管部门提出申请，将P2P平台退出的原因、方式、后续债权债务安排在法律法规规定合理的期限内告知平台用户，并做好退出后的妥善安排事宜。为确保平台正常交易秩序，应当至少提前60天在其平台交易官网公告栏发布公告，对平台存续业务做好安排，以便平台用户及债权人知悉退出事宜。平台监管部门应全程监管接管过程。

与此同时，在P2P平台退出机制方面要注意个人信息保护和财产保护两个方面。P2P平台退出市场时，对其掌握的个人信息采取必要适当措施合法转交给其他P2P平台或移交公安机关等部门；在个人资金保护方面，P2P平台清算按照严格程序进行，经过监管部门批准才可清算或解散，合理处置P2P公司财产，注重清算过程中资金隔离保护，在支付清算费用、工资、社会保险费用、法定补偿金后优先偿付平台用户的借贷资金和利息。P2P平台对网络借贷参与人提供的服务并不以借贷关系的成立而结束，P2P平台需持续经营至所有借贷关系结束。

其次，强制退出的标准及其程序目前则尚属空白。必须尽快制定专门的法律，做好事前详细的规定，明确退出市场的具体标准。

最后，责任追究制度，通过对负有责任的相关经营者进行严格的查处和惩罚，一方面对其他平台经营者起到警示作用，另一方面也对完善平台市场退出法律制度具有帮助作用。监管部门在监管过程中，发现涉嫌开展集资诈骗等违法犯罪行为的平台，监管部门应立即强制其退出，清算组妥善处理平台交易信息及平台客户借贷资料信息，同时对司法部门进行相关债务的追讨工作予以积极配合，再对追回的集资款进行有序分配。

在民事责任方面，经营者的高管在平台运营过程中存在违法违规经营行为，给平台造成损失的，依据《公司法》的规定，可提起股东代表诉讼的股东应要求负有责任的经营者的高管承担民事赔偿责任。平台作为中介机构，违反中介机构的义务须向借贷双方承担违约责任，同时鉴于P2P网络借贷的金融特性，应对经营者的高管加重其忠实勤勉义务，重点包括制定决策、审核借贷双方真实信息、履行信息披露义务等方面内容，并根据监管要求完善平台内部风险控制措施，确保相关利益人的合法权益不受损失，主要是指在客户信息保护方面，客户信息存储于互联网中，极易遭受泄露的风险，经营者对平台用户有不正当采集信息、过度披露用户信息的行为，会侵犯平台用户这一信息主体的隐私权，同时也会给平台信誉带来较大的负面影响，因此，经营者的高管也要对这一侵权行为承担责任。在刑事责任方面，经营者经营过程中的行为触犯刑法构成刑事犯罪的，要依法承担刑事责任。在行政责任方面，根据监管部门的监管规章制度，经营者对平台进行合规经营履行风险控制、重大事件报告等相关义务。《管理暂行办法》中明确监管部门有对违反网络借贷有关监管规定作出处罚的权利，监管部门可依照其规定给予处罚，而监管规定未作处罚决定的，其所在工商登记注册地的地方金融监管部门则可采取责令改正、取消其任职资格等处罚措施。

（3）投资者保护

①征信体系建设

第一，国家征信体系与互联网业发展。当前我国整个征信体系还不健全，目前只在金融机构间建立了由中国人民银行主导建立的金融征信体系，人民银行征信系统还没有向社会开放，对于互联网借贷业来说只能靠各个中介机构自行收集信息，这样会加大互联网借贷业融资成本，同时会增加网络借贷业的风险，因为借款人信用等级越低，其违约率越高。[①]我国有必要将中央银行征信系统向互联网金融业开放，建立起金融业的统一征信系统，实现金融业的征信资源共享，不仅降低信息收集成本，也使信息更全面，有利于降低网络借贷业的不良债权发生，防范道德风险。

---

① Lin M., Prabhala N.R., Viswanathan S., "Judging Borrowers by the Company They Keep: Friendship Networks and Information Asymmetry in Online Peer-to-Peer Lending", *Management Science*, 2013, Vol.59, No.1, p.17.

第二，互联网业征信系统。当前由于人民银行征信系统并没有向互联网借贷业开放，同时互联网金融业也没有统一的征信系统，每个平台自行收集和整理数据，这样会造成征信的重复收集，加大征信收集的成本，同时互联网金融业平台各自收集信息会造成信息的不完整，形成碎片化信息。因此，应该在互联网金融业内实行行业统一征信系统，以供互联网金融业共同使用，将来再接入人民银行征信系统，建立统一的金融业征信系统。当前，应该由互联网金融业中各个协会建设征信系统，网络借贷业协会来承担统一建设互联网借贷业征信系统，再由监管部门统一各行业的征信系统，建立统一的互联网金融业征信系统。

第三，失信行为惩戒机制。首先，征信体系建设不仅包括信用收集，还应包括信用惩戒，对于失信行为首先应该在借贷业中进行限制，对于逾期不偿还债务的借款人不应该再进行借贷。其次，网络借贷平台应该设置一定的信用评分门槛。从国外多国平台设置的信用评级标准来看，网络借贷平台一般都会对借款人的信用评分有最低进入门槛，以排除不良信用的借款人进入借贷业，我国网络借贷平台应该借鉴国外的这一做法，在将来建立统一互联网金融业征信系统后对于不良信用应该进行门槛设置。最后，对于失信人员应该限制其消费，最高人民法院于2010年出台《最高人民法院关于限制被执行人高消费及有关消费的若干规定》并于2015年进行修改，对于失信人员消费给予了具体限制，网络借贷业也应该引入这一规定，对于信用评分低的欠款人及担保人直接进行有关消费限制，不需要申请法院诉讼和执行，当然，为防止信用评分的错误导致不真实结果，允许失信人员对于自己的信用评分进行申诉，以便及时纠错。

②合格投资者制度构建

第一，投资总金额管理。在投资活动中，合格投资者制度是投资人保护的首要考量因素。投资者在其天然逐利驱动下会目光短浅，没有风险识别能力，如在房价高涨限购时会出现大量的离婚购房不理智现象，在股市繁荣时会出现卖房炒股孤注一掷现象，一旦出现投资风险会对其个人生活及工作带来很大影响。鉴于个人的非理性投机行为及生存权保障，我国应该对投资人资格作出相应的限制。美国对于放款人有收入和净资产要求，这样可能会造成民事主体不平等，限制了投资者的发展权，我国不妨规定净资产投资比例。如前所述，美国有很多州规定不超过净资产10%的比例限制，而我国商业银行法规定商业银行对于单一借款人借款不得超过其净资产加资本公积金之和的10%，可见对投资人10%的比例限制是一个通行的标准，可以考虑将这一比例适用到网络借贷行业中来，即一个投资人投资于网络借贷业的资产不得超过其净资产的10%，净资产应该不包括其必要居住的住房和必要的生活用品。

第二，单笔投资金额限制。为防范投资人集中投资导致风险过大，应该对投资人的单笔投资金额进行限制。前述投资比例限制是对投资人的一个总的风险控制，而单笔投资金额是限制投资人将所有能够投资的资金投资到一个项目中，未能分散投资风险，因此应该规定单笔投资金额。对此可以参照江苏2010年1月制定的《江苏省农村小额贷款公司财务制度（试行）》第9条第1款的规定：坚持“小额、分散”的原则，对单户小额贷款标准分别为：苏南50万元以下、苏中30万元以下、苏北20万元以下。①

第三，设置投资冷静期。由于投资者对于网络借贷的专业知识和风险识别能力有限，可以参考英国的做法，对没有债权转让的项目，设置一个投资冷静期，如7天，让投资者可以“反悔”，以防止盲目投资。

（4）限制投资宣传

立法需要对融资者项目融资宣传进行规范。一是不允许在公开场所进行宣传，更不应该允许公众人物参与宣传。二是强调风险宣传，对具体项目的推荐宣传，应该既要包括正面信息披露也要包括负面信息披露。包括融资的金额，曾经融资情况，不良率都应该涉及。三是限制融资方对员工或业务人员的激励，平台对于员工业绩考核以其撮合项目金额业判断，会使员工或第三人尽力推荐金额较大的项目，影响投资者的判断标准。美国JOBS法案禁止向潜在投资者推荐或者宣传债券干扰其初始投资意向，不能给个体雇员、代理人或其他招商证券在网站上提供一定的补偿。②因此，在平台行业宣传方面，我国法律应该禁止平台给予员工撮合成功的奖励措施，也应该禁止员工向投资者进行自身行为的示范，诸如平台或其员工及其家属个人放贷于某个项目的展示。四是中介宣传限制。信息中介其本身不应该对于借贷项目进行宣传，只应该对项目进行信息披露，由投资者自行判断项目的好坏。五是强调提示及说明义务。融资方必须对于宣传资料进行合理的提示和说明，同时对于内容应该进行详细的解释，要做到普通公众能够理解程度的解释。具体到P2P平台应该规定平台对信息披露使用规范的格式进行汇总披露，可以使用按时间进行对比的图文并茂的直观披露，其文字说明应该通俗易懂，提示方式合理。同时为保证信息披露的真实性、完整性和时效性，平台应该引入第三方具有公信力的机构对融资信息进行审核。第三方机构包括政府及其职能机构，专业服务的审计、律师服务机构和专业评估机构，③平台需要提交年度审计报告，对于信息披露方面内容进行审计，保证信息的“三性”。

---

① 参见秦康美：《民间借贷网络服务平台监管：美国经验与中国路径》，载《江海学刊》2016年第5期。

② 参见丛彦国：《美国对冲基金监管与欧美监管转型——以后金融危机时代为背景》，载《湖北经济学院学报》2015年第5期。

③ 宋怡欣、吴弘：《P2P金融监管模式研究：以利率市场化为视角》，载《法律科学》2016年第6期。

（二）金融执法体系保障

金融执法要实现执法行为的规范化、执法运作的有序化并使执法的各个环节符合行政法治的要求，需要建立健全体系化的执法制度。

1.金融执法制度完善

南京江北新区新金融中心正处于创业时期，相关执法根据从数量上看还不是很多，尚未形成完整的体系，一些重要的执法环节的制度尚付阙如，一些新金融业态的监管执法程序方法制度正在筹划制定之中。因此，在江北新区金融执法制度建设方面，应抓紧建章立制，为规范有序、公正高效的执法运作夯实制度基础。在江北新区金融监管执法应当建立和完善的主要制度有：①

（1）协作援助制度

南京江北新区《总体方案》明确提出“探索建立江苏省金融办、银监局、证监局、保监局和人民银行南京分行参与的新区金融创新发展协调机制”。应探索建立银行、保险、证券等不同行业间的金融监管沟通协调和协作援助，建立起防范区域性金融风险的“防火墙”；立足现有基层金融执法部门监管人员实际情况，从培养复合型监管队伍高度出发，以对江北新区所有金融机构或选择单一金融机构开办多种复合型金融交叉业务、跨市场金融创新业务实施执行金融管理政策综合执法检查为抓手，在江北新区金融执法部门系统内部建立跨行业、跨专业金融监管协作援助。通过实施协作和援助，达到解决和化解执法检查工作中因检查人员、检查内容、检查范围等受限的问题和矛盾。②

（2）监管执法岗位责任制度

监管执法必须首先明确执法者的职责。人民银行等金融执法部门在确立了分级别、分辖区、分层次的金融监管体制以后，还需要进一步明确金融执法部门内部职能监管执法部门的监管职责。

（3）进驻监管制度

防范金融风险是金融监管机关的基本职责。为了有效地监控和及时处置辖内的金融风险，人民银行等金融执法部门应当在通常的现场检查、非现场监管方式以外建立对高风险金融机构的进驻监管制度，即金融执法部门根据自己的金融风险监测评价系统，及时发现辖内的高风险金融机构，对之派专人进驻“盯守”，进驻的监管执法人员应当每日、每周和随时向本行报告监管情况。

---

① 参见王国平：《谈金融监管执法层面的三项基础建设》，载《金融科学：中国金融学院学报》2000年第1期；王国平：《谈金融监管执法层面的三项基础建设》，载《法学》2000年第2期。

② 参见肖德忠：《综合执法检查机制下的金融监管协作援助办法探析》，载《河北金融》2014年第1期。

（4）金融风险测评结果反馈制度

金融执法部门对金融风险监测、分析和评价所解决的问题是获取和掌握有关金融风险存在与否以及程度如何的信息资料，要真正地消除和遏制金融风险还必须使各金融机构及时地意识到自身经营中的问题和风险隐患，并采取控制和防范措施。因此，金融执法部门应当建立与金融风险监测评价系统相衔接的金融风险测评结果反馈制度，及时将风险测评中发现的问题以金融监管主管机关的名义向有关的金融机构发布。发布的方式可以是监管提示书、监管警示书、监管质询书、限期整改意见书、年度监管通报等，也可以是被监管对象更易于接受的其他方式，如监管谈话。

（5）金融违法行为处罚查处分离制度

对金融违法行为的处罚属于行政处罚，其处罚的实体法依据是《商业银行法》《金融违法行为处罚办法》等法律法规，其处罚程序应当适用《行政处罚法》。具体程序可以设计为：①由金融监管职能执法部门负责对金融机构应当受到行政处罚的违法行为进行调查取证，查明违法事实，提出行政处罚意见，制作《初步行政处罚决定书》，送交本行法制工作部门审核。②由法制工作部门对《初步行政处罚决定书》所认定的违法事实是否清楚、证据是否确凿充分、所适用法律是否正确、调查取证程序是否合法等进行审核，经审核确认《初步行政处罚决定书》内容合法、准确、适当，即依法送达拟处罚的当事人。③拟受处罚的当事人若就《初步行政处罚决定书》提出申辩事实、理由和证据由金融监管职能执法部门进行复核，提出复核意见，并将《初步行政处罚决定书》和复核意见一并呈报主管行长。若当事人要求听证的，由法制工作部门审查并主持听证，制作听证报告，呈报主管行长。④执法机构负责人对《初步行政处罚决定书》、复核意见、听证报告等进行审查，并作出认定，复杂案件交由金融监管统管机构集体讨论作出认定。之后根据不同情况作出决定，若执法机构负责人认为金融违法行为事实清楚、证据确凿，金融监管职能执法部门作出并经法制工作部门审核的行政处罚意见正确，即作出正式行政处罚决定，制作《行政处罚决定书》送达当事人。若执法机构负责人认为，金融违法行为较轻或者违法事实不成立或者违法性质严重已构成犯罪，将分别作出不予行政处罚、撤销案件、移送司法机关处理的决定。

（6）监管执法过错责任追究制度

实现依法监管既需要执法系统外部的制约，又需要执法系统内部的制约。金融执法部门在建立了监管执法责任制和监管执法程序制度的基础上还应当建立监管执法的过错责任追究制度，以强化依法监管执法系统的约束机制，促使金融监管职能执法部门和监管执法人员增强执法责任心。监管执法过错责任的认定应当以监管执法人员的权责、执法程序要求为依据，应当规定凡不履行或者不适当履行职责、超越权限、越过规定的时限、违反执法程序、无处罚依据而予处罚、依法应予处罚而不处罚等行为，具体经办人员、审核人员直至决策者都应当根据过错情况承担相应责任。

（7）监管执法廉政制度

金融执法部门应当建立和完善监管执法廉政制度，以督促监管执法人员廉洁自律、秉公执法。监管执法廉政制度的主要内容应当包括：监管执法人员不准接受被监管单位的现金、有价证券和礼品，不准接受被监管单位提供出资的国内外旅游、娱乐活动和宴请，不准利用职权为自己或者自己的亲友谋取利益等。

监管执法廉政制度应当由金融执法部门的纪检监察部门负责监督执行，对于违反该制度，徇私违纪，滥用职权或者搞权钱交易的人，依照法律和有关规定严肃处理。

2. 金融执法方式创新

创新执法方式就是建立一套科学创新的监管规则和监管方法，江北新区金融执法方式的创新是在借鉴国际通行规则的基础之上，结合江北新区的基本情况，形成的高效监管模式。监管方式的创新不仅有利于江北新区的建设和发展，更有利于增强江北新区的可复制性和可借鉴性。结合新区的各项政策法规，江北新区的监管方式创新主要体现在三个方面：协同管理的制度创新、负面清单的管理方式创新和信息监管方式的创新。

（1）协同管理方式

协同理论最早由德国物理学家赫尔曼·哈肯创立，该理论集合了协同学和管理学、自然科学和社会科学理论的现代管理方式，“适用于非线性的复杂大系统管理”，可以充分发挥被管理者之间的信息共享和聚合作用，使管理者不再集中于细节，转而实现系统的、综合的有效管理。从我国的社会现实和政府管理水平来看，实施协同管理模式有利于管理成本的降低和管理效能的提升，使我国政府管理走向科学化、规范化。

江北新区《总体方案》明确提出“探索形成协同管理、精简高效、权责一致的管理模式，推进政府治理能力现代化”，通过金融服务及监管相关各部门之间的协同作用，维护新区的金融安全，完善金融市场服务工作。首先，在监管主体上，除了新区管委会负有新区监管职责之外，其他包括海关、工商、税务、公安等部门的驻区机构要和管委会一起对新区进行协同监管。其次，在行政服务上，新区企业或项目设立变更实行“一口受理”制，其本质是过去分离的工商、税务等部门聚合服务的转变，企业上交的材料通过不同部门的协同受理、内部流转，实现办事流程的简化。最后，在监管信息方面，构建不同职能部门监管信息的互通、交换和共享机制，形成一体化的监管方式，为事中、事后监管提供有效支撑。总之，协同管理是江北新区金融监管的重要方式，通过构建监管协同、信息协同、政策协同等在内的新区全方位协同管理模式，能有效降低管理成本，提升金融监管实效。

（2）负面清单管理方式

负面清单是政府在投资管理领域的管理方式，是指“在外资领域，凡是和国民待遇、最惠国待遇不符的管理措施，或提出特殊的业绩要求、高管要求等管理措施，都要以清单方式列明”。简单来说，负面清单的管理方式就是政府只规定哪些经济领域外资不能或限制进入，除了清单之外的其他领域则都可以，体现出“法无禁止即为自由”的现代法律理念。江北新区《总体方案》等规定，清楚列明“规范市场秩序，推行市场准入‘负面清单’，清单之外领域，各类市场主体可依法平等进入，充分释放市场活力”。与我国对外资管理一直采用的《外商投资产业指导目录》管理方式相比，负面清单的监管方式不仅减少了政府干预事项，实现了由事前监管向事中、事后监管的管理方式的转变，更体现出监管思维的变革，即通过减少政府的事前监管事项形成倒逼效应，使市场自由发挥作用，并转而通过加强政府的事中、事后监管，在降低监管成本的同时，提高管理效能。负面清单的监管方式创新有利于新区市场准入透明度的增强，继而提升国外投资者的投资信心，加快江北新区的发展与壮大。

（3）信息监管方式

信息是现代社会的重要资源，利用互联网和信息资源，推行信息监管方式，具有改变政府监管人员工作习惯、重构监管体系的重要作用。于执法部门而言，一方面，各部门可以通过对信息、数据的共享和聚合，获取进行决策和管理的相关信息，提高行政效率。另一方面，信息的公开透明既能尊重公众知情权，又能防止执法部门凭借信息垄断的优势寻租，是构建有限政府、廉洁政府的重要举措。

江北新区的金融执法应当充分利用信息资源，推行信息监督制度。主要包括政府信息公开制度、信用信息制度、监管信息共享制度等。首先，新区金融执法部门在实行管理、履行职责过程中，相关法律法规、政策程序、规则办法等具体内容和信息都应向社会公众公开，接受企业查询。同时，新区执法部门的执法检查情况也应该依法及时公开。这有利于外界及时了解金融监管中出现的重大问题，避免由于信息不透明造成的各种金融纠纷和金融风险，增加投资者对于新区未来发展的信心和热情。

其次，新区还实行信用信息制度，建立企业的信用信息记录、公开、共享和使用制度，推行守信激励和失信惩戒联动机制。在这样的机制中，企业的信用记录可以成为企业隐形资产的一部分，应用于企业经济活动的各个环节。比如，政府可以通过审核企业的信用状况，直接“认可”具备良好信用的企业，为其提供各项审批、征税、后续监管等环节的便利，既实现对企业的有效监管，又提高企业的积极性。

最后，管委会等政府部门还构建了监管信息共享平台，实现包括发改委、商务、外汇管理、财政等政府部门的监管信息，以及海关、工商、税收、港口航运等驻区职能机构监管信息和资源的互通、交换和分享，既为加强事中、事后监管提供后备支持，也有利于政府为新区企业提供优质高效的服务。

3. 金融执法队伍建设

形势的发展对金融监管执法人员的职业素质提出了越来越高的要求，这种素质包括政治思想素养、业务能力、法治信念、意志品质、道德情操等诸多方面。仅就业务能力而言，金融监管执法人员就需要既懂金融，又懂法律；既会实务操作，又善于理论分析。其应当掌握的专业知识系统范围大致包括：金融机构运作机制的基本内容，金融机构市场准入的条件和准入程序，各类金融机构经济规则、资本充足性、资产流动性、资产质量、盈利能力、内部控制等管理制度及监控标准和考核指标，金融机构市场退出的条件和处理方式，金融监管法律、法规、规章和基本内容，金融监管机关及所属的职责、权限、法定义务和法律责任，金融违法违规行为的种类、特征、处罚标准，行政法制原理，行政处罚程序规定等。监管执法人员应当具备的实务操作能力主要包括：收集、分析、处理各种金融监管资料、数据的能力，预测、识别金融风险的能力，查稽金融违法违规行为的能力等。①

以上述这些对金融监管执法人员职业素质要求为参照依据，可以看到，当前知识结构、技能结构单一，法律素质欠缺的情况在金融监管执法人员中存在。在金融监管执法部门系统内，既懂金融又懂法律的复合型人才为数不多。有些监管执法人员对市场经济环境下的金融监管执法所需的知识、技能掌握有限，因此，必须抓紧金融监管执法队伍建设，厉兵秣马，以承担未来高水平金融监管执法之重任。对此，加大岗位培训力度，各级金融执法部门应当按照总行的统一部署，加大对金融监管执法人员岗位培训的力度，要制定系统的培训规划，明确培训目标，认真组织实施。培训内容应当以金融监管执法人员的岗位职责、应具备的职业素质为依据，突出重点，强调针对性，应当以金融监管基本理论、商业银行的经营与管理、金融监管所涉及的法律、法规和规章为重点内容，应当要求接受培训者深刻理解、准确把握其中的重要原理、原则、理念和精神。培训方式应当根据培训内容的性质灵活选用，注重实效，不拘一格。例如，可以报告会形式传达经济金融形势、改革动向和方针政策等；可以课堂教学方式讲授专业知识和理论；可以现场观摩方式使接受培训者掌握操作规范和操作程序；可以在商业银行挂职锻炼的方式，使接受培训者熟悉商业银行的业务运作等。对金融监管执法人员的岗位培训还应当建立有关的考核制度和奖惩制度以保证培训质量，使岗位培训真正起到全面增强金融监管执法人员职业素质的目的。②

（三）金融司法体系保障

1. 金融司法体系保障的谋篇布局

（1）完善金融刑事司法体系，强化惩治功能。要将完善惩治金融犯罪的职能和

① 参见王国平：《谈金融监管执法层面的三项基础建设》，载《法学》2000年第2期。

② 参见王国平：《谈金融监管执法层面的三项基础建设》，载《法学》2000年第2期。

机制摆在首位，确保始终保持对金融犯罪的高压态势，重点打击涉互联网金融、证券期货市场和金融机构的犯罪活动。还要根据形势发展，及时调整司法政策，实施“靶向治疗”。比如，针对社会上不断出现的“套路贷”现象，加大对借贷事实和证据的审查力度，坚决惩治涉嫌通过虚增债务等方式非法侵占财物等新型犯罪行为。同时，特别要仔细甄别罪与非罪，切实做到不枉不纵。

（2）完善金融民商和行政司法体系，强化保护功能。完善的金融投资消费者保护体系是维护金融安全与稳定的重要保障。随着金融产品类型的日益增多和复杂化，一般投资消费者难以分辨其风险，加之信息披露不充分，导致投资消费者的投资风险加大，极易受损。目前，金融投资消费又很难被纳入消费者权益保护法的调整范畴。因此，完善的金融民商和行政司法体系就成为金融消费者寻求司法救济的重要渠道，而完善金融民商和行政司法体系的关键是解决诉讼周期长、诉讼费用高、举证难和执行难等问题。

（3）完善金融司法的替代机制，拓展民间渠道。重视金融司法并不意味着无限制扩张司法的职能和权限，金融司法只有在适度的边界内运行，方能取得最佳的司法效果。金融司法在应对金融消费纠纷方面时常捉襟见肘，除了诉讼成本高昂之外，金融消费者与金融机构之间在信息、资金、专业等多方面实力悬殊，根本无法获得真正平等的诉讼地位。为此，建立健全替代司法的纠纷解决机制就成为必要。这既可以满足诉讼增长对案件分流的需求，也可以为投资消费者解决纠纷提供多种选择。

此外，还要健全完善金融司法大数据系统，加强对金融司法信息的研判，及时向有关部门反馈涉及风险防范的重要情况，适时定向发送司法建议，或形成金融司法白皮书，共同引导金融市场规范化建设，促进金融市场的稳定和健康发展。

2. 金融司法体系保障的制度完善①

（1）通过加强司法参与金融立法的科学性、提升司法政策水平和培养胜任金融审判任务要求的人员三方面的制度建构来提升金融司法层次水平，提高金融司法监管质量。

一是加强司法机关参与金融立法的科学性。司法参与金融立法的科学性首先体现在，要以“善”的观念暨经济法的理念即“人们对经济法的应然规定性的理性的、基本的认识和追求，经济法及其适用的最高原理”作内核，指导司法参与江北新区的金融监管规范及政策的制定。司法机关参与金融监管的途径主要有两种，一是就法律的具体适用作出意见，即为解决金融改革创新中出现的制度规范漏洞，司法机关根据相应的司法实践问题总结提炼，提出指导性意见。二是在新区的金融相关规

① 参见朱大旗、危浪平：《关于金融司法监管的整体思考——以司法推进金融法治为视角》，载《甘肃社会科学》2012年第5期。

范、政策制定过程中，司法机关提交修改意见和提出司法建议或者参加起草。

二是努力提升司法政策水平。司法作为纠纷解决和矛盾化解的最后防线，因此司法裁判应依政策与法的理念进行法律适用，使判案不脱离正常的观念和大众常识，以提升裁判的可接受度，使当事人信服，使社会尊重，进而树立司法权威。

三是培养符合金融审判要求的人员。司法工作人员要有大金融司法政策观：为维护金融稳定和金融安全，为充分发挥法院在金融市场中化解冲突、平衡利益的作用，应扭转保守思维定式，积极处理各类金融纠纷案件特别是法无明文规定或规定不明确的案件，不能坐等立法完善后再介入沸腾的金融纠纷中，陷入被动局面。司法工作人员也要对具体金融制度和知识包括具体经济政策有所了解，为此，一是要在司法部门加强金融理念宣传和教育；二是加强金融业务培训，保证金融司法人员的知识储备能跟上形势发展要求。

（2）加强金融司法改革力度，提升金融司法监管效率。司法对经济法治的影响是巨大的，公正高效的司法审判，能有效提升金融司法监管效率。高效的司法以司法权威为基础，司法权威以司法公正为前提。逐步建立健全多元纠纷解决机制，逐步完善社会纠纷解决方式，分流金融司法案件，降低金融司法压力，保证司法审判一锤定音的作用，对提升监管效率不无裨益。同时，加强纠纷解决机制中的调解力度，确保自愿原则和合法原则，将有利于当事人接受纠纷化解结果，实现金融监管效率的提升。

（3）增设专门法院，提升金融司法监管效能。江北新区新金融中心的定位是打造江北新区的新金融高地、创建金融机构集聚区，包括新银行、金融科技、区块链技术、互联网金融、智能财富管理等在内的全新金融服务。由此不难看出，我国目前正在试点中的三类新型专门法院，即金融法院、知识产权法院与互联网法院均符合江北新区新金融中心的发展要求，可考虑在江北新区独立设置。

（4）健全常态有效沟通机制，有效发挥金融监管合力健全金融司法监管，维护金融业的稳定和发展，需要专业金融监管机构和司法机关之间的沟通与协作。为促进合作，发挥监管合力，可以建立常态有效的沟通机制，使司法机关与专业监管机构的协调沟通常态化，并互通有无，信息共享。专业监管机构在监管中发现的违法或涉案事实应及时报告或移送司法机关。司法机关在处理案件时，亦可通报情况，有必要的可发司法建议书，以便专业监管机构针对问题，采取措施防范和化解风险。

第五节 | 国外专家来华的人才治理①

根据党的十九大尤其是党的十九届三中全会、四中全会以来的重要政策文件，以及国家、省、市和地方的法律、法规对法治政府、法治经济、法治社会建设的规定，结合江北新区主要产业体系“芯片之城”“基因之城”和“新金融中心”的发展现状及其人才需求，有必要为国外专家在江北新区落户提供有效的法治保障。通过充分调研外籍医疗、法律专家临时短期来华执业或工作过程中，在工作许可、居留权、跨境税收等方面存在的障碍，江北新区为优化外国专家来华工作制度环境创新建设提供了针对性方案。

一、制度发展

（一）国外专家来华工作的制度体系

我国各层级、各类型的立法主体曾出台大量关于国外专家来华工作的规范性文件，在内容上涉及国外专家的各层级法律性文件中，包括目前仍有效的以及已经失效的，全国性的法律性文件共计992部。现行有效的国外专家来华工作的制度大部分由原国家外国专家局所制定，各级立法机关、政府及其组成部门都有涉及。原国家外国专家局是中国政府主管国家智力引进的行政机构，主要负责管理来华工作的外国专家和中国国家机关、企事业单位人员出国及赴香港特别行政区、澳门特别行政区、台湾地区培训工作。在这992部法律性文件中法律共2部，包括《出境入境管理法》《境外非政府组织境内活动管理法》，全国人大及其常委会工作文件6部，行政法规及规范性文件83部，军事法规及规范性文件3部，司法解释及司法性文件2部，部门规章及规范性文件899部，地方法规规章4241部，政策纪律270部，行业标准规范104部。这其中与本研究主题密切相关的制度主要有《外国专家来华工作许可办理规定》《外国人在中国就业管理规定》《外国专家来华工作证件管理系统使用规定》《短期邀请的国外专家生活待遇的规定》《关于全面实施外国人来华工作许可制度的通知》等。

在这样的背景之下，研究国外专家来华工作的相关问题就显得更加有理论价值和现实意义。一方面，从数据上来看，我国现行有效的法律性文件数量非常之大，

① 选编自2020年10月25日“国外专家来华工作制度环境创新研究——以医疗、法律专家为例”课题组提交南京市江北新区管理委员会综合治理局的研究成果《国外专家来华工作制度环境创新研究——以医疗、法律专家为例》，课题组成员有：刘爱龙、徐彰、吴一鸣、高伟伟、苏海雨。

其中有部分无法适应当下外国专家来华工作新要求的文件还未得到及时的清理和废止，这给江北新区内各企业在聘请外国专家来辖区内开展短期工作制造了相当程度的困惑和阻碍；另一方面，在外国专家来华工作这一问题上具有纲领性地位的《外国人在中国工作管理条例》历经数年的立法工作，至今尚未出台，如何在保障国家安全和社会稳定的前提下，保证外国专家能够更为效率地在江北新区工作，这成为理论界讨论的重点。

（二）国外专家来华工作的理论发展

由于现实中有着迫切的需求，因此除了可见的大量规范性文件，学界关于这一主题也时有探讨。主要观点如下：有学者指出，我国现行的外国人来华工作法律监管机制存在的弊病影响了引智的实际效果，通过分析外国人来华工作法律监管机制优化的动因，阐明了外国人来华工作法律监管机制优化的整体定位及着力点，即外国人来华工作法律监管机制的改革应以实现“控量保质”地引入外国人才为目标，以维护公共利益和宽严相济为原则，而监管主体、准入标准和监管程序则是该机制改革的重要着力点。[①]有学者通过分析改革中的外国人来华工作法律规制认为，来华工作外国人由就业外国人、外国专家、非法工作外国人三类群体组成，是中国国际移民的重要组成部分，由外国专家、公安、外交等部门管理。当下我国没有一部形式意义上的外国人来华工作法，其实质内容主要分散在出境入境管理法、劳动法等法律文件之中，基本原则是鼓励高端、控制一般、限制低端，保护来华工作外国人权利。我国重视来华工作外国人问题，实施了有关融合的政策法律，促进来华工作外国人的社会融合，乃至非法就业外国人一定程度上的合法化。[②]

二、规范体系

（一）法律

在法律层面，涉及外国专家来华工作的相关立法并不多，主要是《出境入境管理法》《劳动法》《社会保险法》以及《个人所得税法》。

（二）法规

在行政法规层面，涉及外国专家居留权的相关立法主要是《外国人入境出境管

① 参见李伯轩：《引智新形势下外国机制革新的人来华工作法律监管原则与路径》，载《当代经济》2019年第7期。

② 参见刘国福：《改革中的外国人来华工作法律规制研究》，载《社会科学战线》2017年第5期。

理条例》。在工作许可方面，涉及的立法主要有《外国律师事务所驻华代表机构管理条例》。2018年修订的《外国企业常驻代表机构登记管理条例》中则规定了外国企业常驻代表机构的首席代表及代表的任职资格和工作范围。

在地方性法规层面，主要有《延边朝鲜族自治州外国人管理条例》，其中规定了外国人的停留居留事项，并特别规定了相关部门对于外国专家在办理相关事项上提供便利。

（三）规章

涉及外国专家来华工作的部门规章主要集中在居留权和工作许可两个领域。居留权方面，主要是《外国人在中国永久居留审批管理办法》，其规定获得永久居留资格的外国人在中国居留期限不受限制，其合法身份证件是《外国人永久居留证》。在工作许可及社会保险方面，《外国人在中国就业管理规定》是规范外国人在中国就业的一个最为重要的法律文件。

另外，我国还规定了许可证书和就业证的申请与审批以及劳动管理等事项。此外，相关部门对于外国律师事务所驻华代表机构、外国医师来华短期行医、来华人员参加社会保险制定了相应的规章。《外国医师来华短期行医暂行管理办法》规定外国医师来华短期行医必须经过注册，取得《外国医师短期行医许可证》，并规定了相关的条件及申请程序。《司法部关于执行〈外国律师事务所驻华代表机构管理条例〉的规定》进一步细化了《外国律师事务所驻华代表机构管理条例》中的相关内容，尤其是明确了不能从事的“中国法律事务”的具体内容。《在中国境内就业的外国人参加社会保险暂行办法》规定在中国境内就业的外国人应当依法参加职工基本养老保险、职工基本医疗保险、工伤保险、失业保险和生育保险，由用人单位和本人按照规定缴纳社会保险费，并规定了相关事项的办理手续等。

（四）规范性文件

涉及外国专家来华工作事项的规范性文件较多，其中既有各部门制定的规范性文件也有地方政府出台的规范性文件。《关于进一步简化外籍专业人才来华手续的规定》规定了外籍高科技人才、华人专家符合相关条件者可以简化的方式申请长期多次来华签证，签证类型是2年至5年长期多次入境有效、停留期一般不超过180天的F字访问签证。《外国人签证和居留许可工作规范》则进一步具体规定了办理签证及居留许可所需的具体材料、受理与审批手续以及高层次人才和投资者的界定等内容。部分地方政府及部门也出台了相应的规范性文件，其内容主要集中在为高层次人才提供签证便利及居留的管理。

在工作许可及社会保险领域，国家外国专家局等部门出台了一些重要的规范性文件。《国家外国专家局关于印发外国人来华工作许可服务指南（暂行）的通知》则具体规定了各类人才申请工作许可的条件和具体流程。此外，还有专门针对境外非政府组织外籍工作人员、外国人入境完成短期工作任务、基金会、境外基金会代表机构办理外国人就业的相关规范性文件。

三、实施阻碍

（一）国外专家的人才认定障碍

1. 当前国外专家人才的认定问题。当前，国外医疗、法律专家，尤其是法律专家还难以认定为R字（人才）签证。因此，国外医疗、法律专家在人才签证方面在外国专业人才（A类、B类）上，可以分别按照平均工资不低于本地区上年度社会平均工作收入6倍，或者4倍的外籍人才，认定为A、B类人才。除此之外，国外医疗、法律专家就很难获得外国人才认定，也就无法享受相应的签证等人才待遇。最后，国外医疗、法律专家一般也不符合入境完成短期工作任务的情况。

2. 国外医疗专家认定的障碍。医疗人才在A类认定主要是在国内三甲综合医院或副省级以上城市专科医院或外资医院聘任担任高级管理职务或副高级以上专业技术职务的人员，那么对不是三甲医院或者副省级城市或者医院的自贸试验区所在地是行不通的。如需通过平均工资收入不低于本地区上年度社会平均工资收入6倍认定为外籍人才，会加剧外国医疗专家的唯收入的引进的倾向。应当扩大外国高端人才（A类）范围，享受外国人才签证（R字签证）便利。

（二）国外专家执业许可的障碍

1. 外国人来华工作许可设定的立法层级问题。人力资源和社会保障部制定的部门规章，属于立法层级较低，没有设定外国人来华就业许可的发放条件的权限。由于我国实行就业许可制度，除了我国法律法规中明确规定允许发放就业许可的职业种类以外，对于法律没有规定的职业种类，原则上是禁止和限制的。

2. 国外专家工作许可的办理手续复杂。国外专家的就业申请审批后，工作许可证书应由省、自治区、直辖市人力资源和社会保障部门指定专门的机构负责签发。国外专家获得工作许可证后，由人力资源和社会保障部门每年对工作许可证进行年检。根据规定，用人单位须在国外专家的劳动合同期满前30日内办理工作证年检手续。否则，国外专家的工作许可证自行失效。

3. 国外医疗专家短期行医许可的审批时限长。注册机关应当在受理申请后30日内进行审核，并将审核结果书面通知申请人或代理申请的单位，外国医师来华短期行医注册的有效期不超过一年。经过相关座谈调查发现，江北新区在受理境外医师来华短期行医许可的法定办理时限上远超过30日的时限，甚至有2个月或者3个月的办理情况，将不利于来华短期执业的医师行医。

4. 国外法律专家的执业许可障碍。目前，《外国律师事务所驻华代表机构管理条例》是对外国律师服务管理的主体法律依据。但从该条例的名称来看，管理的主要对象是外国律师的服务机构，而不是外国律师，外国律师只是作为代表机构的工作人员进行规定。

（三）国外专家工作的社会保障障碍

1. 国外专家的劳动工资支付。我国《劳动合同法》第85条规定，用人单位违反工资支付规定的，由劳动行政部门责令限期支付，逾期不支付的，责令用人单位按应付额50%以上100%以下的标准向劳动者加付赔偿金。建议劳动行政部门加强对国外专家的用人单位违反规定的监管程序、手段以及调查取证等操作性的研究，尤其重视法定节假日的双倍或者三倍工资的问题，保护国外专家的合法正当权益。

2. 国外专家的职业安全保护。我国只在《外国人在中国就业管理规定》中提到，在我国境内就业的外国劳动者，在劳动安全卫生方面，按照国家规定执行，享受国民待遇。我国关于职业安全与健康的法律法规众多，并没有形成职业安全与健康权利保障的统一规范。

3. 国外专家的社会保险待遇。对参与我国社会保险的外国专家来说，不仅存在养老金取得程序烦琐的问题，同时也存在医疗保险难以满足就医需求的矛盾。为了更好地保护外国劳动者的社会保障权益，可以考虑针对不同的国外专家进行差异化对待。

4. 国外专家的住房安居问题。根据江北新区相关规定，能够享受高端人才服务的人才仅限于《人才安居办法》中A、B、C类标准的人才。根据国家《外国人来华工作分类标准（试行）》，来华工作的外国人也分A、B、C三类。在符合市场导向的鼓励类岗位需求的外国人才中，对于平均工资不低于本地区上年度社会平均工资收入6倍的外籍人才即属于外国高端人才，而《人才安居办法》中E类人才中有与我市行政区划范围内注册且独立纳税的企业或从事生产经营活动类事业单位签订3年以上劳动合同，且年申报纳税收入（含股权激励）不低于30万元的各类人才这一项。另外，《外国人来华工作分类标准（试行）》中还有仅根据计点积分达到85分以上即可认定为外国高端人才，但是在《人才安居办法》中无法体现这一人才认定标准。

（四）国外专家的执业风险防控障碍

国外专家非法就业的问题。如果外国人没有依照规定取得工作许可和工作类居留证件，或者就业行为超过了工作许可的限定范围，则属于非法就业。“因此，就业证仅在获得许可的就业区域、就业单位以及工作岗位有效，此三项内容若发生变化而未依法重新办理就业证或者变更就业证的外国人，属于超出工作许可范围工作，应当被认定为非法就业。另外，工作许可范围外，外国人也不具备中国境内的合法劳动者主体资格。”①

（五）国外专家的跨境税收优惠障碍

1. 国外专家的税收优惠政策不透明。除了上述法律法规规章规定之外，地方上有很多的国外专家人才的税收奖励优惠政策，如南京市以及江北新区等，但从目前网站和公众号，我们难以找到相关优惠政策文件。当然，相关企业的人力资源或者财务部门能够获取相关的政策文件，帮助国外专家申报相关税收补贴奖励。这都应当及时公开，便于国外专家和相关涉外企事业单位查询并加以申请。

2. 国外专家享受税收优惠的人才标准较窄。南京市享受税收优惠的人才标准与《外国人来华工作分类标准（试行）》中A类外国高端人才相比，仍然过窄。易造成同属国家规定的A类外国高端人才，在江北自贸区有的能享受税收补贴，有的无法享受的情形。反观其他地区，如《广东省财政厅、国家税务局关于贯彻落实粤港澳大湾区个人所得税优惠政策的通知》中，除A类人才外还有地方根据自身需求规定的高端人才和紧缺人才都可普遍性地享有税收优惠。

（六）国外专家的劳动合同问题障碍

1. 国外专家的劳动合同签订。在外国人来华就业许可制度下，都不能轻率地否认办证程序中提交的书面合同的效力。没有这一有效合同，将无法保证与取得就业许可的外国人建立劳动关系的是特定的用人单位。若不强调在办证程序中提交的合同的真实性，将不能保证该外国人的用人单位是为其办理就业许可的单位，不利于我国对来华就业外国人的有效管理。对外国劳动者而言，则否定了其取得的就业许可的有效性；没有合法的就业许可，该外国人的就业行为则属于非法就业，也就不能适用劳动法中对劳动者权利义务进行倾斜保护的相应条款。

2. 国外专家的劳动合同解除。在案件裁判中，即使仲裁委或者人民法院认定用人单位解除劳动合同的行为属于非法解除，或者用人单位对于外国劳动者没有取得合法的就业许可存在过错，考虑到就业许可业已失效，一般也不会判决恢复劳动关系。即使来华就业外国人遭遇了用人单位的非法解除劳动合同、拖延就业证的办理等行为，他们也只能获得一定的金钱赔偿，无法恢复原有劳动关系。就业许可制度与劳动法的衔接不足，现行法律对用人单位的行为缺乏有效的规制，影响了劳动法中劳动合同解除制度对合法就业外国人的保护作用的发挥。

---

① 袁林楠：《外国人超出工作许可范围工作属于非法就业》，载《中国人力资源社会保障》2020年第1期。

3.国外专家的涉外法律适用。我国《劳动法》规定，在中国境内的用人单位和劳动者，适用《劳动法》，即对劳动关系的主体调整，适用《劳动法》。《劳动合同法》规定，用人单位和劳动者之间形成的劳动关系，适用《劳动合同法》，即对劳动关系本身的调整，适用《劳动合同法》。《劳动争议调解仲裁法》规定，用人单位与劳动者之间的劳动争议，适用《劳动争议调解仲裁法》，即对劳动者、用人单位以及二者之间的劳动关系彼此或共同产生的争议的调整，适用《劳动争议调解仲裁法》。

四、完善对策

（一）完善国外专家来华工作法律制度

1.建议相关法律法规规章的修改与调整实施。针对国外专家来华工作事项，厘清中央事权与地方事权的立法侧重点，建议国家有关部门推进相关改革创新，结合地方发展需要，适时提出有关法律、行政法规、部门规章的调整实施建议，推动地方性法规、地方政府规章有关规定在自贸试验区调整实施。

2.建议尽快制定《外国人在中国工作管理条例》。只有法律、行政法规可以设定行政许可的权限，建议国务院制定《外国人在中国工作管理条例》，代替当前人力资源和社会保障部制定的《外国人在中国就业管理规定》，提高相应的法律位阶与效力，并协调各方面的力量制定综合性的外国人在华工作管理规定，实现国外专家来华工作制度的系统性与权威性。

3.建议制定《江苏省引进国外专家工作管理条例》。设区的市立法权限仅局限在城乡建设与管理、环境保护、历史文化保护等方面制定地方性法规。因此，建议江苏省人大常委会适时启动《江苏省引进国外专家工作管理条例》，大力引进国外智力，发展前沿相关产业。

4.建议开展国外专家管理规范文件清理工作。由于国外专家管理方面的文件政策历史跨度长，为了避免造成系统自身的自相矛盾，有必要对政策进行相关的梳理，涉及财税政策、社会保障政策、出入境和居留政策等方面，既要清查政策的衔接度，还要对政策之间的流程操作性进行优化，通过立改废释实现制度政策的优化。

5.争取司法部授权外籍律师顾问的试点工作。建议下放自贸区港澳台律师事务所驻内地或大陆代表机构设立等许可权以及对外国律师事务所驻华代表机构设立等初审权。鼓励境内外知名法律服务机构以联营、设立办事处等形式在自贸区开展法律服务业务，争取国家授权允许港澳台律师直接在自贸区内从事涉外涉港澳台业务，争取司法部授权外籍律师担任法律顾问的试点授权。

（二）加大国外专家人才引智力度

1.健全外国专家人才需求对接制度。做好国外专家人才需求规划，有目标、有计划、引进人才。人力资源和社会保障部门以及相关企事业单位要充分建立起人才供需的对接机制，发布海外高层次人才需求指南等方式为用人单位和外国专家人才搭建平台，让更多国外专家人才市场了解江苏国外专家就业信息，让外国人才与江苏企业供需充分对接。

2.大力拓展国外专家人才市场。大力宣传和推广江苏省国外专家人才需求信息和人才舒适发展环境，让国外专家能够被吸引到江苏工作。还可以通过委托招聘、国外驻地猎头公司、企业邀请等途径广泛拓展国外专家人才市场，实现国外专家“引进来、待得住”。

3.完善国外专家在宁工作指导目录。围绕江北新区发展战略目标和人才发展需要，制定并更新外国人在宁工作指导目录，及时、准确反映对国外专家人才的需求。不能简单用完全高端、紧缺、急需的国外专家来限定工作指导目录，应当看到相关配套国外专家的作用，如国外医疗专家、法律专家提供的医疗、法律服务，对于保障国外专家的总体生活工作环境也具有重要辅助作用。根据国外专家来华工作的条件，逐步建立相关的国外专家在宁职称评审制度。

4.放宽外国专家人才认定分类标准。扩大《外国人来华工作分类标准（试行）》中关于“外国高端人才”定义为“我国社会发展急需的”“高精尖缺”的外国人的认定，建立动态的“符合我国经济社会发展需要”“国内急需紧缺的专业人员”的人才分类标准，吸引更多的外国专家人才。应当扩大外国高端人才（A类）范围，享受外国人才签证（R字签证）便利，防止外国医疗专家引入走向唯收入的歧途。应当放宽外国专业人才（B类）学历和工作经历等限制，增加C类签证的居留时间，将90日延伸到180日。最后，也建议引进劳动力市场测试制度，扩大外国专家人才的引进力度。

（三）简化国外专家来华工作的审批制度

1.建立国外专家引智议事协调小组。由于国外专家引进涉及人力资源部门、国家外国专家局、外事部门、公安部门、出入境部门、税务部门、教育部门、金融部门、社会保障部门等，不同单位之间制度是环环相扣、彼此衔接的，突出的问题是不同部门之间的政策衔接性不强，甚至存在脱节冲突的地方，建议成立国外专家引进议事协调机构，便于相关制度的衔接与实施。

2.加快国外专家来华工作的“放管服”改革。加大省市级相关审批权限的下放力度，尤其是居留权、就业许可证、执业许可证等审批的下放。下放到江北新区后，要及时熟悉相关审批政策，缩短审批时限，提高审批效率。建立国外专家来华工作的“一网通办”“一窗口受理”平台，便于国外专家及时便利办理来华工作手续。

3.建立国外专家来华工作的信用积分审核制。对国外专家用人单位采取信用积分制度，信用较高的用人单位在办理相关许可时，其无犯罪记录证明、工作资历证明和相关任职资格证明采取信用承诺制，一旦发现则会信用减分。同时，对于相关审核材料按照信用积分实行容缺受理、事后补充的制度，便于国外专家及时开展来华工作。

4.探索国外专家国民待遇与负面清单管理制度。放宽国外专家来华工作的审批限制，推动国外专家人才在江北新区集聚效应，支持企业国际化人才引进，让更多国外专家人才来宁工作，提供智力支持。减少政府对国外专家评估和项目评价的干预，强化企业用人自主权，采取负面清单管理制度，大力引进科技型、服务型国外专家来宁工作。

5.开发来宁工作的国外专家数据库与服务平台APP。在办理国外专家来华工作许可的同时，建立相应的国外专家数据库，同时建立数据库平台，还可开发国外专家服务平台APP，包括公寓租赁、语言培训、社会保险、子女入学、工作许可证等网络申请办理通道。

6.缩减国外专家执业许可审批时限。外国专家人才来华短期工作，特殊行业的还需办理执业许可，法定办结时限是30个工作日，当前南京市卫健委承诺办结时限为14个工作日，但当前基本办结外国专家执业许可需要30日至60日，甚至更多时间。因此，建议缩减外国专家执业许可审批时限，建议缩短为5个工作日。建议减少一项提交文件，即外国医师拟执业医疗机构的《医疗机构执业许可证》副本。

7.优化国外专家来华工作的签证方式。根据《外国人入境完成短期工作任务的相关办理程序（试行）》相关规定，建议允许国外医疗、法律等专家来华短期工作申请Z字签证，在境内停留不超过90日，便于外国专家来华完成短期工作任务。根据《出境入境管理法》规定，公安机关出入境管理机构应当自收到申请材料之日起15日内进行审查并作出审查决定，根据居留事由签发相应类别和期限的外国人居留证件。建议7日内进行审查并作出审查决定，便于外国专家来华开展工作与居留。

（四）提升国外专家来华工作生活的便利度

1.加大国外专家税收优惠的信息公开。税收补贴优惠政策应当及时向相关企事业单位公开，让来华工作的国外专家人才根据自身情况申报税收优惠待遇。梳理从中央到江北新区的各级各层次税收优惠政策，建立窗口式一对一服务，让更多国外专家人才享受税收优惠政策。与此同时，也将我国与多数国家签署的双边税收协定予以公开，避免国外专家人才双重纳税。

2.提升国外专家来华工作的金融便利度。建议相关金融管理部门允许国外专家来华工作后办理多种银行卡，并可使用本国银行卡刷卡消费，允许开通手机银行、网络银行等功能，实现在华生活消费的正常化与便利化。

3.协调安排国外来华专家亲属的工作。实际上，国外来华专家一般也会携同亲属子女。在一定程度上其亲属也希望能够参加社会劳动工作，相应的企业单位也可以在与国外专家协商劳动合同时，相应安排其亲属相应的工作职位。如不能安排，则可上报人力资源主管部门，进行综合评估与协调，办理相关许可手续，安排相应的就业岗位。

4.提高国外专家子女学校的教学质量。当前，国外专家人才子女入学主要是到外籍子女学校入读，由于教学教育存在一定的差异，允许差异化分班，加大相关外籍教师的引入力度，逐步提升国外专家子女的受教育认可度。同时，适当就近建设外籍子女学校，满足相关国外专家子女入学需求。

5.优化国外专家人才的社会保险待遇。根据《社会保险法》《在中国境内就业的外国人参加社会保险暂行办法》的规定，外国专家来华工作参加我国社会保险、享受社会保险待遇，适用国民待遇原则。建议建立便于外国专家人才缴纳的条件和渠道，同时根据相关双边社会保险协定，做好免予缴纳的审核，方便外国专家人才享受社会保险待遇。当然，针对我国社会保险水平，还可以提供相应的商业保险待遇。

6.引入国外医疗专家到民营医院提供医疗服务。当前，国外专家由于语言障碍，也很难到国内公立医院就诊，往往会选择到私立医院就诊，甚至会回国就诊。当前，可以引进国外医疗专家长期在私立医院就诊，实现语言和就诊的无障碍，也为国外专家来宁工作创造良好的就医环境。与此同时，通过医疗保险缴纳报销一定比例的就诊费用。

7.开设国外专家参加的汉语文化学习培训。国外专家语言服务的需要主要是政府网站语言服务和生活类语言类服务。当前国外专家相关手续是相关企业人力资源专员办理，但是为了便于国外专家也能更好融入中国生活环境，可以补贴资助相关学校开展国外专家汉语言文化学习班，让国外专家学习基本的汉语言，同时还可以了解中国的文化。

8.开展国外专家在华工作的法律法规政策宣讲。聘请相关国内律师为国外专家就相关的我国法律法规开展法律咨询与宣讲，主要介绍我国民商法、刑法、行政法、劳动法等方面法律，尤其是国外专家来华工作制度的相关法律法规规章与规范性文件，防止国外专家出现“不知法违法”的情况，提升国外专家的普法力度。

（五）健全国外专家来华工作的职业保障

1.适度调整国外专家就业许可的区域。根据《外国人在中国就业管理规定》，超出工作许可的限定范围，则属于非法就业。随着互联网线上工作兴起，国外专家不仅能在本区域内工作，还可以远程操作。就业证仅在获得许可的就业区域、就业单位以及工作岗位有效，因此建议放宽国外专家就业许可区域范围。

2.提供国外专家人才的执业风险保险。针对国外法律专家执业风险，建立医疗责任保险制度与医师执业责任保险制度。完善医疗风险分担机制，鼓励医疗机构参加医疗责任保险或者建立医疗风险基金，鼓励患者参加医疗意外保险。购买“医师责任险”作为国外医师申请来华行医的必备要件。[①]同时，也建议其他国外专家购买相关行业的执业风险保险。

3.完善国外专家劳动争议纠纷解决制度。建立涉外专家劳动调解中心，制定调解规则和程序，注重运用和解、调解方式依法妥善化解民事与行政争议。同时，健全国外专家劳动纠纷案件解决机制，完善国外专家的劳动仲裁制度，正确适用相关法律法规，保障国外专家的合法正当权益。

① 参见苏玉菊:《〈外国医师来华行医管理办法〉完善建议》，载《民主与法制时报》2020年2月6日，第5版。

第七章

江北新区治理法治化的模式创新：国际商事争议化解

第一节 | 商事争议“国际化”与争议解决“多元化”

一、商事争议“国际化”

商事争议，作为一种争议类型，是指处于平等地位的商事主体之间在经商的活动过程中发生的，内容为商事权利义务的矛盾与争议。[①]相较于国内民商事争议，国际商事争议的核心特质在于“跨境性”（transnational），即国际商事争议指向的是具备“跨境要素”[②]——民商事关系的主体、客体或内容三要素中至少有一个与境外相联系——的民商事争议。

目前，包括国际私法在内的各国国内立法以及国际规则对“民事”“商事”“民商事”术语界定存有差异：

差异一是有关“民事”“商事”“民商事”与“刑事”“行政”等概念所涉范围界定的分歧。各国分歧最直观的表现是：英美法系国家认为，除刑事案件外，其他所有诉讼案件（含行政案件）都属于民商事范畴；而大陆法系国家则认为，刑事、行政和税收案件都不能与民商事案件相提并论。[③]目前我国与世界范围内39个国家签订的涉及民事的双边司法协助协定中，有18个协定对“民事”或“民事和商事”进行了界定。[④]这些界定反映了目前实践中我国的基本立场，即除相关的刑事和行政案件外，其他事项均应属于民商事范畴。

差异二是“民事”“商事”“民商事”三组概念相互之间的界分。总结现有国际法律文书的规定，一种是未对“民事”“商事”进行区分，而是统一采用“民商事项”予以概括；[⑤]另一种是没有使用“民商事项”而是使用“商事”或其他术语，但实践中需要对这些术语涵盖的范围进行判断，如《国际商事合同通则》仅适用于商人或商事交易，《承认及执行外国仲裁裁决公约》适用于“契约性和非契约性

① 参见臧则南：《上海自贸区商事纠纷调解与仲裁机制法律问题研究》，延边大学2016年硕士学位论文。

② 从国内法的视角看，就是具有“涉外因素”的民商事纠纷。

③ 参见徐宏：《国际民事司法协助》（第2版），武汉大学出版社2006年版，第14页。

④ 参见何其生：《国际规则中的“民商事项”——范围之争与解释方法》，载《北大法律评论》2018年第2期。

⑤ 如1905年和1954年的《民事诉讼公约》、1965年《关于向国外送达民事或商事司法文书公约》、1970年《关于从国外获取民事或商事证据公约》、1971年《外国民商事判决承认与执行公约》、2005年《选择法院协议公约》。

纠纷解决”。[①]我国现有双边司法协助协定的一般做法是对“民事”概念予以罗列，尽管学界对于民商分立还是民商合一仍有争议，但将“商事”事项纳入中外民事司法协助协定的范围并无分歧。另外，根据最高人民法院关于案由的规定，目前主要案由分为民事、刑事、行政和执行案件，以民事涵盖相关的商事纠纷。考虑到进一步深化改革开放、推动“一带一路”发展、大力建设自由贸易试验区等大的政策背景，逐步扩大民商事领域的合作是时代之需，故而民商事范围的扩张也是应然之势。

结合上述对我国有关民商事界定具体实践的分析，加之联合国国际贸易法委员会《国际商事仲裁示范法》《国际商事调解示范法》以及《承认及执行外国仲裁裁决公约》均对“商事”一词做广义解释，[②]指明包括契约性和非契约性的一切商事关系，从而涵盖所有具有商业性质的关系所产生的争议，因此，“国际商事争议”的一般含义是指在跨境商事交往中，民商事主体间形成的涉及人身、财产关系的权利义务纠纷。质言之，“国际商事争议”即具有跨境（涉外）要素的民商事争议。以下除特别说明外，所称“国际商事争议”均指其一般含义。

二、国际商事争议解决“多元化”

（一）传统国际商事争议解决方式的内在缺陷

以国内诉讼、国际商事仲裁为主体的司法、准司法争议解决方式是国际商事争议传统解决方式，但是这些传统的争议解决方式无法有效应对跨境要素给争议解决带来的诸多困境，现有的国际商事争议解决方式存在固有的缺陷与不足。

1.诉讼

诉讼，从国内法视角来看，具有司法效力强、强制执行等优点，但这些优点在国际商事争议解决中的认可与受欢迎程度并不高。与国内商事争议解决不同，具有跨境因素的国际商事诉讼存在诸多问题，而这些问题的出现不利于实现商事主体追求的营利性与效率性。从国际私法的视角来看，这些问题包括但不限于国际商事争议诉讼中会涉及的涉外司法管辖权的确定、外国法的查明、法律规避、公共秩序保留以及一国法院判决在他国的承认与执行等国际司法协助问题。具言之，即国内法

---

① 参见何其生：《国际规则中的“民商事项”——范围之争与解释方法》，载《北大法律评论》2018年第2期。

② 见联合国国际贸易法委员会《国际商事仲裁示范法》第一章第1条（1）注释2、《国际商事调解示范法》第1条第1款注释3。

官一般只熟悉本国法律，[①]即便是对国际规则较为熟稔的法官也难免会依据习惯按本国法律观念及精神理解和适用法律，[②]更何况外国法在国内适用时还会受到国内强制性规定和公共秩序保留的限制，加之实践中，在缺乏相关双边协定或国际公约的情况下，国内法院所作之国际商事争议判决在外国的承认与执行困难重重。

2. 仲裁

国际商事仲裁是国际商事主体根据意思自治原则确立的争议解决途径，与诉讼相比，国际商事仲裁在法律依据、程序标准、仲裁地和机构等方面具有更高的意思自治，同时其兼具隐私性、高效性、易执行等优势。故而，与诉讼在国际商事争议解决中的"冷遇"不同，国际商事仲裁成为国际商事争议解决的主要方式。

具体而言，国际商事仲裁主要有以下三个方面的优势：第一，国际商事合同一般明确约定仲裁地与仲裁机构，这使得仲裁管辖权具有确定性，仲裁机构依当事方协商选择，仲裁程序具有可预期性。第二，国际商事仲裁程序的隐私性更有利于保护商事争议中涉及的商业秘密。第三，相较于诉讼，国际商事仲裁裁决更易得到承认与执行。截至访问日，《承认及执行外国仲裁裁决公约》已拥有168个成员，[③]覆盖了跨国商业交易90%以上的国家和地区，[④]并且近九成"一带一路"沿线国家是该公约的缔约国，[⑤]为仲裁裁决的承认与执行提供了有力保障。

虽然国际商事仲裁的契约性使其备受青睐，然而近年来国际商事仲裁的司法化问题越来越不容忽视。一方面，是内生于仲裁的问题，即国际商事仲裁裁决的效力需要得到法律的确认；[⑥]另一方面，近年来，国际商事仲裁受到的司法干预和控制也更加明显。[⑦]

目前，我国仲裁制度发展较快。2019年全国253家仲裁委员会共受理案件486955件，全国仲裁案件标的总额为7598亿元，比2018年增加648亿元，增长率为9.3%。其中，

---

① See Friedrich K. Juenger, *Choice of Law and Multistate Justice* (*Special Edition*), Transnational Publisher Inc., 2005, p.83.

② 参见徐鹏：《外国法解释模式研究》，载《法学研究》2011年第1期。

③ 参见联合国官网数据，https://uncitral.un.org/en/texts/arbitration/conventions/foreign_arbitral_awards/status2，2021年4月10日访问。

④ 袁发强：《"一带一路"背景下国际民商事争议解决机制之构建》，载《求是学刊》2018年第5期。

⑤ 参见杨建：《"一带一路"战略下国际商事仲裁机制的优势与制度设想》，载《黑龙江省政法管理干部学院学报》2017年第6期。

⑥ 1923年《日内瓦议定书》（Geneva Protocol）在强调尊重商业当事人约定的同时，也强调仲裁裁决"受制于仲裁所在国的法律"。Lynden Macassey, "International Commercial Arbitration: Its Origin, Development and Importance", *Transactions of the Grotius Society*, Vol.24, Problems of Peace and War, Papers Read before the Society in the Year 1938, 1938, p.202.

⑦ Richard B. Lillich and N. Brower ed., *International Arbitration in the 21st Century: towards "Judicialization" and Uniformity*, Transnational Publishers, 1994, pp.8–10.

2019年中国国际经济贸易仲裁委员会受理仲裁案件共计3333件，同比增长12.53%；涉及72个国家和地区的涉外、涉我国港澳台地区案件共617件，同比增长18.20%。[①]

仲裁在我国蓬勃发展的同时也存在和现行国际商事仲裁制度同样的不足。一是没有充分保障当事人的意思自治，如强制仲裁名册限制了当事人自由选任仲裁员的权利。二是仲裁司法化倾向明显，仲裁程序简单照搬诉讼程序、大量诉讼规则被引入仲裁规则，如仲裁从申请受理、仲裁庭组成、开庭审理甚至裁决的作出均与民事诉讼一审程序类同。三是仲裁国际化水平较低，主要表现是当事人意思自治空间小、不承认临时仲裁、仲裁庭缺乏自由裁量空间、诉讼对仲裁过多的影响等方面。“在‘一带一路’建设中，国际商事仲裁需处理好契约性与司法化之间的逻辑张力”，[②]需要进一步提升我国仲裁的国际化、现代化水平。

3. 调解

调解是在当事方自愿的基础上，在第三方的主持和协调下就争议内容自愿达成谅解协议。调解被广泛适用于国家间争端、国际投资争议和国际商事争议中，特别是国际商事争议。联合国国际贸易法委员会于1980年通过了“联合国国际贸易法委员会调解规则”（UNCITRAL Conciliation Rules），并于2002年通过了《国际商事调解示范法》。国际商会国际仲裁院、美国仲裁协会、伦敦国际仲裁院、中国香港国际仲裁中心等主要国际商事仲裁机构在受理仲裁案件的同时也为当事人提供调解服务。2014年，新加坡国际调解中心等专门机构的建立，也在很大程度上推广了调解在国际商事争议解决中的应用。

国际社会普遍将调解看作一种东方价值和传统。[③]作为一种争端解决方式，调解在我国有着悠久的历史。“早在西周的铜器铭文中，已有调处的记载，秦汉以来，私法官多奉行调处息讼的原则，至两宋，随着民事纠纷的增多，调处呈现制度化的趋势，明清时期，调处已臻于完善阶段。”[④]在其他亚洲国家，调解在解决纠纷方面也有着悠久的历史。[⑤]

---

① 央广网：《中国国际商事仲裁年度报告（2019—2020）》发布，http://m.cnr.cn/news/20200918/t20200918_525267408.html，2021年4月11日访问。

② 康宁：《契约性与司法化：国际商事仲裁的生成逻辑及对“一带一路”建设的启示》，载《政法论坛》2019年第4期。

③ 参见漆彤、张生、黄丽萍：《调解在国际争端解决中的发展与应用》，载《武大国际法评论》2020年第2期。

④ 刘作翔：《法律文化论》，陕西人民出版社1992年版，第20页。

⑤ See Sompong Sucharitkul, “Mediation and Conciliation as Alternative Means of Settling International Disputes”, *GCU Law Digital Commons*, Vol.11, 2001, p.14, https://digitalcommons.law.ggu.edu/cgi/viewcontent.cgi?referer=https://vip.kuaimen.bid/&httpsredir=1&article=1 557&context=pubs, vistied on 9 April 2021.

我国一贯重视调解方式的运用，根据最高人民法院公布的2018年全国法院审理民商事一审案件情况统计表，在结案的10763889起案件中，通过调解结案的有2787475件，调解结案率高达25.9%。[①]近年来，我国基本形成了人民调解、行政调解、行业调解、商事调解等多种调解机制共同发展的良好局面。中国国际贸易促进委员会调解中心、上海经贸商事调解中心、厦门国际商事调解中心等专业商事调解机构的陆续设立与蓬勃发展，为商事纠纷的公正、灵活、高效解决提供了有力的机构保障。

调解的优势在于规则适用和程序安排的灵活性、更强的保密性、高效性和低成本。同时，相较于诉讼和仲裁，调解更大程度地反映出争议双方友好沟通、维护双方合作关系的诚意。然而，也正因如此，相较于诉讼和仲裁，调解结果并不具有终局性，且缺乏强制执行力，从而使得争议解决结果的不确定性大增。调解协议的强制性效力不足难以保证调解结果切实有效地落实，可执行性处于不确定状态。

（二）自贸区与“一带一路”发展的外在挑战

随着我国自贸区与“一带一路”建设的推进和深入，国际商事往来越发频繁，各国商事主体利益矛盾冲突日益高频化、复杂化与多样化。特别是面对“一带一路”覆盖的沿线国家在政治、经济、文化和宗教信仰方面存在巨大差异带来的巨大变化，以及自贸区建设带来的国际商事争议高频化、复杂化以及多样化的现实，国际商事争议解决面临巨大挑战。

自贸区的设立加速了贸易投资便利化、利率市场化和货币自由兑换等创新措施的推行，新型贸易和投资形态，以及种类多样的金融产品和交易工具也将应运而生，涉外争议类型将会有所变化。并且随着自贸区涉外元素的增加，自贸区中企业的投资和运营势必将遇到跨境投资、国际贸易、离岸金融等一系列专业性、国际性和前沿性的法律问题。[②]这些新领域、新类型纠纷的出现提出了新的挑战。

对于诉讼而言，除去诉讼程序冗长等固有问题，以投资为例，自贸区内进一步的投资自由化是对政府管理外资模式的一次重大突破和挑战，不仅意味着相关法律法规的调整，同时将衍生出一系列“涉自贸区案件”。即自贸区内对外投资开放的新模式、新领域和新业态将衍生出一系列仅产生于自贸区的国际商事争议案件，这些案件具有专属性、排他性和独特性。[③]这些案件产生的现实为自贸区法院实践提

① 关于2016年调解结案率，参见《中华人民共和国最高人民法院司法统计公报》，http://gongbao.court.gov.cn/Details/faccf2e3c1216069f9c87cd2dc535d.html，2021年4月10日访问。

② 参见袁杜娟：《上海自贸区仲裁纠纷解决机制的探索与创新》，载《法学》2014年第9期。

③ 参见陈力：《上海自贸区投资争端解决机制的构建与创新》，载《东方法学》2014年第3期。

出全新的挑战：其一，在案件定性方面，如何对“涉自贸区商事争议案件”予以定性？其二，在管辖法院问题上，是否需要建立涉自贸区商事争议专门法院予以集中管辖？是否继续保留《民事诉讼法》第266条“因在中华人民共和国履行中外合资经营企业合同、中外合作经营企业合同、中外合作勘探开发自然资源合同发生纠纷提起的诉讼，由中华人民共和国人民法院管辖”的专属管辖规定？其三，在法律适用上，自贸区司法是否可以对《最高人民法院关于审理涉外民事或商事合同纠纷案件法律适用若干问题的规定》（法释〔2007〕14号）第8条在中华人民共和国境内履行的投资类合同只能适用我国法律的规定予以突破？审判中是否允许投资争端主体选择外国法、国际惯例或者国际条约？

对于仲裁而言，随着“一带一路”的发展，参与国家不断增多。沿线国家法制化水平不尽相同，在仲裁规则与程序、裁决的承认与执行等方面均存在差异，这从客观条件层面制约了仲裁机制作用的发挥。与此同时，在自贸区的建设中也会产生许多新问题，如涉自贸区案件当事人选择仲裁时，机构选择是否只能限于自贸区内仲裁机构？临时仲裁机制能否选用？可否突破现有立法限制，在允许当事人授权仲裁庭进行友好仲裁？

对于调解而言，我国是2019年《联合国关于调解所产生的国际和解协议公约》（又称《新加坡调解公约》）的缔约国，虽然《新加坡调解公约》尚未生效，但提出了中国加入公约后现有“调解中心”开展调解工作需要注意的问题。我国目前存在的国际商事调解中心，存在组织机制发展缓慢、“多而不强”，缺乏国际竞争力、吸引力与公信力，调解员素质水平参差不齐等多方面问题，[①]这对能否应对自贸区建设提出的新问题与新挑战存有疑问。

以上问题，是伴随着自贸区产生与发展而存在的问题，这些问题既有理论的也有实践的，是国际商事争议解决机制在“一带一路”与自贸区建设过程中面临的新问题与新挑战。

（三）国际商事争议解决机制“多元化”趋势

在传统争议解决机制基础上，逐渐发展出后续的替代性争议解决机制（Alternative Dispute Resolution，ADR）、线上争议解决机制（Online Dispute Resolution，ODR），并最终形成“多元化”的争议解决机制。

1.替代性争议解决机制

替代性争议解决机制源于美国，兴起于20世纪后半期，蓬勃于20世纪80年

① 参见廖永安：《我国发展“一带一路”商事调解的机遇、挑战与路径选择》，载《南华大学学报（社会科学版）》2018年第4期。

代，原指包括仲裁、调解在内的替代诉讼的纠纷解决方式，现在已引申为世界各国各种非诉讼纠纷解决程序或机制的统称。替代性争议解决机制（ADR）可以有效缓解“诉讼爆炸”，通过增加中立性更强的非国家性纠纷解决机制解决因全球化加速而不断增加的涉外争端，减轻法院负担；扩大保证人民群众实现法律争议的途径；避免以诉讼方式解决纠纷的零和结果，最大限度保障当事人从纠纷解决结果中获益。

替代性争议解决机制的发展在允许阶段①、鼓励阶段②以后，现已来到了要求阶段，即附条件的强制适用，各国积极推进机制的优先适用，包括通过立法建立法定前置性或强制性替代性争议解决机制；或者要求所有或部分民事纠纷在起诉前均需经过调解，如北欧一些国家和我国香港特别行政区；或者在劳动、社会保险、环境、家事等纠纷处理程序中建立强制调解制度，如德国、日本及我国台湾地区。③

当下，世界各国和地区的替代性争议解决机制发展呈现出共同趋势有三：其一，如前所述，当前处于替代性争议解决机制发展的要求阶段，因此，替代性争议解决机制的正当性和法律地位得以不断提高。替代性争议解决机制已经被列入“世界正义项目”（the World Justice Project）提出的“法治指数”（the Rule of Law Index）评估体系，成为评估法治水平的重要标准。其二，替代性争议解决机制的适用范围越发广泛，行政、刑事案件乃至公共领域和决策活动中均有应用替代性争议解决机制的情况，同时替代性争议解决机制也被用于处理环境污染、产品责任、交通事故、医疗纠纷、大规模侵权纠纷等新型争议。其三，替代性争议解决机制的法制化和规范化程度不断加强。法制化表现为各国通过立法方式促进替代性争议解决机制的发展，保障其实施；规范化则是指在法制化的基础上加强对其的规制，如加强对调解组织及其人员准入等方面的监管。

虽然替代性争议解决机制具有上述优势，但也存在一定的不足。一是从其整体发展情况来看，各国替代性争议解决机制的发展水平参差不齐、极不平衡，英美法系国家与大陆法系国家的适用情形也不尽一致，这就导致其可能难以适应“一带一路”国家的多样性。二是随着替代性争议解决机制正当性的明确，法制化与规范化程度加深，其司法化趋势也开始显现，进而影响其原初优势的发挥。

---

① 替代性争议解决机制（ADR）产生之初，各国虽然允许设立民间仲裁和部分调解机构，但法律规定严格限定这些机制的合法性和边界，使得ADR适用范围仅限于部分私人争议，效力也没有保障。

② 替代性争议解决机制（ADR）初兴，各国开始鼓励机制的设立，肯定机制的运行，承认机制的合法性，促进机制的发展。

③ 参见范愉：《当代世界多元纠纷解决机制的发展与启示》，载《中国应用法学》2017年第3期。

2. 线上纠纷解决机制

线上纠纷解决机制已经成为纠纷解决研究领域越来越热门的话题，①线上纠纷解决机制本身就是争议解决机制发展的新趋势。线上纠纷解决机制最初是在我国的私营领域发展起来的，电子商务平台首先采用线上纠纷解决系统来解决网上卖家和买家之间的小数额争议，以应对蓬勃发展的电子商务行业所产生的大量纠纷。主要形式有二：一是由电子商务平台和机构托管的独立线上纠纷解决机制平台；二是行业支持的在线ADR，主要是在线调解。

近年来，我国政府开始在法院投入大量资源，探索线上纠纷解决机制技术如何在司法中使用，希望借此形成"智慧法院建设 "的基础。"智慧法院建设"是线上纠纷解决机制主导（ODR-Led）的司法性改革，为人民法院加强科技创新，促进审判体系和审判能力现代化指明了方向。截至2019年年底，在杭州、北京、广州设立的3家互联网法院共处理了约12万起纠纷。②全国法院建成以一张网为代表的全要素一体化的人民法院信息基础设施，建成世界上最大的司法审判信息资源库，网上办案深入推进，网上执行查控等信息化手段为"基本解决执行难"提供了强大支撑，互联网司法模式探索不断深化，信息化建设实现突破性进展。③

线上纠纷解决机制的优势，包括提高争议解决过程的效率、成本效益和灵活性，对争议解决结果的一致性、透明度和可预见性具有积极影响，同时，线上纠纷解决机制的兴起带动了行业调解的发展，丰富了争议解决的技术手段。然而，对线上纠纷解决机制公私属性的争议不绝于耳，并且，"智慧法院建设"形成的线上纠纷解决机制主导的司法机构的变革正向传统正当程序和实质正义提出挑战。④例如，ODR关联法院模糊了审判过程不同阶段的界限，更自然地将ADR纳入由法官主导的纠纷

---

① See Anjanette H Raymond and Scott J Shackelford, "Technology, Ethics and Access to Justice: Should an Algorithm be Deciding Your Case", *Michigan Journal of International Law*, Vol.35, No.3, 2014, p.485; Dorcas Quek Anderson, "Ethical Concerns in Court-connected Online Dispute Resolution", *International Journal of Online Dispute Resolution*, Vol.5, Issue 1-2, 2019, p.20; Orna Rabinovich-Einy and Ethan Katsh, "The New New Courts", *American University Law Review*, Vol.67, 2017, p.165; David A Larson, "Designing and Implementing a State Court ODR System: From Disappointment to Celebration", *Journal of Dispute Resolution*, No.2, 2019, pp.1,77.

② 人民法院新闻传媒总社:《最高法发布〈中国法院的互联网司法〉白皮书五方面展示中国法院互联网司法制度优势和治理效能》，http://www.court.gov.cn/zixun-xiangqing-205741.html，2021年4月10日访问。

③ 法制网:《全面深化智慧法院建设》，http://www.legaldaily.com.cn/Personnel_matters/content/2020-12/03/content_8373293.htm，2021年9月3日访问。

④ See Carrie Shu Shang and Wenli Guo, "The Riseof Online Dispute Resolution-Led JusticeinChina: An Initial Look", *Australian National University Journal of Law and Technology*, Vol.7, No.2, 2020.

解决程序；以ODR主导的司法允许当事人更直接地参与争议解决程序，改变了法官、律师和当事人之间的关系。[①]因此，对于线上纠纷解决机制的应用更应当注重保障程序的公正、公平，保护当事人数据隐私的安全，适当平衡技术对司法的影响。

3. 争议多元解决机制

争议多元解决机制是指“一个社会中，由各种不同性质、功能和形式的纠纷解决方式（包括诉讼与非诉讼两大类型），相互协调互补，共同构成的纠纷解决和社会治理系统”。[②]

争议多元解决机制与替代性争议解决机制并非同一概念。替代性争议解决机制的理念和目标在于建立并完善非诉讼程序，而争议多元解决机制强调诉讼与非诉讼机制的协调并重，两者的理念与目标在促进非诉讼程序发展上具有一致性，但两个概念在本质上并不具有同一性。

构建争议多元解决机制现已成为人民法院司法改革的重点部分，并被党的十八届四中全会《中共中央关于全面推进依法治国若干重大问题的决定》明确为国家的发展目标。这一理念既不是传统纠纷解决方式的简单延续，也不是对替代性争议解决机制潮流的模仿照搬，而是根据我国社会和法治发展的实际需要，将我国崇尚和谐的传统与当代世界追求的协商共赢文化融会贯通，与综合治理政策一脉相承，以社会创新实践为依托，其目标是形成民间、行政、司法机制并存，诉讼与非诉讼程序相互协调的多元化纠纷解决程序和制度体系，并形成相应的解纷文化。[③]

综上所述，面对传统国际争端解决方式的缺陷与不足，争议多元解决机制可以保障各类争议解决方式独立运行，发挥自身特色，让诉讼、仲裁、调解等争端解决的主要方法不断适应新形势、解决新问题，以应对“一带一路”、新区与自贸区建设带来的挑战。

① See JJ Prescott, “Improving Access to Justice in State Courts with Platform Technology”, *Vanderbilt Law Review*, Vol.70, No.6, 2016; Ayelet Sela, “Streamlining Justice: How Online Courts Can Resolve the Challenges of Pro Se Litigation”, *Cornell Journal of Law and Public Policy*, Vol.26, No.2, 2016.

② 范愉等：《多元化纠纷解决机制与和谐社会的构建》，经济科学出版社2011年版，第35页。

③ 参见范愉：《当代世界多元纠纷解决机制的发展与启示》，载《中国应用法学》2017年第3期。

第二节 | “双区”国际商事争议解决模式及运行现状

一、江苏省国际商事争议解决的新动态

在全球贸易和投资规则加速重构的背景下，面对新一轮经济全球化发展趋势，中央于2013年发起“一带一路”的倡议，同年，国务院作出批准设立中国（上海）自由贸易区的重大决策。自贸区是推动“一带一路”从“倡议”到“建设”的重要方式之一。江苏省作为“一带一路”交汇区域和传统的对外经贸强省，对外贸易、跨境投资体量大、活跃度高，加之随着中国江苏自贸区的设立，江苏国际商事案件数量始终呈稳步上升的趋势：[①]

2014年至2019年10月底，江苏法院共受理一审涉外商事案件7548件（其中涉外案件3615件，涉港澳台案件3933件），受理二审涉外商事案件833件（其中涉外案件481件，涉港澳台案件352件），受理案件数稳中有升（见图7-1）；共审结涉外商事案件8107件。另外，2014年至2019年10月底，江苏法院还办理司法协助案件6286件（其中承认和执行外国判决、仲裁裁决，港澳台法院判决、仲裁裁决案件113件）；审理仲裁司法审查案件6788件。

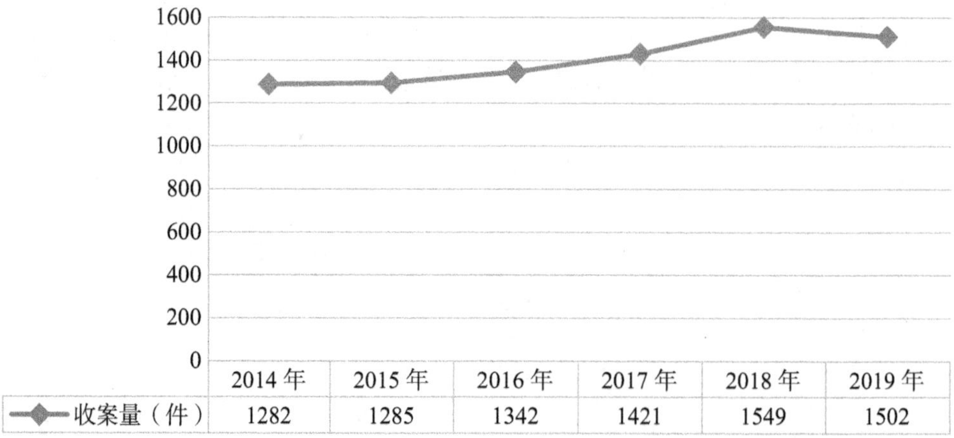

图7-1　近六年江苏法院涉外商事案件收案情况

从案件数量的省内区域分布来看，苏州、南京、无锡法院受理案件数量位居前

① 以下数据和图表源自《江苏法院涉外商事审判（2014—2019）》。

三，占江苏法院涉外商事案件数的64.96%。该数据折射出特定地区经济对外交流的活跃程度。例如，苏州作为江苏外向型经济的代表，直接表现为涉外商事案件数量众多，涉外商事审判任务较重。

从涉案纠纷类型来看，江苏法院受理的涉外商事案件涉及210种具体案由，主要包括借款合同、国际货物买卖合同、进出口代理合同、股权转让纠纷、公司解散纠纷、信用证纠纷等，涵盖了跨境贸易、投资、金融等多个领域。纠纷类型的多样化，反映出江苏经济对外开放的广度不断扩展，跨境投资领域不断拓宽，对外经贸方式不断增加。要正确审理不同类型的涉外商事案件，不仅需要熟悉相关领域的法律法规，还要深入了解各行业的专业知识和交易惯例，审理难度逐渐加大。虽然涉外商事案件类型多样，但案由相对集中（见表7–1）。国际货物买卖、金融借款、股权转让、融资租赁等纠纷始终占涉外商事案件数的较大比例。

表7–1　近六年江苏法院涉外商事案件重要案件类型及占比

案由	国际货物买卖	金融借款	股权转让	融资租赁
案件数量（件）	2475	1894	1313	838
所占比例（%）	29.52%	22.60%	15.67%	10%

从涉外当事方的地域分布来看，近六年来，江苏法院受理涉外国当事人案件为4096件，占涉外、涉港澳台案件总数的49.0%。当事人来自美国、英国、日本、韩国、新加坡、英属维尔京群岛等一百多个国家和地区，其中一半以上的案件主体涉及美国、英国、新加坡等传统贸易伙伴国，这表明江苏与世界经济一体化的融合不断深化。江苏法院受理涉港澳台商事案件总数为4285件，约占涉外、涉港澳台案件总数的51.0%。江苏法院受理涉台商事纠纷2181件，占到了涉外、涉港澳台商事案件总数的26%（见图7–2）。江苏是台商在大陆投资最多、台资企业最为密集的地区之一。苏台各领域交流合作不断深化，苏台经贸往来密切，投资和贸易频繁，因此江苏法院受理的涉台案件也较多。

其中，江苏法院审理的涉外商事案件中涉及一半以上的“一带一路”沿线国家，而涉“一带一路”沿线国家的商事案件总和，又约占江苏法院审理涉外商事案件（涉港澳台商事案件除外）总数的30%。

囿于各国历史传统、文化背景和法律体系的差异，传统以国内诉讼、国际仲裁为主体的司法、准司法争议解决方式，无法有效解决跨境要素给争议解决带来的诸多困境。由此，创新构建行之有效、为争议当事方普遍接受的国际商事争端解决机制，打造了具有国际公信力、影响力和竞争力的国际商事争端解决模式，是各国及其商事主体共同利益所向，也是国际商事纠纷解决大势之所趋，更是营造优良法治营商环境的应有之义。

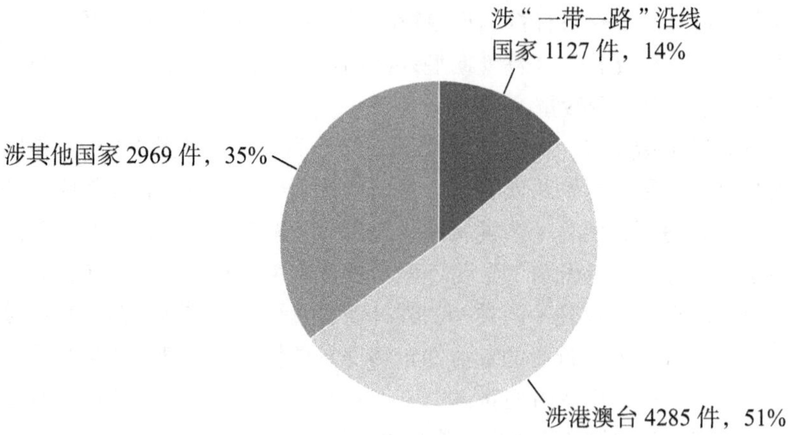

图7-2　近六年江苏法院涉外商事案件涉及的国家和地区

二、“双区”国际商事争议化解机制样态

江苏自贸区涵盖三个片区：南京片区建设具有国际影响力的自主创新先导区、现代产业示范区和对外开放合作重要平台；苏州片区建设世界一流高科技产业园区，打造全方位开放高地、国际化创新高地、高端化产业高地、现代化治理高地；连云港片区建设亚欧重要国际交通枢纽、集聚优质要素的开放门户、“一带一路”沿线国家（地区）交流合作平台。①其中，相较于其他两个片区而言，南京片区基于其与江北新区“双区叠加”的区位优势及由此形成的法治先行优势，在争议解决特别是国际商事争议化解方面先行先试，在江苏自贸区内形成了具有一定代表性的国际商事争议解决机制。因此，本文将以其为例，分析江苏自贸区内既有国际商事争议解决机制的运行实效。

（一）机构设置——以法治园区为中心的集中式发展

南京片区国际商事争议解决机构主要集中于江北新区法治园区，在总体规划上涵盖了法院、仲裁机构、调解机构等国际商事争议解决机构与公证机构、鉴定机构、律师事务所等争议化解辅助机构。

南京江北新区于2016年12月发布了《南京江北新区法律服务园区建设的实施意见》，决定建设“法律服务园区”并将其定位为服务新区发展的软实力基础性配套资源和公共服务保障项目，与江北新区的发展和定位相匹配，突出政府统筹引领性

①《中国（江苏）自由贸易试验区总体方案》。

与市场配置自主性的有机结合，引入国内领先、国际接轨的先进的法治文化元素，打造成全国有影响、服务有品质的法律服务集聚区、高端法律服务产品研创中心区，成为区域法治建设的展示窗口、对外交流的合作平台，具有南京特色的法律服务知名品牌。2017年7月，南京江北新区“法律服务园区”正式运行。

江北新区“法律服务园区”设“一园一中心”，即一个“法律服务产业园”，设在扬子科创中心B栋11层和12层，和一个“公共法律服务中心”，设在扬子科创中心B栋一楼大厅北侧。围绕新区的法治宣传、法律服务和法律保障，目标是形成一个有前台接待、咨询、受理，有后台办理服务、研创和宣教的法律服务综合体。

在争议化解辅助机构设置方面，“法律服务产业园”经遴选后入驻了八家法律服务机构，分别为江苏东恒（江北新区）律师事务所、南京知识（江北新区）律师事务所、江苏圣典（江北新区）律师事务所、江苏冠文（江北新区）律师事务所、江苏法德永衡（江北新区）律师事务所、江苏三法（江北新区）律师事务所6家律师事务所，以及1家南京公证处江北分部公证处和1家南京金陵司法鉴定所。“公共法律服务中心”根据服务需要设置一站式前台受理窗口，并设立有律师、公证服务接待区，12348司法行政公共服务平台，亦配备了行政办公室和会议室等，建筑面积达500余平方米。并且为满足新区建设发展需要，突出园区知识产权维权保护，“公共法律服务中心”设立了“江北新区知识产权法律服务中心”，以满足新区以科技创新、生物工程、智能制造等高新产业发展中强化知识产权保护法律需要；设立了“前海法律研究院南京分中心”，以提升高端法律服务产品研发以及对接涉外法律服务，并为促进国家“一带一路”发展战略提供法治保障；设立了“12348江北新区法律服务队”，以新区公共法律服务中心为依托，整合入驻法律服务机构资源，组建了有专门律师、公证、司法鉴定、法律援助等专业人员，作为新区公共法律服务的实战机动力量。

在争议解决机构设置方面，首先，南京片区已与最高人民法院第三巡回法庭、南京海事法院、江北新区法院与检察院议定入驻园区，并正在配合申报设立在法治园区内入驻“一带一路”国际商事法庭、南京知识产权法院、南京环境资源法院，积极发挥多层级、多专业的司法审判资源集中优势。其次，南京市仲裁委项下的专业仲裁院南京江北新区仲裁院、知识产权仲裁院，均可受理国际商事仲裁案件，并拟由南京江北新区仲裁院增挂中国（江苏）自贸区南京仲裁院，制定《南京仲裁委员会中国（江苏）自贸区仲裁规则》，将其升级打造为国际化、区域性国际商事仲裁机构。最后，在江北新区已设立的江苏东恒（江北新区）建设工程和商事争议调解中心及南京知识（江北新区）知识产权争议律师调解中心的基础上，对接引入境内外专业法律服务机构，并与新区管委会合作共建设立江苏自贸区南京片区“国际商事调解中心”，作为民办非企业机构实体化运作。中心对标国际商事纠纷调解通行规则，将安排境内外高端资深人员入驻，加强各类调解机构之间的衔接联动，为南京片区内外的商事主体提供优质高效的矛盾纠纷化解综合法律服务。

（二）制度创设——以服务为主导的保障型供应

在江苏自贸区正式设立前，江苏省内就保障“一带一路”、深化对外开放建设展开了一系列的制度供给。如在加强涉外商事司法能力建设方面，省法院《关于外国法查明专家库的管理办法（试行）》，规范外国法查明专家的选任、使用；淮安中院与市台办《关于加强涉台矛盾纠纷诉调对接工作的实施意见》，形成高效诉调对接机制等。在充分发挥审判职能作用方面，江苏省高院公布《关于精心打造高质量司法服务和保障江苏高质量发展走在前列的实施意见》、连云港中院公布《关于护航“一带一路”交汇点核心区先导区建设的十二条意见》均积极回应了“一带一路”相关主体的司法需要。

自南京片区设立以来，争议化解机制的制度供给主要集中于两个层面。

1. 由法院主导的争议化解司法保障制度

根据《最高人民法院关于人民法院特邀调解的规定》及相关法律法规、政策文件规定，南京市中院首先出台《关于打造高质量司法护航中国（江苏）自由贸易试验区南京片区建设的十七条举措》（以下简称“十七条举措”），为片区国际商事争议化解提供司法保障：[①]

（1）涉外商事案件审理机制方面，打造与国际同轨运作的解纷主渠道，发挥南京法院作为“一带一路”交汇点重要枢纽城市法院的区位优势，依法行使涉外案件的司法管辖权，办理司法文书送达、调查取证、承认与执行外国法院判决等司法协助请求。

（2）对接国际商事仲裁、调解机制方面，加强司法审查工作，助推具备国际水准的商事仲裁、调解机制构建。完善对仲裁协议效力认定、撤销仲裁和执行仲裁裁决的司法审查机制，依法及时承认和执行涉南京片区商事仲裁裁决，积极落实市法院与江北新区管委会及南京片区国际商事调解中心特邀调解合作备忘录，依法支持南京片区国际商事调解合作机制发展。

（3）行政争议化解机制方面，监督和支持政府职能转变，依法保障南京片区建设的制度创新。加强对市级管理权限下放、“一业一证”等改革可能引发行政诉讼的司法应对，服务南京片区“放管服”改革，促进建立与国际高标准投资和贸易规则体系相适应的行政管理体系完善。

（4）涉外劳工纠纷解决机制方面，完善高层次人才权益保障，推动南京片区建

---

① 江苏《关于打造高质量司法护航中国（江苏）自由贸易试验区南京片区建设的十七条举措》第5—7条、第9—10条。

设国际化人才集聚高地。依法认定海外人才、具有境外职业资格的专业人才的劳动者身份，妥善处理用人单位与劳动者的劳动争议，建立与国际接轨的劳工纠纷争端解决机制，推动南京片区劳动争议解决工作法治化、专业化、国际化发展。

为落实上述举措，南京市中院陆续发布《关于优化民事诉讼司法确认程序的实施细则（试行）》《特邀调解工作管理办法（试行）》，明确吸纳符合条件的行政调解、商事调解、行业调解等调解组织或个人成为特邀调解组织或者特邀调解员，确立了“特邀调解+司法确认”的纠纷化解新机制。

2. 由行政主管部门主导的争议化解行政保障政策

南京市委江北新区工作委员会、南京市江北新区管理委员为吸引境内外优秀高端法律服务机构落户南京片区，制定了《关于促进中国（江苏）自由贸易试验区南京片区法律服务业高质量发展的若干意见（试行）》：[①]

（1）鼓励优质法律服务机构集聚。通过提供机构落户奖励、经济发展贡献奖励、办公用房扶持、高端人才奖励等扶持措施，吸引优秀法律服务机构与高层次人才入驻，保障机构日常运营与人才生活便利。

（2）允许港澳台地区和外国法律服务机构与中国法律服务机构以分工协作、相互派驻律师担任法律顾问方式开展合作。同时，向法律服务机构外籍工作人员提供便利，按照江北新区人才计划给予人才住房保障支持。适时制定出台来华工作许可、子女入学保障及人才跨境金融服务等保障政策。

（3）创新设置专业服务奖励、行业发展扶持、招商引资与招才引智奖励等措施，推动法律服务机构与专业人才协同高效发展，提高法治建设水平和行政决策质量。

（4）强化部门协作落实属地服务，法律服务机构的落户奖励、经济发展贡献奖励、用房扶持、人才奖励等措施原则上由落户的法律服务机构所驻园区（街道）根据相关实施细则直接承办落实。

三、“双区”国际商事争议化解实效

由于江苏自贸区设立不久，加之2020年新冠疫情造成的影响，上述各类争议化解机制的陆续启动、运行较为迟缓，各类争议化解机制的具体成效尚不能以数据呈现。例如，截至本书完成之时，中国（江苏）自贸区南京仲裁院刚开始挂牌运营，《南京仲裁委员会中国（江苏）自贸区仲裁规则》同时正式颁布；经由法院特邀调解员调解并经法院裁定司法确认调解书有效的民事纠纷案件仅有1例。[②]因此，本课题通过梳理

① 江北新区综合治理局：《关于促进中国（江苏）自由贸易试验区南京片区法律服务业高质量发展的若干意见（试行）》政策解读，11320100MB0118949R/2020-21058。

②《江苏省南京市玄武区人民法院民事裁定书》（2020）苏0102民特100号，2020年6月23日。

上述既有机制的基本样态，重点分析既有机制的构建模式，并对类别化构建模式下各机制的功能实效作相应的预判。

（一）既有机制构建模式的类别化

根据机制构成要素理论，在组织与制度的二维视角下，以国际商事争议化解机制为研究对象，对南京片区既有机制的建构主体、组织架构与相互间关系的基本样态进行梳理，主要呈现两类机制构建模式，即“分散式”与“一站式”。

“分散式”是指各类争议化解机制各自针对机制自身及其与相关机制衔接的自我完善与发展。自贸区设立以来，南京片区内包括诉讼、仲裁、调解在内的各类国际商事争议化解机制及其项下的各子机制，均结合自贸区国际商事争议化解的特殊需要，对机制自身作了相应的发展完善。如各级法院、南京仲裁委员会、江苏省贸促会均各自在涉外商事争议解决能力、诉仲调机制间衔接方面分别作出了相应的机构设置和制度创设等。

“一站式”主要是指目前我国法院系统主导构建的多元化纠纷解决机制，以“智慧诉讼服务”为牵引，推动形成一网通办诉讼全程各项业务的“一网解纷”机制。例如，南京市中院“十七条举措”明确提出全面推进一站式多元解纷机制和一站式诉讼服务中心的两个“一站式”建设，其“特邀调解＋司法确认”纠纷解决机制亦是“一站式”多元解纷机制的重要组成部分。

值得注意的是，上述“一站式”多元解纷机制构建同时也呈现出一定的“分散式”特点，即在各级法院之外，各仲裁机构、调解机构以及其他替代性争议解决机构也在不同程度上启动构建以其自身为中心的“一站式”多元解纷机制。例如，江苏省贸促会在“江苏商务云”公共服务平台提供的商事仲裁、商事调解与敦促履约多元化争议解决机制。南京仲裁委虽并未明确提出“一站式”多元化争议解决机制构建，但其与江苏省知识产权局共同设立的江苏（南京）知识产权仲裁调解中心同时为知识产权纠纷提供仲裁与调解服务，则在实质上形成了知识产权争议的多元化解机制。

（二）既有机制存在的主要问题

1.“分散式”模式下各机制缺陷——以仲裁与法律服务机制为例

（1）国际商事仲裁机制不足：多元专门机构与配套制度缺失

当前，南京片区国际商事争议化解机制的缺陷既包括境内国际商事仲裁机制的共性问题，又包括南京片区相关机制的个性问题。

就共性问题而言，根据我国《仲裁法》《民事诉讼法》及相关司法解释的规定，境内国际商事仲裁机制主要存在四个方面的问题亟待改革：其一，我国《仲裁法》与《纽约公约》关于临时仲裁的规定存在不一致甚至冲突之处；其二，不允许境外仲裁机构在境内设立业务机构；其三，不允许国内当事方将不具有涉外因素的争议提请外国仲裁机构仲裁；其四，境内仲裁机制带有强烈的“行政化”特征与“司法化”发展趋势。这些缺陷不仅不利于发挥仲裁灵活高效的商事争议解决机制优势，更不利于境外先进仲裁资源的引入与高效利用。

就个性问题而言，以江北新区为依托，南京片区内已入驻的仲裁机构有二：南京江北新区仲裁院、知识产权仲裁院，均为南京仲裁委员会项下的专业工作平台。尽管该两个仲裁院均可受理国际商事仲裁案件，但是，一方面，该两个仲裁院及其所属的南京仲裁委员会并非专门的国际商事仲裁机构，因而缺乏作为全球性、区域性国际商事仲裁机制的公信力与首选率；另一方面，就构建多元争议化解机制的内在要求而言，该两个仲裁院亦不足以形成国际商事仲裁机制的多元格局。

与之相应，当前片区不仅缺乏与国际通行的国际商事仲裁规则相接轨的专门仲裁规则，还缺乏契合片区“芯片之城”“基因之城”和“新金融中心”的“两城一中心”特色产业规划及由此产生的特定类型国际商事争议解决需求的自贸区仲裁规则，更勿论对标建设具有全球影响力的区域性“中国仲裁”品牌的国际商事仲裁规则。

至此可见，南京片区内自有的国际商事仲裁机制尚未形成自主品牌，无法有效保障涉自贸区争议的高效多元化解。

（2）涉外法律服务业态瑕疵：单一型、割裂式业态模式

对当前片区内涉外法律服务业态进行梳理可见，一方面，南京片区内外国律所与境内律所间合作尚无法可依，相关制度规范缺失；另一方面，就既有可适用法律法规而言，根据国务院《外国律师事务所驻华代表机构管理条例》①、司法部《香港特别行政区和澳门特别行政区律师事务所与内地律师事务所联营管理办法》（司法部令第118号修正）和江苏省司法厅《台湾地区律师事务所在江苏省设立代表机构试点工作实施办法》②，无论如何合作，境外律师均只能在其获准执业范围内办理法律实务，不得直接或间接办理境内法律事务。因此，在既有可适用制度规范下，南京片区内涉外法律服务行业呈现境内外律所各执一域的单一型、割裂式业态模式。

2.“一站式”模式下多元化解机制不足

当前南京片区内国际商事争议多元化解机制的构建主要依托司法（准司法）机构——通过各法院与仲裁机构各自多头设立诉仲对接、调解、外国法查明等其他争议化解服务机制。该构建模式存在以下三点弊端：

第一，争议化解公共资源配置低效。各机构多头构建，既不利于优化资源配置，

---

① 国务院《外国律师事务所驻华代表机构管理条例》（国务院令第338号）第15条、第16条。

② 江苏省司法厅《台湾地区律师事务所在江苏省设立代表机构试点工作实施办法》第14条：在江苏设立代表处满3年的台湾地区律师事务所，可以联营方式与江苏省内律师事务所开展合作。

从而导致低水平重复建设；也不利于各类机构提供有质量的多元争议化解服务，从而一方面导致固有争议解决服务（诉讼、仲裁）质量下降，另一方面也无法提供具有公信力的调解等争议化解服务。

第二，争议化解指引与监管缺失。多元争议化解机构的多头混设现状，导致争议当事方面临同类同质争议化解机制的多头选择，缺乏权威指引，从而无法便捷、高效地启动争议化解流程；同时，争议化解全流程统一监管的缺失，也会导致多元机构加入同一平台的简单聚集，不仅无资源整合之功效，反而还会导致同类机制间的无序竞争激化。

第三，争议化解关系公私二元矛盾深化。司法（准司法）主导下的争议多元化解机制，导致司法（准司法）与替代性争议解决机制的混同，不利于商事争议的渐进式多元分层化解，从而不仅无法缓解当前既有的争议化解公私二元矛盾，反而会进一步导致激化。①

综上所述，南京片区国际商事争议化解既有机制的主要问题在于，无论是“分散式”还是“一站式”，各司法、仲裁等多机构多头分别构建，公共资源配置低效，且存在着不同程度的司法主导建构样态，权利的私力、社会和公力三元救济程序与功能的混同与一元化导致既有争议化解关系公私二元矛盾深化，从而形成“多元”化解机制的“一元化”建构悖论。

① 当前我国民商事争议化解机制的功能实现主要依靠司法主导下的争议解决机制，呈现争议解决关系的公私二元结构。这种传统争议解决关系模式，使得社会矛盾缺乏充分过滤，大量累积至作为争议解决机制最后防线的司法（准司法）机构，导致社会矛盾激化、争议解决效率低下。

第三节 | “双区”国际商事争议化解模式的定位转向

一、“司法”核心的传统定位

争议多元化解机制构建是营商环境建设的老问题，学界研究已有相当积累。但是，在国际经济治理结构变革的新背景中，国际争议化解机制的困境使国内国际商事争议化解机制构建衍生出诸多新问题。问题之一即中国自贸区作为中国对外开放高地的试验田，应如何秉持“共建共治共享”的社会治理理念，兼顾其在国内的特殊地位与其经验在国内范围内的可复制、可推广性，创新定位其国际商事争议多元化解机制并提出具体的创新构建方案。因此，本部分将运用功能主义理论与制度理论，分析并需界明当前国际经济争议化解多边机制式微、回归母国主义趋盛之际，国内国际商事争议多元化解机制的功能定位调整以及由此确定的江苏自贸区国际商事争议解决机制的功能定位。

司法的功能包括法理功能和社会功能。司法的法理功能指向司法辨别是非、释法补漏的判断功能，定分止争的决定功能，和维权护益、控权审规、定罪量刑的调整功能。[①]司法的社会功能，指司法通过司法权的运行，形成的法院对社会的主动强化和社会对法院的理性认知，以及司法内化于社会系统所形成的以法院为主体的价值观和社会观。[②]“在一个稳定的时代，整个社会秩序的运行就更应当考虑司法的普遍属性，亦即更应该着眼于司法的法理功能。而在一个转型或一个变革的时代，司法活动则可以尊重整个社会政治的整体性变迁，亦即以此种变迁为目的来发挥司法的功能，在这个意义上，则可以在尊重司法的法理功能的前提下，适度着眼于司法的社会功能。”[③]

替代性争议解决（ADR）机制的产生，源自近现代法治以诉讼为主要甚至唯一争议解决方式的固有弊端：争议化解效率降低以及由此带来的正义实现功能的削弱。随着ADR机制的发展，其由于自身自主性、灵活性与保密性等特征，在“替代”诉讼、提高争议化解效率方面发挥着越来越重要的作用，从而沿袭了司法定分止争的法理功能。同时，ADR机制也正是因为这些区别于诉讼的固有特征，其功能也仅限于法理功能。但随着ADR机制中的仲裁等子机制逐渐呈现出

① 孙笑侠、吴彦：《论司法的法理功能与社会功能》，载《中国法律评论》2016年第4期。

② 宋保振：《司法的社会功能及其实现》，载《济南大学学报（社会科学版）》2020年第6期。

③ 孙笑侠：《论司法多元功能的逻辑关系——兼论司法功能有限主义》，载《清华法学》2016年第6期。

“司法化”发展态势，ADR机制相应在一定程度上基于与司法的同质化而承继了一定的社会功能。因此，以司法为核心、以ADR为辅助的争议化解机制体系的功能定位仍然延续了司法的传统功能，即兼具定分止争的法理功能和促进经济的社会功能。

二、多维参照与借鉴

本部分通过调研国际国内典型示范自贸区的国际商事争议解决机制特别是创新机制的运行实效，即考察迪拜自贸区、新加坡自贸区等国际先进自贸区，国内上海自贸区、海南自贸区、重庆自贸区等先设先建自贸区的国际商事争议解决模式创新实践，分析特定创新模式与对应自贸区影响国际商事争议解决各要素间的规律性对应，从而揭示国际商事争议解决模式创新的基本规律与可借鉴经验。

（一）先行自贸区国际商事争议解决机制的共性发展

1. 建立符合自贸区（港）特点的专业化审判体系

上海自贸区为满足其区内的司法需求，先后设立了浦东新区法院自贸区法庭、浦东新区法院自贸区知识产权法庭、上海海事法院自贸区法庭，分别对涉上海自贸区的民商事案件、知识产权案件以及海事海商案件实行相对集中审理。此外，上海一中院、二中院、海事法院、浦东新区法院分别从统一法律适用、支持保障仲裁机制创新、创新完善审判机制等角度，各自出台司法文件，为涉上海自贸区案件的受理、审理、裁判及执行等工作提供具体明确的指引。

重庆自贸区设立重庆两江新区人民法院、重庆自由贸易试验区人民法院［以下简称两江新区（自贸区）法院］。两江新区（自贸区）法院实行“一个机构、两块牌子”，是目前全国首家覆盖自贸区全域的专门化法院。2019年6月，两江新区（自贸区）法院出台《关于为中国（重庆）自由贸易试验区建设提供司法保障的意见》，以保障重庆自贸区建设。

海南自贸区则成立了海南省第一、第二涉外民商事法庭。作为全国首次设立的省级跨区域集中管辖涉外民商事案件的专门法庭，第一、第二法庭可独立完成涉外民商事案件的立案、审判和执行。同月，海口知识产权法庭也在海口中院正式挂牌成立。

新加坡自由港于2015年1月5日成立了新加坡国际商事法庭（Singapore International Commercial Court，SICC），SICC隶属于新加坡最高法院的高等法庭，是经过立法特别授权建立的专门审理国际商事纠纷的特别法庭。SICC具有诉讼程序的独立性与特殊性。SICC的诉讼程序遵循了国际商事案件的审理实践，特别是参考《英国商事法庭指南》，制定了独立的、具有实操性的《新加坡国际商事法庭实务指引》。[①]

迪拜自由港在迪拜国际金融中心（Dubai International Financial Centre，DIFC）于2006年设立迪拜国际金融中心法院，为DIFC这一特殊区域提供司法争议解决服务。为更加灵活有效地处理区内纠纷，作为具有大陆法系背景的阿联酋，在DIFC效仿英格兰及威尔士的法律模式，以英国商事法院为蓝本，以英语为官方语言，实行普通法系规则。DIFC法院体系有独立的民事和商事法律法规，形成了特有的金融服务法律框架。[②]2018年7月30日，DIFC法院宣布联合智能迪拜在现有纠纷解决服务基础上，探索建设全球第一个区块链法庭。[③]

2.完善自贸区（港）内仲裁调解机构

上海自贸区在仲裁方面，构建了自贸区仲裁院、《自贸区仲裁规则》、涉自贸区仲裁规则的《司法审查若干意见》三位一体的自贸区仲裁机制。[④]《自贸区仲裁规则》先行先试，探索引进了国际先进通行的仲裁程序和相关制度。在调解方面，2014年5月27日，浦东法院正式启动自贸区诉讼与非诉讼相衔接的法院附设商事纠纷解决机制，将商事调解机构及其行业机构引入自贸区法庭进行商事调解。上海法院引入中国贸促会上海调解中心、上海经贸商事调解中心、保险合同纠纷人民调解委员会、中证中小投资者服务中心等参与调解涉上海自贸试验区案件，搭建起商事调解机构调解与自贸区法庭司法确认的对接平台，形成非诉调解与诉讼裁判并行的组织架构，为当事人提供更为多元化、市场化的纠纷解决方式。

重庆自贸区成立了中国（重庆）自由贸易试验区仲裁中心和重庆自贸区商事调解中心，调解中心与中国国际贸易促进委员会重庆调解中心“两块牌子、一套班子、合署办公”，采用统一的调解规则和调解员名册，为自贸区企业及其他市场主体提供国际商事调解宣传咨询和纠纷调解服务。

海南自贸区在仲裁方面成立了海南国际仲裁院、海南国际仲裁院海事仲裁中心，此外还结合本地旅游特色建立了海南旅游仲裁中心。在调解方面，海南国际仲裁院

① 赵蕾、葛黄斌：《新加坡国际商事法庭的运行与发展》，载《人民法院报》2017年7月7日，第8版。

② 参见赵蕾、邓迪心、何晓懿：《沙漠金融中心之门》，载《人民法院报》2017年7月14日，第8版。

③ 参见丁冬：《金融审判竞争视野下的司法供给——迪拜国际金融中心法院建设的启示》，载《金融理论与实践》2019年第9期。

④ 2013年10月22日，作为上海国际仲裁中心在自贸区设立的派出机构，中国（上海）自由贸易试验区仲裁院（文中简称自贸区仲裁院）在上海外高桥揭牌成立。2014年4月8日，上海国际仲裁中心根据中国仲裁法律有关规定制定并发布了《中国（上海）自由贸易试验区仲裁规则》（文中简称《自贸区仲裁规则》），并于5月1日开始实施。2014年5月4日，上海市第二中级人民法院发布了《对适用〈中国（上海）自由贸易试验区仲裁规则〉仲裁案件司法审查工作的若干意见》（文中简称《司法审查若干意见》），对适用《自贸区仲裁规则》的仲裁案件进行司法审查和执行提供若干指导意见。

与省知识产权局联合成立了海南自贸区知识产权仲裁调解中心。海南国际仲裁院国际商事调解中心也于2020年6月1日挂牌成立。

新加坡自由港于1991年设立新加坡国际仲裁中心，其《国际仲裁法》根据《联合国国际贸易法委员会国际商事仲裁示范法》制定，代表了当今广为接受的先进仲裁理念和制度。2014年设立新加坡国际调解中心，2017年《新加坡调解法案》正式生效，该法案赋予了当事人另一种执行和解协议的方式，即当事人可以请求法院将经调解的和解协议转换为法院同意令。2019年8月7日，新加坡首批签署了联合国大会通过的《关于调解所产生的国际和解协议公约》。

迪拜自由港的纠纷解决机构由迪拜国际金融中心法院、迪拜—伦敦国际仲裁院（DIFC-LCIA）和阿联酋海事仲裁中心（EMAC）组成。迪拜—伦敦国际仲裁院的成立，旨在通过仲裁和调解的方式促进国际商事纠纷的有效解决。2016年11月2日，阿联酋海事仲裁中心（EMAC）正式宣布成立，旨在通过仲裁和调解的方式促进海事纠纷的有效解决。海事仲裁中心除仲裁外，还提供调解的服务。而且，海事仲裁中心提供仲裁和调解相结合的“混合规则”，即合同双方在纠纷解决条款里约定详细的阶梯式纠纷解决模式。①

（二）先行自贸区国际商事争议解决机制的个性构建

自贸区解纷机制的创新既有机制的共性，也有个性或特殊性，即从属性、地方性、复杂性、试验性与先行性。五个自贸区各自具有其个性的特征，尤为突出的是试验性和先行性，这也符合自贸区设立的初始定义。

1.上海自贸区：创新制度引进的自贸“试验田”

上海自贸区作为我国首个自由贸易试验区，2013年设立至今已有7年。解决自贸区在中国落地，并形成可复制、可推广的全国经验是上海自贸区的目标所在。在此目标的基础上，上海自贸区大胆探索，在遵循法制统一原则的基础上，对接国际通行做法，对我国商事仲裁制度、调解制度的国际化、现代化等机制进行了有益尝试。

在仲裁方面，作为中国首部自贸区仲裁规则，2014年5月1日起施行的《中国（上海）自由贸易试验区仲裁规则》（以下简称《规则》）有以下五大创新点：

第一，在“临时措施”中增设“紧急仲裁庭”制度，规定临时措施的决定机构包括仲裁庭和紧急仲裁庭。在此之前我国《民事诉讼法》规定，只有人民法院能采取临时措施。

第二，确立仲裁员开放名册制度。即当事人可以在名册中选择仲裁员，也可以在名册外选择仲裁员。既体现了仲裁员名册制对当事人选择的参考和辅助作用，也不会

① 参见赵蕾、邓迪心、何晓懿：《沙漠金融中心之门》，载《人民法院报》2017年7月14日，第8版。

对当事人的选择权利造成过多的限制，满足当事人广泛、多元选定仲裁员的需求。

第三，完善“仲裁与调解相结合”制度，设立仲裁庭组成前的调解员调解程序。此前国内仲裁机构普遍采用的是“在仲裁中进行调解”方式，即先启动仲裁程序，之后进行调解，调解不成再恢复仲裁程序。

第四，引入“小额争议程序”，适用于争议金额不超过10万元人民币的国内争议案件。小额争议程序收费较低，同时也大大缩短了仲裁程序期限，仲裁裁决作出的期限从6个月或3个月压缩至45天，提高了仲裁效率，体现了上海自贸区仲裁程序对高效、灵活、低成本三大核心价值的追求。

第五，纳入友好仲裁制度，顺应国际仲裁立法和实践的潮流。与依法仲裁相比，友好仲裁制度更加尊重当事人意愿，仲裁庭并非严格依照法律规定，而是按照公平善良等原则作出裁决，决定当事人的权利义务。

除此之外，《仲裁规则》的创新内容还包括细化合并仲裁制度，增设“案外人加入仲裁”程序等。2019年8月6日，《中国（上海）自由贸易试验区临港新片区总体方案》中明确允许境外仲裁机构在新片区开展仲裁业务，彻底改变了过去仅允许境外仲裁机构在内地开展非营利活动的局面。

在调解层面，上海自贸区引入的法院附设商事纠纷解决机制模式，形成了极具自贸区特点的商事纠纷解决新模式，体现了以下两个方面的新特色：

第一，兼具开放与多元。引入包括中国国际贸易促进委员会/中国国际商会上海调解中心等多家调解机构入驻浦东法院，使调解机构具备多元性；选用中国籍和外国籍调解员，使调解员具有多元性；将自贸区法庭审理的全部涉外及涉外商投资企业的案件纳入非诉调解范围，实现调解范围“全覆盖”，使调解范围具备多元性。

第二，判调分离。上海自贸区内，审判程序与非诉调解程序实现适度分离。具体表现为，未达成调解的情况下，调解笔录不移交法院，防止法官后续裁判时先入为主；当事人在调解过程中为达成调解结果而作出的妥协也不会成为法院审理的裁判依据。

另外，上海自贸区在委托海事仲裁机构调解的基础上，率先探索开展海事纠纷委托海事仲裁机构调解，拓宽了海事纠纷诉调对接的工作平台。上海自贸区的先行先试不仅创设了国际化、多元化的纠纷解决方式，而且也为我国其他自贸区吸纳国际创新制度创造了可能。

2.重庆自贸区：服务“一带一路”的内陆新高地

重庆自贸区于2017年4月1日正式设立，作为“一带一路”和长江经济带互联互通的重要枢纽，其战略定位为发挥重庆战略支点和连接点重要作用，加大西部地区门户城市开放力度，带动西部大开发战略深入实施。《中国（重庆）自由贸易试验区总体方案》提出建设法治化国际化便利化营商环境、扩大投资领域开放、推动贸易转型升级、深化金融领域开放创新，推动“一带一路”和长江经济带联动发展等改革创新任务。

在建设法治化国际化便利化营商环境方面，重庆自贸区试点开展对内外开放的执法与司法建设，建立商事案件专业化审理机制，发展国际仲裁、商事调解机制。重庆自贸区结合其特殊的地理位置，联合中国国际经济贸易仲裁委员会西南分会与“一带一路”国际商事调解中心建立了全国首个诉讼、仲裁与调解一站式纠纷解决机制。该机制分为诉前委派和诉中委托两部分，系诉讼、仲裁与调解三位一体，可实现人民法院、仲裁机构和调解中心三方优势互补，通过加强诉调对接、仲调对接、诉仲对接，建立起有序衔接、多元共治的一站式多元解纷体系。重庆自贸区以公正、透明、高效的司法裁判为最终保障，支持仲裁和调解发挥作用，旨在构建快速、便捷、规则可期的“一带一路”国际商事争议解决机制。

3. 海南自贸区：具有中国特色的自由贸易港

海南自贸区于2018年设立，是中国实施范围最大的自贸区，其建设目标旨在把海南打造为中国面向太平洋和印度洋的重要对外开放门户，为进一步打造海南自贸港奠定发展基础。海南自贸区为探索自贸区审判机制体制改革，设立了海南省第一、第二涉外民商事法庭，该法庭是全国首次设立的省级跨区域集中管辖涉外民商事案件的专门法庭。此外，《海南省多元化解纠纷条例》（以下简称《条例》）于2020年6月16日通过，自2020年8月1日起施行，从立法层面巩固、规范和促进纠纷多元化解工作。在构建化解纠纷机制建设方面，《条例》突出了化解主体多元化、联动化和化解途径的多样化，主要有以下三大创新：①

一是明确商事调解组织的设立主体和调解范围，规定商会、行业协会、民办非企业单位、商事仲裁机构等可以依法成立商事调解组织，在法律允许的范围内开展商事调解活动。

二是明确建立国际商事纠纷多元化解机制。《条例》界定了国际商事调解机构的案件受理范围，规定依法设立的国际商事调解机构可以依照章程等规定调解国内外平等主体的自然人、法人和其他组织之间发生的商事纠纷。为更好地服务海南自由贸易港建设，《条例》还允许境外商事调解机构依照国家有关规定参与商事调解。

三是充分挖掘社会化解纠纷资源，规定志愿者、志愿服务组织可以为化解纠纷提供志愿服务。《条例》规定国家机关、人民团体等可以组织本单位具备专业知识、技能的工作人员提供化解纠纷专业志愿服务，还鼓励心理工作者参与化解纠纷志愿服务，提供免费的心理辅导、危机干预和心理救援服务。

4. 新加坡自贸港：国际纠纷解决机构集散地

近年来，新加坡作为亚洲地区最重要的纠纷解决中心备受全球瞩目，其前瞻性

---

① 《〈海南省多元化解纠纷条例〉解读》，载《海南日报》2020年6月24日。

的ADR纠纷解决机制的顶层设计、战略布局以及纠纷解决服务产业化、一站式服务的理念等，都逐渐显示出强劲的竞争力。①

从国际化程度看，新加坡在制度设计上高度对接国际规则和国际惯例。新加坡国际商事仲裁规则以《国际商事仲裁示范法》为蓝本，兼顾大陆法和普通法两大法系的特点。多年来仲裁规则不断更新修订，吸收了很多为发达国家所认可的新型仲裁实践。例如，新加坡国际仲裁中心是第一个引入紧急仲裁员（EA）程序的亚洲国际仲裁机构。在诉讼层面，新加坡国际商事法院最大的特色是建立国际法官团，国际法官团成员拥有和新加坡本土法官同样的权利义务，一样参与审案且保证所有案件中至少有一名外籍法官。目前来自英国的法官有六名，澳大利亚四名，美国、加拿大、法国、日本和我国香港地区各一名。②在程序方面，新加坡国际商事法庭允许当事人通过法律意见书而非证人来证明外国法，在“与新加坡无实质联系”的离岸案件中当事人可选择有资质的外国律师代理。

从机制运行上看，新加坡在提供国际商事争端解决服务时注重调解、仲裁和诉讼程序的相互融合、协调、对接、互补，有意识地构建调解与仲裁、诉讼有效衔接的机制。特别是新加坡国际仲裁中心和国际调解中心合作建立了独特的“仲裁—调解—仲裁”机制，在实现二者无缝对接的同时也极大提升了调解协议的可执行率。③

值得特别注意的是，新加坡于2010年设立麦克斯韦议事厅（Maxwell Chambers），该中心作为国际纠纷解决服务的组织者、招租人，将过去机构—当事人两级模式，组建为一种“纠纷解决金字塔管理模式”，形成平台—机构—当事人三级管理机制。作为全球较为领先的综合性ADR机构集中地，目前许多著名的国际争议替代性解决机构都是其合作伙伴。同时，新加坡本土的争议解决机构也都进驻该平台。值得注意的是，新加坡麦克斯韦议事厅以公司注册并运营的有限公司模式，显示出新加坡对政府直接参与可能带来的负面影响的高度重视。④

5. 迪拜自贸港：立法先行司法前瞻的国际“避风港”

阿联酋政府早在设立自由区之初，即于联邦和地方层面分别完成了修法、创法工作，通过设立迪拜国际金融中心法院、引入伦敦国际仲裁院等方式建立起多元化的国际商事争端解决机制。

---

①《打造“一带一路”国际纠纷解决机构集散地》，载《法制日报》2018年3月7日，第11版。

② 王江雨：《新加坡国际商业法庭的国际性和独立性》，“国际商事法庭的建设与国际商事争端解决机制的发展”圆桌讨论会，2018年7月13日。

③ 中国南海研究院课题组：《迪拜、新加坡成功经验的宝贵启示——其“流量”和“腹地”是怎样创造出来的？》，载《今日海南》2019年第8期。

④ 初北平：《“一带一路”多元争端解决中心构建的当下与未来》，载《中国法学》2017年6期。

在立法层面上，DIFC坚持立法先行。阿联酋先后通过两项联邦法令为迪拜建立自由区提供上位法的支持和保障，通过三项地方立法确立DIFC具体的法律框架和司法体系。二是着眼于自由区的长远发展需求，突出顶层制度的前瞻性和可预见性，及时修法以有效解决因应由制度创新空间拓展而产生的法律困境。如DIFC法院扩张管辖权，即除了管辖发生在本国的商事争议和涉外争议之外，也受理基于当事人管辖协议提起的与本国无任何联系的纯国际争议。①

在仲裁层面，与其他国家和地区的仲裁中心相比，迪拜—伦敦国际仲裁院提供的纠纷解决服务快速、高效，具有鲜明的与时俱进的时代特征。DIFC-LCIA仲裁规则（2016）有以下三项改革创新措施：第一，提高DIFC-LCIA的仲裁效率，加强调解、仲裁与诉讼之间的流线型无缝对接，缩短审理周期，降低当事人纠纷解决费用；第二，加强案件管理与电子文档的运用，特别是加强涉及多数当事人以及当事人的代理人的管理，提高仲裁效率的同时，降低仲裁费用；第三，新增默示仲裁地规则，如果当事人没有另外约定，则默认由DIFC-LCIA仲裁，仲裁庭与当事人协商后也可以另择仲裁地进行管辖以及新增紧急仲裁员机制等。②

（三）先行自贸区国际商事争议解决机制的创新规律

通过梳理和比较可见，上述五个自贸区（港）国际商事纠纷解决机制的构建主要存在四点共性规律。

1.“后进”效仿“先行”

就国际商事争议解决机制构建进程而言，各自贸区之间存有阶段性差异，但就最终形成或拟形成的具体机制内容来看，并无实质差别。

各后设自贸区主要借鉴先行自贸区的相关经验——新加坡、迪拜倾向于借鉴英国伦敦国际仲裁院、国际商会仲裁院等先进机制，我国境内自贸区则倾向于借鉴新加坡和我国香港地区等地的经验。近年来，各国际常设仲裁机构均纷纷修订各自的仲裁规则，吸取其他仲裁机构的先进经验和制度。因此目前各国际常设仲裁机构的仲裁规则在许多基本制度和规则方面出现融合趋势。

例如，紧急仲裁庭制度最早出现于2009年的《美国仲裁协会国际仲裁规则》，而比较系统规定紧急仲裁庭制度的是2010年的《瑞典斯德哥尔摩仲裁院仲裁规则》。受其影响，2010年《新加坡国际仲裁中心仲裁规则》也规定了详细的紧急仲裁庭制度。新加坡国际仲裁中心是亚洲第一个在仲裁规则中引入紧急仲裁庭机制的国际仲

---

① 参见王江雨：《新加坡国际商业法庭的国际性和独立性》，“国际商事法庭的建设与国际商事争端解决机制的发展”圆桌讨论会，2018年7月13日。

② 赵蕾、邓迪心、何晓懿：《沙漠金融中心之门——迪拜国际金融中心的纠纷解决机制》，载《人民法院报》2017年7月14日，第8版。

裁机构，而后2012年《国际商会仲裁规则》、2013年《香港国际仲裁中心仲裁规则》以及2014年《中国（上海）自由贸易试验区仲裁规则》才陆续引入这一制度。

又如，友好仲裁的具体规定最早见于1961年《欧洲国际商事仲裁公约》第7条的规定。之后《联合国国际贸易法委员会仲裁规则（1976）》第33条第2款指出：仲裁庭仅在当事人双方明示授权和适用于仲裁程序的法律允许时，方得运用友好仲裁或按公允及善良原则进行裁决。具有广泛影响的1985年《联合国国际贸易法委员会国际商事仲裁示范法》第28条第3款也对此作出了明确规定。在这一时期，《国际商会仲裁规则（1997）》也作了类似规定。至2014年《中国（上海）自由贸易试验区仲裁规则》在其第56条引入："当事人在仲裁协议中约定，或在仲裁程序中经协商一致书面提出请求的，仲裁庭可以进行友好仲裁。仲裁庭可仅依据公允善良的原则作出裁决，但不得违反法律的强制性规定和社会公共利益。"①

事实上，新加坡仲裁法律制度在历史上一直追随英国的仲裁立法，其第一部仲裁立法即1953年的《仲裁条例》几乎全盘承袭了1950年的《英国仲裁法》。《英国仲裁法》于1979年修改后，新加坡随即于1980年颁布了新的《仲裁法》，吸收了《英国仲裁法》的几乎全部修改和变化。②现行有效的LCIA仲裁规则（2014）增设了合并仲裁制度，随后SIAC仲裁规则（2016）就增加了"合并仲裁"制度。而《中国（上海）自由贸易试验区仲裁规则》在制定的过程中，也充分借鉴了联合国国际贸易法委员会以及国际主流仲裁机构的最新成果，条款内容参考了《联合国国际贸易法委员会仲裁规则》（2010年修订）、《斯德哥尔摩商会仲裁院仲裁规则》（2012年修订）等仲裁规则的相关规定。③综上，自贸区在构建各自的国际商事争议解决机制时，均在不同程度上借鉴了先行自贸区的先进经验。

2."创新"源自"特殊"

无论是国内还是国外自贸区，自贸区国际商事争议解决机制创新均有赖于自贸区所提供的特殊制度空间，即基于自贸区的特殊地位而形成的自贸区内的特殊制度安排。

就国内自贸区而言，如上海自贸区、重庆自贸区、海南自贸区在最初设立之时，根据自贸区的地理位置、经济发展等综合因素，在其自由贸易试验区总体方案中明确了今后发展的战略目标。上海自贸区是中国在国际经济新形势下推进改革和提高开放型经济水平的试验田。其建设目标为加快政府职能转变、积极探索管理模式创

① 黄荣楠：《中国（上海）自由贸易试验区仲裁规则评述》，载《上海对外经贸大学学报》2014年第6期。

② 参见石现明：《新加坡国际国内商事仲裁制度比较研究》，载《东南亚纵横》2011年第4期。

③ 参见黄荣楠：《中国（上海）自由贸易试验区仲裁规则评述》，载《上海对外经贸大学学报》2014年第6期。

新、促进贸易和投资便利化，为全面深化改革和扩大开放探索新途径、积累新经验。换言之，上海自贸区的建设重点在于解决自由贸易试验区在中国落地的问题，以及形成可复制、可推广的经验，发挥示范带动、服务全国的积极作用。因此上海自贸区紧紧围绕“制度创新”这个核心，开展了一系列先行先试的制度改革，对标国际通行规则，不断推动我国自贸区诉讼、仲裁、调解制度朝着专业化、国际化、现代化的方向发展。而上海自贸区临港新片区是以参照经济特区来建设管理，其目的在于建立以投资贸易自由化为核心的制度体系，实施公平竞争的投资经营便利。因此其借鉴了国际上自由贸易园区的通行做法，允许境外知名仲裁及争议解决机构在国内开展仲裁业务。

而重庆自贸区在《中国（重庆）自由贸易试验区总体方案》中的建设目标为，“努力建成投资贸易便利、高端产业集聚、监管高效便捷、金融服务完善、法治环境规范、辐射带动作用突出的高水平高标准自由贸易园区，努力建成服务于‘一带一路’建设和长江经济带发展的国际物流枢纽和口岸高地，推动构建西部地区门户城市全方位开放新格局，带动西部大开发战略深入实施”。鉴于重庆自贸区的总体建设方案和其所处的地理位置，重庆自贸区的解纷机制建设不可避免地要考虑“一带一路”建设国际合作框架、渝新欧国际铁路联运大通道建设等背景，借鉴国际通行规则，以国际化的视野循序渐进构建“调解、仲裁、诉讼”三位一体的解纷机制，让诉讼、仲裁、调解更好地服务重庆自贸区和内陆开放高地建设，创造良好的营商法治环境。

海南自贸区是以建设具有中国特色的自由贸易港为长远战略目标，通过发挥海南岛全岛试点的整体优势，把海南打造成为我国面向太平洋和印度洋的重要对外开放门户。相较于传统的自贸区而言，自贸港实行的是更加积极主动的开放战略，其重点不在于形成“可复制、可推广”的改革经验，而在于利用其特殊的使命和特别立法，成为改革开放创新的最高地，通过“可辐射”带动区域经济发展。换言之，自由贸易试验区可以先行先试，以制度创新为核心，且自由贸易港更强调制度集成。因此，《海南省多元化解纠纷条例》旨在通过构建多元衔接联动的化解纠纷机制、建立多元化商事纠纷解决机制和一站式纠纷解决服务平台以及畅通公众参与化解纠纷渠道，从而高效整合社会资源，完善多元化解纠纷机制，为营造国际一流的自由贸易港法治环境和营商环境奠定坚实的基础。

就国外自贸区而言，新加坡自由港的争议化解机制创新空间同样来源于特殊地位所导致的制度突破空间。例如，就仲裁而言，新加坡的仲裁制度体系全面，通过采用国际仲裁和国内仲裁分别立法的模式，形成了独具特色的国际仲裁和国内仲裁“双轨制”运行机制，具有高度的灵活性。在20世纪90年代之前，新加坡的立场始终与英国的仲裁立法和实践密切保持一致，允许相对较高程度的司法干预。但随着1991年新加坡国际仲裁中心成立，新加坡逐渐意识到需要有专门的法律制度来支持国际仲裁的发展，于是在1994年颁布了《国际仲裁法》，此后随着国际商事的发展进行了局部修改。《国际仲裁法》吸纳了《联合国国际商事仲裁示范法》的精神、理念和主要规定，专门适用于在新加坡进行的国际商事仲裁。对于国内仲裁或非国际仲裁，则继续适用《仲裁法》。《国际仲裁法》的颁行在新加坡确立了内外有别的“双轨制”仲裁法律制度，减弱了在国际仲裁中的司法干预。①

迪拜自由港纠纷解决机制的创新则得益于阿联酋的政策倾斜。为了迪拜自由港获得上位法的支持和保障，阿联酋通过修改联邦层面的法律（包括阿联酋宪法以及阿联酋联邦立法），规定阿联酋联邦拥有设立金融自由区以及决定区内法律适用豁免范围的专属立法权。如通过立法出台了《2004年联邦第8号法律》（《金融自由区法》），在联邦层面允许阿联酋各酋长国创设金融自由区，并且金融自由区内不适用联邦层面的民商事法律。由此，迪拜国际金融中心特区（DIFC）应运而生。获得联邦立法授权后，《2004年联邦第9号法律》明确规定DIFC在金融和行政管理方面的独立性，创设了争端解决机构（DRA）。此外，迪拜自由港的立法注重与国际通行规则对接，在阿联酋联邦立法和迪拜地方法律允许的范围内，DIFC通过联邦授权的方式制定和施行普通法系规则，以更好地发挥制度吸引力。在替代性争端解决机制方面，DIFC内国际商事仲裁适用的准据法系对《联合国国际商事仲裁示范法》进行了转化适用，较之于同期其他法域的法律具有一定的“后发优势”。

3. “替代”转向“多元”

与总体发展趋势相一致，包括上述典型自贸区在内的国内国外各自贸区的国际商事争议化解机制创新均呈现出聚焦转移的特点，即由“替代性争议解决机制”转向“多元争议化解机制”，特别是“一站式”多元争议化解机制的构建。

新加坡国际仲裁中心与新加坡国际商事法庭就是一种合作伙伴关系，而非竞争对手关系。二者在国际商事解纷服务市场中共生共长，充分满足国际经贸和投资当事人对仲裁、诉讼两种方式优势互补的复合型服务需求。此外，新加坡国际调解中心除了为当事人提供专业调解服务以外，也为各国当事人提供国际仲裁、国际诉讼之间的调解对接服务。新加坡国际仲裁中心、新加坡国际调解中心、新加坡国际商事法庭如同新加坡自由港的“三驾马车”，共同组成了以新加坡为管辖地的国际商事纠纷解决的完整体系，为当事人提供了诉讼、仲裁与调解的“一站式”国际商事纠纷解决的服务框架。②

---

① 参见石现明：《新加坡国际国内商事仲裁制度比较研究》，载《东南亚纵横》2011年第4期。

② 参见赵蕾、葛黄斌：《新加坡国际商事法庭的运行与发展》，载《人民法院报》2017年7月7日，第8版。

在迪拜国际金融中心区域内，DIFC法院与DIFC-LCIA在设立之初就是谋求建立一种诉讼与仲裁分工与合作的“合作伙伴关系”，即法院负责审理诉讼案件，仲裁院负责仲裁与调解案件的模式。而阿联酋海事仲裁中心（EMAC）也是旨在通过仲裁和调解的方式促进海事纠纷的有效解决。海事仲裁中心提供仲裁和调解相结合的“混合规则”，即合同双方在纠纷解决条款里约定详细的阶梯式纠纷解决模式。DIFC提出的以调解与仲裁为主的纠纷解决理念，调解、仲裁与DIFC法院相互配合的纠纷解决服务机制，以及海事仲裁和调解相结合的“混合规则”组成了DIFC纠纷解决管理局统一化、标准化以及行政化的管理模式，提高了国际商事纠纷解决的标准化服务。①

在国内，重庆自贸区建立了全国首个诉讼、仲裁与调解的一站式纠纷解决机制。诉讼、仲裁与调解三位一体，是多元化和一站式的结合，以公正、透明、高效的司法裁判为最终保障，支持仲裁和调解发挥作用，从而构建快速、便捷、规则可期的“一带一路”国际商事争议解决机制。海南自贸区则成立了海南国际仲裁院国际商事调解中心，调仲衔接无缝化。当事人达成调解协议，可依据事先或事后达成的仲裁协议，向海南国际仲裁院申请制作调解书或裁决书；若调解不成，当事人可自主选择申请仲裁或以其他替代性方式解决争议，无缝快捷过渡到仲裁程序，为当事人提供“一站式”纠纷解决服务。上海自贸区也建立了浦东法院涉外商事纠纷“诉讼、调解、仲裁”一站式解决工作室，旨在打造三种纠纷解决方式相互协调、相互配合、顺利转化、衔接流畅、形成合力的运行机制，使得各类涉外商事纠纷实现“能调则调、适仲则仲、当判则判”的良好效果。通过广泛汇聚诉讼、调解与仲裁资源，以网络、电话、远程视频等方式提供在线服务，为中外当事人提供便捷、高效、低成本的一站式纠纷解决方案。②

4.“借鉴”拘囿“创新”

针对前述南京片区国际商事仲裁机制和涉外法律服务业合作机制的不足，既有经验尚不能提供可借鉴路径。

（1）国际商事仲裁机制创新拘囿：转化与纳入弊端

当前境内外国际商事仲裁机制的创新模式可主要分为“转化”与“纳入”两类。

“转化”模式，多为境内各自贸区所采用（如表7-2所示），是指由境内仲裁机构在自贸区新设“自贸区国际（商事）仲裁院”“自贸区仲裁中心”等专门国际商事仲裁机构，引入境外仲裁员，和/或通过制定新规则或修改旧规则，形成适用于各自贸区的个性化仲裁规则与司法审查规则，将国际通行机制转化为自贸区自有的国际

---

① 参见赵蕾、邓迪心、何晓懿：《沙漠金融中心之门》，载《人民法院报》2017年7月14日，第8版。

② 参见《为中外当事人提供一站式商事纠纷解决方案》，载《上海法治报》2019年9月27日，第A01版。

商事仲裁机制。

表7–2　自贸区新设仲裁机制情况表

时间	自贸区	仲裁机构	仲裁规则	审查规则
2013年	上海	上海自贸区仲裁院	√	√
2014年	广东	珠海国际仲裁院	√	√
2015年		广东自贸区金融仲裁中心		
2016年		贸仲委、海仲委广东自贸区仲裁中心		
2017年		深圳国际仲裁院（合并后）		
2015年	福建	厦门仲裁委国际商事仲裁院	√	
		厦门仲裁委员会平潭分会		
		福州仲裁委员会国际商事仲裁院		
		海峡两岸仲裁中心		
		贸仲委、海仲委福建自贸区仲裁中心		
2015年	天津	天津仲裁委自贸区国际仲裁中心	√	√
2016年		贸仲委、海仲委天津自贸区仲裁中心		
2016年	辽宁	（沈阳、大连、营口三片区原有仲裁委员会）	√	
2017年	河南	郑州仲裁委员会国际商事仲裁院		
2018年	浙江	中国海仲（浙江）自由贸易试验区仲裁中心		
		中国海事仲裁委员会计量争议仲裁中心		
2019年	湖北	襄阳仲裁委员会国际商事仲裁院		
2018年	重庆	中国（重庆）自由贸易试验区仲裁中心		
2017年	四川	贸仲委四川自贸试验区仲裁中心		√
		成都仲裁委员会国际商事仲裁（青白江）咨询联络处		
2017年	陕西	贸仲委丝绸之路仲裁中心		
		陕西自贸区仲裁院		
2018年	海南	海南国际仲裁院		
2019年		海南自贸区知识产权仲裁调解中心		

“纳入”模式，多为国际化程度较高的地区所采用（详见表7–3），是指由境内外知名国际商事仲裁机构，通过签署合作协议，创建联合仲裁机制，共同设立实体性联合仲

裁中心（平台），将境外先进国际商事仲裁机制直接纳入，为特定地域商事争议主体提供仲裁服务。按既有实践，具体又可分为两种类型，即“仲裁机构间联合”模式，如中非联合仲裁中心[①]，和“一站式平台”模式，如Maxwell Chambers多元纠纷解决中心[②]。

表7–3　联合仲裁机构示例

时间	地点	联合仲裁机构名称
2015年	上海	中非联合仲裁上海中心
2010年	新加坡	Maxwell Chambers多元纠纷解决中心

基于境内仲裁机制与境外仲裁机制在立法、司法的理念与实践上存在较大差异，既有创新模式分别有其不足之处：

其一，“转化”模式下机构公信力提升缓慢。从机制的组织要素来看，一方面，境外优秀仲裁员、先进仲裁规则等机制要素转化为境内、本地资源需要较长的落地期间；另一方面，基于自贸区这一新生区域的事实，新设国际商事仲裁机制存续时间较短，机构公信力及由此导致的首选率均无法在短期内与自贸区的快速解纷需要相匹配。

其二，“纳入”模式下机制衔接困境。从机制的设计理念来看，此时尽管新设联合体或平台仍是新设机构，但合作共建机构均是有信誉的知名仲裁机构，引入多元机构的同时即引入了多元仲裁资源，因而其公信力与首选率、国际多元化将得以同步确立，为理想的创新模式。但是，从机制的纳入条件来看，仍受境内仲裁立法与司法实践的拘囿，从而均无法高效满足自贸区内涉外商事争议化解的迫切需要：

①“仲裁机构间联合”模式的实现仍是以一个本地仲裁机构为主导，适用机构既有的仲裁规则的同时尝试构建共通规则，共享仲裁员资源，因而在实质上仍须对仲裁机制要素进行一定程度的“转化”，从而上述“转化”模式的一应缺陷仍未能有效克服。

②“一站式平台”模式则一方面因涉及境外仲裁机构在境内的充分执业，对其所落地的境内特定区域相关立法与司法制度的改革提出了更高的要求，对照当前现

① 中非联合仲裁中心（CAJAC），包含五个分中心：由南部非洲仲裁基金会（AFSA）负责的CAJAC约翰内斯堡中心；由上海国际仲裁中心（SHIAC）负责的CAJAC上海中心；由北京国际仲裁中心（BIAC）负责的CAJAC北京中心；由深圳国际仲裁院（SCIA）负责的CAJAC深圳中心和内罗毕国际仲裁中心（NCIA）负责的CAJAC内罗毕中心。

② 目前，该中心大约有50个著名的国际纠纷解决机构入驻。其中包括国际商会仲裁院（ICC）、国际投资争议解决中心（ICSID）、海牙常设仲裁法院（PCA）、伦敦商事仲裁法庭（LCIA）、世界知识产权组织仲裁和调解中心（WIPO）、英国皇家特许仲裁员学会（CIArb）。同时，新加坡本土的争议解决机构，如新加坡国际仲裁中心（SIAC）、新加坡国际争议解决中心（ICDR）、新加坡仲裁员协会（SIArb）以及新加坡海事仲裁员协会（SMAC）也都进驻该中心。

状，亦无法短期内快速实现；另一方面简单的一站式引入多元境外仲裁机构，必然导致多元机制间的竞争，不仅不利于入驻平台的境内仲裁机构的发展，更难以实现区域性“中国仲裁”品牌这一建设目标。

（2）涉外法律服务业国际合作不足：境内外联营局限

经考察当前境内各先行自贸区既有的境内外律师事务所合作模式可见，可借鉴模式主要包括“互派法律顾问”与“联营”两种，其中又以“联营”为主要的创新模式。

“互派法律顾问”模式，是指境内外律师事务所以协议方式，由中国律师事务所向外国律师事务所驻华代表机构派驻中国律师担任中国法律顾问，由外国律师事务所向中国律师事务所（或者分所）派驻外国律师担任外国法律顾问，在各自执业范围、权限内，采取分工协作方式开展业务合作。①

“联营”模式，是指境内外律师事务所以协议方式，在自贸试验区内实行联营，以联营体的名义对外承接业务，向中外客户分别提供涉及中国和外国法律适用的法律服务，或者合作办理跨境和国际法律事务。该模式可按联营各方责任承担方式的不同分为两类：**“合同型联营”**，即双方共同设立实体性联营办公室，但双方的法律地位、名称和财务各自保持独立，各自独立承担民事责任；②和**“合伙型联营”**，即双方以特殊普通合伙形式设立合伙型联营律师事务所，以联营律师事务所的名义对外承担法律责任。③

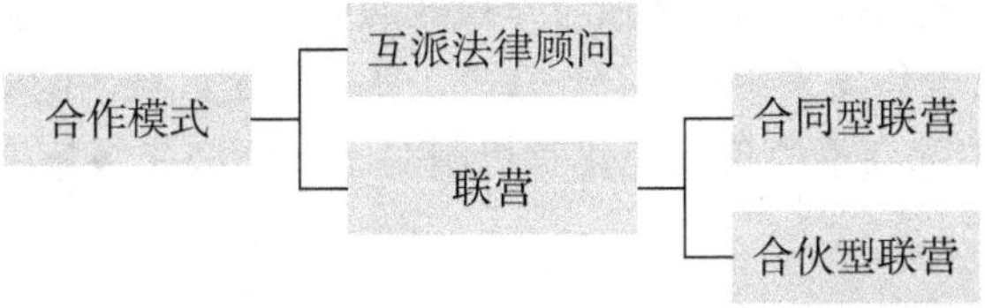

图7-3　自贸区境内外律所合作模式类型关系图

既有合作模式主要存在以下三点弊端：

第一，互派或联营前“落地期”过长。根据规定，参与“互派法律顾问”或“联营”的境内外律师事务所均须满足一定的时限要求——中国律师事务所成立满三年、境外律师事务所在境内特定区域设立代表机构满三年（港澳台律师事务所成立满三年）。此三年“落地期”尽管有利于拟互派或联营律师事务所间就合作方式选择、经

①《中国（上海）自由贸易试验区中外律师事务所互派律师担任法律顾问的实施办法》第2条。

②《中国（上海）自由贸易试验区中外律师事务所联营的实施办法》第2条；《福建省内大陆律师事务所与台湾地区律师事务所联营试点工作实施办法》第2条。

③《广东省司法厅关于香港特别行政区和澳门特别行政区律师事务所与内地律师事务所在广东省实行合伙联营试行办法（2019年修订）》第2条。

营理念融合等形成充分审慎的决策与方案，但却过长延迟了境外法律服务资源的本土化利用，不利于高端国际法律人才的快速集聚，无法及时有效满足自贸区内快速增长的涉外法律服务需求。

表7–4　自贸区境内外律所合作模式中时限要求对比表

<table>
<tr><th colspan="2">联营模式</th><th colspan="2">设立时限条件</th></tr>
<tr><td colspan="2">互派法律顾问</td><td colspan="2">已在上海设立代表机构满三年；或
已在其他城市设立代表机构满三年且已在上海（含自贸试验区）设立代表机构</td></tr>
<tr><td rowspan="4">联营</td><td rowspan="2">合同型</td><td>境内律所</td><td>成立满三年</td></tr>
<tr><td>境外律所</td><td>在自贸区（外国律所）、大陆地区或大陆地区特定省市（台湾地区律所）设立代表机构满三年</td></tr>
<tr><td rowspan="2">合伙型</td><td>境内律所</td><td>成立五年以上</td></tr>
<tr><td>境外律所</td><td>在港、澳从事法律服务经营满三年（其他）或五年（福建、海南、广东）</td></tr>
</table>

第二，境外律师事务所资源布局“一元化”。考察上述各类型合作模式的地域布局可见，特定 模式类型的地域分布呈现一定的对应性。如下表所示，当前各自贸区内，参与联营的境内外律师事务所合作模式的业态布局单一，且特定自贸区内的境内外律师事务所合作均采用同一合作模式。既有特定区域内的单一布局业态，无法满足自贸区内国际商事争议多元化解机制对于涉外法律服务机构多元化配置的需要。

表7–5　各自贸区境内外律所联营模式地域布局

自贸区	总数	合作地域	联营形式
上海市	6	美国、英国、澳大利亚	联营办公室（合同联营）
福建省	2	我国台湾地区	联营办公室（合同联营）
海南省	1	我国香港地区	联营律师事务所（合伙联营）
广东省	11	我国香港、澳门地区	联营律师事务所（合伙联营）

第三，“单一式”联营资源利用低效。无论是中外律所、大陆与台湾地区律所的“合同型”联营，还是内地与港澳地区的“合伙型”联营，均要求排他性合作关系，无法真正高效整合和优化配置自贸区内多元涉外法律服务资源。加之，不论在何种联营模式下，境外律所律师只能在其执业范围内办理相应业务，特定联营体均只能在特定“中+特定外国”“内地+港澳地区”“大陆+台湾地区”的单一有限执业领域

承接业务，从而难以最终实现“一站式”跨多法域法律服务机制。

三、“功能导向”定位的创新性转换

（一）“双区”国际商事争议解决机制的“改革”功能

自由贸易试验区（FTZs），区别于中国与其他国家通过签订双边自由贸易协定形成的自由贸易区（FTA），是指在主权国家或地区的关税边境内，划出特定区域，允许外国商品豁免关税自由进出。根据各自贸区总体方案和国务院《关于支持自由贸易试验区深化改革创新若干措施的通知》①的规定，自由贸易试验区重点在于“试验”，即在表象制度上是海关特殊监管区，但在制度实质上是综合改革试验区。因此，自贸区的核心功能表现为服务于全面深化改革和扩大开放的国家战略的试验田。

在此基础上，运用功能主义理论剖析，国际国内及自贸区二元三重视阈下，自贸区国际商事争议解决机制具备了创新动因：①系统外因：当前国际商事争议化解多边机制的结构性困境——国内国际二元构成的功能性失衡，要求国内机制功能由次优补充转为优先主导；②系统内因：国内深化开放，共建共治共享的社会治理制度要求开放多元的社会协同体制、创新社会协同供给模式；③子系统个因：自贸区对外开放高地的场域定位，要求区内机制兼具业务功能和范本功能，并为区内机制建构同时具有创新性与可复制推广性提供制度突破的空间。由此决定了自贸区国际商事争议解决机制的特殊功能——国际商事争议的境内（国内、区内）主导解决，争议解决的社会化协同治理，以及自贸区际、自贸区与非自贸区间的机制创新示范。

（二）“双区”国际商事争议解决机制的“多元”组成

学界对于争议多元解决机制的含义存在不同的界定，如将多元化争议解决机制（或争议多元化解机制）定义为非诉讼争议解决机制或替代性争议解决机制（ADR），是各种非诉讼争议解决方式的统称，并认为其核心在于调解，②但当前主流观点均认可争议多元解决机制是指通过和解、调解、行政裁决、行政复议、仲裁、诉讼等多种途径，构建有机衔接、协调联动的化解纠纷机制，便捷、高效地化解当事人之间的纠纷。③

---

①《关于支持自由贸易试验区深化改革创新若干措施的通知》（国发〔2018〕38号）。

② 崔永东：《涉侨纠纷多元化解机制的理论考察、文化基础与制度构建》，载《政法论丛》2020年第3期；袁发强：《“一带一路”背景下国际民商事争议解决机制之构建》，载《求是学刊》2018年第5期。

③《关于人民法院进一步深化多元化纠纷解决机制改革的意见》（法发〔2016〕14号）、《海南省多元化解纠纷条例》（2020年6月16日通过）、《吉林省多元化解纠纷促进条例》（2020年6月5日通过）。

具体而言，在争议多元解决机制项下，“多元”具有三重内涵：

其一，不同争议解决方式的“多元并列”，当事人可以自主选择和解、调解、行政裁决、行政复议、仲裁、诉讼等方式解决争议。

其二，争议解决子机制的“多元并重”，多元机制项下包括诉讼、仲裁、调解等各争议解决方式（机制）虽协调互补，但各有所长、各司其职，在多元机制这个系统内是相互平行、各自独立的子系统。

其三，同类争议解决方式项下的不同争议解决主体的“多元组成”，针对某一特定类型的争议解决子机制，应有多元主体提供该类争议解决服务，当事人可以自主选择。

据此，由于多元解决机制项下各争议解决“元”相互独立、各司其职，避免了与司法的同质化发展，从而以“多元”为核心的商事争议解决机制作为一个整体，其机制功能相应缩限为仅具备定分止争的解纷功能。

（三）“双区”国际商事争议解决机制的“聚合”定位

具体至江苏自贸区国际商事争议解决机制的构建，则应立足于江苏自贸区的自身定位。一方面，根据《中国（江苏）自由贸易试验区总体方案》，江苏自贸区三片区的功能划分为：南京片区建设具有国际影响力的自主创新先导区、现代产业示范区和对外开放合作重要平台；苏州片区建设世界一流高科技产业园区，打造全方位开放高地、国际化创新高地、高端化产业高地、现代化治理高地；连云港片区建设亚欧重要国际交通枢纽、集聚优质要素的开放门户、“一带一路”沿线国家（地区）交流合作平台。由此，江苏自贸区国际商事争议解决机制在前述三项特殊功能之余，还应兼顾三片区的差别化定位以及“一带一路”建设中国际商事争议化解的特殊需求。

另一方面，为贯彻中共中央推进国家治理体系和治理能力现代化部署，落实国务院《优化营商环境条例》，服务长三角一体化发展战略，江苏自贸区亦应结合自身战略定位，立足既有优势，构建对标国际一流、体现江苏特色的国际商事争议解决机制，以有效服务于自贸区、江苏省乃至全国法治营商环境建设的总体需要。

据此，江苏自贸区国际商事争议解决机制应创新定位为兼具争议化解服务成倍集成效应和资源管理功能的“聚合式”“功能性”“社会化”国际商事争议多元化解平台。质言之，江苏自贸区国际商事争议解决机制的创新定位为具备多元争端解决服务与资源整合功能的“一站式”国际商事争端多元化解平台。因此，该机制既应涵盖面向争端当事方的“一站式”争端化解指引服务，如待解决争议的评估与引导功能；又应包括面向争端解决机构及其他争端参与方的“一站式”资源整合与管理服务，如已有多元机制（诉讼、仲裁、调解）的对接协调，新的多元争议解决机构的引进监管功能，及域外法查明、示范法律和数据共享等资源的整合共建功能。

第四节 | 创新平台的个性化设计

一、新型平台的基础与选项

该部分将仍以南京片区为例，依据前述片区既有纠纷解决渠道的多元构成与功能实效，明确依托既有机制机构或新设机构以实现国际商事争议解决机制的高效、便利构建，以及平台机构内部的组织架构与职能配置，并在此基础上论证构建“线下+线上”无缝对接的立体式平台的必要性与事项类别模块。

（一）模式创新的现实基础

1.创新空间的制度依据

《中共中央、国务院关于建立“一带一路”国际商事争端解决机制和机构的意见》要求积极培育并完善诉讼、仲裁、调解有机衔接的争端解决服务保障机制；国务院《优化营商环境条例》规定，国家完善有机衔接的多元化纠纷解决机制，同时，政府部门应整合资源、推进公共法律服务体系建设。为南京片区立足制度创新高地定位，创新打造区域性国际商事争议多元化解综合平台（机制）提供了明确的政策依据。

2.争议化解的现实需要

一是顺应南京自贸片区建设发展的需要。南京自贸片区落地以来发展迅速，至2019年年底实际利用外资已达17268万美元；剑桥大学南京科创中心、中国+北欧创新合作示范园等境内外重大合作项目落地提速增效。为顺应并服务科技创新及外向型经济发展，着眼于为境内外商事主体提供对标国际一流的营商服务环境，应适时考虑设立化解服务管理机构，有效调动各方高端法律服务力量，积极预防和化解国际商事纠纷。

二是落实上级部署打造片区特色的需要。省自贸区实施方案明确提出南京片区要“发展国际商事仲裁、调解等司法替代性解决机制”；市委市政府在促进南京自贸片区高质量发展意见中亦提出“健全国际化商事法治体系”以及“支持设立国际商事法律服务中心”等具体要求。据目前调研了解，上海、深圳、重庆等自贸区、国家级新区所在地尚未成立全职、专业的国际商事争议多元化解服务机构。为此，应及早谋划部署，率先打造全国首创、具有南京自贸片区品牌特色的国际商事纠纷多元化解服务平台。

三是创新传统行政管理服务模式的需要。在传统模式下，法律服务行业主管部门更多通过提高行业准入门槛、加强宣传教育、根据当事人投诉举报进行事后检查与处罚等手段予以管理，一定程度上存在滞后效应，无法及时呼应公众及商事主体对高水准、诚信法律服务的深度需求。通过设立一站式化解服务机构，推行市场化、平台化运作及线上全流程督导机制，落实事中监管，可有效打破传统管理困境，在自贸区内率先实现相关管理体制创新。

3. 实体构建的既有基础

如前所述，南京片区内“江北新区法律服务园区”于2017年上半年开园运行，其中设在扬子科创大厦底楼的新区公共法律服务中心目前已形成一个有前台接待、咨询、受理，有后台办理、研创和宣教的法律服务综合体，并在扎口管理法律服务、线上业务流转、服务驻区企业及居民方面积累了良好经验。

同时，片区内已陆续有高端争议解决机构和争议化解辅助机构入驻。与我国香港地区国际调解协会签约联建的南京自贸片区国际商事调解中心已经落地；省内首家境外法律事务所南京代表处已入驻自贸区，日本、美国知名律所正排队申请落户。新区仲裁院增挂自贸区南京仲裁院已正式获批，新加坡及伦敦等国际著名仲裁机构正联络咨询入驻事宜。

（二）机制创新的建设目标

如前所述，国际商事争议多元化解机制的定位是争议多元化解服务与管理机制，依托线上平台与线下机构两个组成部分，具备提供全流程争议多元化解服务与整合境内外多元争议化解资源的双重功能。

据此，创新机制的建设目标是构建“聚合式”与“功能性”的争议化解工作机制——“聚合式”引入与配置境内外高端争议解决（仲裁、调解等）与争议化解辅助（律师事务所、公证等）资源；同时，“功能性”为争议解决参与方统一、直接地提供全流程化解服务，包括争议评估、分流指引与跟进反馈机制，形成有效过滤与化解争议、有机协调与厘清司法（准司法）与替代性争议解决机制间关系的社会性机制。

（三）机制构建的模式选择

片区国际商事争议解决机制涵盖了四项创新模式选择。

1. “业务+管理”的功能模式

“聚合式”平台功能的内涵有二：

其一，争议化解共享服务功能，既包括面向个案争议当事方的“一站式”争议化解服务，即身份核证、待解决争议的评估、化解机制的分流引导与跟进反馈功能；又包括面向所有争议化解参与方的公共共享服务，即域外法查明、文书送达、数据共享与示范法制定。

其二，争议化解资源整合功能，主要指向多元争议解决机构的“集成式”资源整合与管理服务，如新的多元争议解决机构与争议化解辅助机构的引进与监管功能、已有多元争议解决机制（诉讼、仲裁、调解）间的对接协调与沟通协作功能等。（如图7-4所示）

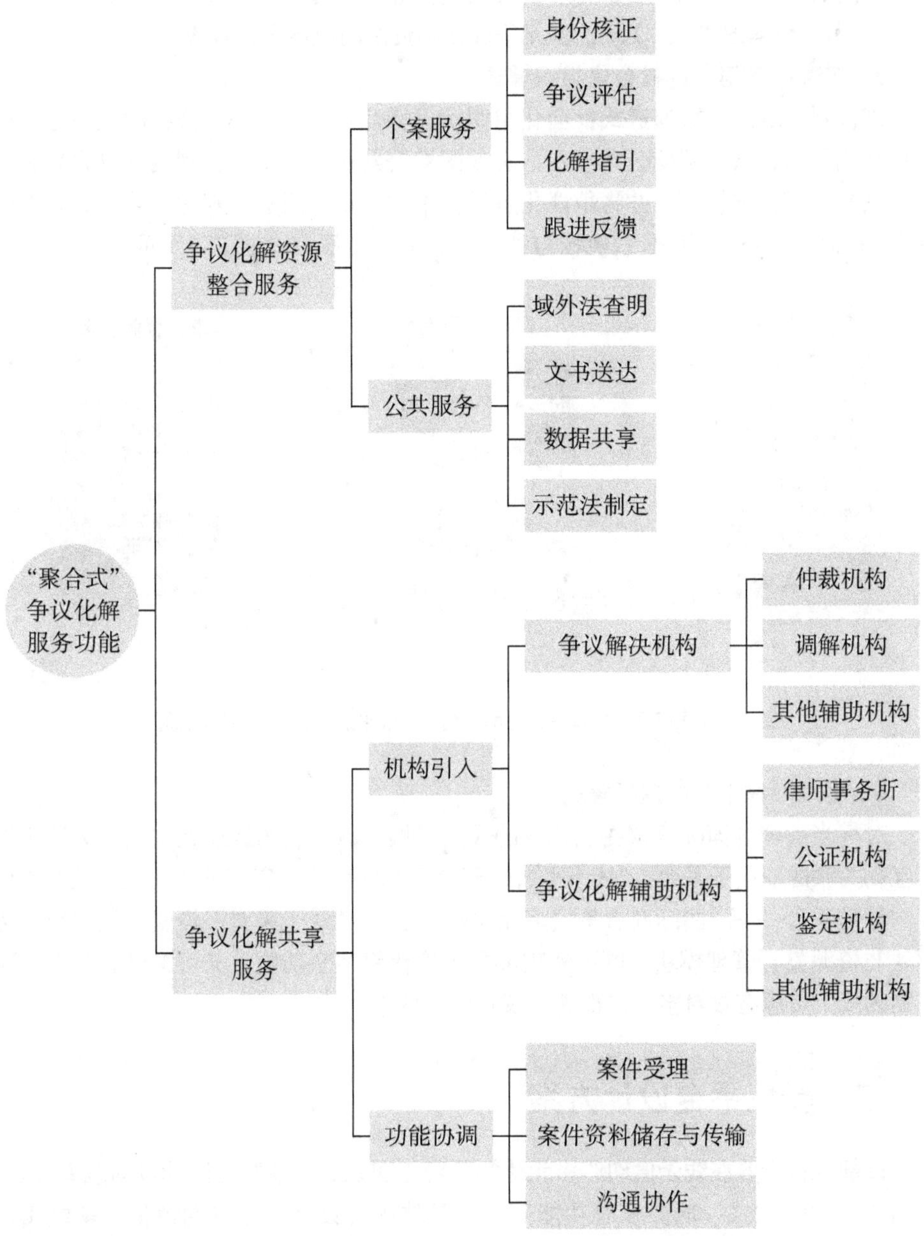

图7-4　国际商事争议多元化解平台：“聚合式”功能示意图

2. “多元+集成”的系统运行模式

依托“聚合式”平台的核心功能——争议多元化解资源整合功能，确保了同类争议解决机制项下各机构间的同质、有序竞争，有效促进与协调了新入驻机构与既有机构间的衔接，避免了争议化解资源的重复建设与虚置，从而区别于简单的“一站式”“争议化解超市”，实现了多元争议化解资源的成倍集成效应。

3. “市场+政府”的社会化组织模式

该机制呈现出三重递进式社会化组织治理特征：第一，部分公共的服务性职能的社会化分担，从而降低公共成本，有效配置公共资源；第二，利用共享式新兴科技，提高争议化解效率，并将争议化解过程中的主观性服务客观化（第三方社会性平台）；第三，部分消解公权机构与私人间的矛盾根源。（如图 7-5 所示）

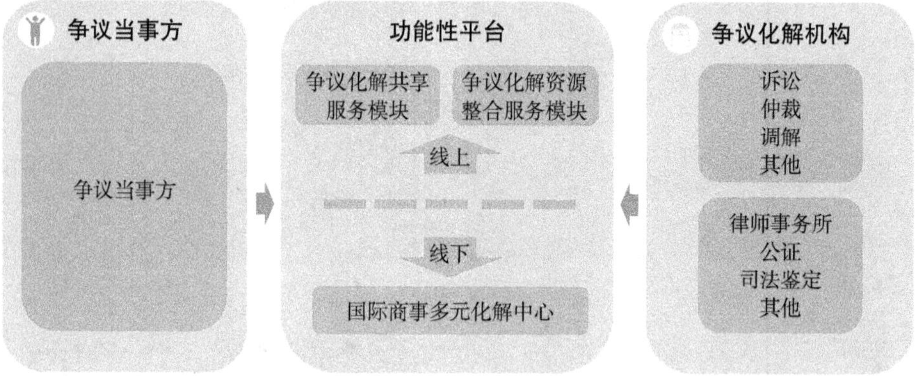

图7-5 国际商事争议多元化解平台：“功能性”结构与定位示意图

4. “线上+线下”的运行模式

对标当前国内国际争议在线化解的最新发展，该机制的组织架构包括为线上线下互动关联的双层子平台：“线下平台”即具备统筹协调、资源整合功能的社会性服务与管理平台——“国际商事争议多元化解中心”；“线上平台”设置争议解决服务模块与资源整合管理模块，既可实现部分争议化解共享功能，又可与已有争议解决机制的线上资源有效对接，以提高争议化解的效率。

二、新型平台设计方案

该部分将借鉴在线矛盾纠纷多元化解平台（ODR）和智慧法院建设的既有经验，针对包括“一站式”服务核心功能部分的具体内容设置，如咨询评估、争端引流（调解、仲裁、诉讼）、文书送达等纠纷解决服务模块，和资源整合与管理功能部分各项功能的线上线下配置与衔接，如多元机制在案件受理、卷宗资料传输、沟通交流、送达等对接协调的具体流程和域外法查明数据与渠道等，提出系统性、个性化的具体构建方案。

（一）国际商事争议多元化解平台的总体构建方案

1.阶段一：资源拓展与引入——实现“聚合”效应

依托江北新区法治园区，在包含最高法院第三巡回法庭、南京海事法院等在内的既有“两庭五院”规划基础上，阶段性地升级打造、扩大引入境内外知名国际商事仲裁、调解等争议解决机构以及律师、公证、司法鉴定、法律数据库等争议化解辅助资源，以涵盖“非诉分流”“非诉办理”“非诉数据”三大核心机制功能；同时确保各机构间的协调，以实现机构品类的完整性与系统性，实现多元争议化解资源的成倍集成效应。

2.阶段二：线下平台打造——设置“功能”机构

依据协同治理理论，依托南京片区与江北新区“两区叠加”的区位优势，探索设立具有独立法人资格、分担部分公共服务性职能的社会性组织“国际商事争议多元化解中心”，以更高效地整合资源。该中心的设置可探索通过制定《国际商事争议多元化解中心管理办法》，以法定机构形式设立，或依托既有的社会性机构，如江苏省贸促会及其国际商事争议化解平台、江北新区公共法律服务中心等，统筹线上线下平台的进一步高效构建与运营，实现公共服务的协同治理。

3.阶段三：线上平台构建——对标“国际”创新

对标在线纠纷解决（ODR）国际标准，综合运用人工智能、区块链等新兴技术，探索人工智能识别与核证、区块链存证、分布式争议解决平台案件中立评估、智能合约流程管理等应用实践，突破争议解决要素跨境带来的诸多难点；针对个案服务与公共服务的两大争议化解共享服务模块，和资源整合服务模块各子项功能的线上线下配置与衔接，最大化提升国际商事争议解决服务效能；构建以业务全流程协助与监管为一体的线上工作流程，为争议解决保驾护航，助推国际一流营商环境目标实现，并形成可复制、可推广的创新制度。

（二）子机制平台的具体构建方案

此处仍以国际商事仲裁与涉外法律服务机制为例，针对国际商事争议多元化解机制项下子机制的构建提出具体的构建方案。

1.国际商事仲裁机制创新：联合仲裁平台

（1）创新目标：“共享型”多元联合仲裁机制

国际商事联合仲裁平台的定位是片区国际商事争议多元化解平台的子平台，依托线上平台与线下机构两个组成部分，兼具提供全流程国际商事仲裁管理服务与整合境内外多元国际商事仲裁资源的双重功能。

平台的建设目标是构建“共享型”国际商事多元联合仲裁机制——由境内外多元国际商事仲裁机构联合设立、共享先进国际商事仲裁资源的实体性仲裁机构，依托线下机构与线上平台，为国际商事争议当事方提供境内外国际商事仲裁机制的多元选择。

平台的创新要素在于“共享”：其一，“境内+境外”组合共享入驻，即平台设置独立的仲裁员库，入驻机构共享仲裁员资源；其二，依托线上平台，引入知名国际商事仲裁机构的先进管理与规则，构建国际商事仲裁管理与服务全流程，在平台入驻机构间共享；其三，依托入驻机构，共享境外资源，设立平台的境外分支机构，以此促进平台的国际化发展，同时借力境外知名机构的国际公信力，快速打造“中国仲裁”品牌。（如图7-6所示）

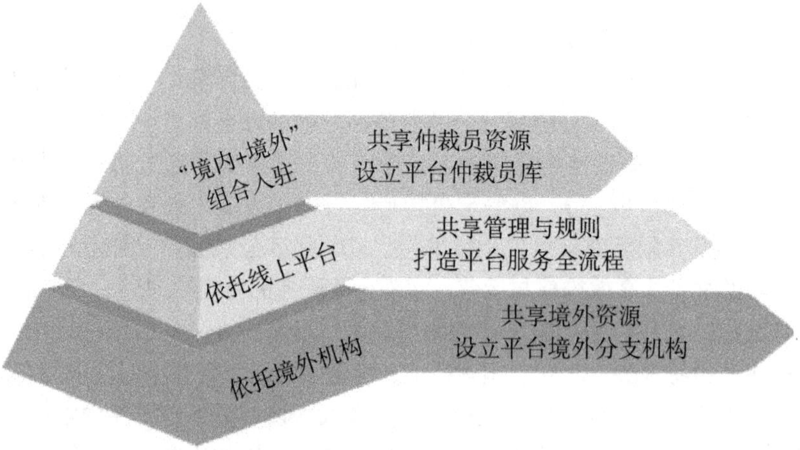

图7-6 “共享型”国际商事多元联合仲裁平台创新要素解构图

（2）构建方案：制度突破+共享构建

阶段一：推进落实制度突破

进一步论证、申请包括临时仲裁制度等在内的先行自贸区先进创新经验在南京片区的复制适用，扫清制度障碍，重点引入更多知名国际商事仲裁机构，特别是拓展至“一带一路”沿线重点地域（如非洲、中西亚地区等）的知名机构，尽快在片区设立代表处并与已入驻机构对接，实现平台的境外法律服务资源引入与整合功能。

阶段二：平台“共享”要素构建

推进入驻机构间的资源共享合作，启动共建实体性“中国（江苏）自由贸易区（南京片区）国际商事联合仲裁平台”，实质性建设独立仲裁员库、国际商事仲裁管理服务流程等共享要素，拓展境内外国际商事仲裁资源共享的资源品类与共享样态，实现平台的全流程多元仲裁服务功能，着力推进“共享型”联合仲裁平台机制的最终实现。

阶段三：线上平台与仲裁品牌建设

以自贸区国际商事争议多元化解平台为依托，对标在线纠纷解决（ODR）国际标准，运用人工智能、区块链等新兴技术建设线上平台，最大化提升国际商事仲裁机制效能；在引进来的同时走出去，主动积极对外宣传片区的联合仲裁平台建设理念与实践，在境外设立平台分支机构，提升平台的国际公信力、打造“中国仲裁”品牌。

2.境内外律所联营机制创新：多元复合式联营

（1）创新目标：联营主体的双重复合

“多元复合式联营”模式指向两组主体联营的双重复合：

其一，入驻片区的境外多元律所间的开放型复合联营，打破律所间一一对应的排他性联营，不限制联营主体的数量，有效整合同类专业优势的境外法律服务资源。

其二，入驻片区的境内律所与境外律所联营体间的复合联营，同样采用开放型多元联营模式，既可以避免潜在的“落地期”规定，又可以即时动态优化配置涉外法律服务资源、打破法律执业地域限制，直至真正实现“一站式”跨多法域法律服务机制，并为新型法律服务业态——综合性泛法律服务提供机构的引入与推广提供制度与实践基础。

（2）构建方案：“多元+开放”复合

阶段一：进一步吸引境内外先进律所入驻

积极推动南京片区出台境内外律所合作管理规定，探索建立律师事务所聘请外籍律师担任法律顾问制度，支持并规范境内律所与境外律所以业务联盟等方式开展业务合作，加快落实合伙联营律师事务所试点工作，进一步加强香港、澳门地区律师事务所与内地律师事务所的业务合作，为更多境内外先进律所入驻片区提供制度支撑。①

阶段二：实现境内外律所间“多元复合式联营”

夯实“华讯国际知识产权与涉外法律服务平台”的境外法律服务资源引入与整合功能，拓展引导与协助其他新入驻境外律所间的开放型复合联营式专业服务资源整合与优化配置，着力推进境外律所间联营实体与境内律所间的二重开放型“多元复合式联营”的最终实现。

阶段三：探索打造开放型复合式法律服务业态

以自贸区国际商事争议多元化解平台为依托，及时追踪国际商事争议多远化解的最新实践，尝试引入新兴替代性法律服务机构，探索建设作为“线上+线下”争

---

① 参见《关于发展涉外法律服务业的意见》，载《中国司法》2017年第7期。

议化解辅助服务模块的开放型复合式法律综合服务新业态。

（三）线上平台的具体构建方案

自贸区国际商事争议在线多元化解平台的总体目标是建设成聚合式的功能性平台。据此，线上平台的具体建设思路如下：

整体而言，线上平台建设秉持ODR便捷、专业、预防三原则展开。线上平台将实现涵盖争议分流、督促、监管与反馈的“闭环式”全流程管理，和案件处理与争议化解流程“双循环”工作流程。（如图7–7所示）

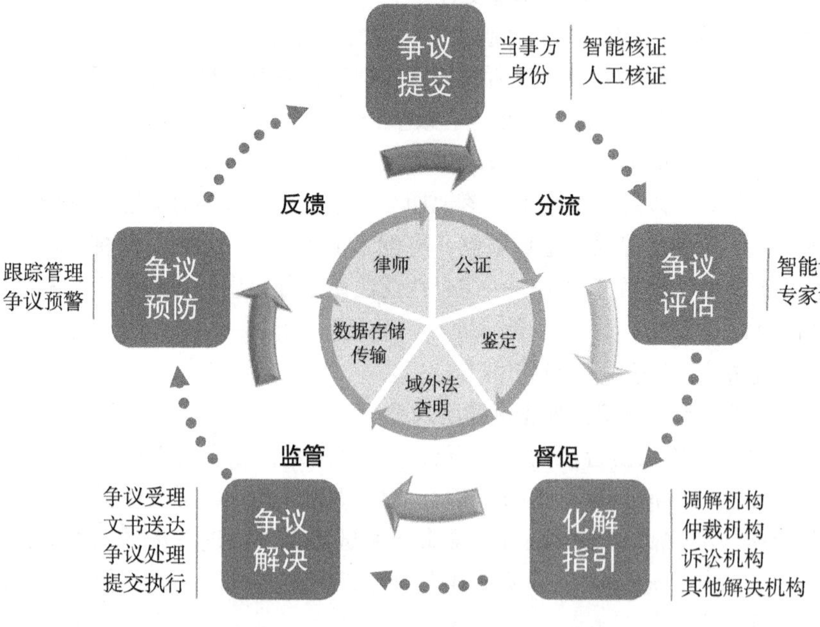

图7–7　国际商事争议多元化解线上平台工作流程图

具体线上平台的案件处理流程则设计成“橄榄型”——前端为纠纷入口，中端为平台辅助解纷服务以及解纷资源，后端为档案管理以及大数据综合应用。（详见附件二）

就前端入口而言，为体现解纷申请的便捷性，无论中端需要聚合多少资源，都统一为一个入口，设置成二维码扫码登录或者一键登录模式。同时，纠纷申请登记后，纠纷也会随机生成纠纷二维码，一纠纷一码登记，根据纠纷当事人是申请纠纷评估、申请谈判和解、仲裁、调解还是诉讼而赋予不同的颜色，实现纠纷的自动分流。码的颜色也会随着纠纷阶段而发生变化，所有相关的纠纷化解信息都会被记录在这个二维码中，供有权限的人查询应用。

就中端平台辅助解纷服务以及解纷资源而言，则可以分为两部分。

第一部分为辅助解纷服务，主要包括纠纷专家咨询、纠纷诉讼风险预测、纠纷专家评估、管辖权智能确认、准据法智能识别、外国法查明、国际条约以及国际商事惯例查询、判例参考、证据上传交换、证据智能分析、公证服务、律师服务、鉴定评估服务、翻译服务、计算工具、智能外呼服务等。

第二部分为解纷资源，按功能分为谈判磋商、调解和解、仲裁、司法确认（审查）、诉讼立案、诉讼、申请执行七个模块。这七个模块均不需要建立独立的子平台。在该部分通过在线视频的方式可以实现谈判磋商、调解和解、仲裁、调解、诉讼功能，只不过需要在视频功能中根据解纷方式的不同设置不同的角色分类以及满足不同的程序要求，并全程提供语音转笔录功能。而且该部分还具有线上预约线下实现、异步调解（仲裁、庭审）功能。

就平台后端而言，一方面是通过电子资料自动生成纠纷的电子档案，仍旧以前面所述二维码的形式体现。另一方面主要是通过平台汇集的纠纷数据，通过自动化的方式，按照要求实现可视化分析报告以及法治营商环境指数，为自贸区纠纷预防以及法治营商环境评估提供参考依据。

最后，在平台建设中，还涉及诸多细节安排需要考虑，如平台应该是多语种平台，需要考虑包括哪几种语种；为满足国内外纠纷当事人需要，平台是否首先应当是PC版和APP端，小程序可以作为灵活选择；区块链存证是否需要应用以及数据安全保障问题，上线的各机构以及人员的遴选以及管理规则等。当然，最终整个线上平台的具体运转规则和详细模块安排需要专门立项论证，才能保障该平台各个环节衔接顺畅、符合正当程序。

附件一 | 中国自贸区自有仲裁机制详情表

中国自贸区自有仲裁机制详情表（阴影部分为新设机构）					
自贸区成立时间	自贸区省/市	成立批次	仲裁机构	机构设立时间	仲裁规则
2013	上海	一	上海自贸区仲裁院	2013.10	《中国（上海）自由贸易试验区仲裁规则》（2015）
			上海国际经济贸易仲裁委员会（上海国际仲裁中心）	1988	《上海国际经济贸易仲裁委员会（上海国际仲裁中心）仲裁规则》（2015）
2014	广东	二	贸仲委、海仲委广东自贸区仲裁中心	2016.2	/
			中国南沙国际仲裁中心	2012.10	《中国南沙国际仲裁中心仲裁通则》《三大仲裁庭审模式流程指引》
			珠海国际仲裁院	2014.8	《珠海国际仲裁院仲裁规则》《横琴自由贸易试验区临时仲裁规则》
			深圳国际仲裁院（合并后的）	2017	《深圳国际仲裁院仲裁规则》（2019年2月21日起施行）
			广东自贸区金融仲裁中心	2015.9	/
2014	福建	二	福州仲裁委员会国际商事仲裁院	2015.8	/
			厦门仲裁委员会国际商事仲裁院	2015.6	/
			厦门仲裁委员会平潭分会	2015.8	/
			海峡两岸仲裁中心	2015.12	《海峡两岸仲裁中心仲裁规则》
			贸仲委、海仲委福建自贸区仲裁中心	2015.12	/

续表

中国自贸区自有仲裁机制详情表（阴影部分为新设机构）					
自贸区成立时间	自贸区省/市	成立批次	仲裁机构	机构设立时间	仲裁规则
2014	天津	二	天津仲裁委自贸区国际仲裁中心	2015.4	《天津仲裁委员会自由贸易仲裁暂行规则》
			贸仲委、海仲委天津自贸区仲裁中心	2016.4	
2016	辽宁	三	沈阳、大连、营口三片区自有仲裁委员会		《中国（辽宁）自由贸易试验区仲裁规则》
2016	河南	三	郑州仲裁委员会国际商事仲裁院	2017.10	/
2016	浙江	三	中国海仲（浙江）自由贸易实验区仲裁中心	2018.4	/
			中国海事仲裁委员会计量争议仲裁中心		/
2016	湖北	三	襄阳仲裁委员会国际商事仲裁院	2019.11	/
2016	重庆	三	中国（重庆）自由贸易试验区仲裁中心	2018.10	/
2016	四川	三	贸仲委四川自贸试验区仲裁中心	2017.1	/
			成都仲裁委员会国际商事仲裁（青白江）咨询联络处	2017.9	/
2016	陕西	三	贸仲委丝绸之路仲裁中心	2017.9	/
			陕西自贸区仲裁院	2017.2	/
2018	海南		海南自贸区知识产权仲裁调解中心	2019.10	/
			海南国际仲裁院	2018.7	/
2019	江苏	四	中国（江苏）自贸区南京仲裁院	2020.1	《南京仲裁委员会中国（江苏）自贸区仲裁规则》

附件二 | 国际商事争议在线多元化解平台业务流程

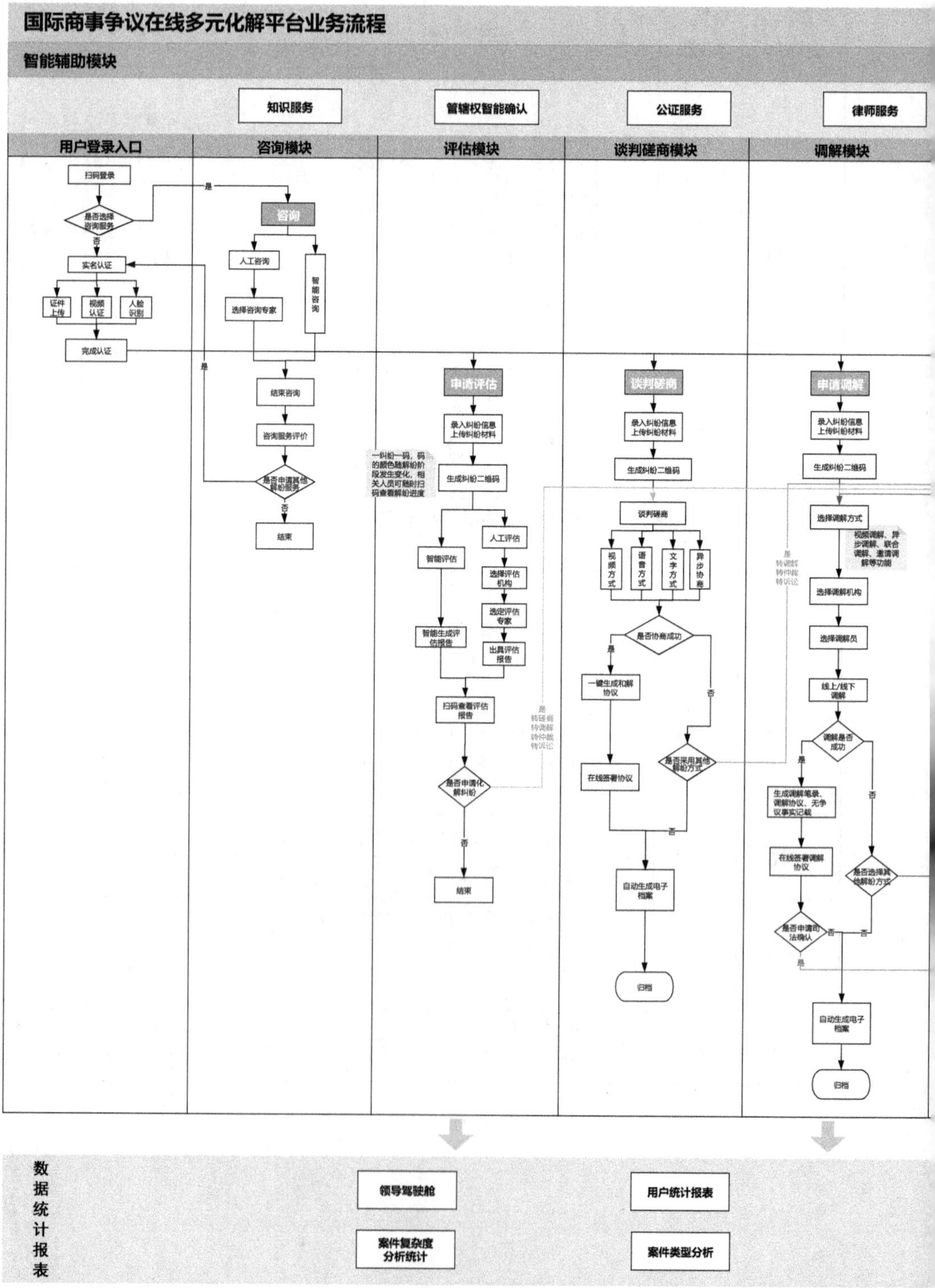

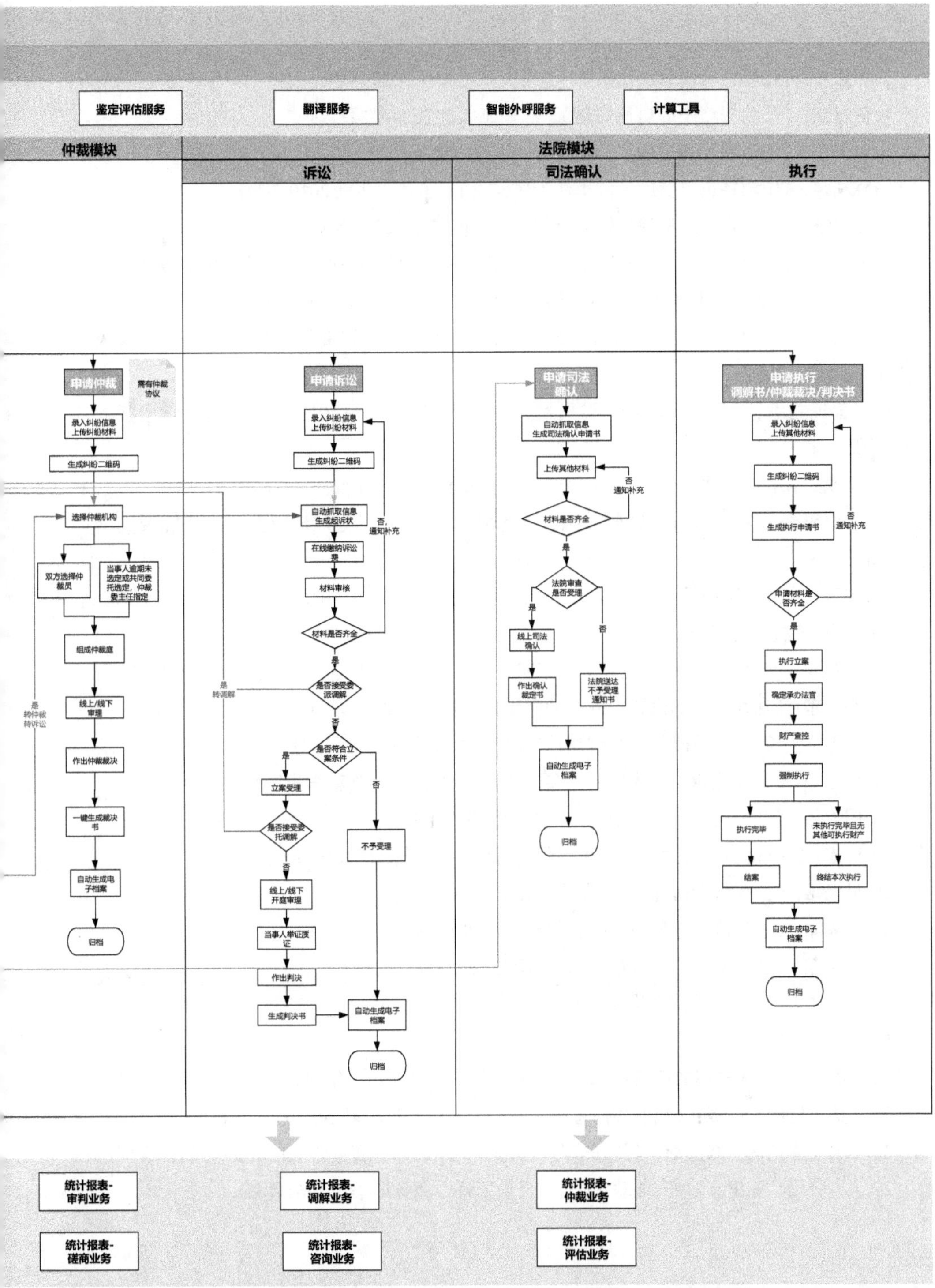

鉴定评估服务
翻译服务
智能外呼服务
计算工具
仲裁模块
法院模块
诉讼
司法确认
执行
申请仲裁
需有仲裁协议
录入纠纷信息
上传纠纷材料
生成纠纷二维码
选择仲裁机构
双方选择仲裁员
当事人逾期未选定或共同委托选定，仲裁委主任指定
组成仲裁庭
线上/线下审理
作出仲裁裁决
一键生成裁决书
自动生成电子档案
归档
是
转仲裁
转诉讼
申请诉讼
录入纠纷信息
上传纠纷材料
生成纠纷二维码
自动抓取信息
生成起诉状
否，
通知补充
在线缴纳诉讼费
材料审核
材料是否齐全
是
是否接受委派调解
是
转调解
否
是否符合立案条件
是
立案受理
否
是否接受委托调解
否
不予受理
线上/线下开庭审理
当事人举证质证
作出判决
生成判决书
自动生成电子档案
归档
申请司法确认
自动抓取信息
生成司法确认申请书
上传其他材料
否
通知补充
材料是否齐全
是
法院审查是否受理
是
否
线上司法确认
作出确认裁定书
法院送达不予受理通知书
自动生成电子档案
归档
申请执行
调解书/仲裁裁决/判决书
录入纠纷信息
上传其他材料
生成纠纷二维码
生成执行申请书
否
通知补充
申请材料是否齐全
是
执行立案
确定承办法官
财产查控
强制执行
执行完毕
未执行完毕且无其他可执行财产
结案
终结本次执行
自动生成电子档案
归档
统计报表-审判业务
统计报表-调解业务
统计报表-仲裁业务
统计报表-磋商业务
统计报表-咨询业务
统计报表-评估业务

参考文献

1. 习近平：《论坚持全面依法治国》，中央文献出版社2020年版；

2. 崔永东：《法治战略中的道德底蕴》，法律出版社2020年版；

3. 季卫东：《法治秩序的建构》，商务印书馆2019年版；

4. 陈利强：《中国特色自贸区（港）法治建构论》，法律出版社2019年版；

5. 郑少华主编：《自贸区法治回顾与展望》，法律出版社2019年版；

6. 王建芹：《法治的理性——西方法文明的理性主义溯源》，中国政法大学出版社2018年版；

7.《习近平关于社会主义文化建设论述摘编》，中央文献出版社2017年版；

8. 赖庆晟、郭晓合：《中国自由贸易试验区渐进式扩大开放研究》，格致出版社、上海人民出版社2017年版；

9. 李善民主编：《中国自由贸易试验区发展蓝皮书（2016—2017）》，中山大学出版社2017年版；

10. 国家发展和改革委员会：《国家级新区发展报告》，中国计划出版社2016年版；

11. 上海财经大学自由贸易区研究院、上海发展研究院：《全球自贸区发展研究及其借鉴》，格致出版社、上海人民出版社2015年版；

12. 国家发展和改革委员会：《国家级新区发展报告（2015）》，中国计划出版社2015年版；

13. 苏力：《法治及其本土资源》（第三版），北京大学出版社2015年版；

14.《中国共产党第十八届中央委员会第四次全体会议文件汇编》，人民出版社2014年版；

15. 季卫东：《通往法治的道路：社会的多元化与权威体系》，法律出版社2014年版；

16. 公丕祥主编：《变革时代的区域法治发展》，法律出版社2014年版；

17. 范愉等：《多元化纠纷解决机制与和谐社会的构建》，经济科学出版社2011年版；

18. 周大伟：《法治的细节》，北京大学出版社2013年版；

19. 徐宏：《国际民事司法协助》（第二版），武汉大学出版社2006年版；

20. 吴经雄：《法律哲学研究》，清华大学出版社2005年版；

21. 卓泽渊：《法治国家论》，中国方正出版社2001年版；

22. 刘作翔：《法律文化论》，陕西人民出版社1992年版；

23. [加拿大] 大卫·戴岑豪斯：《重构法治：法秩序之局限》，程朝阳、李爱爽译，浙江大学出版社2020年版；

24. [美] 富勒：《法律的道德性》，郑戈译，商务印书馆2011年版；

25. [美] 约翰·杜威：《我们如何思维》，伍中友译，新华出版社2010年版；

26. [德] 斐迪南·滕尼斯：《共同体与社会》，林荣远译，商务印书馆1999年版；

27. [古希腊] 亚里士多德：《政治学》，吴寿彭译，商务印书馆1965年版；

28. 张龑：《习近平法治思想中的法治观》，载《新疆师范大学学报（哲学社会科学版）》2021年第1期；

29. 江必新：《习近平法治思想的逻辑体系与理论特征》，载《求索》2021年第2期；

30. 杨舒然：《当代中国马克思主义治理理论的新发展——学习习近平关于社会治理的重要论述》，载《西安财经大学学报》2021年第1期；

31. 莫纪宏：《以“十四五”规划和2035年远景目标引领法治实践不断发展》，载《人民论坛·学术前沿》2021年第2期；

32. 莫纪宏：《论习近平法治思想理论体系的二元化逻辑结构及功能》，载《行政管理改革》2021年第3期；

33. 牟文谦：《中国国家治理现代化主体关系的应然图景》，载《广西社会科学》2021年第3期；

34. 史彦泽、肇颖、惠国琴：《国家权力网络结构视域下我国地方政府制度创新差异与优化研究》，载《理论探讨》2021年第2期；

35. 董敏：《反思法学的实践性》，载《河南大学学报（社会科学版）》2021年第2期；

36. 于浩：《法治化治理的国家角色更新》，载《广东社会科学》2021年第2期；

37. 韩步江：《制度优势转化为治理效能的实践方法论》，载《求索》2021年第2期；

38. 沈国兵、孟彩霞：《优化城市营商环境与国际国内双循环相互促进——基于上海与多个国际大都市的比较分析》，载《广西师范大学学报（哲学社会科学版）》2021年第3期；

39. 侯明明：《司法改革之于诚信政府建设的功能及其限度》，载《河南社会科学》2021年第2期；

40. 曲亚囡、李雪妍：《市域社会治理现代化的法治思维与法治路径》，载《佳木斯大学社会科学学报》2021年第1期；

41. 石佑启、陈可翔：《合作治理语境下的法治化营商环境建设》，载《法学研究》2021年第2期；

42. 陈成文、陈静、陈建平：《市域社会治理现代化：理论建构与实践路径》，载《江苏社会科学》2020年第1期；

43. 曾全红、戚军凯：《国家级新区面面观》，载《四川省情》2020年第10期；

44. 尚庆忠：《市域治理法治化与优化城市营商环境的思考》，载《中国司法》2020年第9期；

45. 张晓晶：《“十四五”时期我国经济社会发展的战略重点》，载《经济学动态》2020年第5期；

46. 崔永东：《涉侨纠纷多元化解机制的理论考察、文化基础与制度构建》，载《政法论丛》2020年第3期；

47. 石佑启：《法治化营商环境建设的司法进路》，载《中外法学》2020年第3期；

48. 王海：《市域社会治理现代化法治保障问题探析——以贵州省毕节试验区为视角》，载《上海法学研究》（集刊）2020年第12卷；

49.丁轶:《“自贸区法治”的法理意蕴与规范证成》，载《法治现代化研究》2020年第3期;
50.王春业:《论我国“特定区域”法治先行》，载《中国法学》2020年第3期;
51.曾令健:《民间力量何以可能?——中国司法的社会化传统》，载《人大法律评论》2020年第1期;
52.刘旭:《法治发展不平衡问题与解决对策》，载《甘肃理论学刊》2020年第2期;
53.金韬:《价值如何进入法治:形式法治理论的失败》，载《法制与社会发展》2020年第1期;
54.龚廷泰:《“整体性法治”视域下市域社会治理的功能定位和实践机制》，载《法学》2020年第11期;
55.杨建军:《通过立法的文化传承》，载《中国法学》2020年第5期;
56.杨建:《法治社会的内在逻辑》，载《东南大学学报(哲学社会科学版)》2020年第1期;
57.张锋:《中国社会治理:语境、演进、特征和展望》，载《中共中央党校(国家行政学院)学报》2020年第6期;
58.郭秉贵:《设区的市地方立法精细化问题研究》，载《河南财经政法大学学报》2020年第1期;
59.杨凯:《公共法律服务:市域社会治理体系和治理能力现代化新视野》，载《现代法治研究》2020年第1期;
60.徐汉明:《市域社会治理现代化:内在逻辑与推进路径》，载《理论探索》2020年第1期;
61.杜熙:《人民至上视阈下社会治理现代化的基本思路》，载《江苏社会科学》2020年第6期;
62.谢小芹:《市域社会治理现代化:理论视角与实践路径》，载《理论学刊》2020年第6期;
63.赵吉:《权力重塑与政策叠加:中国国家级新区发展机制研究》，载《中南大学学报(社会科学版)》2020年第2期;
64.庞金友:《“中国之治”的市域之维　新时代市域社会治理现代化的逻辑与方略》，载《人民论坛》2020年第35期;
65.漆彤、张生、黄丽萍:《调解在国际争端解决中的发展与应用》，载《武大国际法评论》2020年第2期;
66.郑智航:《超大型国家治理中的地方法治试验及其制度约束》，载《法学评论》2020年第1期;
67.袁林楠:《外国人超出工作许可范围工作属于非法就业》，载《中国人力资源社会保障》2020年第1期;
68.薛源、程雁群:《以国际商事法庭为核心的我国“一站式”国际商事纠纷解决机制建设》，载《政法论丛》2020年第1期;
69.李海青:《新时代的国家治理现代化:变革与方向》，载《人民论坛》2020年第29期;
70.张金杰:《中国自贸区的战略布局与发展重点》，载《人民论坛》2020年第27期;
71.张二震、戴翔:《江苏自贸区建设的目标与思路》，载《唯实》2019年第11期;

72. 中国南海研究院课题组:《迪拜、新加坡成功经验的宝贵启示——其“流量”和“腹地”是怎样创造出来的?》,载《今日海南》2019年第8期;

73. 李伯轩:《引智新形势下外国机制革新的人来华工作法律监管原则与路径》,载《当代经济》2019年第7期;

74. 康宁:《契约性与司法化:国际商事仲裁的生成逻辑及对“一带一路”建设的启示》,载《政法论坛》2019年第4期;

75. 程琥:《行政诉讼合法性审查原则新探》,载《法律适用》2019年第19期;

76. 张伯晋、王渊、龚云飞:《筑起依法治国的坚强基石——新中国成立70年法治发展历程》,载《人民检察》2019年第1期;

77. 陈瑞华:《企业合规制度的三个维度——比较法视野下的分析》,载《比较法研究》2019年第3期;

78. 陈锦波:《法治中国建设进程中的思维方式演进——一个社会系统论的视角》,载《内蒙古社会科学(汉文版)》2019年第6期;

79.《习近平全面依法治国新理念新思想新战略十论》,载《理论导报》2019年第12期;

80. 徐汉明、邵登辉:《以社会治理法学“三大体系”的构建助推社会治理法治化——第五届法治社会·长江(国际)论坛“社会治理法学50人谈”会议综述》,载《中南民族大学学报(人文社会科学版)》2019年第6期;

81. 陈金钊:《法治是被定义的生活——关于法治逻辑的意义探寻》,载《探索与争鸣》2019年第7期;

82. 陈金钊:《法理思维及其与逻辑的关联》,载《法制与社会发展》2019年第3期;

83. 葛洪义:《中国的地方治理与法治发展》,载《政法论丛》2019年第2期;

84. 贾若祥、张燕、王继源、汪阳红、窦红涛:《我国实施区域协调发展战略的总体思路》,载《中国发展观察》2019年第9期;

85. 张梦时、郭御龙:《中国国家级新区的历史类型及其演变逻辑——以功能定位为核心的解读》,载《长白学刊》2019年第36期;

86. 陈成文:《市域社会治理现代化的理论蕴含与实践路向》,载《人民周刊》2019年第23期;

87. 戴大新、魏建慧:《市域社会治理现代化路径研究——以绍兴市为例》,载《江南论坛》2019年第5期;

88. 中共郑州市委编办课题组:《关于县级政府深入推进综合行政执法改革的思考》,载《行政科学论坛》2019年第4期;

89. 贺小勇:《迪拜自由区的“创法路径”与借鉴意义》,载《检察风云》2019年第4期;

90. 龚柏华:《中国自贸试验区到自由贸易港法治理念的转变》,载《政法论丛》2019年第3期;

91. 戴翔:《制度型开放:中国新一轮高水平开放的理论逻辑与实现路径》,载《国际贸易》2019年第3期；

92.王淑敏、李忠操：《海南自由贸易港拟建国际商事法庭应重点聚焦国际化改革》，载《政法论丛》2019年第2期；

93.吴永辉：《论国际商事法庭的管辖权——兼评中国国际商事法庭的管辖权配置》，载《法商研究》2019年第1期；

94.宋晓燕：《自贸区试验：中国金融改革的重任、突破与法律挑战》，载郑少华主编：《自贸区法治回顾与展望》，法律出版社2019年版；

95.刘向民：《我国金融法治建设四十年》，载《中国金融》2018年第15期；

96.王琦：《"一带一路"争端解决机制的阐释与构建》，载《法学杂志》2018年第8期；

97.王江雨：《新加坡国际商业法庭的国际性和独立性》，"国际商事法庭的建设与国际商事争端解决机制的发展"圆桌讨论会，2018年7月13日；

98.袁发强：《"一带一路"背景下国际民商事争议解决机制之构建》，载《求是学刊》2018年第5期；

99.秦康美：《互联网金融领域"投贷联动"制度构建——以小微企业融资为视角》，载《黑龙江社会科学》2018年第5期；

100.刘恒怡、宋晓薇：《基于金融支持视角的全球科创中心建设路径研究》，载《科学管理研究》2018第4期；

101.崔建霞：《实现实践创新与理论创新的良性互动》，载《思想教育研究》2018年第6期；

102.马海韵：《国家级新区社会治理创新：域外经验和本土实践》，载《贵州社会科学》2018年第3期；

103.唐瑞芝、胡荣涛：《论主体多元化视角下推进社会治理精细化建设》，载《江西理工大学学报》2018年第2期；

104.郝寿义、曹清峰：《国家级新区在区域协同发展中的作用——再论国家级新区》，载《南开学报（哲学社会科学版）》2018年第2期；

105.廖永安：《我国发展"一带一路"商事调解的机遇、挑战与路径选择》，载《南华大学学报（社会科学版）》2018年第4期；

106.何其生：《国际规则中的"民商事项"——范围之争与解释方法》，载《北大法律评论》2018年第2期；

107.胡仕浩、龙飞、马骁：《多元化纠纷解决机制的中国趋势》，载《人民司法（应用）》2018年第1期；

108.郑鹏程、黎林：《澳大利亚公平竞争审查中的竞争支付制度及其启示》，载《价格理论与实践》2017年第11期；

109.苏艺靓：《新加坡仲裁制度新发展述评》，载《东南司法评论》2017年卷；

110.黄梦怡、谢新文等：《P2P网络借贷监管的国际经验及借鉴》，载《福建金融》2017年第7期；

111.初北平:《"一带一路"多元争端解决中心构建的当下与未来》,载《中国法学》2017年6期;

112.朱静洁:《我国行政性垄断的公平竞争审查规制研究》,载《价格理论与实践》2017年第6期;

113.漆彤、芮心玥:《论"一带一路"民商事争议解决的机制创新》,载《国际法研究》2017年第5期;

114.刘国福:《改革中的外国人来华工作法律规制研究》,载《社会科学战线》2017年第5期;

115.曹云:《新时期国家级新区的战略定位与极化机制》,载《商业经济研究》2017年第8期;

116.何增科:《地方治理创新与地方治理现代化——以广东省为例》,载《公共管理学报》2017年第2期;

117.邹鑫:《我国国家高新区立法问题研究》,载《社会科学家》2017年第10期;

118.张相忠、王晋、王琳:《海绵城市的规划建设探索——以青岛市西海岸新区核心区为例》,载《城市发展研究》2017年第6期;

119.王佳宁、罗重谱:《国家级新区发展模式比较与重庆两江新区发展的路径选择》,载《重庆社会科学》2017年第1期;

120.张兆端:《正确认识和科学对待中华优秀传统文化——论习近平的马克思主义传统文化观》,载《东北师大学报(哲学社会科学版)》2017年第1期;

121.谭玮、郑方辉:《法治社会指数:评价主体与指标体系》,载《理论探索》2017年第5期;

122.范愉:《自贸区建设与纠纷解决机制的创新》,载《法治研究》2017年第1期;

123.曹晓路:《金融消费者利益保护与互联网金融监管的规制路径——基于比较法视野的考察》,载《时代法学》2017年第1期;

124.王麒麟:《自贸试验区投资便利化改革的方向与政策保障》,载李善民主编:《中国自由贸易试验区发展蓝皮书(2016—2017)》,中山大学出版社2017年版;

125.杨力:《中国企业合规的风险点、变化曲线与挑战应对》,载《政法论丛》2017年第2期;

126.范愉:《当代世界多元纠纷解决机制的发展与启示》,载《中国应用法学》2017年第3期;

127.郝寿义、曹清峰:《论国家级新区》,载《贵州社会科学》2016年第2期;

128.李敏:《上海自贸区法律体系的现状反思与完善路向》,载《南都学坛》2016年第1期;

129.鲁贵宝:《理论创新与实践创新统一:略论"四个全面"的双重特色》,载《安庆师范学院学报(社会科学版)》2016年第1期;

130.杨海坤、樊响:《法治政府:一个概念的简明史》,载《法律科学》(西北政法大学学报）2016年第1期；

131.郭飞、盛晓明：《专家信任的危机与重塑》，载《科学学研究》2016年第8期；

132.郭名宏：《公共法律服务体系有效推进的价值、困境与超越》，载《社会科学家》2016年第8期；

133.宋怡欣、吴弘：《P2P金融监管模式研究：以利率市场化为视角》，载《法律科学》2016年第6期；

134.刘炳君：《当代中国公共法律服务体系建设论纲》，载《法学论坛》2016年第1期；

135.孙笑侠：《论司法多元功能的逻辑关系——兼论司法功能有限主义》，载《清华法学》2016年第6期；

136.秦康美：《民间借贷网络服务平台监管：美国经验与中国路径》，载《江海学刊》2016年第5期；

137.孙笑侠、吴彦：《论司法的法理功能与社会功能》，载《中国法律评论》2016年第4期；

138.江苏省高级人民法院民二庭课题组：《互联网金融纠纷民商事审判实务问题研究》，载《法律适用》2016年第1期；

139.张瑶：《法治精神：全面推进依法治国之魂》，载《扬州大学学报（人文社会科学版）》2015年第2期；

140.王腊梅：《P2P网络借贷平台市场准入监管研究》，载《人民论坛》2015年第20期；

141.杨春福：《全民守法的法理阐释》，载《法制与社会发展》2015年第5期；

142.杨武松：《公共资源市场化配置法律保障的结构性问题与对策》，载《学习与实践》2015年第1期；

143.王堃：《地方治理法治化的困境、原则与进路》，载《政治与法律》2015年第5期；

144.李本灿：《企业犯罪预防中合规计划制度的借鉴》，载《中国法学》2015年第5期；

145.喻玲：《企业反垄断合规制度的建立路径》，载《社会科学》2015年第5期；

146.朱江涛：《西部国家级新区发展如何适应新常态》，载《城市》2015年第12期；

147.丛彦国：《美国对冲基金监管与欧美监管转型——以后金融危机时代为背景》，载《湖北经济学院学报》2015年第5期；

148.倪外：《国际先进自贸区核心竞争力构成及其启示研究》，载《世界地理研究》2015年第3期；

149.魏下海、董志强、张永璟：《营商制度环境为何如此重要？——来自民营企业家“内治外攘”的经验证据》，载《经济科学》2015年第2期；

150.习近平：《关于〈中共中央关于全面推进依法治国若干重大问题的决定〉的说明》，载《中国共产党第十八届中央委员会第四次全体会议文件汇编》，人民出版社2014年版；

151.胡张清：《区域法治文化的生成机理》，载《扬州大学学报（人文社会科学版）》2014年第3期；

152.雷磊：《法律程序为什么重要？反思现代社会中程序与法治的关系》，载《中外法学》

2014年第2期；

153.江必新、王红霞：《法治社会建设论纲》，载《中国社会科学》2014年第1期；

154.贺善侃：《马克思主义价值哲学：理论价值和实践价值的统一》，载《上海师范大学学报（哲学社会科学版）》2014年第6期；

155.胡宝岭：《中国行政执法的被动性与功利性——行政执法信任危机根源及化解》，载《行政法学研究》2014年第2期；

156.徐尚昆：《推进公共法律服务体系建设的理论探讨》，载《中国特色社会主义研究》2014年第5期；

157.郑方辉、卢扬帆：《法治政府建设及其绩效评价体系》，载《中国行政管理》2014年第6期；

158.周叶中、蔡武进：《中国特色社会主义文化立法初论》，载《法学论坛》2014年第5期；

159.陈金钊：《运用法治方式提升国家治理能力》，载《新疆师范大学学报（哲学社会科学版）》2014年第5期；

160.张幼文：《自贸区试验与开放型经济体制建设》，载《学术月刊》2014年第1期；

161.向德平、苏海：《“社会治理”的理论内涵和实践路径》，载《新疆师范大学学报（哲学社会科学版）》2014年第6期；

162.徐尚昆：《推进公共法律服务体系建设的理论探讨》，载《中国特色社会主义研究》2014年第5期；

163.张文显：《法治与国家治理现代化》，载《中国法学》2014年第4期；

164.何勤华：《现代国家政治文明的根基与灵魂——论建设社会主义法治国家的根本战略意义》，载《人民论坛·学术前沿》2014年第22期；

165.戴治勇：《法治、信任与企业激励薪酬设计》，载《管理世界》2014年第2期；

166.袁杜娟：《上海自贸区仲裁纠纷解决机制的探索与创新》，载《法学》2014年第9期；

167.黄荣楠：《中国（上海）自由贸易试验区仲裁规则评述》，载《上海对外经贸大学学报》2014年第6期；

168.陈力：《上海自贸区投资争端解决机制的构建与创新》，载《东方法学》2014年第3期；

169.肖德忠：《综合执法检查机制下的金融监管协作援助办法探析》，载《河北金融》2014年第1期；

170.杨建军：《法治思维形成的基础》，载《法学论坛》2013年第5期；

171.李志鹏：《中国建设自由贸易园区内涵和发展模式探索》，载《国际贸易》2013年第7期；

172.邱本、徐博峰：《中国法治发展道路与中国法治实践学派》，载《浙江大学学报（人文社会科学版）》2013年第5期；

173.朱大旗、危浪平：《关于金融司法监管的整体思考——以司法推进金融法治为视角》，载《甘肃社会科学》2012年第5期；

174. 江必新：《以法治建设推动中国特色社会主义制度之完善》，载《中国党政干部论坛》2012年第1期；

175. 董志强、魏下海、汤灿晴：《制度软环境与经济发展——基于30个大城市营商环境的经验研究》，载《管理世界》2012年第4期；

176. 倪斐：《风险社会中的宏观调控及其法律规制》，载《江海学刊》2011年第2期；

177. 贾海龙：《从非正式规范到地方法制——中国现代化进程中规范补充供给路径的嬗变》，载《学术研究》2011年第7期；

178. 吴志鹏：《三大国家级新区现行政策比较及对浙江舟山群岛新区建设的启示》，载《发展研究》2011年第12期；

179. 石现明：《新加坡国际国内商事仲裁制度比较研究》，载《东南亚纵横》2011年第4期；

180. 徐鹏：《外国法解释模式研究》，载《法学研究》2011年第1期；

181. 李健男：《金融消费者法律界定新论-以中国金融消费者特别保护机制的构建为视角》，载《浙江社会科学》2011年第6期；

182. 李琳：《自由贸易区的功能定位及区位分析——兼及国外自由贸易区与我国保税区之比较分析》，载《新疆社科论坛》2004年第3期；

183. 江必新：《试论社会主义法治的几个新命题》，载《中国法学》2010年第4期；

184. 杨镪龙、许利平、帅学明：《公共治理多元主体间的正和博弈关系研究》，载《理论研究》2009年第5期；

185. 吴友军：《"理论"与"实践"的统一和断裂——论柯尔施对"正统"马克思主义的反思》，载《马克思主义与现实》2007年第5期；

186. 蒋红珍、李学尧：《论司法的原初与衍生功能》，载《法学论坛》2004年第19卷第2期；

187. 赵世林：《论民族文化传承的本质》，载《北京大学学报（哲学社会科学版）》2002年第3期；

188. 王国平：《谈金融监管执法层面的三项基础建设》，载《法学》2000年第2期；

189. 王晓明、赵启兰：《以"综合保税港区"模式推动我国临空经济发展》，载《重庆工学院学报（社会科学版）》2009年第3期；

190. 叶必丰：《法治的基础、目标和途径——法治与社会稳定》，载《江苏社会科学》1999年第1期；

191. Carrie Shu Shang and Wenli Guo, "The Riseof Online Dispute Resolution-Led JusticeinChina: An Initial Look", *Australian National University Journal of Law and Technology*, Vol.7, No.2, 2020;

192. Feldman M., "'One-Stop' Commercial Dispute Resolution Services: Implications for International Investment Law", In Chaisse J., Choukroune L., Jusoh S. (eds) *Handbook of International Investment Law and Policy*, Springer, 2020;

193. Dorcas Quek Anderson, "Ethical Concerns in Court-connected Online Dispute

Resolution", *International Journal of Online Dispute Resolution*, Vol.5, Issue 1-2, 2019;

194. David A Larson, "Designing and Implementing a State Court ODR System: From Disappointment to Celebration", *Journal of Dispute Resolution*, No.2, 2019;

195. Masood Ahmed, "Moving on from a Judicial Preference for Mediation to Embed Appropriate Dispute Resolution", *Northern Ireland Legal Quarterly*, Vol.70, 2019;

196. Zachary Mollengarden, " 'One-Stop' Dispute Resolution on the Belt and Road: Toward an International Commercial Court with Chinese Characteristics", *Pacific Basin Law Journal*, Vol.36, 2019;

197. Weixia Gu, "Hybrid Dispute Resolution Beyond the Belt and Road: Toward a New Design of Chinese ArbMed(-Arb) and Its Global Implications", *Washington Law Review*, Vol.29, 2019;

198. Jingzhou Tao, Mariana Zhong, "Resolving Disputes in China: New and Sometimes Unpredictable Developments, International Organizations and the Promotion of Effective Dispute Resolution", *AIIB Yearbook of International Law* (Vol. 2), Brill Nijhoff, 26 Jun 2019;

199. Matthew Steven Erie, "The New Legal Hubs: The Emergent Landscape of International Commercial Dispute Resolution", *Virginia Journal of International Law*, Vol.53, No.3, 2019;

200. Katia Fach Gomez, *The Role of Mediation in International Commercial Disputes: Reflections on Some Technological, Ethical and Educational Challenges* (July 11, 2019), Mediation in International Commercial and Investment Disputes, Oxford University Press, 2019;

201. Yongkyun Chung, "Artificial Intelligence and the Virtual Multi-Door ODR Platform for Small Value Cross-Border e-Commerce Disputes", *Journal of Arbitration Studies*, Vol.29, 2019;

202. Orna Rabinovich-Einy and Ethan Katsh, "The New New Courts", *American University Law Review*, Vol.67, 2017;

203. JJ Prescott, "Improving Access to Justice in State Courts with Platform Technology", *Vanderbilt Law Review*, Vol.70, No.6, 2016;

204. Ayelet Sela, "Streamlining Justice: How Online Courts Can Resolve the Challenges of Pro Se Litigation", *Cornell Journal of Law and Public Policy*, Vol.26, No.2, 2016;

205. P2PFA, Peer-to-Peer Finance Association Operating Principles, http://P2Pfa.info/wp-content/uploads/2016/06/Operating-Principals-vupdate2016.pdf;

206. Anjanette H Raymond and Scott J Shackelford, "Technology, Ethics and Access to Justice: Should an Algorithm be Deciding Your Case", *Michigan Journal of International Law*, Vol.35, No.3, 2014;

207. D Chen, Z. Lin, "Rational or Irrational Herding in Online Microloan Markets: Evidence from China", *Social Science Electronic Publishing*, 2014;

208. Financial Conduct Authority, The FCA's Regulatory Approach to Crowdfunding over the Internet, and the Promotion of Non-Readily Realizable Securities by Other Media Feedback to

CP13/13 and Final Rules March 2014，https://www.fca.org.uk/publication/policy/ps14–04.pdf；

209. Lin M., Prabhala N.R., Viswanathan S., "Judging Borrowers by the Company They Keep: Friendship Networks and Information Asymmetry in Online Peer–to–Peer Lending" , *Management Science*, Vol.59, No.1, 2013；

210. Lee Eunkyoung, and Byungtae Lee, "Herding Behavior in Online P2P Lending: An Empirical Investigation" , *Electronic Commerce Research and Applications*, 2012；

211. U.S. GOV'T ACCOUNTABILITY OFFICE, Person–to–Person Lending, New Regulatory Challenges Could Emerge as the Industry Grows，Government Accountability Office Reports, 2011；

212. D Shen, C. Krumme, and A. Lippmann, "Follow the Profit or the Herd? Exploring Social Effects in Peer–to–Peer Lending" , *Social Computing* (*Social Com*), 2010 IEEE Second International Conference on. IEEE, 2010；

213. Lending Club，What are the Current State and Financial Suitability Conditions?，https://help.lendingclub.com/hc/en–us/articles/216092957–What–are–the–current–State–and–Financial–Suitability–conditions–；

214. Michael Klafft, "Peer to Peer Lending: Auctioning Microcredits over the Internet" , *Social Science Electronic Publishing*, 2008；

215. Friedrich K. Juenger, *Choice of Law and Multistate Justice* (*Special Edition*), Transnational Publisher Inc., 2005；

216. Sompong Sucharitkul, "Mediation and Conciliation as Alternative Means of Settling International Disputes" , *GCU Law Digital Commons*, Vol.11, 2001；

217. Richard B. Lillich and N. Brower ed., *International Arbitration in the 21st Century: towards "Judicialization" and Uniformity*, Transnational Publishers, 1994；

218. Lynden Macassey, "International Commercial Arbitration: Its Origin, Development and Importance" , *Transactions of the Grotius Society*, Vol.24，Problems of Peace and War, Papers Read before the Society in the Year 1938, 1938；